ΛΑΓΚΑΔΙΝΟ ΛΕΞΙΚΟ

Λεξικογραφική έρευνα-σύνταξη λεξικού: Δημήτριος Σπ. Τσαφαράς, Φιλόλογος

Φιλολογική και ηλεκτρονική επιμέλεια: Διαμάντω Δημ. Τσαφαρά, Φιλόλογος
Σπύρος Δημ. Τσαφαράς, Αρχαιολόγος

Εισαγωγικό κείμενο*: Βασίλης Καρδάσης, Ιστορικός,
Καθηγητής Πανεπιστημίου Κρήτης

Φωτογραφία εξωφύλλου: *Άποψη των Λαγκαδίων Αρκαδίας*
(© Σπύρος Δημ. Τσαφαράς)

Επιμέλεια έκδοσης: Εκδόσεις Μέθεξις

© Copyright: Ελένη, Σπύρος και Διαμάντω Τσαφαρά, 2013
Μπιζανίου 50-52, 555 35, Πυλαία Θεσσαλονίκης
Τηλέφωνο: 2310-309922, E-mail: tsafaras@hotmail.com

Εκδόσεις Μέθεξις, 2013
Κεραμοπούλου 5, 546 22, Θεσσαλονίκη
Τηλέφωνο-Φαξ: 2310-278301, E-mail: info@metheksis.gr
www.metheksis.gr

ISBN: 978-960-6796-42-5

Απαγορεύεται η ολική, μερική ή περιληπτική αναδημοσίευση, αναπαραγωγή ή διασκευή του περιεχομένου του παρόντος βιβλίου με οποιονδήποτε τρόπο χωρίς γραπτή άδεια του εκδότη.

Αριθμός έκδοσης: 51

---

* *Η οικογένεια του Δημητρίου Σπ. Τσαφαρά ευχαριστεί θερμά τον κύριο Βασίλη Καρδάση, καθώς και τον κύριο Γιάννη Τσιαούση, καθηγητή Ιατρικής του Πανεπιστημίου Κρήτης, για την πολύτιμη συμβολή τους.*

Δημήτριος Σπ. Τσαφαράς

ΛΑΓΚΑΔΙΝΟ ΛΕΞΙΚΟ
Συμβολή στη μελέτη του γλωσσικού ιδιώματος των Λαγκαδίων Αρκαδίας

Θεσσαλονίκη 2013

*Τα θεμέλιά μου στα βουνά
και τα βουνά σηκώνουν οι λαοί στον ώμο τους
και πάνω τους η μνήμη καίει
άκαυτη βάτος.*

Οδυσσέας Ελύτης, *Το Άξιον Εστί*

*

Τα Λαγκάδια βρίσκονται στο γεωγραφικό διαμέρισμα της Πελοποννήσου, στον νομό Αρκαδίας και στην επαρχία Γορτυνίας, 65 χιλιόμετρα βορειοδυτικά της Τρίπολης και 80 χιλιόμετρα ανατολικά του Πύργου, στις βορειοδυτικές παρυφές του όρους Μαινάλου. Τοποθετημένα σε μία απότομη βουνοπλαγιά με πλούσια βλάστηση και σπάνιο φυσικό κάλλος και απλωμένα αμφιθεατρικά σε υψόμετρο από 500 έως 1.050 μέτρα, τα Λαγκάδια δημιουργούν μία εντυπωσιακή εικόνα και δικαιολογημένα είναι γνωστά ως το «κρεμαστό χωριό του Μοριά». Πετρόχτιστα αρχιτεκτονήματα –σπίτια, αρχοντικά, σχολεία, εκκλησίες, καμπαναριά, εξωκλήσια, βρύσες, γεφύρια, καλντερίμια– υψηλής τέχνης και αισθητικής, ενταγμένα αρμονικά και με απόλυτο σεβασμό στο αδρό και επιβλητικό ορεινό αρκαδικό τοπίο, συνθέτουν ένα ξεχωριστό οικιστικό σύνολο. Τα Λαγκάδια έχουν χαρακτηριστεί παραδοσιακός διατηρητέος οικισμός, συγκαταλέγονται ανάμεσα στα ομορφότερα ελληνικά χωριά και αποτελούν σήμερα έναν δημοφιλή τουριστικό προορισμό.

Μεταξύ των διαφόρων εκδοχών που κυκλοφορούν σχετικά με την ίδρυση των Λαγκαδίων, πλησιέστερη στην πραγματικότητα μοιάζει να είναι η άποψη ότι το χωριό δημιουργήθηκε πιθανότατα στα τέλη του 15^{ου} και στις αρχές του 16^{ου} αιώνα από τη συνένωση μικρών συνοικισμών της γύρω περιοχής. Κατά τον Μεσαίωνα και στα πρώτα χρόνια της τουρκοκρατίας το σλαβικό στοιχείο πρέπει να υπήρξε αρκετά δυναμικό στην περιοχή, όπως προκύπτει από διάφορα τοπωνύμια και από λέξεις που επιβίωσαν στο τοπικό γλωσσικό ιδίωμα. Με τον καιρό ο πληθυσμός των Λαγκαδίων αυξήθηκε σταδιακά, αφομοιώνοντας πλήρως ξενικά στοιχεία. Λόγω της ιδιαίτερης μορφολογίας του τόπου (έντονη κλίση του εδάφους, ορεινό ανάγλυφο, ελάχιστος καλλιεργήσιμος χώρος, δυσπρόσιτη και απομακρυσμένη θέση) και, κατ' επέκταση, των περιορισμένων δυνατοτήτων για την άσκηση της γεωργίας και του εμπορίου, οι περισσότεροι κάτοικοι υποχρεώθηκαν να γίνουν χτίστες. Στο δεύτερο μισό του 18ου αιώνα οι Λαγκαδινοί μαστόροι φαίνεται πως ήταν ήδη διάσημοι για τη δουλειά τους και την τέχνη τους. Η συνεισφορά των Λαγκαδίων στον επαναστατικό αγώνα του 1821 ήταν σπουδαία, ενώ μετά την απελευθέρωση και την ίδρυση του ελληνικού κράτους η πλειοψηφία του πληθυσμού εξακολούθησε να ασκεί συστηματικά το επάγγελμα του χτίστη. Οργανωμένοι σε πλανόδιες ομάδες και συνεργεία με αυστηρή εσωτερική ιεραρχία (τα λεγόμενα «μπουλούκια» ή «κουμπανίες»), χρησιμοποιώντας, μάλιστα, συνθηματική γλώσσα, για να συνεννοούνται μεταξύ τους χωρίς να γίνονται κατανοητοί από τους γύρω τους, οι Λαγκαδινοί οικοδόμοι πραγματοποιούσαν συνεχώς ταξίδια, οργώνοντας ολόκληρο τον Μοριά. Κατασκευάζοντας πολυάριθμες κατοικίες και κτήρια κάθε μεγέθους και περατώνοντας σύνθετα τεχνικά έργα, κατάφεραν να εξαπλώσουν τη φήμη τους και να γίνουν περιζήτητοι, συμβάλλοντας ταυτόχρονα τα μέγιστα στη διαμόρφωση της παραδοσιακής αρχιτεκτονικής της Πελοποννήσου. Το γεγονός αυτό είχε ως αποτέλεσμα τα Λαγκάδια να γνωρίσουν μία περίοδο μεγάλης ανάπτυξης και ευημερίας. Είναι χαρακτηριστικό ότι τη δεκαετία του 1890 εξελίχθηκαν στη δεύτερη μεγαλύτερη πόλη της Αρκαδίας μετά την Τρίπολη, αριθμώντας σχεδόν 7.000 κατοίκους.

Στα τέλη του 19ου και στις αρχές του 20ού αιώνα ξεκίνησε η εξωτερική και εσωτερική μετανάστευση, με πολλούς Λαγκαδινούς αφενός να πηγαίνουν στο εξωτερικό, κυρίως στις Ηνωμένες Πολιτείες Αμερικής, αναζητώντας μία καλύτερη τύχη, αφετέρου να εγκαθίστανται μόνιμα σε άλλα μέρη της ελληνικής επικράτειας, ιδιαίτερα στα μεγάλα αστικά κέντρα, είτε για να σπουδάσουν είτε για να εργαστούν. Παρά τη σημαντική μείωση του πληθυσμού, τα Λαγκάδια ήταν μέχρι τα μέσα της δεκαετίας του 1950 όχι μόνο ένα ακμαίο κεφαλοχώρι με έντονη κοινωνική και οικονομική ζωή, αλλά και το πιο αξιόλογο εμπορικό κέντρο της Γορτυνίας, με αγορά και καταστήματα που διέθεταν αγαθά από όλη την Ελλάδα και προσέλκυαν πλήθος κόσμου από την ευρύτερη περιοχή. Ωστόσο, στο δεύτερο μισό του 20ού αιώνα συνεχίστηκε με αμείωτη και ισχυρή ένταση το φαινόμενο της μετοίκησης του ανθρώπινου δυναμικού των Λαγκαδίων στην Αθήνα και αλλού. Έτσι, την ώρα που στις πόλεις Λαγκαδινοί επιστήμονες και επαγγελματίες διέπρεπαν σε διάφορους τομείς, συντελούνταν –αναπόφευκτα και με δραματικές συνέπειες– η πληθυσμιακή συρρίκνωση της πατρογονικής τους εστίας. Σήμερα στα Λαγκάδια ζουν μόνιμα 350 περίπου άτομα. Η ατμόσφαιρα, όμως, της αίγλης και της ευμάρειας του παρελθόντος παραμένει αλώβητη σε αυτό το χωριό-κόσμημα, που πλάστηκε με πέτρα, σοφία και μεράκι από τα χέρια των ονομαστών μαστόρων του.

**

Ο Δημήτριος Τσαφαράς, γιος του Σπύρου και της Διαμάντως, γεννήθηκε στα Λαγκάδια το 1935. Από πολύ νωρίς –από την προσχολική του ακόμα ηλικία–

αναγκάστηκε να μπει στον σκληρό αγώνα για την επιβίωση. Ο Τζίμης, όπως χαρακτηριστικά αποκαλούνταν, πέρασε τα εξαιρετικά δύσκολα χρόνια της Κατοχής βόσκοντας τα λιγοστά αιγοπρόβατα της πολυμελούς και φτωχής οικογένειάς του, περιδιαβαίνοντας καθημερινά την άγονη και κακοτράχαλη γη των Λαγκαδίων, κάτω από αντίξοες καιρικές συνθήκες. Παρά την ανέχεια, τις στερήσεις και τα προβλήματα, με την αμέριστη συμπαράσταση και την παρότρυνση του αγράμματου πατέρα του που επιθυμούσε να μορφωθούν τα παιδιά του, στράφηκε από μικρός με πάθος στα γράμματα, σημειώνοντας άριστες επιδόσεις τόσο στο Δημοτικό όσο και στο Γυμνάσιο. Μετά το πέρας της μαθητείας του στα σχολεία των Λαγκαδίων και έπειτα από επιτυχή συμμετοχή σε εξετάσεις, σπούδασε για έναν χρόνο στη Θεολογική Σχολή του Πανεπιστημίου Αθηνών και κατόπιν στη Φιλοσοφική Σχολή του ίδιου εκπαιδευτικού ιδρύματος, από όπου αποφοίτησε ως πτυχιούχος Φιλολογίας. Το 1963, ύστερα από την εκπλήρωση της στρατιωτικής του θητείας, εγκαταστάθηκε στη Θεσσαλονίκη. Στη συμπρωτεύουσα σταδιοδρόμησε επαγγελματικά ως επιστημονικός συνεργάτης της Εταιρείας Μακεδονικών Σπουδών, παντρεύτηκε και δημιούργησε οικογένεια, έκανε εγκάρδιες και μακροχρόνιες φιλίες, συνεργάστηκε και συνδέθηκε με πολλά και μεγάλα ονόματα της τοπικής πανεπιστημιακής κοινότητας, παρακολούθησε εκ του σύνεγγυς την πνευματική, καλλιτεχνική και κοινωνική δραστηριότητα της περιοχής, έφτιαξε μία αξιοζήλευτη βιβλιοθήκη αποτελούμενη από εκατοντάδες τίτλους, απέκτησε ανεξάντλητες γνώσεις διαβάζοντας και μελετώντας αδιάκοπα. Λατρεύοντας τη φυσιογνωμία, την ατμόσφαιρα, την ιστορία και τους ανθρώπους της πόλης, παρέμεινε στη Θεσσαλονίκη περισσότερα από σαράντα χρόνια, μέχρι το 2007 που έφυγε από τη ζωή.

***

Μολονότι διέμεινε για μεγάλο χρονικό διάστημα μακριά τους, ο Δημήτριος Σπ. Τσαφαράς δεν λησμόνησε ποτέ τα Λαγκάδια, τα οποία κατείχαν πάντοτε κυρίαρχη θέση όχι μόνο στην καρδιά και στο μυαλό του, αλλά και στα ενδιαφέροντα και στις αναζητήσεις του. Η ενασχόλησή του με το παρελθόν, την ιστορία, τα ήθη, τα έθιμα και τις παραδόσεις της ιδιαίτερης πατρίδας του υπήρξε άοκνη και διαρκής. Σε περιοδικά έντυπα δημοσίευσε ποικίλα κείμενα, κυρίως πεζογραφήματα, στα οποία με γλαφυρό ύφος και χαρισματικό λόγο αποτύπωσε τις αναμνήσεις του από τα παιδικά και νεανικά του χρόνια στη γενέτειρα και αφηγήθηκε γεγονότα, σκηνές, περιστατικά και στιγμιότυπα του λαγκαδινού δημόσιου βίου. Το βασικό του, ωστόσο, έργο –απόρροια, από τη μία, της αγάπης και της νοσταλγίας του για τη γενέθλια γη και, από την άλλη, της επιστημονικής του ιδιότητας– ήταν η σύνταξη ενός λεξικού με ιδιωματικές λέξεις, φράσεις και τοπωνύμια των Λαγκαδίων. Ήδη από την εποχή της εγκατάστασής του στη Θεσσαλονίκη είχε αρχίσει να συλλέγει το σχετικό υλικό, η εργασία του, όμως, οργανώθηκε, συστηματοποιήθηκε και εντατικοποιήθηκε πολύ αργότερα, αμέσως μετά το τέλος της καριέρας του στην Εταιρεία Μακεδονικών Σπουδών. Μετά από εξαντλητική έρευνα και προσεκτική αξιοποίηση διαφόρων πηγών και με την πολύτιμη συμβολή αρκετών Λαγκαδινών συγγενών και φίλων, στους οποίους οφείλονται θερμές ευχαριστίες, κατάφερε να συγκεντρώσει και να καταγράψει περισσότερα από 4.500 λήμματα· εντούτοις, δεν πρόλαβε να προχωρήσει στην τελική διαμόρφωση και επεξεργασία των δοκιμίων του, καθώς και στην έκδοση ενός βιβλίου. Η προσπάθειά του συνεχίστηκε με ενθουσιασμό από τα παιδιά του, Σπύρο και Διαμάντω, αρχαιολόγο και φιλόλογο αντίστοιχα. Μολαταύτα, οι ιδιομορφίες που παρουσιάζει εκ των πραγμάτων ένα ιδιωματικό λεξικό, η απαιτητική φιλολογική και ηλεκτρονική του επιμέλεια και ορισμένες εκκρεμότητες που είχαν απομείνει, σε συνδυασμό με την απουσία του συγγραφέα, καθυστέρησαν σημαντικά την ολοκλήρωσή του.

Σήμερα, με την κυκλοφορία του *Λαγκαδινού Λεξικού* εκπληρώνεται, μετά θάνατον έστω, η μεγάλη επιθυμία του Δημητρίου Σπ. Τσαφαρά να γίνει το φιλολογικό του πόνημα κτήμα ενός ευρύτερου κοινού, πρωτίστως των Λαγκαδινών συμπατριωτών του. Επιπλέον, με την παρούσα δημοσίευση η οικογένεια του εκλιπόντος εκφράζει τη βαθιά της ευγνωμοσύνη και αποτίνει ελάχιστο φόρο τιμής στον άνθρωπο που −εκτός από εξαίρετος και αφοσιωμένος σύζυγος και πατέρας− αποτέλεσε και εξακολουθεί να αποτελεί, με το ήθος, την αξιοπρέπεια, την εργατικότητα και τη φιλομάθειά του, αναντικατάστατο πρότυπο και παράδειγμα προς μίμηση.

Θεσσαλονίκη, Ιούλιος 2013

Ελένη Τσαφαρά
Σπύρος Τσαφαράς
Διαμάντω Τσαφαρά

Τα Λαγκάδια, ένα μικρό όμορφο χωριό στο κέντρο της Πελοποννήσου, έγιναν γνωστά από την παράδοση των κτιστάδων τους. Οργανωμένα μπουλούκια άφηναν την εστία τους, για να ταξιδέψουν σε μακρινούς τόπους και να οικοδομήσουν ιδιωτικά και δημόσια έργα. Οι Λαγκαδινοί κτιστάδες «έχτισαν τον παράδεισο», σύμφωνα με ένα νεώτερο ευφυολόγημα. Ήταν πανέξυπνοι και αποτελεσματικοί επαγγελματίες που αντιμετώπιζαν την έλλειψη της συστηματικής παιδείας με ξεχωριστές επινοήσεις. Απτά δείγματα του μόχθου τους βρίσκονται ακόμη σήμερα κατεσπαρμένα στον ευρύτερο χώρο της Πελοποννήσου. Είναι αξιόλογη για την ανθρωπολογική έρευνα η μελέτη της οργάνωσης των μπουλουκιών, των σχέσεων ανάμεσα στα μέλη τους, των σχέσεων με τις κοινωνίες στους τόπους προορισμού προς εργασία, της ανάλωσης της καθημερινότητας, των μετακινήσεων σε απομακρυσμένες περιοχές, της διοχέτευσης αλλά και της πρόσληψης νοοτροπιών. Είναι μια μελέτη που απαιτείται να πραγματοποιηθεί, προϋποθέτοντας τη συνεργασία διαφόρων επιστημονικών συμβολών. Συν τοις άλλοις, οι κτιστάδες ανέπτυξαν συνθηματικά γλωσσάρια, προκειμένου να προστατεύονται τα μέλη της κομπανίας κατά τη διάρκεια των μεταξύ τους συζητήσεων στις καθημερινές ασχολίες τους στην «ξενιτιά».

Από την άλλη πλευρά, οι μανάδες που έμεναν πίσω στα Λαγκάδια είχαν επιπλέον καθήκοντα, διαδραματίζοντας δηλαδή και τον ρόλο του πατέρα. Πέρα από το νοικοκυριό και την ανατροφή των παιδιών, είχαν την ευθύνη της εκπροσώπησης του σπιτιού στην τοπική κοινωνία, έκλειναν συμφωνίες, σήκωναν το βάρος της ηθικής και έντιμης υπόληψης. Όφειλαν, με άλλα λόγια, να πρωταγωνιστούν επαξίως στους όρους κοινωνικής αναπαραγωγής της οικογένειας, ενισχύοντας τους δεσμούς ανάμεσα στα μέλη και καλύπτοντας το κενό του πατέρα.

Το τοπικό γλωσσικό ιδίωμα των Λαγκαδίων, όπως άλλωστε συνέβη και σε άλλες περιοχές της Ελλάδας, αναπτύχθηκε και ενισχύθηκε λόγω της γεωγραφικής διαμόρφωσης του τόπου, όσο και της ανθρωπολογικής υφής των ασχολιών των κατοίκων. Πρόκειται για περιοχή με δυσκολία στην πρόσβαση εξαιτίας των ορεινών όγκων που την περιβάλλουν, πράγμα που προκάλεσε έναν μακροχρόνιο σχετικό απομονωτισμό. Πριν την έλευση των σύγχρονων μεταφορικών μέσων που προέκυψαν από τα επιτεύγματα της Βιομηχανικής Επανάστασης, η διακίνηση από και προς τα Λαγκάδια, και γενικότερα τα χωριά της Γορτυνίας, ήταν αντικειμενικά προβληματική. Ήταν η εποχή που οι άνθρωποι μετακινούνταν μόνο για συγκεκριμένους λόγους, κατεξοχήν χάριν του επαγγέλματος. Έτσι όπως ταξίδευαν οι Λαγκαδινοί κτιστάδες. Οι τελευταίοι μετέφεραν μαζί με τα εργαλεία και τις αποσκευές τους και δάνεια γλωσσικά στοιχεία από την «ξενιτιά». Ο τόπος, λοιπόν, ανέπτυξε το γλωσσικό ιδίωμα, ακριβώς λόγω αυτών των χαρακτηριστικών. Και ήταν μια ιδιαιτερότητα της κοινής γλώσσας, αυτής που προέκυψε από τη χρόνια γλωσσολογική παράδοση σε ένα περίκλειστο ανθρωπογεωγραφικό περιβάλλον, αλλά και από την επικοινωνία των κτιστάδων με τις κοινωνίες, συνεπώς και τη γλώσσα, των ανθρώπων στους τόπους εργασίας τους στην ευρύτερη περιοχή της Πελοποννήσου. Είναι εμφανείς οι διαφορές με την κοινή γλώσσα στη φωνητική εκφορά, στη μορφολογία της γλώσσας, στο λεξιλόγιο.

Η έκδοση του *Λαγκαδινού Λεξικού* αποτελεί μία καθ' όλα αξιέπαινη πρωτοβουλία των παιδιών του *συγγραφέα, Δημήτρη Τσαφαρά*. Όχι μόνον επειδή αντανακλά τον γλωσσικό πολιτισμό του τόπου, την ιστορική εξέλιξη, τις γλωσσολογικές επιρροές από τους ξένους πληθυσμούς σε όμορους χώρους. Επιπλέον, διότι αποτυπώνει τη συλλογική μνήμη των Λαγκαδινών. Αυτήν τη μνήμη που δίχως την ύπαρξή της δεν μπορούν να επιβιώσουν οι άνθρωποι στη μακρά διάρκεια· δεν μπορεί να αναπτυχθεί η αφήγηση για το συλλογικό βίωμα· δεν μπορούν να ερμηνευτούν τα συστατικά της ανθρωπολογικής εξέλιξης.

Η παρούσα μελέτη, πολύχρονος καρπός εντατικής εργασίας του Δημήτρη Τσαφαρά, είναι από εκείνες τις οποίες οι ανήκοντες στους κύκλους των ανθρωπιστικών επιστημών αποκαλούμε ανεκτίμητες, καθότι απαιτείται επίπονη, συστηματική και ιδιαίτερης μεθοδολογίας έρευνα, για να φτάσει κανείς στο ποθούμενο αποτέλεσμα. Απαιτείται επίσης αφιέρωση, εννοώ την προσήλωση που αποδεδειγμένα οι ερευνητές προσκομίζουν στις έρευνές τους. Μα πάνω απ' όλα χρειάζεται εναργής αγάπη, αυτή η ακατάλυτη πνευματική σχέση που αναπτύσσουν τα έλλογα και αισθαντικά όντα με την πατρίδα τους. Και ο συγγραφέας αποδεικνύεται ότι είχε και τα Λαγκάδια στην καρδιά και τη γνώση.

Τον Δημήτρη Τσαφαρά, τον αγαπημένο Τζίμη για την οικογένεια και τους φίλους του, δεν τον συνάντησα ποτέ. Την ύπαρξή του τη γνώριζα από αρκετούς Λαγκαδινούς συμπατριώτες, αλλά και από συναδέλφους της Θεσσαλονίκης. Οι τελευταίοι με είχαν πληροφορήσει για έναν ακαταπόνητο, συστηματικό ερευνητή. Προφανώς ο συγγραφέας γαλουχήθηκε στο επιστημονικό κλίμα της Εταιρείας Μακεδονικών Σπουδών, όπου θήτευσε για πολλά χρόνια ως επιστημονικός συνεργάτης. Στη μελέτη, άλλωστε, είναι εμφανή τα προτερήματα του φιλολόγου που συνδυάζονται με τις τεχνικές δεξιότητες του ερευνητή. Κατά συνέπεια, το αποτέλεσμα της μελέτης είναι πανάξιο λόγου, καθιστώντας την έκδοση πολύτιμη για τον καθένα μας.

Βασίλης Καρδάσης
Ιστορικός, Καθηγητής Πανεπιστημίου Κρήτης

Συντομογραφίες

αιτ.	αιτιατική	μ.	μέσο
αμτβ.	αμετάβατο	μτβ.	μεταβατικό
αντίθ.	αντίθετο	μτφ.	μεταφορικά
αντων.	αντωνυμία	μτχ.	μετοχή
αόρ.	αόριστος, -η	ουδ.	ουδέτερο
αορ.	αορίστου	ουσ.	ουσιαστικό
αρσ.	αρσενικό	παρακ.	παρακείμενος
βλ. λ.	βλέπε λήμμα	παρατ.	παρατατικός
γεν.	γενική	παροιμ.	παροιμία
δηλ.	δηλαδή	παροιμ. φρ.	παροιμιακή φράση
δημ. τραγ.	δημοτικό τραγούδι	πληθ.	πληθυντικός
εν.	ενικός	πρόθ.	πρόθεση
ενεργ.	ενεργητικό	προστ.	προστακτική
ενεστ.	ενεστώτας	π.χ.	παραδείγματος χάριν
επίθ.	επίθετο		
επιθ.	επιθέτου	ρ.	ρήμα
επίρρ.	επίρρημα	ρηματ. φρ.	ρηματική φράση
επιρρημ. σημ.	επιρρηματική σημασία	σημ.	σημασία
		σύνδ.	σύνδεσμος
επιφ.	επιφώνημα	συνεκδ.	συνεκδοχή
επιφων. έκφρ.	επιφωνηματική έκφραση	συνθ. μαστ. γλ.	συνθηματική μαστορική γλώσσα
θηλ.	θηλυκό	υποκ.	υποκοριστικό
κ.λπ.	και λοιπά	υποτ.	υποτακτική
λ.	λέξη	φρ.	φράση

αβάρα η, μεγάλο τσιμπούρι.
αβάρετος, -η, -ο, **1.** (για αγρό) άσκαφτος, ασκάλιστος: *μας έπιασε βροχή κι έμεινε αβάρετο το μισό χωράφι.* **2.** (για τον ήλιο) πριν οι πρώτες ακτίνες του βαρέσουν (πέσουν) σε αντικρινή βουνοκορφή, πολύ λίγο πριν την ανατολή του: *αβάρετος ο ήλιος, πρέπει να έχεις ξεκινήσει.*
αβάρηγος, -η, -ο, *αβάρετος* (βλ. λ.).
αβγοκαγιανάς ο, αβγά χτυπητά με παστό χοιρινό κρέας στο τηγάνι: *έκανα έναν αβγοκαγιανά με μπόλικα αβγά και ψαχνούς μεζέδες από τη στάμνα και φίλεψα τους ξαφνικούς μουσαφιραίους.*
αβέλαγος, -η, -ο, **1.** αβέλαστος, αυτός που δεν βελάζει. **2.** (μτφ.) αυτός που δεν προλαβαίνει να πει κάτι πεθαίνοντας ξαφνικά: *πήγε από συγκοπή, χωρίς μιλιά, αβέλαγος που λένε.*
αβέρτικος, -η, -ο, αβέρτος, ελεύθερος.
αγαθομούνης, -α, -ικο, αγαθιάρης, εύπιστος, απονήρευτος, χαζός: *δεν κάνει για τέτοια σοβαρή δουλειά αυτός ο αγαθομούνης.*
αγαθομούνικος, -η, -ο, αυτός που ταιριάζει ή αναφέρεται στον αγαθομούνη (βλ. λ.).
άγαλος, -η, -ο, αδύναμος, άταρος: *αμ δε λέει τίποτ' αυτός, έν' άγαλο πράμα έναι.*

άγαρπος, -η, -ο, άγαρμπος, βίαιος, άξεστος, άπρεπος, ασουλούπωτος: *μη με πιάνεις άγαρπα, θα μου το σπάσεις το χέρι.*
αγγειά τα, όρχεις: *μην πηδάς άγαρπα, θα σπάσεις τ' αγγειά σου.*
αγγελοστόριστος, -η, -ο, αγγελοστορισμένος, αγγελοζωγραφιστός, πανέμορφος: *η γειτόνισσα έχει μια κόρη αγγελοστόριστη.*
αγγελοφοριέμαι, ψυχορραγώ, χαροπαλεύω, πνέω τα λοίσθια: *άρχισε ν' αγγελοφοριέται ο παππούς, απόψε σίγουρα θα μας αφήσει χρόνους.*
αγιαδουλειά η, η τέχνη του χτίστη, όπως την αποκαλούσαν οι ίδιοι άλλοτε σοβαρά κι άλλοτε ειρωνικά, *ασημοτέχνη* (βλ. λ.): *ας είναι καλά η αγιαδουλειά μας που τρέφει κι εμάς και τις φαμελιές μας.*
Αγιο-Βασιλειού του (γεν. του ονόματος *Αγιο-Βασίλης*), η ημέρα της γιορτής του αγίου Βασιλείου (η πρώτη του έτους).
αγιοδουλειά η, *αγιαδουλειά* (βλ. λ.): *όταν πάει στην αγιοδουλειά, θα καταλάβει πώς βγαίνει το ψωμί.*
Αγιολιός του (γεν. του ονόματος *Αγιολιάς*), η ημέρα της γιορτής του προφήτη (αγίου) Ηλία: *της αγια-Μαρίνας ρόγα, τ' Αγιολιός σταφύλι και της Παναγιάς κοφίνι* (παροιμ. για τη

αγιοφύρωτος

σταδιακή ωρίμαση των σταφυλιών).
αγιοφύρωτος, -η, -ο, αγεφύρωτος: χρόνια είναι αγιοφύρωτο το ποτάμι, κι άιντε να περάσεις όταν κατεβάζει.
αγκαθιά η, **1.** αγκάθι, βελονοειδής έκφυση μερικών φυτών: *έχει μπει μι' αγκαθιά στο δάχτυλό μου και με βερβερίζει.* **2.** κάθε αγκαθωτός θάμνος ή αγκαθωτό κλαδί δέντρου: *έφτειαξε μάνι-μάνι μ' αγκαθιές στρούγκα κι άρμεξε τα πρόβατά του.*
αγκαθίτσα η, (μτφ.) άνθρωπος δηκτικός, καυστικός, σαρκαστικός: *είσαι μι' αγκαθίτσα εσύ, όποιος δε σε ξέρει!*
αγκαλούτσα η, (χαϊδευτικά) αγκαλιά: *ούλο αγκαλούτσες μού θέλεις, για περπάτα και λίγο, γιατί μου 'κοψες τα χέρια.*
αγκιναράκι το, εδώδιμο αγριόχορτο.
αγκρομάζουμαι, 1. αφουγκράζομαι, στήνω αφτί, ακούω κάποιον ή κάτι με προσοχή: *αγκρομαστείτε να σας ειπώ τι μου 'λεγ' εκείνος ο παραμυθάς.* **2.** κρυφακούω: *πολλές φορές την πήρα χαμπάρι ν' αγκρομάζεται πίσω από το μισόκλειστο παρεθύρι της.*
άγνα η, **1.** άχνα, ατμός: *θελώσανε τα τζιάμια από την άγνα του νερού που βράζει.* **2.** σιωπή, τσιμουδιά: *τ' άκουσε τα σκολιανά του και δεν έβγαλε άγνα.*
αγνάρι το, χνάρι, αχνάρι, ίχνος: *από τ' αγνάρι του στο χιόνι τον βρήκα και τον σκότωσα στο κουμάσι του τον λαγό.*
αγναρίζω, βηματίζω, περπατώ: *δεν πρόλαβα ν' αγναρίσω και μου 'ρθε μεγάλη ζαλάδα.*

αδιάβαστος

αγνίζω, αχνίζω: *ζεστάθηκε το φαΐ κι αγνίζει.*
αγνός, -ή, -ό, αχνός.
αγνός ο (ως ουσ.), ατμός.
αγουριδής, -ιά, -ί, αυτός που έχει το χρώμα της αγουρίδας (ανοιχτό πράσινο).
Άγουστος ο, Αύγουστος.
αγριόζουδο το, **1.** άγριο ζώο, αγρίμι: *πολλά αγριόζουδα κάνουν ζημιές στα σπαρτά και στα ζωντανά.* **2.** (μτφ.) αγριάνθρωπος.
αγριοπαίρνω, αγριεύομαι, τρομάζω: *αγριοπήρα χτες που γύριζα μεσάνυχτα στο σπίτι μου.*
αγριότη η, αγριότητα, το γνώρισμα του άγριου: *χαμήλω την αγριότη σου κι έλα κοντά με μένα* (δημ. τραγ.).
αγρυμνάω, αγρυπνώ, είμαι ξυπνητός.
αγρύμνια η, αγρύπνια, αγρυπνία.
άγρυμνος, -η, -ο, άγρυπνος, αυτός που μένει ξυπνητός.
αγύριγος, -η, -ο, **1.** μεγάλος σε επιφάνεια, εκτεταμένος: *είναι από πολύ μεγάλο χωριό αυτός, αγύριγο.* **2.** αγύριστος, αυτός που δεν γυρίζει, δεν επιστρέφει ή δεν επιστρέφεται: *ούλο δανεικά ζητάει κι αγύριγα ο φίλος σου.* **3.** φρ.: α. **στον αγύριγο (ας πάει ή πήγε)**, να μη γυρίσει, να μη βρει δρόμο γυρισμού (κατάρα). β. **αγύριγο κεφάλι**, αμετάπειστος, ισχυρογνώμονας.
αδεκαρίλα η, αδεκαριά, αναπαραδιά, φτώχεια: *τέτοια αδεκαρίλα δεν είχα περάσει ποτέ.*
αδερφοπαίδια τα, δυο αδερφιών παιδιά, πρώτα ξαδέρφια.
αδιάβαστος, -η, -ο, **1.** αυτός στον οποίο, όταν πέθανε, για οποιοδήπο-

αδιαβόλευτος / **ακαθαρισία**

τε λόγο δεν διαβάστηκε νεκρώσιμη ακολουθία. **2.** (μτφ.) αυτός που παθαίνει κάτι σοβαρό, ακόμη και θάνατο, άδικα: *κρίμα, χωρίς να φταίει, πήγε αδιάβαστος.*

αδιαβόλευτος, -η, -ο, αγαθός, απονήρευτος: *αδιαβόλευτος άνθρωπος ο Κώστας.*

αδιανέμηγος, -η, -ο, αδιανέμητος, αμοίραστος, αδιαίρετος: *πέθανε κι άφηκε στα παιδιά του αδιανέμηγα τα χωράφια.*

αδικιάζω, κρίνω άδικα: *μ' αδικιάζεις, όταν λες πως σε ζήμιωσα.*

αδίψαγος, -η, -ο, αδίψαστος, αυτός που δεν διψάει ή δεν δίψασε.

αδρασκελάω, δρασκελάω, δρασκελίζω, περνώ πάνω από κάτι χωρίς να το ακουμπήσω.

αδρασκελιά η, δρασκελιά.

αδρασκελισιά η, δρασκελιά.

αδρασκέλισμα το, δρασκέλισμα.

αδρασκελιστά (επίρρ.), δρασκελιστά, υπερπηδώντας με δρασκελιά.

αδράχτι το, εξάρτημα (μεταλλικός άξονας) του νερόμυλου, που συνδέει τη φτερωτή με την άνω μυλόπετρα.

αδραχτιά η, η μεγαλύτερη δυνατή ποσότητα νήματος που τυλίγεται στο αδράχτι της ρόκας.

άδροσος, -η, -ο, άνοστος, άγευστος: *μπίτι άδροσο αυτό το φαΐ σήμερα.*

αδυνασιά η, **1.** αδυναμία, σωματική εξάντληση: *η αρρώστια του 'φερε μεγάλη αδυνασιά, δεν μπορεί να πάρει τα πόδια του.* **2.** έλλειψη μέσων για την επίτευξη κάποιου σκοπού: *βρισκόμουνα σ' αδυνασιά κείνον τον καιρό από λεφτά και δεν μπόρεσα ν' αγοράσω ένα καλό σπίτι.*

αερίζουμαι, πέρδομαι, κλάνω: *άκου 'κεί, ο γιατρός ρώτησε τον άρρωστο αν αερίζεται!*

αερογάμης ο, γεράκι που μένει για λίγο ακίνητο στον αέρα και ευθύς εφορμά και συλλαμβάνει τη λεία του.

αεροπαρμένος, -η, -ο, αυτός που τα μυαλά του έχουν πάρει αέρα, ελαφρόμυαλος, φαντασμένος: *ένας αεροπαρμένος είν' αυτός, δεν είναι σοβαρός άνθρωπος.*

αζάπωτος, -η, -ο, αυτός που δεν ζαπώνεται (βλ. λ.), αδάμαστος, ανίκητος: *ο Γιάννης είναι πιο δυνατός από όλα τα παιδιά, είναι αζάπωτος.*

άζεχτος, -η, -ο, (για ζώα) αυτός που δεν ζεύτηκε, δεν μπήκε στον ζυγό: *τ' αφήκαμε λίγο παραπάνω άζεχτο το βόιδι, για να δυναμώσει.*

αζήτηγος, -η, -ο, αζήτητος, αγύρευτος, αυτός που δεν τον διεκδικεί κανείς.

αζούλιαγος, -η, -ο, αζούλιχτος, αυτός που δεν ζουλίχτηκε, δεν συμπιέστηκε: *τα 'φερα ούλα τ' απίδι' αζούλιαγα.*

αζύγιαγος, -η, -ο, αζύγιστος.

αθέλωτος, -η, -ο, αυτός που δεν θολώθηκε, αθόλωτος.

αϊβάζι το, μοιρολόγι, θρηνητικό τραγούδι: *σαν αρχινήσανε το αϊβάζι, ακόμα θέλουν να το σταματήσουν.*

αιμοπληγία η, ημιπληγία: *είναι μήνους κατάκοιτος από αιμοπληγία.*

αΐσκιωτος, -η, -ο, αποκρουστικός, αντιπαθής, αχώνευτος, άχαρος: *πολύ αΐσκιωτη η καινούργια νύφη της γειτόνισσας.*

ακαθαρισία η, ακαθαρσία, βρομιά.

ακάλιαγος, -η, -ο, ακάλιαστος (καλιάζω, βλ. λ.), αταίριαστος.
ακαμπάς ο, όγκος βαρύς και ακατέργαστος.
ακάνωτος, -η, -ο, αυτός που δεν οργώθηκε, ανόργωτος: *μας έπιασ' η βροχή κι έμεινε το μισό χωράφι ακάνωτο*.
ακέρναγος, -η, -ο, ακέραστος, αυτός προς τον οποίο δεν προσφέρθηκε ποτό ή αναψυκτικό και γενικά φαγητό ή άλλο φιλοδώρημα: *μες στην αναμπουμπούλα του γάμου φύγανε μερικοί καλεσμένοι ακέρναγοι*.
ακιμπέτι (επίρρ.), παρά ταύτα, εντούτοις, ωστόσο: *ακιμπέτι πήγες στο πανηγύρι κι ας μη σ' άφην' η μάνα σου*.
ακόνι το, (συνθ. μαστ. γλ.) σιωπή, μη μιλάς, μείνε αδιάφορος: *ακόνι, μαστόροι, έρχετ' ο κερές* (αφεντικό).
ακοσκίνιγος, -η, -ο, ακοσκίνιστος, ακρησάριστος: *χάλασε το κόσκινο και μου 'μεινε ακοσκίνιγο το γέννημα*.
ακουμαντάριστος, -η, -ο, ασυγύριστος, αφρόντιστος: *ντροπές μου, έφυγα άξαμνα κι άφηκα το σπίτι ακουμαντάριστο*.
ακουρμπέτι (επίρρ.), ακιμπέτι (βλ. λ.).
ακουρνιάχτιγος, -η, -ο, αυτός που δεν στέκει πάνω του κορνιαχτός (σκόνη), ασκόνιστος, πεντακάθαρος: *μπορεί να 'χει άλλα κουσούρια, αλλά και στο σπίτι της κι απάνω της είναι ακουρνιάχτιγη*.
ακούρντιγος, -η, -ο, ακούρντιστος: *έμεινε το ρολόι ακούρντιγο και σταμάτησε*.
άκουτος, -η, -ο, αυτός που ακούγεται, αλλά δεν φαίνεται· κάνει όμως αισθητή την παρουσία του με ομιλία, βηματισμό κ.λπ.: *—Πού είναι ο Γιάννης; —Άκουτος, έρχεται*.
ακράτηγος, -η, -ο, ακράτητος, αυτός που δεν κρατιέται, ασυγκράτητος: *είναι ακράτηγος, θέλει να πάει για μαστοριά*.
ακρησάριγος, -η, -ο, ακρησάριστος, ακοσκίνιστος: *μερικές ζυμώνουν ψωμί με ακρησάριγο αλεύρι*.
ακρίδας ο, αδύνατος σαν ακρίδα άνθρωπος.
ακριδολογάω, 1. κυνηγώ, μαζεύω ακρίδες. 2. ασχολούμαι με ανάξια λόγου εργασία, ενώ έχω άλλη σοβαρότερη: *η αλουπού είχ' αργατιά κι εκείνη ακριδολόγαγε* (παροιμ.).
ακριθάρωτος, -η, -ο, ζώο στο οποίο δεν δόθηκε κριθάρι για τροφή, αταϊστος.
άκω (τύπος προστ. ενεστ. του ρ. ακούω), άκου[(γ)ε]: *άκω να σου ειπώ, εγώ δεν αστειεύουμαι αυτή τη φορά*.
αλάκερος, -η, -ο, ολάκερος, ολόκληρος, ακέραιος: *έφαγα τη ζωή μου αλάκερη, για να φτειάσω αυτό το σπίτι*.
αλαμπούτζαρα (επίρρ.), αδιάφορα, χωρίς την απαιτούμενη σοβαρότητα: *το σπίτι του καιγότανε κι εκείνος το 'χε αλαμπούτζαρα*.
αλατζιάς ο, αλατζάς, πολύχρωμο βαμβακερό ύφασμα.
αλατζιένιος, -ια, -ιο, ο καμωμένος από αλατζιά (βλ. λ.): *αλατζιένιο μισοφόρι // αλατζιένιος γιακάς*.
αλαφοσκιαγμένος, -η, -ο, ο φοβισμένος σαν ελάφι, ο τρομοκρατημένος.
αλαφρογιόρτι το, η γιορτή χωρίς αργία, η ελαφρογιορτή.

αλεβάντα η, λεβάντα.

αλέγρος, -η, -ο, ανοιχτόχρωμος: *δεν την αφήνουν οι λύπες τη δύστυχη να φορέσει αλέγρα ρούχα είκοσι χρόνια κοντά*.

άλειμμα το, *παστό* (βλ. λ.).

αλευρομαγερέματα τα, χειροποίητα σπιτικά ζυμαρικά (τραχανάς, χυλοπίτες κ.λπ.).

αλιά (επιφ.), αλί, αλίμονο: *αλιά σ' αυτόν που πάει (που πέθανε)*.

αλιβάνιγος, -η, -ο, αλιβάνιστος: *έλειψα μια βδομάδα κι αφήκατε αλιβάνιγο το εικονοστάσι*.

αλίγδα η, λίγδα, χοιρινό λίπος.

αλίγδωμα το, λίγδωμα, λέρωμα.

αλιγδώνω, **1.** λιγδώνω, ρυπαίνω. **2.** (μτφ.) λιπαίνομαι, επιχρίεται κατά κάποιον τρόπο το μέσα μου με λίπος: *να φάμε λιγούλη γουρνομεζέ ν' αλιγδωθεί το άντερό μας*.

αλικοτάω, αλικοντίζω, εμποδίζω κάποιον από κάποια ενέργειά του: *μην τον αλικοτάς τον άλλον από τη δουλειά του*.

αλικότημα το, η ενέργεια και το αποτέλεσμα του *αλικοτάω* (βλ. λ.).

αλισιβερίζομαι, έχω δοσοληψίες, συναλλάσσομαι, έχω σχέσεις: *αφού είναι τέτοιος, δεν πρόκεται ν' αλισιβεριστώ μαζί του*.

άλιωτος, -η, -ο, κατάρα σε νεκρό, να στερηθεί της αποσύνθεσης του σώματός του (που θεωρούνταν ένδειξη καλού χριστιανού), να βρεθεί άλιωτος (κατά την ανακομιδή): *ο άλιωτος μου 'κανε πολλά όσο έζηγε*.

άλληνε την (αιτ. εν. του θηλ. της αντων. *άλλος*), την άλλη: *πιστεύω να είπες και στην άλληνε ότι έχουμε γάμο*.

αλληνένα το (αντων.), άλλο ένα: *δος μου αλληνένα σύκο, είναι πολύ νόστιμο*.

αλληνής της (γεν. εν. του θηλ. της αντων. *άλλος*), της άλλης: *της αλληνής πόρτας το τσεμπερέκι χάλασε, κοίταξε να το φτειάξεις*.

άλλονε τον (αιτ. εν. του αρσ. της αντων. *άλλος*), τον άλλο: *φώναξε και τον άλλονε να 'ρθεί*.

αλλούθε (επίρρ.), αλλού: *τι τηράς αλλούθε, εγώ σου μιλάω*.

αλλουνού του (γεν. εν. του αρσ. και ουδ. της αντων. *άλλος*), του άλλου: *του αλλουνού την περιουσία να τη σέβεσαι σα δική σου // στ' αλλουνού φεγγαριού τη γιόμιση θα κόψουμε τα δέντρα*.

αλλουνώνε των (γεν. πληθ. και των τριών γενών της αντων. *άλλος*), των άλλων: *τουν αλλουνώνε τα κουσούρια τα βλέπουμε πιο εύκολα*.

αλογομούλαρα τα, άλογα και μουλάρια μαζί: *το καλοκαίρι πρέπει να συνεμπάσουμε φάγνα για τα αλογομούλαρα*.

αλοιφή η, λιωμένο χοιρινό λίπος, μέσα στο οποίο διατηρείται το *παστό* (βλ. λ.)· χρησιμοποιείται επίσης και για την άρτυση ορισμένων φαγητών.

άλοτρος, -η, -ο, καημένος, δυστυχισμένος: *δε μου το 'λεγες, άλοτρο, ότι πείναγες να σου δώκω μια φέτα ψωμί να φας;*

αλουπάκι το, αλεπουδάκι, μικρή αλεπού.

αλούπης ο, **1.** αρσενική αλεπού. **2.** (μτφ.) πανέξυπνος, παμπόνηρος άνθρωπος: *είναι ένας αλούπης αυτός, μην τον βλέπεις που κάνει το μισοκακόμοιρο.*

αλουποπορδή η, **1.** είδος μανιταριού με σκόνη που εκτινάσσεται, αν πιεστεί, και που χρησιμοποιείται ως αιμοστατικό. **2.** (μτφ.) εκείνος που απαντά χωρίς να ερωτηθεί: *εσύ τι πετάγεσαι σαν την αλουποπορδή;*

αλουπόπουλο το, το μικρό της αλεπούς: *η αλουπού εκατό χρονώ και τα αλουπόπουλα εκατόν είκοσι* (παροιμ.).

αλουπότρουπα η, φωλιά της αλεπούς.

αλουπρώτα (επίρρ.), πρώτα-πρώτα, κατά πρώτο: *αλουπρώτα τον ευχαρίστησε για το καλό που του 'κανε και μετά μιλήσανε για άλλα θέματα.*

αλουπρώτος, -η, -ο, πρώτος-πρώτος, ολόπρωτος: *ήρθα αλουπρώτος και μη λες ό,τι θες.*

αλυσιδοβελονιά η, είδος βελονιάς στην κεντητική.

αμάδηγος, -η, -ο, αμάδητος, αυτός που δεν του αφαιρέθηκε το τρίχωμα ή το πτέρωμα κ.λπ.

αμαλλιασίλα η, **1.** έλλειψη τριχοφυΐας. **2.** (μτφ.) ανέχεια, ένδεια: *για να 'χει μια ζωή τέτοια αμαλλιασίλα, κάποιος τον έχει καταραστεί.*

αμανατιάζω, αφήνω, παρατάω: *τι τ' αμανάτιασες εδωπά το στρώμα κι έφυγες;*

αμασκαίνω (σε χρήση μόνο η υποτ. του παθητικού αορ., **αμασκαθώ**), βασκαίνω: *να μην αμασκαθείς, πολύ ψήλωσες.*

αμέτρηγος, -η, -ο, αμέτρητος, αυτός που δεν μπορεί να μετρηθεί ή δεν μετρήθηκε, αναρίθμητος, αλογάριαστος: *τ' άστρια τ' ουρανού είν' αμέτρηγα.*

αμιλησιά η, σιωπή, βουβαμάρα, μουγγαμάρα: *τον έχει πιάσει αμιλησιά τον τελευταίο καιρό, ξεχάσαμε τη λαλιά του.*

αμμόσουρμα το, παρασυρόμενη άμμος (χώμα) από ρεύμα νερού.

αμμοσούρνω, (για έδαφος) παρασύρεται από βροχή το χώμα μου, διαβρώνομαι: *ήταν πολύ σιγαλή βροχή, ο τόπος δεν αμμόσουρε καθόλου.*

αμμουδέρα η, χωράφι αμμουδερό, άγονο: *κάτι αμμουδέρες σπέρνει και δεν παίρνει ούτε το σπόρο.*

αμοίραγος, -η, -ο, αμοίραστος, αδιανέμητος: *ο πατέρας μας μας τα έχει αμοίραγα ακόμα τα χωράφια, καμιά ώρα θα βγάλουμε τα μάτια μας...*

αμόμιλο το, έπιπλο, πράγμα του σπιτιού: *έχουνε λεφτά, φαίνεται· σ' ένα χρόνο γιομίσανε το σπίτι τους αμόμιλα.*

αμόνοιαγος, -η, -ο, αμόνοιαστος, αυτός που δεν ζει σε σύμπνοια με κάποιον άλλον: *αμόνοιαγο αντρόγενο, κάθε μέρα βγάνουν τα μάτια τους· γινήκανε ρεζίλι των σκυλιών.*

αμονοιασίλα η, έλλειψη ομόνοιας, διχόνοια, διχοστασία: *τέτοια αμονοιασίλα σ' αδέρφια δεν έχει ματαγίνει.*

αμουδιάζω, μουδιάζω.

αμούδιασμα το, μούδιασμα.

αμουτσιά η, μπουκιά: *μεγάλ' αμουτσιά να βάνεις στο στόμα σου, μεγάλο λόγο να μη λες // θα μ' αφήκεις να φάω μια αμουτσιά ψωμί ήσυχος;*

αμουχλιάζω, μουχλιάζω, σκεπάζομαι

αλεβάντα η, λεβάντα.
αλέγρος, -η, -ο, ανοιχτόχρωμος: *δεν την αφήνουν οι λύπες τη δύστυχη να φορέσει αλέγρα ρούχα είκοσι χρόνια κοντά*.
άλειμμα το, παστό (βλ. λ.).
αλευρομαγερέματα τα, χειροποίητα σπιτικά ζυμαρικά (τραχανάς, χυλοπίτες κ.λπ.).
αλιά (επιφ.), αλί, αλίμονο: *αλιά σ' αυτόν που πάει (που πέθανε)*.
αλιβάνιγος, -η, -ο, αλιβάνιστος: *έλειψα μια βδομάδα κι αφήκατε αλιβάνιγο το εικονοστάσι*.
αλίγδα η, λίγδα, χοιρινό λίπος.
αλίγδωμα το, λίγδωμα, λέρωμα.
αλιγδώνω, **1.** λιγδώνω, ρυπαίνω. **2.** (μτφ.) λιπαίνομαι, επιχρίεται κατά κάποιον τρόπο το μέσα μου με λίπος: *να φάμε λιγούλη γουρνομεζέ ν' αλιγδωθεί το άντερό μας*.
αλικοτάω, αλικοντίζω, εμποδίζω κάποιον από κάποια ενέργειά του: *μην τον αλικοτάς τον άλλον από τη δουλειά του*.
αλικότημα το, η ενέργεια και το αποτέλεσμα του *αλικοτάω* (βλ. λ.).
αλισιβερίζομαι, έχω δοσοληψίες, συναλλάσσομαι, έχω σχέσεις: *αφού είναι τέτοιος, δεν πρόκεται ν' αλισιβεριστώ μαζί του*.
άλιωτος, -η, -ο, κατάρα σε νεκρό, να στερηθεί της αποσύνθεσης του σώματός του (που θεωρούνταν ένδειξη καλού χριστιανού), να βρεθεί άλιωτος (κατά την ανακομιδή): *ο άλιωτος μου 'κανε πολλά όσο έζηγε*.
άλληνε την (αιτ. εν. του θηλ. της αντων. *άλλος*), την άλλη: *πιστεύω να είπες και στην άλληνε ότι έχουμε γάμο*.

αλληνένα το (αντων.), άλλο ένα: *δος μου αλληνένα σύκο, είναι πολύ νόστιμο*.
αλληνής της (γεν. εν. του θηλ. της αντων. *άλλος*), της άλλης: *της αλληνής πόρτας το τσεμπερέκι χάλασε, κοίταξε να το φτειάξεις*.
άλλονε τον (αιτ. εν. του αρσ. της αντων. *άλλος*), τον άλλο: *φώναξε και τον άλλονε να 'ρθεί*.
αλλούθε (επίρρ.), αλλού: *τι τηράς αλλούθε, εγώ σου μιλάω*.
αλλουνού του (γεν. εν. του αρσ. και ουδ. της αντων. *άλλος*), του άλλου: *του αλλουνού την περιουσία να τη σέβεσαι σα δική σου // στ' αλλουνού φεγγαριού τη γιόμιση θα κόψουμε τα δέντρα*.
αλλουνώνε των (γεν. πληθ. και των τριών γενών της αντων. *άλλος*), των άλλων: *τουν αλλουνώνε τα κουσούρια τα βλέπουμε πιο εύκολα*.
αλογομούλαρα τα, άλογα και μουλάρια μαζί: *το καλοκαίρι πρέπει να συνεμπάσουμε φάγνα για τα αλογομούλαρα*.
αλοιφή η, λιωμένο χοιρινό λίπος, μέσα στο οποίο διατηρείται το παστό (βλ. λ.)· χρησιμοποιείται επίσης και για την άρτυση ορισμένων φαγητών.
άλοτρος, -η, -ο, καημένος, δυστυχισμένος: *δε μου το 'λεγες, άλοτρο, ότι πείναγες να σου δώκω μια φέτα ψωμί να φας;*
αλουπάκι το, αλεπουδάκι, μικρή αλεπού.
αλούπης ο, **1.** αρσενική αλεπού. **2.** (μτφ.) πανέξυπνος, παμπόνηρος άν-

θρωπος: *είναι ένας αλούπης αυτός, μην τον βλέπεις που κάνει το μισοκακόμοιρο.*
αλουποπορδή η, **1.** είδος μανιταριού με σκόνη που εκτινάσσεται, αν πιεστεί, και που χρησιμοποιείται ως αιμοστατικό. **2.** (μτφ.) εκείνος που απαντά χωρίς να ερωτηθεί: *εσύ τι πετάγεσαι σαν την αλουποπορδή;*
αλουπόπουλο το, το μικρό της αλεπούς: *η αλουπού εκατό χρονώ και τα αλουπόπουλα εκατόν είκοσι* (παροιμ.).
αλουπότρουπα η, φωλιά της αλεπούς.
αλουπρώτα (επίρρ.), πρώτα-πρώτα, κατά πρώτο: *αλουπρώτα τον ευχαρίστησε για το καλό που του 'κανε και μετά μιλήσανε για άλλα θέματα.*
αλουπρώτος, -η, -ο, πρώτος-πρώτος, ολόπρωτος: *ήρθα αλουπρώτος και μη λες ό,τι θες.*
αλυσιδοβελονιά η, είδος βελονιάς στην κεντητική.
αμάδηγος, -η, -ο, αμάδητος, αυτός που δεν του αφαιρέθηκε το τρίχωμα ή το πτέρωμα κ.λπ.
αμαλλιασίλα η, **1.** έλλειψη τριχοφυΐας. **2.** (μτφ.) ανέχεια, ένδεια: *για να 'χει μια ζωή τέτοια αμαλλιασίλα, κάποιος τον έχει καταραστεί.*
αμανατιάζω, αφήνω, παρατάω: *τι τ' αμανάτιασες εδωπά το στρώμα κι έφυγες;*
αμασκαίνω (σε χρήση μόνο η υποτ. του παθητικού αορ., **αμασκαθώ**), βασκαίνω: *να μην αμασκαθείς, πολύ ψήλωσες.*
αμέτρηγος, -η, -ο, αμέτρητος, αυτός που δεν μπορεί να μετρηθεί ή δεν μετρήθηκε, αναρίθμητος, αλογάριαστος: *τ' άστρια τ' ουρανού είν' αμέτρηγα.*
αμιλησιά η, σιωπή, βουβαμάρα, μουγγαμάρα: *τον έχει πιάσει αμιλησιά τον τελευταίο καιρό, ξεχάσαμε τη λαλιά του.*
αμμόσουρμα το, παρασυρόμενη άμμος (χώμα) από ρεύμα νερού.
αμμοσούρνω, (για έδαφος) παρασύρεται από βροχή το χώμα μου, διαβρώνομαι: *ήταν πολύ σιγαλή βροχή, ο τόπος δεν αμμόσουρε καθόλου.*
αμμουδέρα η, χωράφι αμμουδερό, άγονο: *κάτι αμμουδέρες σπέρνει και δεν παίρνει ούτε το σπόρο.*
αμοίραγος, -η, -ο, αμοίραστος, αδιανέμητος: *ο πατέρας μας μας τα έχει αμοίραγα ακόμα τα χωράφια, καμιά ώρα θα βγάλουμε τα μάτια μας...*
αμόμιλο το, έπιπλο, πράγμα του σπιτιού: *έχουνε λεφτά, φαίνεται· σ' ένα χρόνο γιομίσανε το σπίτι τους αμόμιλα.*
αμόνοιαγος, -η, -ο, αμόνοιαστος, αυτός που δεν ζει σε σύμπνοια με κάποιον άλλον: *αμόνοιαγο αντρόγενο, κάθε μέρα βγάνουν τα μάτια τους· γινήκανε ρεζίλι των σκυλιών.*
αμονοιασίλα η, έλλειψη ομόνοιας, διχόνοια, διχοστασία: *τέτοια αμονοιασίλα σ' αδέρφια δεν έχει ματαγίνει.*
αμουδιάζω, μουδιάζω.
αμούδιασμα το, μούδιασμα.
αμουτσιά η, μπουκιά: *μεγάλ' αμουτσιά να βάνεις στο στόμα σου, μεγάλο λόγο να μη λες // θα μ' αφήκεις να φάω μια αμουτσιά ψωμί ήσυχος;*
αμουχλιάζω, μουχλιάζω, σκεπάζομαι

άμπλαζος | 23 | **ανάκαρο**

από μούχλα: *αμούχλιασε το ψωμί, πετάχτε το.*
άμπλαζος, -η, -ο, ασουλούπωτος, άγαρμπος, χοντροκομμένος: *μπίτι άμπλαζη, τρομάρα της, είν' αυτή η γυναίκα // χρήσιμη, δε λέω, η καινούργια ντουλάπα, αλλά λίγο άμπλαζη.*
αμποδάω, 1. εμποδίζω: *μην τους αμποδάς, άσ' τους να φαγωθούνε.* **2.** απαγορεύω: *αυτός τ' αμποδάει το χωράφι του ολοχρονίς* (απαγορεύει τη βόσκηση). Το μ. **αμποδιέμαι**, αμύνομαι, προφυλάγομαι από επίθεση ανθρώπου ή ζώου: *ευτυχώς κρατούσα μαγκούρα και μπόρεσα ν' αμποδηθώ από 'να παλιόσκυλο που μου χύμηξε.*
αμπόδημα το, εμπόδιση, απαγόρευση.
αμπόρετος, -η, -ο, ακατόρθωτος, αδύνατος, ανέφικτος: *μου ζητάς αμπόρετο πράμα και δεν μπορώ να σ' εξυπηρετήσω.*
αμπουκιά η, μπουκιά.
άμπραζος, -η, -ο, άμπλαζος (βλ. λ.).
αμωρίλα η, αμβλύτητα των αισθήσεων και του νου, έλλειψη ενεργητικότητας, οκνηρία, ανεπροκοπιά: *μ' έχει πιάσει μι' αμωρίλα αυτόν τον καιρό που δε θέλω να κάνω τίποτα.*
άμωρος, -η, -ο, αμβλύς στις αισθήσεις και στον νου, οκνηρός, ανεπρόκοπος: *μια σωστή δουλειά δεν τη βγάζει πέρα η άμωρη.*
αναβόλα η, το κάθετο όργωμα στις δυο άκρες του χωραφιού, για να μην μπαίνει το ζευγάρι στα διπλανά χτήματα κατά τα πισωγυρίσματά του: *πρώτα θα κάνεις τις αναβόλες και μετά θ' αρχίσεις το κανονικό όργωμα.*
αναγκρίζω, κάνω κουβέντα, θίγω κάποιο ζήτημα, αναφέρομαι σε κάτι: *από τότε που του 'γινε παρατήρηση, δεν ανάγκρισε ξανά κουβέντα για το ζήτημα.*
αναγομάω, διαγουμίζω, σκάβω βαθιά και γυρίζω τα χώματα πάνω κάτω.
αναγομή η, διαγούμισμα.
ανάγυρα (επίρρ.), **1.** γύρω-γύρω, περιμετρικά: *έχει σύγνοφα ανάγυρα, θα χαλάσ' ο τόπος σήμερα.* **2.** (για δρόμο) όχι ο συντομότερος αλλά ο πιο μακρινός: *πήγες ανάγυρα, κι όχι από το περικοπό, γι' αυτό άργησες.*
αναδοσιά η, ανία, αθυμία, άσχημη διάθεση: *δεν αιστάνομαι καλά, έχω μια αναδοσιά από χτες.*
αναζήτηγος, -η, -ο, αζήτητος, λησμονημένος, εγκαταλειμμένος: *έμειν' ο καημένος αναζήτηγος από τους δικούς του ολημέρα και τυχαία τον βρήκε κάποιος περαστικός το βράδυ σε κακά χάλια.*
αναζιώ, αναβιώνω, ξαναζώ, ξαναζωντανεύω: *το Μάρτη αναζιούν τα φίδια* (συνέρχονται από τη χειμερία νάρκη).
αναζουπάω, 1. (μτβ.) δυναμώνω, τονώνω, συντελώ να αναλάβει κάποιος τις δυνάμεις του: *τα κατάφερε και τον αναζούπησε το λιγοθυμισμένο.* **2.** (αμτβ.) συνέρχομαι, αναλαμβάνω τις δυνάμεις μου: *εκεί που νομίζαμε πως ξεψυχάει, άξαμνα αναζούπησε και γύρεψε να φάει!*
αναζουπίζω, αναζουπάω (βλ. λ.).
αναζούπισμα το, ξαναζωντάνεμα.
ανάκαρο το, αντοχή, δύναμη: *δεν*

ανακαψίλα

έχει ανάκαρο ούτε ένα σακί άχυρα να σηκώσει.

ανακαψίλα η, καούρα του στομαχιού, δυσπεψία: *μέρες τώρα έχω κάτι ανακαψίλες που μου χαλάνε τη διάθεση.*

ανακλαρίζουμαι, ανακλαδίζομαι, τεντώνω τεμπέλικα τα χέρια και τα πόδια μου: *μην ανακλαρίζεσαι, είναι αμωρίλα.*

ανάκοντος, -η, -ο, κοντούτσικος: *είσαι κοντή κι ανάκοντη σαν την πορτοκαλίτσα* (δημ. τραγ.).

ανακούτραφας ο, ακούτραφας, το πίσω μέρος του κρανίου, το ινίο.

ανάκρυφα (επίρρ.), μισοκρυφά-μισοφανερά: *κρυφά κι ανάκρυφα το φίλευα το γειτονόπουλο, για να μου κάνει κανά θέλημα, αλλά πού.*

αναλέτι το, εμπόδιο, ανασχετικός παράγοντας, αιτία: *η μάνα του έγινε αναλέτι να μην πάρει εκείνη την καλή κοπέλα ο γιος της.*

αναλυτός, -ή, -ό, (για δαντέλα) αραιοπλεγμένος, ελαφρύς, απλός.

αναμαλλίδα η, χνούδι, λεπτές και κοντές ίνες από βαμβάκι ή μαλλί, που εξέχουν στην επιφάνεια υφάσματος και την κάνουν απαλή στην αφή.

αναμέλα η, άγνωστης σημ. λ.· απαντά μόνο με απειλητική διάθεση στη φρ. **θα σου φάω την αναμέλα**.

ανάνταφλη η (ως ουσ.), ράπισμα, χαστούκι, ανάποδη: *θα σου δώκω καμι' ανάνταφλη που θα 'ναι ούλη δική σου.*

ανάνταφλος, -η, -ο, αδέξιος, απρόσεχτος: *περπατάει ανάνταφλα και πολλές φορές πέφτει.*

ανάντιο το, αντίθετο, αντιτιθέμενο, μη ενδεικνυόμενο· κυρίως με την έν-

αναφανταλιάζω

νοια της μη ενδεικνυόμενης τροφής σε κάποια πάθηση: *θα 'φαγες κάτι ανάντιο, γι' αυτό σε πόνεσε το στομάχι σου.*

αναπαή η, ανάπαυση, ανακούφιση, ευκολία: *το σκυλί που έχει την αναπαή, έχει και την ποδόλυσα* (παροιμ.).

αναπιάζω, αναπιάνω, ζυμώνω το προζύμι προσθέτοντας αλεύρι, για να αυξηθεί: *μην το αναπιάζεις ακόμα το προζύμι, είναι νωρίς.*

αναραχός ο, μοίρα, τυχερό, ριζικό: *άσ' τον άνθρωπο να πράξει όπως νομίζει, μην του κόβεις τον αναραχό.*

ανάρτυγος, -η, -ο, ξανάρτυγος (βλ. λ.): *φαΐ ανάρτυγο δεν έχει καμιά νόστα.*

ανασγουρλεύω, ανακατώνω, ψάχνω, ερευνώ: *τι έχασες κι ανασγουρλεύεις τόση ώρα τα χώματα; Το* μ. **ανασγουρλεύουμαι**, ανακατώνομαι, κινούμαι από 'δώ κι από 'κεί στο κρεβάτι: *σταμάτα να ανασγουρλεύεσαι, μου το πήρες ούλο το πάπλωμα.*

ανατσουτσούρωμα το, το αποτέλεσμα του *ανατσουτσουρώνουμαι* (βλ. λ.).

ανατσουτσουρώνουμαι, αντιδρώ, αντιτίθεμαι, θυμώνω, ορθώνω ανάστημα: *μόλις άκουσε να κακολογάνε το σόι του, ανατσουτσουρώθηκε και ζήτησε το λόγο.*

αναφανταλιά η, ανατροπή, πέσιμο: *μια αναφανταλιά παραλίγο να τον αφήκει στον τόπο.*

αναφανταλιάζω, σπρώχνω και ρίχνω κάποιον κάτω: *τον έπιασε από το σβέρκο και τον αναφαντάλιασε.*

αναφαντάλιασμα

Το μ. **αναφανταλιάζουμαι**, σκοντάφτω και πέφτω κάτω: *τα γέρικα ζωντανά εύκολα αναφανταλιάζουνται.*

αναφαντάλιασμα το, η ενέργεια και το αποτέλεσμα του *αναφαντάλιάζω* (βλ. λ.).

αναφούφουλος, -η, -ο, αφράτος, ασυμπίεστος, ευκολοδούλευτος: *πρέπει να βάλω το κρεμμύδι τώρα που το χώμα είναι ακόμα αναφούφουλο.*

αναχλός, -ή, -ό, (μτφ.) αυτός που φανερώνει μυστικό που του εμπιστεύθηκαν, ακριτόμυθος: *είπε ένα μυστικό του στον αναχλό γείτονά του κι εκείνος το 'βγαλε τελάλι.*

ανάχρι το, σπιτικό σκεύος: *τ' αναχρικά του σπιτιού θέλουν προσοχή, γιατί χαλάνε εύκολα // έσπασε την κανάτα η απρόσεχτη, πανέριο ανάχρι.*

αναχρικό το, *ανάχρι* (βλ. λ.).

ανεβάσταγος, -η, -ο, **1.** απρόφταστος, ανεγκρατής, λιχούδης: *μην κάνεις έτσι, θα φας, μην είσ' ανεβάσταγος.* **2.** αβάσταχτος, ανυπόφορος: *ανεβάσταγος είν' ο καημός της για το χαμό του παιδιού της.*

ανεβατές τρύπες οι, είδος βελονιάς σε κεντήματα.

ανέβγαλτος, -η, -ο, άβγαλτος, αυτός που δεν έχει εμπειρίες, άπειρος: *δεν ξέρει από κόσμο σου λέω, είναι ανέβγαλτο το παιδί.*

ανεγνώριγος, -η, -ο, ανεγνώριμος, αλλαγμένος, αυτός που δεν γνωρίζεται: *πήγες στην πόλη κι έγινες ανεγνώριγος.*

ανεμογαζού η, ανεμοστρόβιλος, σφοδρή συστροφή ανέμων (στάσιμη

ανέφταγος

ή μετακινούμενη): *σταμάτα να 'ρχεσαι τρογύρω σαν την ανεμογαζού.*

ανεμόκωλος ο, **1.** η βάση της ανέμης (εξάρτημα του αργαλειού). **2.** κοντός και παχύς: *πού τον βρήκε τον ανεμόκωλο και τον πήρε άντρα;*

ανεμόπυρο το, ανεμοπύρωμα ή ανεμοπύρι, δερματική ασθένεια οφειλόμενη στον στρεπτόκοκκο (ερυσίπελας).

ανεμοτουρλάω, **1.** (για πολύ δυνατό αέρα) ανεμοτουρλιάζω, αναποδογυρίζω, καταστρέφω: *φύσηξε ένας παλιαέρας και τ' ανεμοτούρλησε τ' αραποσίτι, δεν άφηκε κλάρα ορθή.* **2.** (γενικά) ανακατώνω, κάνω τα πάνω κάτω: *να τα μαζέψεις σου είπα τα σκουτιά, όχι να τα ανεμοτουρλήσεις.*

ανεμοτούρλημα το, η ενέργεια και το αποτέλεσμα του *ανεμοτουρλάω* (βλ. λ.).

ανεμότουρλο το, πολύ δυνατός αέρας, ανεμοστρόβιλος: *το χτεσινό ανεμότουρλο δεν άφηκε τίποτα, τα 'ριξε ούλα κάτω.*

ανεμόχαψη η, κατάποση αέρα από βιασύνη την ώρα του φαγητού και ο εξαιτίας αυτής προσωρινός χορτασμός: *έπαθα ανεμόχαψη και δεν μπορώ να το φάω τώρα ούλο το φαΐ μου.*

ανευχαρίστηγος, -η, -ο, αυτός που δεν ευχαριστείται, δεν ικανοποιείται με τίποτε: *ό,τι και να σου δώκουν εσένα, και τον ουρανό με τ' άστρια, πάλι ανευχαρίστηγος θα είσαι.*

ανέφταγος, -η, -ο, αυτός που δεν φτάνει, δεν προλαβαίνει· λέγεται ως ήπια κατάρα και χαϊδευτικά σε μικρά παιδιά με την έννοια να μην προφτάσουν να μεγαλώσουν: *τ' ανέφταγο το παιδί μου έφαγε το γλυκό και καταντροπιάστηκα που δεν είχα να φιλέψω το μοσαφίρη.*

ανεχής ο, η, άπορος, φτωχός, στερούμενος χρημάτων, περιουσίας κ.λπ.: *είναι ανεχής ο φουκαράς, πώς να θρέψει μια θράκα παιδιά;*

ανεχρόνιαγος, -η, -ο, (ως κατάρα) αχρόνιαγος, να μη συμπληρώσει χρόνο στη ζωή του αυτός στον οποίο απευθύνεται η κατάρα: *το ανεχρόνιαγο το γειτονόπουλο δεν αφήνει χώμα, ό,τι βρει μπροστά του το σουφρώνει.*

ανήφορης ο, ανήφορος, έδαφος ή δρόμος που οδηγεί προς τα πάνω: *ετούτος ο ανήφορης κατήφορη θα φέρει* (παροιμ. φρ.).

ανθρωπεύω, (μτβ. και αμτβ.) εξανθρωπίζομαι, εκπολιτίζομαι, ημερεύω: *ευτυχώς έπεσε σε καλή γυναίκα και τον ανθρώπεψε λίγο // ο αγριάνθρωπος πήγε φαντάρος κι ανθρώπεψε.*

ανθρωποπαρέσιο το, κολακεία, κομπλιμέντο: *δεν τ' αφήνεις για κάναν άλλο τ' ανθρωποπαρέσια;*

ανοιγόκλεισμα το, (για τον καιρό) εναλλαγή βροχής και παύσης αυτής με μερική υποχώρηση των νεφών: *έχει ανοιγοκλείσματα ο καιρός, μπορεί και να σταματήσει η βροχή.*

ανοιχτωσιά η, τόπος ανοιχτός, ευρυχωρία, απλοχωριά: *ήβρα μι' ανοιχτωσιά στο λόγγο κι άφηκα το μουλάρι να βοσκήσει.*

ανταμωτό το, νταμωτό, ύφασμα του αργαλειού, του οποίου η επιφάνεια είναι διαιρεμένη σε τετραγωνάκια (όπως η ντάμα).

ανταρεύουμαι, μιλάω έντονα, θυμωτά: *τους άκουγα π' ανταρευόσαντε και νόμισα ότ' ήρθανε στα χέρια.*

ανταρευτά (επίρρ.), μεγαλόφωνα, έντονα, δυνατά, θυμωτά: *κουβέντιαζαν πολλήν ώρα ανταρευτά, λες και μαλώνανε.*

ανταρευτός, -ή, -ό, έντονος, δυνατός, θυμωτός: *κάνανε κουβέντα ανταρευτή κι ακουγόσαντε μακριά.*

ανταρτιά η, σύνολο, πλήθος ανταρτών: *στη μάχη της Δημητσάνας είχε μαζευτεί ούλη η ανταρτιά του Μοριά.*

άνταφλος, -η, -ο, ανάνταφλος (βλ. λ.).

αντελικάτος, -η, -ο, ντελικάτος, λεπτοκαμωμένος, αδύνατος: *να την προσέχεις τη νυφούλα, είναι αντελικάτη.*

αντερόγλισσα η, μεσεντέριο, ανατομική πτυχή του περιτοναίου.

αντεροκόβουμαι, **1.** αισθάνομαι περιοδικούς πόνους στα έντερα και στην κοιλιά: *έκρυωσα, φαίνεται, κι όλη νύχτα αντεροκοβόμουνα, δεν έκλεισα μάτι.* **2.** (μτφ., για σύννεφο) παρουσιάζω μεγάλη κινητικότητα και ανακάτεμα: *αντεροκόβουνται τα σύγνοφα, θα χαλάσ' ο τόπος (θα βρέξει πολύ).*

αντεροκόψιμο το, **1.** πόνος των εντέρων και της κοιλιάς. **2.** (μτφ.) κινητικότητα και ανακάτεμα νεφών.

αντεσήκωμα το, ελαφρό σήκωμα, ανασήκωμα.

αντεσηκώνουμαι, ανασηκώνομαι, σηκώνομαι λίγο: *αντεσήκω λίγο, να*

τραβήξω το πάπλωμα.
αντίκαρος, -η, -ο, προτελευταίος.
αντιπατάω, **1.** περπατώ με νευρικότητα χτυπώντας δυνατά τα πόδια στο έδαφος: *τι αντιπατάς συνέχεια, παλουκώσου σε μιαν άκρη και πες μας τι θέλεις.* **2.** πιέζω με τα πόδια εναλλάξ τα ποδαρικά του αργαλειού, για να ανοίξει ο ιστός και να περάσει η σαΐτα.
αντούβιανος, -η, -ο, παχύς, δυσκίνητος, χοντροκομμένος.
αντρόγενο το, αντρόγυνο: *...τ' αντρόγενο που γίνηκε να ζήσει, να γεράσει* (δημ. τραγ.).
αντρομεριά η, (για γυναίκα) στη φρ. **πέφτω σ' αντρομεριά**, παντρεύομαι: *από τότε που έπεσε σ' αντρομεριά δε μιλιέται.*
αντρούκλαρος ο, άντρακλας, μεγαλόσωμος και δυνατός άντρας: *αντρούκλαρος έγινε, να μην αμασκαθεί, το παιδί του Θανάση.*
άντρωπος ο, άνθρωπος.
ανυποχρέωτος, -η, -ο, **1.** αυτός που δεν δημιουργεί προϋποθέσεις να αισθάνεται υποχρεωμένος, ο περήφανος: *πού να δεχτεί δώρο, αυτός είναι ανυποχρέωτος.* **2.** ο αχάριστος, ο αγνώμονας: *χίλια καλά του 'κανα, αλλά πού να τα αναγνωρίσει τέτοιος ανυποχρέωτος που είναι.*
ανυφαντίλα η, τοπική ελαττωματική ύφανση στο πανί του αργαλειού, κερατάς (βλ. λ.): *τι φταίει δεν ξέρω, μου γιόμισε το πανί ανυφαντίλες.*
ανώρας (επίρρ.), ενωρίς, εγκαίρως: *ανώρας να 'ρθείς να φύγουμε, να μη μας πιάσει η ζέστα.*
ανωρούλια (επίρρ.), υποκ. του ανώρας (βλ. λ.).
αξάγγλιγος, -η, -ο, αχτένιστος, αυτός που έχει ατημέλητη κόμμωση: *πού πας αξάγγλιγη, χτενίσου λίγο.*
αξάγγλιστος, -η, -ο, αξάγγλιγος (βλ. λ.).
αξάκριγος, -η, -ο, **1.** (για αγρούς κ.λπ.) αυτός του οποίου δεν καλλιεργήθηκαν οι άκρες: *δεν πρόλαβα και μου 'μεινε ο κήπος αξάκριγος.* **2.** (γενικά) αυτός του οποίου δεν αφαιρέθηκαν τα περιττά άκρα, αξάκριστος.
αξαμίλα η, **1.** αξαφνίλα, ξάφνιασμα, δυσάρεστο ξαφνικό συμβάν, έκπληξη: *τι αξαμίλα ήταν αυτή πάλι!* **2.** φρ.: α. **αξαμίλα μου**, δυστυχία μου. β. **αξαμίλες και φουρτούνες**, πολύ δυσάρεστες, πολύ οδυνηρές καταστάσεις.
άξαμνα (επίρρ.), έξαφνα, ξαφνικά.
άξαμνος, -η, -ο, ξαφνικός, απροσδόκητος.
αξαφνιάρης ο, αυτός που ξαφνιάζεται εύκολα.
αξέβγαλτος, -η, -ο, (για ρούχο) αυτό που πλύθηκε με σαπούνι, αλλά δεν ξεπλύθηκε με άφθονο νερό, για να φύγουν οι σαπουνάδες: *ξεχάστηκα με την κουβέντα και μου μείνανε τα ρούχα αξέβγαλτα.*
αξεδήλητος, -η, -ο, απραγματοποίητος, ανεπαλήθευτος: *ευτυχώς ένα κακό όνειρο που είδα τις προάλλες έμεινε αξεδήλητο.*
αξεπίκριγος, -η, -ο, αξεπίκριστος: *οι ελιές δεν τρώγονται ακόμα, είναι αξεπίκριγες.*
αξέταχτα (επίρρ.), αξέταστα, χωρίς εξέταυση, χωρίς έρευνα: *έτσι είναι*

αξούριγος / **απίταυτος**

οι αξέταχτες δουλειές, άλλοτε βγαίνουν σε καλό κι άλλοτε σε κακό.

αξούριγος, -ο, αξούριστος, αξύριστος.

άξουρος, -ο, αξύριστος.

απαγγερός, -ή, -ό, αυτός που δεν τον βρίσκει, δεν τον χτυπάει ο αέρας, υπήνεμος: *απαγγερό σπίτι* // *απαγγερή γωνιά* κ.λπ.

απαλλαξίδι το (συνήθως στον πληθ., **απαλλαξίδια**), τα αποβαλλόμενα για πλύσιμο ρούχα.

απαλλιώς (επίρρ.), αλλιώτικα.

απαλό το (ως ουσ.), τα δυο αναποστέωτα ακόμη υμενώδη μέρη του θόλου στο κρανίο του βρέφους, στη συμβολή των κρανιακών οστών, αλλιώς *πηγές του κρανίου* (μικρή και μεγάλη): *μην το ακουμπάς το παιδί στο απαλό, δεν κάνει*.

απαλούκωτος, -η, -ο, (για φυτά) αυτός που δεν στηρίζεται με παλούκι: *μείνανε απαλούκωτες οι δοματιές και τις έσπασ' αέρας*.

απαντάω (σε χρήση μόνο το τρίτο πρόσωπο και με άρνηση), δεν μου έρχεται καλά, δεν εφησυχάζω: *δεν τον απάνταγε το στρωσίδι και σηκώθηκε* // *είπε να μη δουλέψει γιορτή μέρα, αλλά και δεν τον απάνταγε να λημερήσει με σταυρωμένα τα χέρια*.

απανωμαχαλίτης, -ισσα, -ικο, αυτός που κατοικεί στον πάνω μαχαλά (συνοικία) του χωριού.

απανωμαχαλίτικος, -η, -ο, αυτός που ανήκει ή αναφέρεται στον *απανωμαχαλίτη* (βλ. λ.).

απανωμεριά η, **1.** το επάνω, το κάπως ψηλότερο μέρος πράγματος: *στην απανωμεριά του περιβολιού μου σπέρνω πάντα λεποντιές*. **2.** τιμητική θέση για σεβαστά πρόσωπα δίπλα στο τζάκι και σε επαφή με τον τοίχο (για ακούμπισμα): *ναι, κατάλαβα, όταν θα γεράσω, θα με βάλεις στην απανωμεριά*.

απανωτίμι το, **1.** *πανωπροίκι* (βλ. λ.). **2.** επιπλέον χρηματική απαίτηση σε συμφωνημένη τιμή ζώου ή πράγματος: *είχαμε συφωνήσει να πάρω το χωράφι με 50.000 και τώρα μου ζητάει πανωτίμι κι άλλες 10.000 δραχμές*.

απαράτημα το, παράτημα, εγκατάλειψη.

απαρατημάρα η, *απαράτημα* (βλ. λ.).

άπατος, -η, -ο, (για χιόνι) εξαιρετικά πολύ, τόσο που δεν βρίσκεται ο πάτος του (το χώμα): *εκείνη τη χρονιά, θυμάμαι, είχαν πέσει χιόνια άπατα, μέρες κάναμε να βγούμε από το σπίτι*.

απενταρίλα η, απενταρία, αναπαραδιά, έλλειψη χρημάτων: *έχω μεγάλες απενταρίλες τούτον τον καιρό*.

απερπάτηγος, -η, -ο, **1.** απερπάτητος, αυτός που δεν περπατιέται, έρημος: *έφυγε ο κόσμος κι οι δρόμοι έμειναν απερπάτηγοι*. **2.** αυτός που δεν βγήκε στον κόσμο, στην κοινωνία, ο άπειρος κοινωνικά: *τι να σου κάνει ο καημένος, είν' απερπάτηγος, δε βγήκε παραόξω να ιδεί πώς ζει ο κόσμος*.

απερπατησιά η, ακινησία, καθιστική ζωή: *από το πολύ φαΐ και την απερπατησιά ήρθε κι έπηξε*.

απηδουκλιά η, μεγάλο πήδημα: *με λίγες απηδουκλιές έφτασε στο ρέμα*.

απίταυτος, -η, -ο, ολοίδιος, ακριβώς

όμοιος φυσιογνωμικά: *τέτοιο μοιάσιμο! Απίταυτος ο πατέρας του.*
απλάδα η, ελαφρό χαλί που χρησιμοποιείται καμιά φορά και ως κλινοσκέπασμα.
απλάδι το, απλάδα (βλ. λ.).
απλογιέμαι, απαντώ σε κάλεσμα: *σε φωνάζω, γιατί δεν απλογιέσαι;*
απλυτοβεδούρα η, **1.** άπλυτη βεδούρα (ξύλινο ποιμενικό αγγείο). **2.** (μτφ.) ανοικοκύρευτη γυναίκα, βρομιάρα.
απλυτοκαυκιά η, απλυτοβεδούρα (βλ. λ.).
αποβροχής (επίρρ.), μετά από βροχή, νοτισμένα, υγρά, λασπωμένα: *το χωράφι δεν ήταν πολύ αποβροχής και οργώθηκε μια χαρά.*
απογδυσίμι το (συνήθως στον πληθ., **απογδυσίμια**), απαλλαξίδι (βλ. λ.).
αποδαύτος, -η, -ο, **1.** απ' αυτόν, από 'κείνον: *δυστυχώς δεν έμεινε τίποτ' αποδαύτον.* **2.** φρ.: ***δε λέει τίποτ' αποδαύτον***, ανάξιος λόγου, ασήμαντος.
αποδεσιά η, ξυπολυσιά.
αποδογιούριστη η, ανοικοκύρευτη γυναίκα.
αποδότης ο, τριότης (βλ. λ.).
αποζέγνω, αποζεύω, ξεζεύω: *μόλις είχα αποζέξει τα ζα και με πιάνει μια βροχή που δεν έλεγε να σταματήσει.*
αποθάω, ακουμπάω, τοποθετώ προσωρινά: *απόθα τα ρούχα στο κρεβάτι κι έλα να σκουπίσουμε την αυλή.*
απόθερο το, οι καλαμιές των δημητριακών που απομένουν μετά τον θερισμό, το θερισμένο κομμάτι του χωραφιού.
αποκά' (επίρρ.), από κάτω.

αποκαής (επίρρ.), (για τον φούρνο) όταν είναι ακόμα ζεστός από αμέσως προηγούμενη χρήση: *βάλε τα ψωμιά στο φούρνο τώρα που είναι αποκαής.*
αποκαθερίδι το, αποκαθαρίδι, σκουπίδι, ό,τι μένει μετά από κάποιο καθάρισμα: *τ' αποκαθερίδια από τα φασολάκια μην τα πετάξεις, να τα ρίξουμε στις κότες.*
αποκιώνω, αποτελειώνω, ολοκληρώνω εργασία: *μόλις αποκιώσαμε το θέρο, αρχίσαμε αμέσως τ' αλώνι (αλώνισμα).*
απόκλαρο το, αποκλάδι, κομμένος κλάδος δέντρου ή φυτού: *ξεμείναμε από απόκλαρα για το φούρνο, αύριο είμαι για το λόγγο.*
αποκορωμένο το, **1.** επάρατη, αγιάτρευτη αρρώστια, μη κατονομαζόμενη από φόβο, άλλοτε η φυματίωση και τώρα ο καρκίνος: *έχει το αποκορωμένο δυστυχώς, πάει αυτός.* **2.** (αποτροπιαστικά) το φίδι: *τον δάγκωσε αποκορωμένο, και πώς γλύτωσε ένας Θεός το ξέρει.*
απόκρεμα το, η τελευταία φορά κρεοφαγίας πριν από μικρή ή μεγάλη νηστεία, αποκριά: *κάποτε χαιρόμαστε και το απόκρεμα και το λάμπρεμα, τώρα ποιος νηστεύει, για να τα καταλάβει.*
απολάω, απολύω, αμολάω, αφήνω, σχολάω: *απολάει μια κουβέντα και φέγει // πότε απολάει την Κυριακή η εκκλησιά;*
απολπίζω, απελπίζω: *δε θέλω να σ' απολπίσω, αλλά είναι δύσκολο αυτό που πας να κάνεις.*
απολυτός, -ή, -ό, ελεύθερος, εξαιρέσι-

μος· συνήθως το θηλ. για ημέρα νηστείας κατά την οποία επιτρέπεται η κατάλυση κρέατος κ.λπ.: *η Τετάρτη κι η Παρασκευή τη βδομάδα της Λαμπρής είναι απολυτές και τρώμε απ' όλα.*

απομόναχος, -η, -ο, μοναδικός, μόνον αυτός και κανένας άλλος· συνήθως ως ευχή να μην πάθει άλλος άνθρωπος κακό, συμφορά, όπως κάποιος συγκεκριμένος: *απομόναχος να 'ναι ο δύστυχος, που έχασε δυο παιδιά στον πόλεμο.*

απονήστεια η (συνήθως στον πληθ., **απονήστες**), αποκριά, η τελευταία ημέρα κρεοφαγίας ή τυροφαγίας κ.λπ. πριν από την έναρξη μεγάλης διάρκειας νηστείας: *για τις απονήστες θα σφάξουμε έναν κόκορα και θα κάνουμε και μπακαρούνια στριφτά (χειροποίητα, σπιτικά).*

απονηστεύω, αποκρεύω, τρώγω κρεατικά ή γαλακτομικά την τελευταία ημέρα πριν από την έναρξη μεγάλης περιόδου νηστείας: *λένε ότι ο φτωχός άγιος Φίλιππος έσφαξε το βόιδι του για ν' απονηστέψει και το πρωί το βρήκε στο κατώι του.*

αποξυαλίδι το, κομμένο κλαδί δέντρου, το από *ξυάλισμα* (βλ. λ.) προερχόμενο κλαδί, απόκλαρο: *να μαζέψεις τ' αποξυαλίδια για τη φωτιά.*

απόξυαλο το, *αποξυαλίδι* (βλ. λ.).

απόξω (επίρρ.), απέξω, από τον αθέατο κόσμο των κακών πνευμάτων, των στοιχειών, των ξωτικών, τα οποία προσβάλλουν υπό ορισμένες προϋποθέσεις την ψυχική και σωματική υγεία του ανθρώπου: *πρέπει να φυλάγεται η λεχώνα, μην την πάρουνε απόξω κι αρρωστήσει // μην περνάς τα μεσάνυχτα από στοιχειωμένο τόπο και σε πάρουν απόξω.*

αποπαιδιάζω, (για γυναίκα) σταματώ να κάνω παιδιά, αποπαιδίζω.

αποπαντρεύω, τελειώνω το πάντρεμα των παιδιών μου: *αποπάντρεψε ο αδελφός μου κι ησύχασε από προίκες και νάχτια.*

αποπιάνω, ράβω κάτι πρόχειρα, στερεώνω κάτι βιαστικά: *απόπιασέ μου, σε παρακαλώ, την τσιέπη να μην κρέμεται, και πάμε.*

απόπιασμα το, από ό,τι πιάνεται κανείς να στηριχτεί, να κρατηθεί, ή να δέσει πρόχειρα ένα ζώο, κλαρί, ρίζα, παλούκι κ.λπ.: *ήβρα ευτυχώς μες στην ξελάστρα έν' απόπιασμα κι έδεσα το μουλάρι.*

αποπλανίδι το, ροκανίδι, απόξεσμα ξύλου που προκύπτει από τη λείανση με πλάνη (ροκάνι).

απόσκοντα (επίρρ.), απόμερα: *στεκόταν απόσκοντα και δεν τον πήρε το μάτι μου.*

αποσούρνω, σαρώνω, σκουπίζω πρόχειρα: *απόσουρε λίγο την αυλή και πάμε να φύγουμε.*

αποστραγγίδι το, το τελευταίο παιδί, ο βενιαμίν της οικογένειας.

αποτέτοιωμα το, συνουσία, συνεύρεση: *τους πιάσανε πάνω στο αποτέτοιωμα.*

αποτετοιώνω, τετοιώνω, συνουσιάζομαι: *την αποτέτοιωνε την κουμπάρα, αλλά κάποια ώρα τους κάναν τσακωτούς.*

απότιγος, -η, -ο, απότιστος, αυτός που δεν ποτίστηκε.

απότρυγα (επίρρ.), καθυστερημένα,

ανεπίκαιρα, κατόπιν εορτής: *πώς μας θυμήθηκες κι ήρθες τώρα απότρυγα;*

αποτσούρουλα τα, αποτσίρουλα, απομεινάρια του τραπεζιού, ψίχουλα, αποφάγια, φαγητά που περισσεύουν από ένα γεύμα: *μια βδομάδα τρώγανε με τα αποτσούρουλα του γάμου.*

αποτυροκομάω, σταματώ να τυροκομάω: *δε βγάζουν πια γάλα τα πρόβατα, αποτυροκομήσαμε για φέτο.*

απουκατινός, -ή, -ό, αποκατινός, αυτός που βρίσκεται κάτω από κάποιον άλλο: *απουκατινό αμπέλι.*

απουκάτω (επίρρ.), από κάτω.

απουκατώβλακα (επίρρ.), κάτω από το αυλάκι.

απουκατώδρομα (επίρρ.), κάτω από τον δρόμο.

απουκατώστρατα (επίρρ.), κάτω από τη στράτα, κάτω από τον δρόμο.

άπουλος, -η, -ο, απούλητος: *του 'μεινε άπουλο τελικά το σπίτι, γιατί το ζητούσε ακριβά.*

απουπανινός, -ή, -ό, αυτός που βρίσκεται ψηλότερα, πάνω από κάποιον άλλο: *απουπανινό πάτωμα.*

απουπάνω (επίρρ.), από πάνω.

απουπανώβλακα (επίρρ.), πάνω από το αυλάκι.

απουπανώδρομα (επίρρ.), πάνω από τον δρόμο.

απουπανώστρατα (επίρρ.), πάνω από τη στράτα, πάνω από τον δρόμο.

αποφαίνομαι, καταλαβαίνω, γίνομαι αισθητός: *το πλήρωσα λίγο-λίγο το δάνειο και δε μου αποφάνηκε.*

αποχαραής (επίρρ.), ο μύλος μετά την αποχαραή (την περάτωση του χαράγματος από τον μυλωνά) της μυλόπετρας: *το ψωμί κάνει κριτς-κριτς, γιατί ο μύλος ήταν αποχαραής* (το αλεύρι περιείχε ψήγματα από τη φρεσκοχαραγμένη μυλόπετρα).

αποχέρα η, απόμαχη, παραγκωνισμένη: *τ' ακούτε, γυναίκες, από την πρώτη βδομάδα κιόλας μ' έκανε αποχέρα η νυφαριά μου.*

άπραγος, -η, -ο, άσεμνος, αισχρός: *είναι κακό παδί, λέει άπραγα λόγια.*

αράδι το, αράδιση, πέρασμα: *εκεί δίπλα στο βράχο έχει αράδι ένας λαγός.*

αραπόπουτσα η, (αστεία) η μελιτζάνα.

αραποσιτένιος, -ια, -ιο, καλαμποκίσιος: *αραποσιτένιο αλεύρι // αραποσιτένιο ψωμί κ.λπ.*

αραποσιτιά η, το στέλεχος του αραβόσιτου, καλαμποκιά.

αραποσιτόκλαρα η, αραποσιτιά (βλ. λ.).

αραποσιτόσπυρο το, κόκκος του καρπού του καλαμποκιού.

αραποσκιά η, 1. αραποσυκιά, φραγκοσυκιά. 2. (μτφ.) μελαχρινή, μαυριδερή γυναίκα: *δεν είναι τίποτ' αποδαύτη, μια αραποσκιά είναι.*

αργατίνα η, εργάτισσα, εργάτρια: *δέκ' αργατίνες θα 'χουμε ταχιά στο θέρο.*

αρθιμητική η, αριθμητική: *δώσ' μου το τετράδιό σου της αρθιμητικής ν' αντιγράψω τις ασκήσεις.*

αρθιμός ο, αριθμός: *ποιον αρθιμό θα φωνάξει τώρα;*

αριεύω, 1. (μτβ.) αραιώνω: *να τ' αριέψεις το κρεμμύδι, για να μεγαλώνει.*

2. (αμτβ., για φυτά) γίνομαι αραιός, όχι πυκνός: *όσο αριεύουν τα σκόρδα, τόσο ρίνουν κεφάλι* (παροιμ.).

αριοπατάω, κάνω μεγάλα βήματα, βαδίζω γρήγορα: *αριοπατάτε, να φτάσουμε στο χωριό πριν νυχτιώσει.*

αρκολίκι το, αλκολίκι, αλκοολίκι.

αρκολικός, -ή, -ό, αλκοολικός.

αρκουμάνης ο, σωματώδης και άξεστος στους τρόπους άντρας.

αρμάτα η, ο ξύλινος σκελετός της κεραμοσκεπής του σπιτιού, ξυλοσκεπή: *πριν πιάσει χειμώνας, πρέπει ν' αλλάξουμε την αρμάτα.*

αρμάτωμα το, κατασκευή ξυλοσκεπής.

αρματώνω, κατασκευάζω ξυλοσκεπή: *θα κλείσουμε μαστόρους, για ν' αρματώσουμε το σπίτι.*

αρμεξιάρικος, -η, -ο, αυτός που μόλις αρμέχθηκε, ο ολόφρεσκος· λέγεται συνήθως για το γάλα και το κρασί: *το αρμεξιάρικο γάλα είναι πεντανόστιμο // κάνανε έναν καγιανά, πιάσανε κι αρμεξιάρικο κρασί και την κάνανε ταράτσα.*

άρμη η, αλατισμένο τυρόγαλο, με προσθήκη μικρής ποσότητας γάλακτος, μέσα στο οποίο διατηρείται το τυρί (με άρμη άρταιναν ήμερα λάχανα και αγριόχορτα): *βάλε και μια στάλα άρμη στα λάχανα να νοστιμίσουν λιγούλι.*

αρμυρήθρα η, εδώδιμο αγριόχορτο.

αρμυριάζω, 1. τρώγω κάτι αρμυρό και αισθάνομαι δίψα: *μη μου δίνεις νερό, δεν αρμύριασα.* **2.** αισθάνομαι νοστιμιά τρώγοντας κάτι αρμυρό: *δώσ' μου λίγο τυρί ν' αρμυριάσει το στόμα μου.*

αρμύριασμα το, το αποτέλεσμα του αρμυριάζω (βλ. λ.).

αρνάρι το, ράσπα, εργαλείο του μαραγκού.

αροκάνηγος, -η, -ο, **1.** αροκάνιστος, απλάνιστος. **2.** αμάσητος: *αροκάνηγο το κατεβάζεις το παξιμάδι, θα πινιγείς.*

αρουκατιά η, άξεστη συμπεριφορά, χοντράδα: *είχε δεν είχε, την έκανε την αρουκατιά του πάλι ο αγριάνθρωπος.*

αρούκατος, -η, -ο, άξεστος, αγροίκος, άνθρωπος χοντροκομμένος στους τρόπους και την εμφάνιση: *τέτοιο αρούκατο πλάσμα δε ματαγέννησ' η φύση.*

αρούλημα το, ουρλιαχτό, ούρλιασμα, άγρια κραυγή, σκούξιμο.

αρουλητό το, αρούλημα (βλ. λ.).

αρουλιέμαι, ουρλιάζω, φωνάζω δυνατά, σκούζω: *πάγωνε το αίμα μας σαν ακούγαμε το λύκο ν' αρουλιέται // σ' άκουσα π' αρουλιόσουνα και δεν ήξερα τι έπαθες.*

αρρεβώνα η, αρραβώνας.

αρρεβωνιάρα η, μνηστή, αρραβωνιαστικιά.

αρρεβωνιάρης ο, μνηστήρας, αρραβωνιαστικός.

αρφάνης ο, αρφανός, ορφανός.

αρφανοκαημένος, -η, -ο, δυστυχισμένος, ταλαιπωρημένος από αρφάνια: *μόνο εκείνα τα αρφανοκαημένα ξέρουν πώς μεγάλωσαν με τόσο σκληρή μητρυιά.*

αρφανοκάτσικο το, κατσίκι που ψόφησε η μάνα του.

αρφανοπαίδι το, ορφανοπαίδι.

αρχισπορίζω, κάνω έναρξη της σποράς: *ευτυχώς που έβρεξε και θ' αρχισπορίσουμε.*

αρχοντομάστορης ο (πληθ.: **αρχοντομαστόροι**), άριστος κτίστης, σοβαρός, σεβαστός στους ομοτέχνους του και στην κοινωνία: *μα μιλάμε γι' αρχοντομαστόρους κι όχι για μπέρμπελα.*

ασεκλέτιστος, -η, -ο, αστενοχώρητος, άλυπος: *την πέρασε τη ζωή του ασεκλέτιστα, μην έχει παράπονο.*

ασημάκης ο, (συνθ. μαστ. γλ.) χρήματα, παράδες: *όποιος έχει τον ασημάκη, τα 'χει ούλα.*

ασημοτέχνη η, η τέχνη του χτίστη, όπως την αποκαλούσαν οι ίδιοι οι Λαγκαδινοί μαστόροι, *αγιαδουλειά* (βλ. λ.).

άσκαγος, -η, -ο, άσκαστος.

ασκάριγος, -η, -ο, **1.** (για ζώα) ασκάριστος, αυτός που δεν οδηγήθηκε στη βοσκή: *άφηκε τα πρόβατα δυο ημέρες ασκάριγα και κόντεψαν να ψοφήσουν από την πείνα.* **2.** (για πρόσωπα) α. αυτός που δεν βόσκησε ζώα: *δεν ξέρει από βοσκή ζωντανών, είναι ασκάριγος.* β. ο άβγαλτος στη ζωή, ο άπειρος: *ασκάριγο παιδί είναι, τι περιμένεις;*

ασκερλής ο, ανοιχτόκαρδος, γλεντζές: *ασκερλής άνθρωπος ο Κώστας, χαίρεσαι να κάνεις παρέα μαζί του.*

ασκημόφατσα η, **1.** άσχημο, δύσμορφο πρόσωπο. **2.** (συνεκδ.) ασχημάνθρωπος: *αυτό το κορίτσι τώρα που μεγάλωσε φάνηκε τι ασκημόφατσα είναι.*

ασκολιέμαι, ασχολούμαι.

ασκούντηγος, -η, -ο, **1.** ασκούντηχτος, αυτός που δεν σκουντήχτηκε, δεν σπρώχτηκε. **2.** αυτός που δεν παρακινήθηκε να κάνει κάτι: *τον άφηκα κι εγώ ασκούντηγο κι έτσι η δουλειά δεν έγινε.*

ασκούπιγος, -η, -ο, ασκούπιστος.

ασκούτα η, **1.** το ράσο των κληρικών. **2.** (μτφ.) κάθε φαρδύ φόρεμα: *πού τη βρήκες αυτήν την ασκούτα και τη φόρεσες;*

ασκοφυσάω, αναπνέω αργά και δυνατά: *γιατί ασκοφυσάς έτσι, σε τρυγάει τίποτα;*

ασκοφύσημα το, το αποτέλεσμα του *ασκοφυσάω* (βλ. λ.).

ασπρόπαγος ο, πάχνη, δροσιά κρυσταλλοποιημένη.

ασπροπάχουλος, -η, -ο, άσπρος και παχύς, όμορφος: *είν' έν' ασπροπάχουλο το βυζασταρούδι της γειτόνισσας, χαίρεσαι να το βλέπεις.*

ασπρόσυκο το, σύκο υπόλευκο (αντίθ.: *μαυρόσυκο*).

αστάλαχτος ο, στη φρ. **ρίνει** (**έριξε** κ.λπ.) **τον αστάλαχτο**, δεν σταματάει διόλου να βρέχει, βρέχει ακατάπαυστα.

αστήθι το, στήθος: *τ' αστήθι της κότας το είχανε για εκλεχτό μεζέ και το μοίραζε από λίγο σ' ούλους η μάνα μας.*

αστρακιά η, οστρακιά.

αστραχόξυλο το, οριζόντιο ξύλο στην επίστεψη της τοιχοποιίας του σπιτιού, πάνω στο οποίο στηρίζονται τα ψαλίδια (αμείβοντες) της σκεπής.

αστραχώνω, κλείνω το κενό ανάμεσα στον τοίχο και τη σκεπή, κλείνω την αστράχα.

αστροπή η, κεραυνός: *αστροπή να σε*

φονέψει (κατάρα).
αστροποβαρεμένος, -η, -ο, κεραυνοβολημένος.
ασυγύριγος, -η, -ο, ασυγύριστος, απεριποίητος, βρόμικος: *έφυγ' άξαμνα κι άφηκα το σπίτι ασυγύριγο.*
ασυνάστρεφτος, -η, -ο, ακοινώνητος, μονόχνωτος: *με κανένα δεν κάνει παρέα, είναι ασυνάστρεφτος.*
ασυφταγϊλα η, βιασύνη.
ασύφταγος, -η, -ο, απρόφταστος, βιαστικός: *αν ήσουν και στη δουλειά έτσι ασύφταγος, τι καλά που θα ήταν...*
ατζιαμής ο, ατζαμής.
ατζιαμίδικα (επίρρ.), ατζαμίδικα.
ατζιαμίδικος, -η, -ο, ατζαμίδικος.
ατζιαμίστικα (επίρρ.), ατζαμίστικα.
ατζιαμίστικος, -η, -ο, ατζαμίστικος.
ατζιαμοσύνη η, ατζαμοσύνη.
ατζίνιαγος, -η, -ο, **1.** (για κτήριο) εκείνο του οποίου δεν έγιναν επίσημα εγκαίνια, δεν άρχισε η λειτουργία του: *τέλειωσε η εκκλησία, αλλά μένει ακόμα ατζίνιαγη.* **2.** (για πράγμα αναλώσιμο) αυτό του οποίου δεν έγινε έναρξη κατανάλωσής του: *έχω μια στάμνα παστό ατζίνιαγη, τη φυλάω μην περάσει κάνας Τούρκος* (μουσαφίρης, επισκέπτης).
ατζινιάζω, **1.** εγκαινιάζω: *ήρθ' ο δεσπότης κι ατζίνιασε την καινούργια εκκλησία.* **2.** αρχίζω να καταναλώνω, να χρησιμοποιώ ένα πράγμα: *πότε θ' ατζινιάσουμε το καινούργιο κρασί;*
ατήρητος, -η, -ο, αυτός που δεν βλέπεται από την πολλή ομορφιά, πάρα πολύ όμορφος, πεντάμορφος: *έχει μια τσιούπα ο Γιάννης ατήρητη, κακό μάτι να μην την ιδεί.*
αυγήβραδο το, πρωί και βράδυ: *οι τσιοπάνηδες μαγειρευτό φαΐ τρώνε μόνον αυγήβραδο.*
αυλακιά η, (μτφ.) ρυτίδα, ζάρα: *το πρόσωπό της είναι γεμάτο αυλακιές, λες κι είναι εκατό χρονώ γριά.*
άφ' (τύπος προστ. αορ. του ρ. αφήνω), άφησε: *άφ' τον άνθρωπο να μας ειπεί τι θέλει.*
αφαγανίλα η, **1.** έλλειψη όρεξης για φαγητό, ανορεξία: *έγινε σκελετός από την αφαγανίλα.* **2.** αφαγία από έλλειψη τροφής ή για λόγους διαιτητικούς: *από την αφαγανίλα στην Κατοχή γίναμε πετσί και κόκκαλο.*
αφαιριέμαι, αφαιρούμαι, βυθίζομαι στις σκέψεις μου, δεν προσέχω τι γίνεται γύρω μου: *συνέχεια αφαιριέσαι τελευταία, μπας κι είσαι ερωτευμένος;*
αφαλαρίδα η, φαλαρίδα, είδος αγκαθωτού χόρτου.
αφαλοστρίβω, στρίβω τον αφαλό, βάζω τον αφαλό στη θέση του, όταν «λυθεί».
αφαλοστρίψιμο το, η ενέργεια και το αποτέλεσμα του *αφαλοστρίβω* (βλ. λ.).
αφάνα η, κάθε φουντωτό ξερό χόρτο ή κλαδί κατάλληλο για προσάναμμα: *δε φέρνεις κάνα δυο αφάνες ν' ανάψουμε τη φωτιά;*
αφεντικά τα, πρόβατα ή γίδια που δίνει κάποιος σε κτηνοτρόφο για ορισμένα χρόνια προς εκμετάλλευση, έναντι συμφωνημένων ετήσιων παροχών (τυρί, μαλλιά, ένα αρνί το Πάσχα κ.λπ.), και με τη λήξη της σύμβασης παίρνει τον ίδιο αριθμό

ζώων, των ίδιων ηλικιών, ανεξάρτητα αν αυτά πολλαπλασιάστηκαν ή ψόφησαν στο μεταξύ (**τα αφεντικά**, κατά την παροιμ. φρ., **είναι άπαρτα κι άχαστα**, δηλ. δεν λαμβάνεται υπόψη ούτε κλοπή ούτε οποιαδήποτε άλλη απώλεια).

αφεντικίνα η, σύζυγος του αφεντικού, η κυρά.

αφεντικός, -ή, -ό, αρχοντικός, πλουσιοπάροχος, αριστοκρατικός: *μόλις τελειώσαμε το σπίτι, ο νοικοκύρης μάς έκανε τραπέζι αφεντικό*.

αφεντομουτσουνάρα (**μου**, **σου**, **του**, **της**, **μας**, **σας**, **τους**) η, (ειρωνικά) αντί εγώ, εσύ, αυτός κ.λπ.: *δεν άρεσε το φαΐ στην αφεντομουτσουνάρα του, χόλιασε και δεν έφαγε*.

άφερτος, -η, -ο, αυτός για τον οποίο κάποιος, αστεία ή αληθινά, εύχεται να μην επιστρέψει από ταξίδι κ.λπ.: *για να ιδούμε πότε θα γυρίσει ο άφερτος*.

άφημα το, παράτημα, αμόλημα, λευτέρωμα: *το άφημα του πουλιού να φύγει είναι μια καλή πράξη*.

αφήτε (τύπος προστ. αορ. του ρ. *αφήνω*), αφήστε: *αφήτε με να φύγω, άργησα*.

αφόριγος, -η, -ο, αφόρετος, αυτός που δεν φορέθηκε: *αυτό το παλτό είν' αφόριγο· αν σου κάνει, στο χαρίζω*.

αφοριστικό το (ως ουσ.), αφορισμός, εκκλησιαστική ποινή: *έβγαλε αφοριστικό ο παπάς στην εκκλησιά για το λεβέτι που κλέψανε της Γιαννούς*.

αφορμάω, αφορμίζω, ερεθίζω, μολύνω τραύμα, δοθιήνα κ.λπ.: *μην πειράζεις την πληγή, θα την αφορμήσεις*.

αφουσιά η, 1. άδειος, φούσκα, κενός περιεχομένου, όπως αρρωστημένοι λοβοί, καρποί, στάχυα κ.λπ.: *τα 'καψε ο λίβας τα σιτάρια και γίνανε αφουσιές*. 2. ο μη συμπαγής, αφράτος: *αυτό το ψωμί είναι μπίτι αφουσιά*.

αφρί και **άφρι** το, αφρός: *θύμωσε τόσο πολύ, που έβγανε αφριά από το στόμα του* // *να πετάξεις το άφρι από το κρέας που βράζει*.

αφρογαλιάζω, (για γαλακτοφόρα ζώα) δίνω γάλα ελαφρά χρωματισμένο κόκκινο, εξαιτίας διάρρηξης των αιμοφόρων αγγείων των μαστών: *η γίδα μας από προχτές αφρογαλιάζει και δεν το πίνουμε το γάλα της*.

αφρογάλιασμα το, το αποτέλεσμα του *αφρογαλιάζω* (βλ. λ.).

άφτε (τύπος προστ. αορ. του ρ. *αφήνω*), αφήστε: *άφτε την τσιούπα να πάει βόλτα*.

αφτουρίλα η, κατάσταση πραγμάτων, ιδίως εδώδιμων, που καταναλώνονται εύκολα, δεν φτουράνε, δεν διαρκούν: *τι αφτουρίλα είν' αυτή· πότε τέλειωσε κιόλας το λάδι!*

άφτουρος, -η, -ο, αυτός που δεν διαρκεί, δεν κρατάει πολύ, ασύμφορος: *το καθάριο ψωμί είν' άφτουρο, τελειώνει πολύ γλήγορα*.

αφχαρίστηγος, -η, -ο, ανευχαρίστηγος (βλ. λ.).

άφωνη ώρα η, (με επιρρημ. σημ.) μεσάνυχτα: *όποιος έχει μυαλό δε γυρίζει στις ερημιές άφωνη ώρα που βγαίνουν τ' αερικά*.

αφώταγα (επιρρ.), πριν φωτίσει,

πριν ξημερώσει: *πρέπει να φύγεις αφώταγα, για να προκάνεις.*
αφώτηγα (επίρρ.), αφώταγα (βλ. λ.): *ξεκινήσαμε αφώτηγα κι ήμαστ' εκεί το μεσημέρι.*
αφώτηγος, -η, -ο, αυτός που δεν φωτίζεται, σκοτεινός.
αχαραίνω, γίνομαι άσχημος, ασχημαίνω, δεν έχω χάρες: *όσο μεγαλώνει και τόσο αχαραίνει αυτό το παιδί.*
άχαστος, -η, -ο, αυτός που δεν χάνεται, δεν παύει να λογαριάζεται: *τ' αφεντικά είν' άπαρτα κι άχαστα.*
αχέ ή **άχε** (μόριο), ας, ας ήταν, μακάρι, είχε (βλ. λ.): *αχέ μην έλεγες κι εσύ το ναι // άχε μ' έτρωγε το φίδι καλύτερα, παρά αυτό που έπαθα σήμερα.*
αχείλι το, χείλος, χείλι: *να προσέχεις άλλη φορά να μη δαγκώνεις τ' αχείλι σου.*
αχητός ο, θόρυβος, βουητό βροχής που πέφτει μακριά: *θα χαλάσει ο τόπος, δεν ακούς τον αχητό;*
αχιουρίζω, ταΐζω με άχυρο τα ζώα.
αχορταγίλα η, αχορτασιά, ανεχορταγιά, βουλιμία.
αχούδιαγμα το, η ενέργεια και το αποτέλεσμα του αχουδιάζω (βλ. λ.).
αχουδιάζω, **1.** αχουγιάζω, με κραυγές αποδιώχνω ζώα από σπαρτά, καρποφόρα δέντρα κ.λπ.: *αφήκανε το παιδί ολημερίς στο χωράφι ν' αχουδιάζει τις κορακάξες, για να μην πέφτουν στ' αραποσίτι.* **2.** αποπαίρνω, επιτιμώ έντονα κάποιον: *δε μου μλάει, γιατί τον αχούδιαξα τις προάλλες για μια κουταμάρα που έκανε.*
αχτένιγος, -η, -ο, αχτένιστος.
αψάνιαγος, -η, -ο, (για σιτηρά) αψάνιαστος, αψώμωτος, ανώριμος.
άψε (τύπος προστ. αορ. του ρ. αφήνω), άφησε : *άψε με να φύγω, θα νυχτιώσω.*
αψώμωτος, -η, -ο, (για δημητριακά και καρπούς) αχαμνός, χωρίς ψωμί, συρρικνωμένος: *μείνανε αψώμωτα τα σιτάρια φέτο, πάει, καταστραφήκαμε!*

Β

βαβά το, (στη νηπιακή γλώσσα) αμυχή, πληγή: *το χρυσούλι μου πονάει, έχει βαβά.*

βαγένι το, κυλινδρικός σωλήνας μήκους 5-8 μέτρων, ξύλινος ή τσίγκινος, με στεφάνια εξωτερικά κατά διαστήματα, που διοχετεύει με ορμή λόγω της καθετότητάς του το νερό στη φτερωτή του μύλου και τη θέτει σε κίνηση.

βαγενοστέφανο το, στεφάνι βαγενιού (βλ. λ.).

βαγιόλι το, πετσέτα φαγητού.

βαγιούλεμα το, κολακεία, μαλαγανιά: *άσε τα βαγιουλέματα και πες καθαρά τι θες.*

βαγιουλεύω, καλοπιάνω, κολακεύω από συμφέρον, ιδιοτέλεια κ.λπ.: *σαν με είδε, άρχισε να με βαγιουλεύει, για να του δώσω δανεικά.*

βάθου του (γεν. εν. του ουσ. *βάθος*), του βάθους: *έπεσε του βάθου στον γκρεμό και τσακίστηκε.*

βάιζα η, **1.** μοιρολογίστρα: *μαζεύτηκαν ούλες οι βάιζες του μαχαλά και τον κλάψανε τον μπαρμπα-Μίχο, όπως τ' άξιζε.* **2.** γυναίκα ευκολοσυγκίνητη, κλαψιάρα: *σου είναι μια βάιζα αυτή, με το παραμικρό τ' απολάει τα δάκρυα.*

βάκλεσια η, ονομασία προβατίνας με δυο στενόμακρες βούλες στο πρόσωπο.

βάκωμα το, το αποτέλεσμα του *βακώνω* (βλ. λ.).

βακώνω, (μτβ. και αμτβ.) παραπαχαίνω, φουσκώνω, γίνομαι δυσκίνητος από το πάχος: *το παράταισε το μουλάρι και το βάκωσε // έπεσε στο φαΐ και σε λίγο καιρό ήρθε και βάκωσε.*

βαλμάς ο, αγωγιάτης, αυτός που μεταφέρει με πληρωμή πρόσωπα ή πράγματα με το υποζύγιό του: *με συνάντησαν στο δρόμο κάτι βαλμάδες και με ρώτησαν από πού πάει ο δρόμος για του Σέρβου.*

βάνω, φυτεύω: *βάλε σκια για τα γένια σου, καρυά για τα παιδιά σου* (παροιμ. που σημαίνει ότι η συκιά μεγαλώνει γρήγορα, ενώ η καρυδιά καθυστερεί πολύ).

βαρβατσέλι το, **1.** μικρό αρσενικό ζώο που αρχίζει να βαρβατεύεται, να βρίσκεται σε γενετήσιο οργασμό. **2.** (μτφ.) έφηβος με έντονες σεξουαλικές ανησυχίες, γαυριάς.

βαρδάλι το, **1.** ξυλάκι προσαρμοσμένο κατάλληλα στη *σκάφη* (βλ. λ.) και στη μυλόπετρα, που με την τρομώδη κίνησή του συντελεί στην πτώση του καρπού για άλεση. **2.** φλύαρος, πολυλογάς: *πάει η γλώσσα του σαν το βαρδάλι του μύλου.*

βάρε (τύπος προστ. ενεστ. του ρ. βαρώ), βάρα: *για βάρε, να ιδούμε τι θα καταλάβεις!*

βαρελάκια τα, σκαμαγκάκια (βλ. λ.).

βαρελοστάσι το, θέση του νεροβάρελου, εσοχή συνήθως στον τοίχο, μέσα ή έξω από το σπίτι.

βάρεμα το, αποσκευή, μπαγάζι: *είχε πολλά βαρέματα και τα φόρτωσε σε δυο ζα.*

βάρετα τα, βάρη, υποχρεώσεις, καθήκοντα: *του 'πεσαν μεγάλα βάρετα και δεν μπόρεσε να σηκώσει κεφάλι.*

βαριολόσταρα τα, εργαλεία (βαριές, λοστάρια κ.λπ.) του παλιού συνεργείου των κτιστάδων.

βαρυλυπημένος, -η, -ο, βαρύλυπος, θλιμμένος, βαρυπενθής: *ο βαρυλυπημένος κείνα τα χρόνια για σαράντα ημέρες δεν ξουριζότανε.*

βαρύσκοπος, -η, -ο, αυτός που με δυσκολία μαθαίνει κάτι, ο ανεπίδεκτος μαθήσεως: *δεν τα 'παιρνε τα γράμματα, ήταν βαρύσκοπος, και τον σταμάτησε ο πατέρας του από το σκολειό.*

βαρώ, 1. (μτβ.) ρίχνω κέρματα, ρύζι, ζαχαρωτά κ.λπ. στην προίκα της νύφης, σε ειδική τελετή κατά την Πέμπτη πριν τον γάμο, ο οποίος γινόταν πάντα Κυριακή: *όταν βαρήγανε τα προικιά, γινόταν σκοτωμός από τους πιτσιρικάδες να προλάβουν να μαζέψουν κέρματα ή κουφέτα.* **2.** (αμτβ., για τον ήλιο) στέλνω, ρίχνω τις πρώτες ακτίνες σε κάποιες ψηλές βουνοκορφές, ενώ δεν φαίνομαι ακόμη στον ορίζοντα ενός τόπου: *σήκω, βάρεσ' ο ήλιος στο Σερβόβουνο κι εσύ κοιμάσαι ακόμα.*

βασάνης ο, βασανισμένος, ταλαιπωρημένος, κουρασμένος άνθρωπος της ζωής: *είναι βασάνης ο Βασίλης, πέρασε πολλά στη ζωή του.*

βασιλικά τα, λουλούδια (γενικά): *πολύ συχνά τα ποτίζεις τα βασιλικά της, θα τα σαπίσεις.*

βασιλικός ο, γουρνοβασιλικός (βλ. λ.).

βασκαντούρης, -α, -ικο, αβάσκαντος (εκφράζει ευχή να μη βασκαθεί αυτός για τον οποίο γίνεται λόγος): *ολόκληρος λεβέντης έγινε ο βασκαντούρης (που να μη βασκαθεί) ο γιος σου.*

βασκαντούρικος, -η, -ο, αυτός που ταιριάζει ή αναφέρεται στον βασκαντούρη (βλ. λ.).

βαστάκι το, κάθε πράγμα που βαστάει, συγκρατεί κάτι, όπως μίσχος καρπού, τσιγκέλι, γάντζος κ.λπ.: *βαστάκι κερασιού // βαστάκι της γλώσσας της καμπάνας // βαστάκι τροκανιού.*

βασταμένος, -η, -ο, εύπορος, οικονομικά εύρωστος, νοικοκύρης: *αυτοί είναι βασταμένοι από τους παππούληδές τους ακόμα.*

βγαίνω, προβιβάζομαι, περνώ στην επόμενη τάξη: *είναι πολύ καλός μαθητής, βγήκε με άριστα από την τάξη.*

βγάνω, κηδεύω, ενταφιάζω: *μήπως μάθατε, τι ώρα θα τον βγάλουν τον πεθαμένο;*

βγιολί το, βιολί: *τον ορμήνεψα πολλές φορές, αλλά 'κείνος το βγιολί του.*

βέβια (επίρρ.), βέβαια, ασφαλώς: *—Πιστεύω να το πότισες το μουλάρι. —Και βέβια το πότισα, και μάλιστα*

βεζί δυο φορές.

βεζί το, κόκκινο χρώμα: *τα δυο της μηλομάγουλα με το βεζί βαμμένα* (δημ. τραγ.).

βεζιά η, το ξύλινο ή μεταλλικό τοίχωμα του κόσκινου, της σήτας κ.λπ.

βέλιος ο, *βέλιουρας* (βλ. λ.).

βέλιουρας ο, ζιζάνιο του καλαμποκιού.

βελοκοπάω, (για πρόβατα) μπελάζω έντονα και συνέχεια: *θα πεινάσανε, φαίνεται, τα καημένα τα πρόβατα, γι'αυτό βελοκοπάνε έτσι.*

βελόνι το, **1.** αιχμηρή σμίλη που χρησιμοποιούν οι *πελεκάνοι* (βλ. λ.) για τη λάξευση των γωνιόλιθων (αγκωνάρια). **2.** καθένα από τα δυο μισά του σφάγιου, από τα νεφρά ως τον λαιμό (**ελαφρό βελόνι** το αριστερό και **βαρύ βελόνι** το δεξιό).

βεντέμα η, ακμή, κορύφωση ενέργειας, εργασίας κ.λπ.: *ήρθε πάνω στη βεντέμα του θέρου και δεν μπόρεσα να τον εξυπηρετήσω.*

βερβελέ (επίρρ.), στη φρ. **μας παίρνουν** (**μας πήραν** κ.λπ.) **βερβελέ**, μας παίρνουν είδηση, γινόμαστε αντιληπτοί.

βερβερίζω, (μτβ. και αμτβ.) προκαλώ οξύ πόνο με απότομο άγγιγμα πληγής, χτύπημα, δάγκωμα, τσίμπημα κ.λπ.: *σιγά, χριστιανέ μου, ακούμπησες την πληγή μου και με βερβέρισες // πάτησα ξυπόλητος έν' αγκάθι και βερβέρισα.*

βερβέρισμα το, οξύς πόνος από απότομο χτύπημα, τσίμπημα, αγκύλωμα κ.λπ.: *με τσίμπησε μια σφήκα· μα τι βερβέρισμα ήταν αυτό, κόντεψα να λιγοθυμίσω.*

βέργα η, στενό ξύλινο γεφύρι σε ποτάμι ή χείμαρρο.

βεργολυγιέμαι, κάμπτω το σώμα μου σαν βέργα (ευλύγιστο ραβδί): *βεργολυγιέται σαν την καλαμιά.*

βεργολυγιστός, -ή, -ό, αυτός που λυγίζεται σαν βέργα, εύκαμπτος: *βεργολυγιστή μέση.*

βερδέας ο, κρασί που αρχίζει να χαλάει, να ξινίζει: *έμεινε λίγο κρασί, αλλά δεν πίνεται, έγινε βερδέας.*

βερδίλης ο, (συνθ. μαστ. γλ.) γέρος, ηλικιωμένος.

βερδίλω η, (συνθ. μαστ. γλ.) γριά, ηλικιωμένη.

βεριάνι το, σπίτι χωρίς ή με ανοιχτά παράθυρα που μοιάζει σαν ακατοίκητο, ερείπιο: *τι άφηκες ούλα τα παρεθύρι' ανοιχτά κι έγινε το σπίτι βεριάνι;*

βερνίκι το, (μτφ.) ιδιότροπος, δύστροπος άνθρωπος: *είν' ένα βερνίκι αυτός, όποιος δεν τον ξέρει!*

βερσεγιέ (επίρρ.), με πίστωση, με τεφτέρι (βερεσέ): *ο μπακάλης δε μας δίνει πια βερσεγιέ, γιατί αργήσαμε να τον πληρώσουμε τον περασμένο μήνα.*

βερσεγιές ο, πίστωση: *ο βερσεγιές επέθανε κι ο γιος του πάει στην Πόλη* (παροιμ. φρ.).

βίζο το, είδηση, χαμπάρι, νόημα: *δεν πήρα βίζο, πότ' έγιν' αυτό που μου λες;*

βιλάρι το, πανί του αργαλειού.

βισγάντι το, ερεθισμός της επιδερμίδας.

βιτσόραβδο το, το ραβδί της βίτσας, του μαστιγιού.

βλάχα η, ονομασία θηλυκού τυοπανόσκυλου.

βλαχαδερός, -ή, -ό, απολίτιστος, άξεστος, χωριάτης: *μας ήρθε τώρα και το βλαχαδερό να μας κάνει τον έξυπνο.*

βλαχάτσι το, (μειωτικά) παιδί από άλλο χωριό και ιδιαίτερα ο μη Λαγκαδινός μαθητής του Γυμνασίου: *άνοιξε το Γυμνάσιο και γιόμισε το χωριό βλαχάτσια.*

βλογάω (σε χρήση μόνο το τρίτο πρόσωπο), υπάρχει, βρίσκεται, φτουράει: *τι πράμα έναι και τούτο· τίποτα να μην βλογάει σε τούτο το πεντέρημο σπίτι;*

βλογοκομμένος, -η, -ο, βλογιοκομμένος, αυτός που φέρει σημάδια στο πρόσωπο από ανεμοβλογιά.

βόηθος ο, βοήθεια: *ευτυχώς που ήρθε κι ο ξάδερφος κι έδωσ' ένα βόηθο και τελειώσαμε.*

βόιβοντας ο, πρόσωπο ώριμης συνήθως ηλικίας, αυστηρό, με αποφασιστικό ρόλο στο περιβάλλον του: *να ιδούμε τι θα ειπεί κι ο βόιβοντας, ο πεθερός.*

βοϊδογλειμμένος, -η, -ο, αυτός που έχει μόνιμα –χτενισμένος κι αχτένιστος– μια τούφα μαλλιά κοντά στο μέτωπο στραμμένη λοξά προς τα πάνω και μοιάζει σαν να την έχει στρώσει έτσι βόδι με τη γλώσσα του.

βοϊδογλειψιά η, τούφα μαλλιών στο μέτωπο που μοιάζει να την έχει γλείψει βόδι: *έχει μια τέτοια βοϊδογλειψιά, που τον γνωρίζεις από μακριά.*

βοϊδόπουτσα η, μαστίγιο καμωμένο με το πέος του βοδιού: *βοϊδόπουτσα που σου χρειάζεται, καημένε μου, μόνον έτσι θα βάλεις μυαλό.*

βοϊδοψωλή η, το πέος του βοδιού.

βολύμι το, **1.** μολύβι γραφής: *θα σε μαρτυρήσω στην κυρία που μου πήρες το βολύμι.* **2.** μολύβι, μόλυβδος: *έπεσε μέσα μου σα βολύμι αυτό το φαΐ.* **3.** μολύβδινο βλήμα, βόλι: *τον γιόμισε το λαγό βολύμια.*

βολυμοχιούνω, (για φρέσκο πηλό από ορυκτή άμμο και ασβέστη) με την επίδραση παρατεταμένης φυσικής υγρασίας ή ελαφρού ποτίσματος διαστέλλομαι, γεμίζω τους αρμούς του κτίσματος, δημιουργώ πού και πού μικροσκοπικούς σταλακτίτες και με την πάροδο του χρόνου γίνομαι υπερβολικά σκληρός (ένα σώμα με τις πέτρες): *άμα ο τοίχος βολυμοχιούσει, δεν πέφτει ούτε με φουρνέλο.*

βόμπα η, βόμβα.

βορβαδίζω, βομβαρδίζω.

βορβαδισμός ο, βομβαρδισμός.

βορβί το (συνήθως στον πληθ., **βορβιά**), *βορβός* (βλ. λ.).

βορβός ο, βολβός, αγριοβολβός που τρώγεται ως σαλάτα.

βοριάζω, **1.** βάζω τα ζώα στο βορό (ποιμνιοστάσιο): *τα βοριάσαμε τα ζώα κι έτσι πιάσαμε το τραγί και το δώσαμε στο χασάπη.* **2.** (μτφ.) περιορίζω, στριμώχνω: *έπιασ' ένας παλιαέρας κι ούλα τα φύλλα της αυλής τα βόριασε μπροστά στην πόρτα.*

βότανος ο, **1.** βοτάνισμα, ξερίζωμα των παρασιτικών χορταριών των χωραφιών, αμπελιών κ.λπ. **2.** η εποχή του βοτανίσματος, των δημητριακών κυρίως: *μετά τη Λαμπρή, όπου να 'ναι πλησιάζει ο βότανος.*

βούζα η, **1.** κοιλιά, μπάκα. **2.** (μτφ.)

κοντόχοντρη γυναίκα: *πώς την πήρε τη βούζα ολόκληρος λεβέντης, είναι περίεργο.*

βουζούνι το, δοθιήνας, εξόγκωμα, λίπωμα: *έχει στην πλάτη του κάνα δυο βουζούνια και δεν πάει να τα βγάλει, σκιάζεται.*

βούλεμα το, βούλευμα, δικαστική απόφαση: *ώσπου να γίν' η δίκη μου, να βγει το βούλεμά μου* (δημ. τραγ.).

βουλοκωλιάζω, γίνομαι δυσκοίλιος εξαιτίας κάποιου φαγητού: *μην τρως άγουρα γκόρτσα, θα βουλοκωλιάσεις.*

βούλωμα το, **1.** βαρυστομαχιά. **2.** θάνατος από απόφραξη των αναπνευστικών οδών.

βουλώνω, 1. ξεπερνώ το όριο κορεσμού στο φαγητό, βαρυστομαχιάζω: *παράφαγα ψες κι οληνύχτα βούλωσα.* **2.** παύω να αναπνέω, πεθαίνω από απόφραξη των αναπνευστικών οδών: *στην Κατοχή ο Μαλισιόβας κι η γυναίκα του βουλώσανε στο χιόνι, στου Ντελαράπη το διάσελο.*

βούρα-βούρα (επίρρ.), όλο μαζί, σπάταλα, χωρίς πνεύμα οικονομίας: *όχι βούρα-βούρα το παστό, μάικο, να περάσουμε τη χρονιά.*

βουρβούκι το (με επιρρημ. σημ.), γεμάτο, υπερπλήρες: *συνέχεια το λούζω το παιδί αλλά οι ψείρες βουρβούκι στο κεφάλι του.*

βουρβουκιάζω, είμαι γεμάτος ψείρες: *κόλλησα (πήρα) ψείρα στο σκολειό και να ιδείς για πότε βουρβούκιασε το κεφάλι μου.*

βουρτσοθήκη η, θήκη δυο συνήθως θέσεων από χαρτόνι επενδυμένο με κεντημένο ύφασμα για τις βούρτσες.

βούτα η, δοχείο αποθήκευσης τροφίμων (λαδιού, αλευριού, καρπών κ.λπ.): *αμ έχει τη βούτα γιομάτη λάδι από τη Μεσσένια και μας κοκορεύεται!*

βουτύρατα τα, βούτυρα: *κάποτε και τυριά είχαμε και βουτύρατα, τώρα δεν υπάρχει τίποτα σε τούτο το σπίτι.*

βραστογαλιά η, βραστόγαλο (βλ. λ.).

βραστόγαλο το, πρόβειο παχύ (του τέλους της γαλακτικής περιόδου) γάλα, βρασμένο και αλατισμένο: *είχε κάνει ένα βραστόγαλο η σέμπρα, ολόπηχτο.*

βράχνιωμα το, βράχνιασμα, βραχνάδα.

βραχνιώνω, βραχνιάζω: *είμαι βραχνιωμένος και δεν μπορώ να τραγουδήσω.*

βραχνοκόκορας ο, **1.** κόκορας που λαλάει βραχνά. **2.** (ειρωνικά) άνθρωπος προσωρινά ή μόνιμα βραχνιασμένος.

βρεχτούρα η, φούντα από κλώνους βασιλικού, δυόσμου, ελιάς κ.λπ., με την οποία ο ιερέας ραντίζει τους πιστούς με αγιασμό, αγιαστούρα.

βρομομαριά η, σκουλήκι μαύρο στη ράχη και άσπρο στην κοιλιά, που εμφανίζεται μετά από βροχή ή κατά τη διάρκεια έντονης υγρασίας.

βρονταμάς ο, κατάρρευση, γκρέμισμα κτίσματος: *ήτανε λασποτοίχι το σπίτι, δεν είχε και καλά θεμέλια, δεν προλάβαμε να κάνουμε πέρα και πέρασε βρονταμάς* (γκρεμίστηκε).

βροντάω, ακμάζω, ανθώ: *ήτανε η εποχή που τα Λαγκάδια βροντάγανε από κόσμο // τότε το σπίτι μας*

βρόνταγε· είχ' απ' ούλα του Θεού τα καλά.
βροντιά η, πέσιμο, πτώση: *έφαγε βροντιά από το γάιδαρο που ήταν ούλη δική του.*
βρουκολακιάζω, βρικολακιάζω.
βρουκολάκιασμα το, βρικολάκιασμα.
βρουκολιό το, πλήθος, αφθονία.
βρουκολιοπαπάδες οι, αφθονία παπάδων.
βρουκόλος ο, βουκόλος, βοσκός βοδιών: *πού τα πας, Μαριώ, τα βόιδα που ο βρουκόλος δεν τα θέλει* (παροιμ. για όσους επιμένουν για κάτι που δεν είναι εφικτό).
βρουχούνι το, άνθρωπος με φανερά τα χαρακτηριστικά της καλής διατροφής, εύσωμος και με ζωηρό χρώμα προσώπου: *βρουχούνι γύρισε από το στρατό ο τσιλιμίγκρος ο Γιάννης.*
βροχαλιά η, κυκλοτερής δέσμη μάλλινου νήματος, μαζεμένη στην ανέμη από κουβάρι, η οποία βαφόταν και στη συνέχεια γινόταν *γκαγκαλίδες* (βλ. λ.).
βροχιάζω, συλλαμβάνω, στριμώχνω, υποτάσσω: *αυτός είν' αγριάνθρωπος, δε βροχιάζεται με τίποτα.*
βυζασταρόνι το, βυζασταρούδι.
βυζοκράτης ο, στηθόδεσμος.
βυζούνι το, *βουζούνι* (βλ. λ.).
βυθάω, (για έδαφος) κατολισθαίνω: *αυτή η πλαγιά κάθε χρόνο βυθάει.*
βύθισμα το, κατολίσθηση.

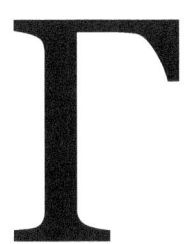

γαζά-γαζά (επίρρ.), σιγά-σιγά, αθόρυβα: *θα πας γαζά-γαζά στο γκιλέρι –για να μην ξυπνήσει το παιδί– και θα μου φέρεις δυο κρεμμύδια.*

γαϊδουρεύω, γαϊδουρίζω, συμπεριφέρομαι με αγένεια, είμαι χυδαίος: *γαϊδούρεψε ολότελα αυτό το παιδί τώρα που μεγάλωσε.*

γαϊδουροκιουλίστρα η, τόπος όπου κυλίστηκε γάιδαρος και ισοπεδώθηκε το έδαφος.

γαϊδουρομούλαρα τα, τα γαϊδούρια και τα μουλάρια, τα μεγάλα ζωντανά, τα υποζύγια: *στο πανηγύρι της Αγια-Παρασκευής παλιά γιόμιζαν τα χωράφια γαϊδουρομούλαρα.*

γαϊδουροπέταλο το, πέταλο γαϊδάρου.

γαϊδουροπούλαρο το, πουλάρι του γαϊδουριού, μικρό γαϊδουράκι.

γαϊδουροπούλι το, γαϊδουροπούλαρο (βλ. λ.).

γαϊδουρόπουλο το, γαϊδουροπούλαρο (βλ. λ.).

γαϊδουροσάνιδο το, ένα από τα δυο σανίδια που, οριζόντια προσαρμοσμένα στο σαμάρι του γαϊδάρου, χρησίμευαν για τη φόρτωση και μεταφορά λιθαριών στην ανεγειρόμενη οικοδομή.

γαϊδουρόστρωση η, το μαλακό μέρος του σαμαριού, όχι το ξύλινο τμήμα: *χάλασε η γαϊδουρόστρωση και θα μου πληγιάσει το ζωντανό.*

γαϊδουροφέρνω, μοιάζω με γάιδαρο στη συμπεριφορά, είμαι απρεπής, αγενής: *μια ζωή γαϊδουροφέρνει, τώρα θ' αλλάξει;*

γαϊδουροφέρσιμο το, γαϊδουρινή, αγενής συμπεριφορά.

γαϊτανάτος, -η, -ο, **1.** κεντημένος ή καμωμένος με γαϊτάνι. **2.** αυτός που μοιάζει με γαϊτάνι: *φρύδια γαϊτανάτα.*

γαλάρι το, υπαίθριο μαντρί αιγοπροβάτων εφαπτόμενο στον στεγασμένο στάβλο τους.

γαλαχτίζω, βρέχοντας τα χέρια στο νερό κάνω τη ζύμη του ψωμιού μαλακότερη: *να πλύνεις τα χέρια σου και να γαλαχτίσεις τα ψωμιά.*

γαλάχτισμα το, η ενέργεια και το αποτέλεσμα του γαλαχτίζω (βλ. λ.).

γαμπρουλιάς ο, (ειρωνικά και απαξιωτικά) γαμπρός: *για να ιδούμε, θα 'ρθεί ο γαμπρουλιάς μας να μας βοηθήκει;*

γανίλα η, στενοχώρια, ταλαιπωρία: *μεγάλη γανίλα κι αυτή· μια βδομάδα περιμέναμε να φυσήξει, για να λιγνίσουμε το γέννημα.*

γανώματα τα, τα χάλκινα σκεύη του σπιτιού, τα χαλκώματα: *μαυρίσανε τα γανώματά μας και πρέπει να φέρουμε τον καλατζή να τα γανώσει.*

γαριάζω, (για φαγητό) σκληραίνω, σχοινιάζω (βλ. λ.), αλλοιώνομαι, χάνω τη νοστιμιά μου, «αρρωσταί-

νω» εξαιτίας χαμηλότερης θερμότητας από την απαιτούμενη: *λιγόστεψε η φωτιά και πάει το φαΐ, γάριασε, τα σκυλιά θα το φάνε.*
γάρτσα η, σγάρτσα (βλ. λ.).
γαρτσιάρης, -α, -ικο, *σγαρτσιάρης* (βλ. λ.).
γαρτσιάρικος, -η, -ο, *σγαρτσιάρικος* (βλ. λ.).
γδούρτι το, ασήμαντος άνθρωπος, παλιάνθρωπος.
γεβασιά η, σφιγκτήρας με τον οποίο ο πεταλωτής σφίγγει το πάνω χείλος του δύστροπου ζώου και το ακινητοποιεί την ώρα του πεταλώματος.
γελαδοσβουνιά η, γελαδοκοπριά.
γελούκια τα, γέλια αδικαιολόγητα, αταίριαστα στη στιγμή που γίνονται: *τι γελούκια είν' αυτά, ο άνθρωπος χτύπησε άσκημα.*
γελούσης ο, **1.** αυτός που με το παραμικρό γελάει ή ακόμα και χωρίς καν λόγο, χάχας: *αυτός είναι γελούσης· περπατάει και γελάει μόνος του.* **2.** αυτός που προκαλεί γέλιο: *τον πόρδο οι παλιοί τον λέγανε γελούση, γιατί, αν κάποιου του ξέφευγε κανένας σε παρέα, όλοι ξεκαρδιζόσαντε στα γέλια.*
γελούσια τα, γέλια, γελούκια (βλ. λ.).
γεμισιά η, εφάπαξ γέμισμα: *έχω καμιά δεκαριά γεμισιές μπαρούτη ακόμα* (ποσότητα να γεμίσει δέκα φορές το κυνηγετικό όπλο).
γέννα η, το εξωτερικό μέρος του αιδοίου των θηλυκών ζώων και ιδιαίτερα των αιγοπροβάτων: *τσίμπησε φίδι τη μαρτίνα μας στη γέννα και ψόφησε.*
γεννησιαρούδι το, νεογέννητο, λεχούδι.

γεννοβολιό το, αθρόο γεννοβόλημα ανθρώπων και ζώων: *το γεννοβολιό της δεν έχει σταματημό· πέντε παιδιά και δυο τσιούπες σκάρωσε ως τώρα και λέει θα κάνει κι άλλα.*
γερανταφήνω, εγκαταλείπω συνήθεια, χούι κ.λπ. στα γεράματα: *όπου μικρομάθαινε, δεν εγεροντάφηνε* (παροιμ.).
γεράς ο, πληγή: *σιγά μη μου τζιάξεις το γερά πόχω στο χέρι μου.*
γερασμός ο, γηρασμός, γήρανση: *τον είδες τον μπάρμπα-Κώτσιο, γερασμούς δεν έχει.*
γεργάδα η, συνήθεια, χούι: *καινούργιες γεργάδες βλέπω μου 'βγαλες.*
γεργοδουλεύω, γιοργοδουλεύω (βλ. λ.).
γεροβασάνης ο, άνθρωπος μεγάλης ηλικίας, βασανισμένος και ταλαιπωρημένος από τη βιοπάλη, αλλά και που γι' αυτό γνωρίζει πολλά: *είναι μεγάλος γεροβασάνης ο θείος Ιπποκράτης, πέρασε πολλά στη ζήση του.*
γεροκόμισμα το, περιποίηση, φροντίδα γέροντα: *το γεροκόμισμα δεν είναι εύκολο πράμα.*
γεροντοκοριάζω, γερνάω μένοντας κόρη, μένοντας ανύπαντρη.
γεροντομούνα η, γεροντοκόρη.
γεροντομουνιάζω, φτάνω σε μεγάλη ηλικία χωρίς να παντρευτώ, γεροντοκοριάζω: *γεροντομούνιασε αυτή, για πότε να παντρευτεί τώρα.*
γερότη η, καλή υγεία, καλή σωματική κατάσταση: *κι είχα μια γερότη τη χρονιά που λαβώθηκα, άλλο πράμα.*
γιάδεμα το, το δέσιμο του κεφαλομάντιλου σε σχήμα φιόγκου.
γιαδώ (συνένωση των λ. της φρ. για εδώ-για 'δώ), επιτατικό που ισοδυναμεί με φρ. όπως «για κοιτάξτε» ή «αν

αγαπάτε το Θεό»: *γιαδώ, παιδιά, που θα μας βγει κι από πάνω* // *γιαδώ, ζητάει και τα ρέστα ο φταίχτης!*
γιάμπουλη η, *μπαντανία* (βλ. λ.).
γιαργούτι το, γιαούρτι.
γιάτρα η, γιατρειά, θεραπεία.
γιάτρα (συνένωση των λ. της φρ. για τήρα), για κοίτα, για πρόσεξε: *γιάτρα τι λέει ο άντρωπος!*
γιαχτερί το, νυχτικό: *με το γιαχτερί της βγαίνει στη γειτονιά.*
γιδερό το, 1. γίδι. 2. άξεστος άνθρωπος, χωριάτης, αγροίκος.
γιδοβόσκι το, βόσκηση γιδιών: *γλυκό το γάλα, το τυρί, πικρό το γιδοβόσκι* (παροιμ.).
γιδοκακαρέντζα η, κοπριά της γίδας: *χορεύει η λάσπη κι η κοπριά κι η γιδοκακαρέντζα* (σκωπτικό δημ. τραγ.).
γιδόμαλλο το, μαλλί του γιδιού.
γιδοξούρι το, ασήμαντος, οπισθοδρομικός και άξεστος άνθρωπος: *χαρά στο γαμπρό που έκανε, ένα γιδοξούρι και μισό είναι.*
γιδοφούσκι το, κοπριά των γιδιών.
γιδόχαρος, -η, -ο, χωρίς ιδιαίτερες χάρες, άσχημος στη μορφή και στους τρόπους: *τι του ζήλεψε του γιδόχαρου και τον παντρεύτηκε;*
γιέμπορο το, συμφωνία κατά την οποία αγρότης, που αναλαμβάνει (με όλες απολύτως τις υποχρεώσεις) την καλλιέργεια χωραφιού, δίνει ως ενοίκιο για ένα χρόνο στον ιδιοκτήτη ποσότητα του παραγόμενου καρπού (π.χ. σιταριού) ίση με εκείνη του σπόρου που χρησιμοποιήθηκε: *έδωκα γιέμπορο το χωράφι κι ησύχασα από ούλες τις φροντίδες και τους κόπους.*

γιογκάρι το, έγχορδο μουσικό όργανο, ταμπουράς: *γιογκάρι, για δε βαρείς καλά, για δε βαρείς γιομάτα, ξανθιά και μαυρομάτα* (δημ. τραγ.).
γιομάτο (εννοείται *ποτήρι*) το, πρόποση: *στους γάμους 'κείνα τα χρόνια καθένας που σήκωνε γιομάτο (έκανε πρόποση) έλεγε κι ένα τραγούδι.*
γιομίδι το, 1. μικρό λιθάρι απ' αυτά που χρησιμοποιούνται για την πλήρωση (μαζί με τη λάσπη) του κενού ανάμεσα στις μεγάλες πέτρες του τοίχου, *μισόμπολο* (βλ. λ.). 2. κουρέλι ή κάθε άλλο που μπαίνει για το γέμισμα μαξιλαριών κ.λπ. 3. καθετί που χρησιμοποιείται για την πλήρωση κενού.
γιοργάδα η, ρυθμικός και γρήγορος βηματισμός των αλόγων.
γιοργαλίδικος, -η, -ο, (για άλογο κυρίως) που βαδίζει γρήγορα και ρυθμικά: *πήρα από το πανηγύρι ένα αλογάκι γιοργαλίδικο που χαίρουμαι να το καβαλάω.*
γιοργοδουλειά η, ύποπτη, πονηρή ενέργεια: *τι γιοργοδουλειές σκαρώνεις πάλι;*
γιοργοδούλεμα το, μαστόρεμα, επιδιόρθωση, μερεμέτι: *άσ' τα γιοργοδουλέματα τώρα και πάμε να φύγουμε.*
γιοργοδουλεύω, μερεμετίζω, μαστορεύω, επιδιορθώνω: *τι γιοργοδουλεύεις πάλε σήμερα, ησύχασε και λίγο, να ησυχάσουμε κι εμείς.*
γιορτόπιασμα το, παιδί που συνελήφθη ημέρα γιορτής και δεν βγήκε καθ' όλα σωστό σωματικά και διανοητικά (είτε γιατί δεν έπρεπε λόγω γιορτής είτε εξαιτίας οινοποσίας): *είχε δεν είχε, το 'βγαλε το γιορτόπιασμα ο γείτονας.*
γιορτοφόρι το, ονομαστική γιορτή:

έχουμε γιορτοφόρι αύριο, γιορτάζει ο πατέρας μου, θα 'χουμε κόσμο.

γιουκιάζω, τοποθετώ τα κλινοσκεπάσματα σε ορθογώνια στοίβα, σε γιούκο: *κοίτα να γιουκιάσεις μαζί τις βελέντζες και μαζί τις μπαντανίες.*

γιούκιασμα το, η ενέργεια και το αποτέλεσμα του γιουκιάζω (βλ. λ.).

γιούλη μου (επιφων. έκφρ.), χαϊδευτική κλητική προσφώνηση απευθυνόμενη από ηλικιωμένο πρόσωπο σε μικρότερο αρσενικό, χωρίς να συντρέχει οπωσδήποτε σχέση συγγένειας: *δε μου λες, γιούλη μου* (νέε μου, παιδάκι μου)*, πάω καλά για τα Λαγκάδια;*

γιουρντάω, γιουρντάρω, κάνω έφοδο, ορμάω: *του γιούρντησε ένα παλιόσκυλο και κόντεψε να το ξεσκίσει το παιδί.*

γιοφύρωμα το, γεφύρωμα, σύνδεση με γέφυρα.

γιοφυρώνω, γεφυρώνω, συνδέω με γέφυρα.

γκάβαλο το, καβαλίνα, κοπριά των αλόγων, των μουλαριών και των γαϊδάρων.

γκαγκαλίδα η, μικρή δέσμη μάλλινου νήματος (υφάδι) σε σχήμα φιόγκου, χρησιμοποιούμενη κατάλληλα για τα κεντίδια κιλιμιών, *σαλότων* (βλ. λ.) και άλλων μάλλινων υφαντών του αργαλειού με σχέδια.

γκανιάζω, (για βρέφη) κλαίω συνέχεια και δυνατά, μαυρίζω από το κλάμα: *γκάνιαξε το παιδί, δεν το λυπάσαι, βύζαξέ το να ησυχάσει.*

γκάνιασμα το, το γοερό κλάμα του βρέφους.

γκαρδιόβεργα η, βέργα που τοποθετείται σε ειδική επιμήκη εσοχή του αντιού και συγκρατεί το στημόνι και το ύφασμα.

γκαστρολόγημα το (συνήθως στον πληθ., **γκαστρολογήματα**), οι πρώτοι μήνες της εγκυμοσύνης με την αλλαγμένη συμπεριφορά της εγκύου: *δεν έχει τίποτα η υγεία της, γκαστρολογήματα είναι αυτά.*

γκαστρολογιέμαι, 1. (για γυναίκα) έχω συμπτώματα εγκυμοσύνης. 2. (μτφ. και γενικά) εμφανίζω συμπτώματα αδιαθεσίας: *σε βλέπω εγώ, γκαστρολογιέσαι για γρίπη.*

γκεζεράω, 1. (μτβ.) ταλαιπωρώ, στενοχωρώ: *μ' εγκεζέρησε πολύ, ώσπου να μου δώσει τα δανεικά.* 2. (αμτβ.) ταλαιπωρούμαι, αποκάμνω: *γκεζέρησα, μανούλα μου, μ' αυτόν το νωματάρχη, κάθε ημερούλα σπίτι μας και κάθε μεσημέρι* (δημ. τραγ.).

γκεζέρισμα το, ταλαιπωρία, στενοχώρια.

γκέλα η, στη φρ. ***κάνω γκέλες***, προς δήλωση μεγάλης αξίας ή εξαιρετικής ποιότητας πράγματος, ζώου κ.λπ.: *αγόρασα ένα κουστούμι μάλλινο που κάνει γκέλες // έχει ένα μουλαράκι ο γείτονας που κάνει γκέλες.*

γκεσιμές ο, 1. αποχωρητήριο, απόπατος. 2. (μτφ.) παλιάνθρωπος: *δεν κράτησε το λόγο του ο γκεσιμές.*

γκέσος, -α, -ο, ονομασία γίδας, αλλά και γαϊδάρου, με υπόλευκη κοιλιά και κεφάλι.

γκιάζω, τζιάζω (βλ. λ.).

γκιάω, τζιάζω (βλ. λ.).

γκιζότη η, η μπαρούτη στο *φουγιατίνι* (βλ. λ.) του εμπροσθογεμούς κυνηγετικού όπλου, που έρχεται σε επαφή με το καψούλι.

γκιλέρι το, κελάρι, δωμάτιο που χρησίμευε ως αποθήκη τροφίμων.
γκιο, η ακριβής σημ. της λ. δύσκολη· απαντά μόνο στη φρ. *γκιο στο μάτι (μου, σου, του* κ.λπ.) που σημαίνει ότι «για λύπη», «για σκάσιμο», «για στενοχώρια» κάποιου έγινε κάτι που αυτός δεν ήθελε και ενεργούσε, ώστε να μη γίνει: *γκιο στο μάτι σου, εγώ την πάντρεψα την τσιούπα μου με τον Κωσταντή κι ας του 'βανες κουβέντες να μην την πάρει.*
γκιούλι το, λεπτό σχοινάκι του εμπορίου, σπάγκος.
γκιργκινέλι το, μικρό σφαιρικό κουδουνάκι που κρεμιέται μαζί με άλλα όμοια στο λαιμό κυνηγόσκυλου, αλόγου κ.λπ.
γκισγκινάω, ως αναβάτης σε άλογο, μουλάρι ή γαϊδούρι το αναγκάζω να τρέχει: *στον ίσιο δρόμο τον γκισγκινάω το γάιδαρο και φτάνω γλήγορα.*
γκισγκίνημα το, τρέξιμο υποζυγίου.
γκισγκίνι το (με επιρρημ. σημ.), γκισγκινώντας (βλ. λ.), τρέχοντας: *σ' ούλο το δρόμο τον καημένο το γάιδαρο τον πήγα γκισγκίνι.*
γκλαβίζω, (συνθ. μαστ. γλ.) αντιλαμβάνομαι, παίρνω είδηση, καταλαβαίνω: *σιγά, γιατί γκλαβίζουνε ούλ' εδώ τρογύρω.*
γκλαρώνω, γλαρώνω (βλ. λ.).
γκλαφουνάω, **1.** (για σκύλο) γαβγίζω ασταμάτητα αλλά όχι δυνατά. **2.** (μτφ.) γίνομαι κουραστικός με την γκρίνια μου: *από το πρωί γκλαφουνάει έτσι, μας έχει κατακουράσει και μας έχει σπάσει τα νεύρα.*
γκλαφούνημα το, **1.** κλαψιάρικο γάβγισμα: *το παλιόσκυλο ολημέρα δε σταμάτησε το γκλαφούνημα.* **2.** γκρίνια: *το γκλαφούνημα συνέχεια αυτουνού του ανθρώπου δεν υποφέρνεται.*
γκοντζιές ο, κάλυκας, μπουμπούκι, ιδίως των τριαντάφυλλων.
γκορίλα η, αγριόχηνα: *άμα, λέει, γυρίσεις ένα ρούχο σου ανάποδα (σακάκι, τραγιάσκα κ.λπ.) την ώρα που πετάνε ψηλά στον ουρανό μπουλούκια οι γκορίλες, ανακατεύουνται και χάνουν την τάξη τους και τη σειρά τους.*
γκοτζιάμ (άκλιτο επίθ. αδιακρίτως γένους), *κοτζιάμ* (βλ. λ.).
γκοτζιάμου (άκλιτο επίθ. αδιακρίτως γένους), *κοτζιάμ* (βλ. λ.).
γκούσα η, ζέστη αποπνικτική: *κάνει γκούσα, θα το βγάλω το σακάκι μου.*
γκουσιάω, ζεσταίνομαι πολύ, καψώνω, δυσφορώ: *γκούσιαγα ψες και κοιμήθηκα ξεσκέπαστος.*
γκουφί το, γκοφί, δόντι χτένας, λαναριού, χτενιού αργαλειού κ.λπ.: *σπάσανε ούλα τα γκουφιά της τσατσάρας, δώσ' της ένα πέταμα.*
γκουφός ο, *εγκουφός* (βλ. λ.).
γκρι-νταφ (επίρρ.), εριστικά, αμόνοιαστα: *τι αντρόγενο είναι κι αυτό, όποτε και να τους ιδείς γκρι-νταφ το πάνε.*
γκώνω, (μτβ. και αμτβ.) αισθάνομαι κορεσμό τρώγοντας, έστω και λίγο, ιδιαίτερα λιπαρό ή, από την όλη παρασκευή του, βαρύ φαγητό: *είχανε πολλή αρτυμή αυτά τα συγκάθια και με γκώσανε // λίγα στριφτά μακαρόνια έφαγα κι αμέσως έγκωσα.*
γλαβίζω, (συνθ. μαστ. γλ.) γκλαβίζω (βλ. λ.).
γλανιτσιά η, γκλαντζινιά, δέντρο που

μοιάζει με πουρνάρι αλλά τα φύλλα του δεν είναι πριονωτά.

γλαριαίνω, γλαρώνω, μαλακώνω, γίνομαι ήπιος, γαλήνιος: *το ψωμί είναι πολύ ξερό, ζέστανέ το να γλαριάνει λίγο // γλάριανε ο καιρός, δεν κάνει πολύ κρύο.*

γλαρός, -ή, -ό, φρέσκος (κυρίως για ορισμένα τρόφιμα, όπως ψωμί, τυρί κ.λπ.).

γλαρώνω, εξαντλούμαι από έλλειψη τροφής, ξελιγώνομαι από την πείνα, κινδυνεύω να πεθάνω από ασιτία: *δεν είχε πάρει ψωμί μαζί του και γλάρωσε, ώσπου να γυρίσει το βράδυ στο σπίτι του // άφησε τα κατσίκια αβύζαχτα και κόντεψαν να γλαρώσουν.*

γλεντζιές ο, γλεντζές.

γληγορούλια (επίρρ.), κάπως γρήγορα: *γληγορούλια να 'ρθείς, μην αργήσεις και σε πιάσ' η νύχτα.*

γλιμιάρης, -α, -ικο, λιχούδης, φαγάς, αυτός που δεν λέει όχι σε φαγητό: *άιντε τρώγε, γλιμιάρη, πέσανε τα μάτια σου από το να τηράς το φαΐ.*

γλιμιάρικος, -η, -ο, αυτός που ταιριάζει ή αναφέρεται στον *γλιμιάρη* (βλ. λ.).

γλιστριά η, **1.** ίχνος, σημάδι γλιστρίματος: *ακόμα φαίνονται οι γλιστριές του εκεί που έπεσε.* **2.** γεωσκώληκας, κοκκινωπό σκουλήκι με κυλινδρικό μακρύ σώμα.

γλυκογαλιάζω, καλοπιάνω, κολακεύω, για να πετύχω κάτι: *μήνους γλυκογαλιάζουν το γέρο, για να τους γράψει το σπίτι.*

γλυκογάλιασμα το, η ενέργεια και το αποτέλεσμα του *γλυκογαλιάζω* (βλ. λ.).

γλωσσωτός, ή, -ό, γλωσοειδής, που μοιάζει με γλώσσα: *γλωσσωτό τραπεζομάντιλο.*

γνότο το, χνότο: *μας κάνει τον καμπόσο κι ο Γιάννης που βρομάνε τα γνότα του από την πείνα.*

γνωστικάτος, -η, -ο, συνετός, φρόνιμος, μυαλωμένος: *τα λόγια του είναι πάντοτε γνωστικάτα, δεν ακούς από το στόμα του ποτέ κουταμάρα.*

γολοζιά η, λαιμαργία, απληστία: *η γολοζιά του δεν έχει όρια, ό,τι βρει θα το φάει.*

γολόζικος, -η, -ο, αυτός που ταιριάζει ή αναφέρεται στον *γολόζο* (βλ. λ.).

γολόζος, -α, -ικο, γουλόζος, λαίμαργος, άπληστος, αδηφάγος.

γονατάρα η, κυανόλευκη, συνήθως, υφασμάτινη ταινία (ή μαύρο πλεχτό κορδόνι) με μικρή φούντα στην άκρη, που δένουν ακριβώς κάτω από το γόνατο οι τσολιάδες (ένα είδος διακοσμητικής καλτσοδέτας).

γονατιά η, **1.** χτύπημα με το γόνατο. **2.** κλίση εδάφους, κατωφέρεια, πλαγιά.

γορδόνι το, κορδόνι: *δέσ' τα γορδόνια των παπουτσιών σου μην τραφιαστείς πουθενά.*

γοτζιόλι το, παχύς, καλοταϊσμένος άνθρωπος: *είχε φέξει από την αρρώστια, αλλά με μπόλικο και καλό φαΐ έγινε γοτζιόλι.*

γοτζύλι το, κομμάτι παστωμένου χοιρινού κρέατος με πολύ λίπος: *πάει, τέλειωσε το παστό, κάτι γοτζύλια μείνανε, δεν είναι να τα βγάλεις σε μοσαφίρη.*

γούβης ο, μπούφος (βύας).

γουβριάζω, γαβριάζω, κατέχομαι από δυνατή σαρκική επιθυμία: *το Γενάρη γουβριάζουν οι κατσούλες και το Μάη τα γαϊδούρια.*

γούβριασμα το, σφοδρή ερωτική

επιθυμία.
γουλίνι το, μικρή σαλιάρα μωρών.
γουλισιά η, πρόσχωση, απόθεση χώματος ή άλλου υλικού σπρωγμένου από το νερό βροχής ή πηγής: *με τις γουλισιές το χωράφι του γίνηκε πιο καρπερό.*
Γουργαριά η, Βουλγαρία.
Γούργαρος ο, Βούλγαρος.
γουργούλα η, γλίστριμα, σύρσιμο σε ξύλινη ή τσιμεντένια κουπαστή σκάλας ή σε κατηφορικό έδαφος: *κάναμε κάτι γουργούλες στις σκάλες του σκολειού μας, φοβερές!*
γουργουλάω, κάνω γουργούλα (βλ. λ.), σύρομαι, γλιστράω: *γουργουλώντας στην κωλοσάρα έφτασα στο ρέμα.*
γουργοχέστρα η, (συνθ. μαστ. γλ.) φακή: *τα κονομήσαμε, πάλε γουργοχέστρες θα φάμε σήμερα.*
γουρλίζω, (για έντερα) γουργουρίζω: *γουρλίζουν τ' άντερά σου, φαίνεται πως πεινάς ή έκρυωσες.*
γούρλισμα το, γουργουρητό.
γουρλοματιάζω, 1. κοιτάζω κάτι έντονα και θέλω να το αποκτήσω, εποφθαλμιώ: *μην το γουρλοματιάζεις το γλυκό, δεν το 'χουμε για την αφεντιά σου.* 2. κοιτάζω κάποιον με αυστηρό βλέμμα, με γουρλωμένα μάτια: *γιατί με γουρλοματιάζεις, τι σου 'κανα πάλι;*
γουρλομάτιασμα το, η ενέργεια και το αποτέλεσμα του γουρλοματιάζω (βλ. λ.).
γουρνάλατο το, χοντρό αλάτι (αλυκής) με το οποίο αλάτιζαν το χοιρινό κρέας, για να το παστώσουν (εξού και η ονομασία του), και άλλα φαγώσιμα είδη (φαγητά, ψωμιά, τυροκομικά κ.λπ.). Το χοντρό αλάτι (ψιλό δεν κυκλοφορούσε· καθένας έτριβε στο γουδί μόνος του) ήταν είδος του Ελληνικού Μονοπωλείου (όπως τα σπίρτα και το πετρέλαιο).
γουρνοβασιλικός ο, λίπος από την «μπόλια» του χοιρινού, χρήσιμο για το μαλάκωμα και τη θεραπεία των λιθαροπατιών (βλ. λ.), καθώς και για τη συντήρηση των παπουτσιών και άλλων δερμάτινων ειδών (ιμάντες σαγής υποζυγίων κ.λπ.).
γουρνοδιάβολος ο, έξυπνος, πονηρός και συνάμα αναιδής και αγροίκος άνθρωπος.
γουρνοκούμασο το, 1. στάβλος του γουρουνιού. 2. φτωχόσπιτο, φτωχοκάλυβο.
γουρνόκριατο το, χοιρινό κρέας.
γουρνομαθημένος, -η, -ο, κακομαθημένος, ανάγωγος, αναιδής.
γουρνομεζελίκι το, γουρνομεζές (βλ. λ.).
γουρνομεζές ο, κομμάτι χοιρινού κρέατος μαγειρεμένο, ψητό ή παστό: *τον φάγατε, έμαθα, χτες το γουρνομεζέ στου Κανακόπουλου.*
γουρνόξιγκο το, ξίγκι, λίπος του γουρουνιού.
γουρνοσκαντζίλα η, η κοπριά του γουρουνιού και η δυσοσμία που αναδίνεται από αυτήν: *δεν είναι να περάσεις απ' αυτό το χωριό, ουλούθε βρομάει γουρνοσκαντζίλα.*
γουρνοστάσι το, γουρνοκούμασο (βλ. λ.).
γουρνοσύκωτα τα, εντόσθια γουρουνιού.
γουρνόφουσκα η, η ουροδόχος κύστη του γουρουνιού με την οποία, κατάλληλα επεξεργασμένη, έπαιζαν

τα παιδιά όπως με μπαλόνι.
γουρνοψωλή η, **1.** το πέος του γουρουνιού. **2.** κάθε μακρύ αντικείμενο που σε πολλά σημεία είναι στρεβλό (ραβδί, σανίδι κ.λπ.): *βράχηκε το σανίδι κι έγινε σαν γουρνοψωλή.*
γουρουνίτσα η, **1.** παιδικό παιγνίδι. **2.** ζωύφιο μαύρου χρώματος σε μέγεθος και σχήμα μισού μπιζελιού.
γουστέκι το, πεδούκλι, πέδικλο.
γουστεκιάζω, πεδουκλώνω, τοποθετώ πεδούκλι στα πόδια ζώου: *γουστέκιασε το μουλάρι, για καλό και για κακό, μην κάνει πέρα και φύγει.*
γρασία η, υγρασία: *γρασία έχει σήμερα ο τόπος μπόλικη.*
γράπα η, κενό, χάσμα ανάμεσα σε μεγάλες πέτρες: *να 'χεις το νου σου μην πέσει καμιά προβατίνα σε γράπα.*
γρέντζω η, (απαξιωτικά) η πολύ γριά γυναίκα: *εμ δε βλέπει, τρέχει κιόλας η γρέντζω.*
γριά η, μια από τις τρεις τελευταίες ημέρες του Μαρτίου, τις οποίες ο μήνας αυτός δανείστηκε από τον Φλεβάρη, για να εκδικηθεί την αλαζονική γριά που καυχήθηκε ότι δεν φοβάται πια τον αλλοπρόσαλλο πρώτο ανοιξιάτικο μήνα για το κοπάδι της.
γριάς ζωνάρι το, ουράνιο τόξο: *θα σταματήσ' η βροχή, βγήκε της γριάς το ζωνάρι.*
γριτζιάλα η, οδοντωτό ξύλινο εργαλείο για τον εκκοκισμό του καρπού του καλαμποκιού.
γριτζιαλάω, εκκοκίζω καλαμπόκι με τη *γριτζιάλα* (βλ. λ.).
γριτζιάνα η, *γριτζιάλα* (βλ. λ.).
γριτζιανάω, *γριτζιαλάω* (βλ. λ.).
γρομπόλι το, μικρός όγκος από οποιαδήποτε ύλη, σβώλος, θρόμβος: *νότισε η ζάχαρη κι έγινε ούλο γρομπόλια.*
γρομπολιάζω, αποκτώ γρομπόλια (βλ. λ.), σβωλιάζω: *ανακάτεψε καλά το χυλό, να μη γρομπολιάσει.*
γρομπόλιασμα το, το αποτέλεσμα του γρομπολιάζω (βλ. λ.).
γρούμπα η, καμπούρα.
γρουμπιαίνω, καμπουριάζω: *πολύ γρούμπιανε ο μπάρμπας, και δεν είναι δα και τόσο μεγάλος.*
γρούμπιασμα το, καμπούριασμα.
γρουμπός, -ή, -ό, καμπούρης, κυφός.
γυναικουλίστικος, -η, -ο, γυναικίστικος, ο προσιδιάζων σε γυναίκα (συνήθως τρόπος, λόγος, ενέργεια μικροπρεπής, κενή λογομαχία, συκοφαντία, μικροδιένεξη κ.λπ.): *αυτά είναι γυναικουλίστικες δουλειές, δεν είναι σοβαρά πράματα.*
γνολιός ο, γυλιός, στρατιωτικό σακίδιο.
γύρα η, επαιτεία, ζητιανιά, διακονιά: *η καημένη, πέθανε ο άντρας της και βγήκε στη γύρα.*
γυριά η, *κόθρος* (βλ. λ.).
γυρόρχουμαι, γυρνάω γύρω-γύρω, γυροφέρνω: *θα σταματήσεις να γυρόρχεσαι, μ' έχεις ζαλίσει, το καταλαβαίνεις;*
γυφτιλίκι το, γύφτικη συμπεριφορά, φιλαργυρία, μικροπρέπεια, τσιγγουνιά: *άσ' τα γυφτιλίκια και δώσε καμιά δραχμή στον έρανο.*
γωνιά η, χειμωνιάτικο (βλ. λ.).

δανεικολογιά η, αλληλοδανεισμός: *με τη γειτόνισσα έχουμε δανεικολογιές· άμα για μια στιγμή λείψει κάτι από τη μια, το δανείζεται από την άλλη.*

δανεικολογιέμαι, αλληλοδανείζομαι, δανείζομαι από κάποιον και δανείζω εγώ αυτόν: *με το φίλο μου χρόνια δανεικολογιόμαστε, και λεφτά κι άλλα πράματα, και δεν παραξηγηθήκαμε ποτέ.*

δαρνάτουρας ο, αυτός που δέρνει, που χτυπά: *σάμπως μου 'χεις γίνει μεγάλος δαρνάτουρας.*

δασκαλάκης ο, (συνθ. μαστ. γλ.) καφές (από το όνομα καφετζή).

δασκαλόπουλο το, μαθητής σχολείου: *παλιά τα σκολειά μας είχαν πάρα πολλά δασκαλόπουλα, τώρα κοντεύουν να κλείσουν.*

δέμα το, μικρό *μπαρέζι* (βλ. λ.) σφιχτοδεμένο στο κεφάλι των ηλικιωμένων γυναικών, πάνω στο οποίο έπεφτε ελεύθερα (*ριχταριά*, βλ. λ.) η *τσεμπέρα* (βλ. λ.) ή το γεμενί.

δένω, φασκιώνω, σπαργανώνω: *να δέσεις το παιδί να κοιμηθεί.*

δεξιοκοτσιάφτης, -α, -ικο, (για γιδοπρόβατα) αυτό που έχει κομμένο στην άκρη για σημάδι το δεξί αφτί: *έχασε, λέει, έναν τράγο δεξιοκοτσιάφτη και ψάχνει στα κοπάδια να τον βρει.*

δεξιοκοτσιάφτικος, -η, -ο, αυτός που ταιριάζει ή αναφέρεται στον δεξιοκοτσιάφτη (βλ. λ.).

δέρνω, (για φωτιά στο τζάκι) καίω δυνατά, με όρεξη, λαμπαδιαστά: *αμ δέρνει η φωτιά, όταν της βάνεις χοντρά ξύλα και την τσιοκαλάς κιόλας.*

δημοκοπάω, κουβεντιάζω δυνατά: *σας άκουγα που δημοκοπάγατε κι ήρθα για παρέα.*

διαβάζω, **1.** κάνω μάθημα σε κάποιον, διδάσκω: *φέτο την έκτη τάξη τη διαβάζει ο δάσκαλος ο Μιμάκος.* **2.** απαγγέλλω (μυστικά συνήθως) ευχή σε ανθρώπους, ζώα ή πράγματα, για να μην πάθουν κάποια βλάβη ή φθορά: *ο Σπυράκος διάβαζε τη ρόβη και δεν την τρώγανε τα ποντίκια.*

διαβολεύω, κάνω κάτι που για τον άλλον αποτελεί γρουσουζιά, γίνεται αιτία να του συμβούν δυσάρεστα πράγματα: *από τότε που μας διαβόλεψαν το κοπάδι με το να μας κλέψουν μια προβατίνα, πάθαμε χίλιες δυο ζημιές.*

διαβολιά η, γρουσουζιά, κακοτυχιά, μαγάρισμα: *η διαβολιά δε βγαίνει ποτέ σε καλό.*

διαβολοκάτσικο το, άγριο, ατίθασο κατσίκι.

διαβολόπιασμα το, παιδί που πιάστηκε από κακούς γονείς, αλλά και που το ίδιο είναι κακό και δύστροπο: *ποιος άλλος θα την έκανε τη ζημιά από το διαβολόπιασμα του Κωσταντή.*

διαβολόσπαρμα το, παιδί προερχόμενο από σπέρμα κακού (διαβολικού) πατέρα, άτακτο, κακό, διαβολόπαιδο.

διαγός ο, μικρό τμήμα αγρού, κήπου κ.λπ.: *τελειώνω, έχω ένα διαγό να ποτίσω κι έρχομαι.*

διάδεμα το, η ενέργεια και το αποτέλεσμα του διαδεύω (βλ. λ.).

διαδεύω, κάνω τις απαραίτητες ενέργειες, ώστε το νερό να τρέχει απρόσκοπτα στο αυλάκι, αλλά και το κατευθύνω εκεί που θέλω να ποτίσω: *το νερό είναι λίγο και πρέπει συνέχεια να το διαδεύεις μέσα στο χωράφι.*

διάζομαι, βιάζομαι, επείγομαι: *δε θα κάτσω, διάζομαι να πάω στο μύλο, μείναμε χωρίς αλεύρι.*

διαίτα η, δίαιτα: *είπ' ο γιατρός πως πρέπει να κάνω διαίτα από πολλά πράματα, αν θέλω να ζήσω.*

διακονόσπιτο το, σπίτι διακονιάρηδων, ζητιάνων.

διακονοφαμελιά η, οικογένεια διακονιάρηδων.

διαλεγός ο, αυτός που διαλέγει, που παίρνει ό,τι του αρέσει: *δεν το ξέραμε να σε βάλουμε διαλεγό στα πράματά μας.*

διάνα η, είδος χρωματιστού βαμβακερού υφάσματος: *πήρα λίγες πήχες διάνα κι έκανα φουστανάκια στις τσιούπες μου.*

διάνινος, -η, -ο, ο καμωμένος από ύφασμα *διάνας* (βλ. λ.).

διαστικός, -ή, -ό, βιαστικός: *είμαι διαστικός, δε θα κάτσω για φαΐ.*

διασύνη η, βιασύνη: *τι διασύνη σ' έπιασε και θέλεις να φύγουμε;*

διαταγός ο, αυτός που δίνει διαταγές, συντονιστής, κουμανταδόρος: *στο σπίτι μας διαταγός ήταν πάντα ο πατέρας.*

διαφέτι το, γεύμα που παρατίθεται μετά την αποπεράτωση σπουδαίου έργου, π.χ. αποπεράτωση οικοδομής, περάτωση θέρου, αλωνισμού κ.λπ.: *άιντε να τελειώνουμε το θέρο, να φάμε και τα διαφέτια.*

δίγαλο το, το άρμεγμα των αιγοπροβάτων δυο φορές την ημέρα αντί για τρεις: *λιγόστεψε το γάλα των ζωντανών και τα γυρίσαμε δίγαλο.*

διγουλάκι (επίρρ.), λιγουλάκι.

διγούλης, -α και -ια, -ι, *λιγούλης* (βλ. λ.): *δώσ' μου διγούλα μυτζήθρα να τη δοκιμάσω.*

δικηγόρος ο, (σκωπτικά) ρέγκα.

δικοτσιά η, δυο καρποί κρεμασμένοι από τον ίδιο μίσχο: *η καρυά μας φέτο ήταν γεμάτη δικοτσιές.*

δικούρα η, γίδα που κουρεύτηκε δυο φορές, δηλ. είναι δυο ετών.

δικούρι το, αρσενικό γίδι δυο ετών.

διμερίτης ο, διμοιρίτης, ο επικεφαλής διμοιρίας: *είχα ένα διμερίτη στον πόλεμο, πολύ παλικάρι.*

διμούτσουνη η, δίκαννη πιστόλα: *τον πρόσβαλε, λέει, κι εκείνος τράβηξε τη διμούτσουνη και τον πλήγωσε.*

διπλάρα η, δίδυμη: *την πάντρεψε τη μια διπλάρα της η Αγγέλω.*

διπλαριά η, πέταμα κοντόξυλου από

διπλαριάζω κάποιον με σκοπό να χτυπήσει ζώο ή άνθρωπο: *του πέταξε την γκλίτσα διπλαριά και του τσάκισε τα πόδια*.
διπλαριάζω, πετώ διπλαριά (βλ. λ.), για να χτυπήσω κάποιον.
διπλολέω, λέω κάτι δυο φορές, επαναλαμβάνω: *να μην το διπλολέω, να πάει κάποιος να φέρει λίγο κρύο νερό από τη βρύση*.
διπλοπαντρεύουμαι, παντρεύομαι για δεύτερη φορά εξαιτίας θανάτου ή χωρισμού: *χήρεψε και διπλοπαντρεύτηκε στους έξι μήνους*.
διπλόπαντρος, -η, -ο, αυτός που χήρεψε ή χώρισε μια φορά και ξαναπαντρεύτηκε: *διπλόπαντρη έναι, και τα παιδιά τα 'χει από τον πρώτο άντρα της*.
διπλοπλεμονία η, διπλοπνευμονία, φλεγμονή και των δυο πνευμόνων: *ζει δε ζει, είναι πολύ σοβαρά ο παππούς, έχει διπλοπλεμονία*.
διπλώνουμαι, προσκρούουν τα πόδια μου σε κάτι ενώ βαδίζω, σκοντάφτω: *διπλώθηκε σε κάποια πέτρα στην αυλή κι έπεσε*.
διπλώνω, καλύπτω, σκεπάζω: *δίπλω το πρόσωπό σου με το μαντίλι, να μη σε κάψει ο ήλιος* // *διπλώσου καλά με την κουβέρτα, να μην κρυάνεις*.
δισκοπότηρο το, κεντίδι υφαντού κιλιμιού του αργαλειού.
δίσκος ο, σχέδιο σε υφαντά κιλίμια του αργαλειού.
διστηνώρα (συνένωση των λ. της φρ. *δις την ώρα*, επίρρ.), κάθε λίγο και λιγάκι, συνέχεια: *τι πας κι έρχεσαι διστηνώρα, παλουκώσου σε μια μεριά να ησυχάσουμε*.
διφόρι το, **1.** (για καρπούς) αυτός που προέρχεται από δεύτερη καρποφορία μέσα στην ίδια χρονιά: *φέτο το κλήμα μας έβγαλε διφόρια, αλλά δεν πιστεύω να προλάβουν να γίνουν*. **2.** (για ζώα) το δεύτερο αρνί ή κατσίκι που γεννά στην ίδια χρονιά μια προβατίνα ή γίδα: *η μαρτίνα μας φέτο έκανε διφόρι*.
διφορίζω, **1.** (για φυτά και δέντρα) παράγω καρπούς δυο φορές τον χρόνο: *οι φασολιές μας, εκεί που τις είχα για βγάλσιμο, διφορίσανε και φάγαμε ένα σωρό φασολάκια*. **2.** (για ζώα) γεννώ δυο φορές μέσα στον ίδιο χρόνο.
δίφυλλο το, γλουτοί, κωλομέρια, κώλος: *εγώ σου μιλάω κι εσύ με γράφεις στο δίφυλλο*.
διχάζω, μόλις που διακρίνω, θαμπίζω: *τόσο μακριά που 'ναι μόλις που τον διχάζω πως είν' ο Δημήτρης*.
διχάλα η, ο τρόπος καβαλικέματος (ίππευσης) των αντρών στα υποζύγια: *οι άντρες καβαλάνε διχάλα κι όχι μονόμερα, όπως οι γυναίκες*.
δίχαλο το, διχάλα, πράγμα που καταλήγει σε δυο σκέλη, αλλά και το σημείο όπου αρχίζει η διχάλα: *σκίστηκε το σαϊτάρι μου ακριβώς στο δίχαλο*.
διχαλώνω, **1.** καβαλικεύω διχαλωτά σε ζώο: *διχάλωσε ο μικρός στο γάιδαρο και δε θέλει να κατέβει*. **2.** πιάνομαι, σταματώ με τα σκέλη κάπου: *έπεσε από την κορφή της καρυάς, αλλά για καλή του τύχη διχάλωσε σ' ένα γερό κλωνάρι και τη γλύτωσε*.
δομάτα η, ντομάτα.
δοματιά η, ντοματιά.
δοματόζουμο το, ντοματόζουμο.

δομένος, -η, -ο, δοσμένος: *του 'χω δομένα δανεικά λεφτά εδώ κι ένα χρόνο κι ακόμα να μου τα γυρίσει.*
δουλειά η, μαστοριά, το επάγγελμα του χτίστη: *όταν τσαπώσει λίγο το παιδί, θα το στείλω στη δουλειά.*
δραγασιό το, παρατηρητήριο, βίγλα, βεργασούρα: *έπιασε το δραγασιό κι αγνάντευε.*
δράκος ο, βάση στην οποία στηρίζεται το κωλοβούτσι (βλ. λ.) του νερόμυλου.
δραπέτσι το, τραπέτσι (βλ. λ.).
δράσκελος ο, δρασκελιά, μεγάλο βήμα: *μ' ένα δράσκελο έφτασε κοντά του και τον άρπαξε από το λαιμό.*
δριμόκωλος, -η, -ο, δύσκολος, αντίξοος: *βλέπω τον καιρό δριμόκωλο, δεν είναι για ταξίδι σήμερα.*
δριμόνι το, δερμόνι, μεγάλο κόσκινο για τον καθαρισμό των δημητριακών από τα σκύβαλα.
δριμονίζω, κοσκινίζω, καθαρίζω τα δημητριακά από ξένα σώματα με το δριμόνι (βλ. λ.).
δρούγα η, λεπτή και κοντή ξύλινη βέργα που χρησιμοποιείται για το γνέσιμο του υφαδιού· για το στημόνι χρησιμοποιείται το αδράχτι (με αγκίστρι στην κορυφή και σφοντύλι στη βάση).
δρωτσιλιάζω, βγάζω στην επιδερμίδα φουσκάλες με υγρό (δρωτσίλες): *κάτι ζούδι με περπάτησε και δρωτσίλιασε ούλο μου το κορμί.*
δρωτσίλιασμα το, η δημιουργία δρωτσιλών στο δέρμα.
δυναμάρι το, υπομόχλιο: *βάλε καλό δυναμάρι και θα ιδείς για πότε ξεκωλώνεται η πέτρα.*
δύνουμαι, δύναμαι, μπορώ: *όσο δύνουμαι θα δουλεύω.*
δυχατέρα η, θυγατέρα: *έχω ένα γιο και μια δυχατέρα.*
δω' (τύπος προστ. αορ. του ρ. *δίνω*), δώσε: *δω' μου να βάλω κάτι στο στόμα μου, κάπως πείνασα.*
δωδεκάρα η, τρίλιζα που παίζεται με δώδεκα χαλίκια.
δώκω (υποτ. αορ. του ρ. *δίνω*), δώσω: *δεν πρόκειται να του δώκω σημασία, αν τον συναντήσω.*
'δωπά (επίρρ.), εδωπά (βλ. λ.).
'δωπά-'δεκεί (επίρρ.), εδώ κι εκεί, αραιά και πού, πού και πού: *'δωπά-δεκεί φυτεύω στο χωράφι και καμιά κολοκυθιά για κάνα κολοκύθι.*

Ε

εβδομηνταρίζω, **1.** γίνομαι εβδομήντα χρόνων: *του χρόνου, πρώτα ο Θεός, εβδομηνταρίζω*. **2.** συμπληρώνω τον αριθμό εβδομήντα σε οποιοδήποτε λογαριασμό: *τα εβδομηντάρισε τα γιδοπρόβατά του ο Φώτης*.

έγκαψη η, στενοχώρια, σκασίλα: *έχω μεγάλη έγκαψη σήμερα, χωρίς να ξέρω το γιατί*.

έγκομος, -η, -ο, παχύσαρκος: *είναι πολύ έγκομος και δυσκολεύεται στο περπάτημα*.

εγκουφός ο, γκοφός, γοφός, ισχίο: *από χτες μ' έχει τρελάνει στον πόνο ο εγκουφός μου*.

εδαύτος, -η, -ο, αυτός: *η στερνοπούλα της είν' όμορφη σαν εδαύτηνε*.

εδεδέτσι (επίρρ.), έτσι ακριβώς: *εδεδέτσι γίνανε τα πράματα, όπως σου τα λέω*.

εδευτού (επίρρ.), σε αυτό το μέρος ακριβώς: *κάτσε εδευτού που κάθεσαι κι εγώ δε θέλω τίποτα*.

εδιάκα (**εδιάς**, **εδιάη**, **εδιάκαμε** κ.λπ., αόρ. του αμάρτυρου στον ενεστ. ρ. διακάω), πήγα: *εδιάκα πολλές φορές σπίτι του, αλλά δεν τον βρήκα*.

εδωπά (επίρρ.), εδωνά, εδώ ακριβώς: *εδωπά το είχα ταμένο να χορέψω το καημένο* (δημ. τραγ.).

εδωπαλάκια (επίρρ.), υποκ. του εδωπά (βλ. λ.).

έζηγα (παρατ. του ρ. ζιω, βλ. λ.), ζούσα: *δεν έζηγε ο παππούλης σου, όταν γεννήθηκες εσύ*.

ειδιοποιώ, ειδοποιώ, παραγγέλνω: *τον ειδιοποίησα με τρεις ανθρώπους ότι θέλω να συναντηθούμε*.

εικοσιάρης, -α, -ικο, ο ηλικίας είκοσι ετών: *είναι εικοσιάρα και παραπάνω η Ελένη*.

εικοσιαριά η, σύνολο περίπου είκοσι ατόμων, πραγμάτων κ.λπ.: *είχε στο τραπέζι καμιά εικοσιαριά νοματαίους*.

εικοσιαρίζω, **1.** γίνομαι είκοσι ετών: *του χρόνου η τσιούπα μας εικοσιαρίζει*. **2.** συμπληρώνω τον αριθμό είκοσι σε πράγμα ή είδος: *τα εικοσιάρισε τα μαρτίνια του ο Θύμιος*.

είνιαι (τρίτο πρόσωπο πληθ. του ρ. είμαι), είναι: *δεν είνιαι σπίτι τους οι γειτόνοι, εδιάκανε στο χωράφι*.

ειπώσιμο το, λεκτική εκτέλεση, εκφώνηση: *δεν είναι για ειπώσιμο αυτά τα φοβερά λόγια που ξεστόμισε εναντίον μου*.

είτε (σύνδ.), ούτε: *είτε του μιλάω, είτε θα του μιλήσω ποτέ γι' αυτό που μου 'κανε*.

είχε (μόριο), ας, μακάρι να, αχέ ή άχε (βλ. λ.): *είχε με βρει ταμπουλάς καλύτερα, παρά αυτό που έπαθα σήμερα.*

έλα μου (ρηματ. φρ.), **1.** αλλά να, τι μου κάνεις όμως: *ήθελα να 'ρθώ, έλα μου όμως που έπρεπε να ζυμώσω.* **2.** ως απάντηση, όταν μας απευθύνει τον λόγο κάποιος: *ορίστε.*

ελατίσιος, -α, -ο, αυτός που κατοικεί ή ανήκει σε περιοχή με έλατα: *άστες αυτές είναι ελατίσιες· δε βλέπεις πώς κοκκινίζει το μάγουλό τους;*

έλατος ο, (συνεκδ.) ελατόδασος: *πάμε ταχιά στον έλατο για ξύλα;*

ελατούφι το, τούφα, θάμνος έλατου: *μας χρειάζονται ελατούφια για το κάψιμο του φούρνου.*

ελεχτής ο, ελεγκτής.

εμπατή η, μεσαριά (βλ. λ.), ο αμέσως μετά την είσοδο του σπιτιού μικρός προθάλαμος (χολ) που οδηγεί στα δωμάτια (σάλα, χειμωνιάτικο, βλ. λ., γκιλέρι, βλ. λ.).

εναγύρω (επίρρ.), τριγύρω, γύρω-γύρω: *μην έρχεσαι εναγύρω, θα ζαλιστείς.*

ενάημισης, μιάημιση, ενάημισι, ενάμισης, μιάμιση, ενάμισι: *σ' ενάημιση μήνα θα 'χουμε Πάσχα.*

έναι (τρίτο πρόσωπο εν. του ρ. *είμαι*), είναι: *αμ δε λέει τίποτα το φαΐ, έν' άνοστο πράμα έναι.*

έναι τος, τη, το (ρηματ. φρ.), ζει, υπάρχει, βρίσκεται στη ζωή: *ο παππούς έναι τος, δυστυχώς για βάσανα.*

ενανήμιση (αιτ. του *ενάημισης*, βλ. λ.), ενάμιση: *πολύ παλιά οι μαστόροι γύριζαν στο χωριό μετά από ενανήμιση χρόνο.*

ενενηνταρίζω, 1. γίνομαι ενενήντα ετών. **2.** συμπληρώνω τον αριθμό ενενήντα σε πράγμα ή είδος.

ένι τος, ένι τη, ένι το (ρηματ. φρ.), να τος, να τη, να το: *ένι το το λεωφορείο, έρχεται στον Αγιο-Κωσταντίνο.*

εννιάρα η, τρίλιζα που παίζεται με εννιά χαλίκια.

εξηνταρίζω, 1. γίνομαι εξήντα ετών. **2.** συμπληρώνω τον αριθμό εξήντα σε πράγμα ή είδος.

επιζωής (επίρρ.), ισόβια: *κι αν με δικάσουν 'πιζωής κι αν με δικάσουν χρόνο...* (δημ.τραγ.).

επιπόνου (επίρρ.), κατάκαρδα, πολύ στενάχωρα: *τον πήρε επιπόνου το χωρισμό και κοντεύει να τρελαθεί.*

επίταυτος, -η, -ο, *απίταυτος* (βλ. λ.).

έργατα τα, έργα, πράξεις, ενέργειες: *καθένας κατά τα έργατά του και τα μυαλά του κρίνεται // ο Θεός ας τον κρίνει κατά τα έργατά του.*

έρριζα (επίρρ.), σύρριζα, κοντά, σε επαφή: *έρριζα στο βράχο βγαίνει νερό.*

ετιά η, ιτιά: *έκοψα μια ετιά κι έβγαλα ένα σωρό ξύλα για το χειμώνα.*

ευκισμένος, -η, -ο, **1.** ευλογημένος, αυτός που έχει την ευχή του Θεού ή των ανθρώπων: *είν' ευκισμένος από το Θεό, γι' αυτό ούλα του πάνε καλά.* **2.** (ως ευχή) να έχει ο αποκαλούμενος έτσι την ευχή του Θεού ή του λέγοντος: *ευκισμένο μου, τράβα να φέρεις λίγο κρύο νερό από τη βρύση.*

ευτούνος, -η, -ο, αυτός: *πιστεύω δε θα θελήσει ευτούνος να 'ρθεί μαζί μας.*

έφιμο το, έθιμο, συνήθεια: *εμείς έχουμε έφιμο μπαίνοντας η νύφη στο σπίτι του γαμπρού να πατάει ένα ρόιδο.*

εφορίνα η, η σύζυγος του εφόρου.

εφτακαθερισμένος, -η, -ο, (κυρίως για γυναίκα) υπερβολικά καθαρός, νοικοκυρεμένος: *πήρε μια νυφούλα η Στάθαινα, εφτακαθερισμένη!*

έχα η, το ζώο που κρατιέται για αναπαραγωγή: *τη Λιαρίτσα δε θα τη δώσω, θα την κρατήσω για έχα.*

έχοντα τα, περιουσία, βιος: *αυτός με τα πολλά έχοντα δε δίνει πέντε δραχμές να τελειώσει η εκκλησία // το σπίτι του βρόνταγε από τα πολλά έχοντα.*

Z

ζάβαλος, -η, -ο, κακόμοιρος, αξιολύπητος, δυστυχισμένος: *αρρώστησ' η ζάβαλη πέρσι κι ακόμα να ιδεί την υγειά της*.

ζαβωμάρα η, ιδιοτροπία, στραβωμάρα, κακία: *από ζαβωμάρα δε θέλει να παραδεχτεί ότι έχει άδικο*.

ζαγρός, -ή, -ό, μικρόσωμος, καχεκτικός: *δε φαίνεται να ψηλώνει άλλο, έτσι ζαγρό θα μείνει το παιδί*.

ζάλη η, μικρή πηγή (αντίθ.: κεφαλάρι).

ζαλούκα η, το φόρτωμα ατόμου στην πλάτη για μεταφορά: *τον πήρε ζαλούκα και τον πέρασε από το ποτάμι // θεριακωμένο παιδί και το κουβαλάει ακόμα ζαλούκα*.

ζαλούκωμα το, η ενέργεια και το αποτέλεσμα του ζαλουκώνουμαι (βλ. λ.).

ζαλουκώνουμαι, φορτώνω στους ώμους μου, παίρνω ζαλούκα (βλ. λ.): *ζαλουκώθηκε το παιδί κι έφυγε για το χωράφι*.

ζάμπα η, βάτραχος που ζει έξω από έλη ή τέλματα: *μέρες-μέρες γεμίζει ο τόπος ζάμπες*.

ζαμπλαρίκος ο, (συνθ. μαστ. γλ.) τραχανάς.

ζαμπόγερος ο, ζαρωμένος, καχεκτικός, αρρωστιάρης γέρος: *ο ζαμπόγερος τα πόδια του δεν μπορεί να πάρει, όμως τα χούια του δεν τ' αφήνει...*

ζαμπόγρια η, ζαρωμένη, καχεκτική γριά: *την είδες τη ζαμπόγρια κακία που την έχει;*

ζάντεμα το, (συνθ. μαστ. γλ.) η ενέργεια και το αποτέλεσμα του ζαντεύω (βλ. λ.).

ζαντεύω, (συνθ. μαστ. γλ.) χαζοφέρνω, κάνω τον κουτό.

ζαντός, -ή, -ό, (συνθ. μαστ. γλ.) χαλασμένος, σκάρτος, χαζός, ανόητος.

ζαντούλης, -α, -ι, (συνθ. μαστ. γλ.) υποκ. του ζαντός (βλ. λ.).

ζαντοφέρνω, χαζοφέρνω, υστερώ διανοητικά: *ότι ζαντοφέρνει φαίνεται από το φέρσιμό του*.

ζάπωμα το, η ενέργεια και το αποτέλεσμα του ζαπώνω (βλ. λ.).

ζαπώνω, καταφέρνω, δαμάζω, καταβάλλω: *μεγάλωσε το παιδί και δεν μπορώ να το ζαπώσω*.

ζαρούγκλα η, μεγάλη ζάρα, μεγάλη πτυχή δέρματος, υφάσματος κ.λπ.

ζαρτσούνι το, κοντό, μικροκαμωμένο κι αδύναμο παιδί: *είδες το ζαρτσούνι δύναμη που την έχει;*

ζαρτσουνιάρης, -α, -ικο, ζαρωμένος, μικροκαμωμένος, καχεκτικός άνθρωπος.

ζαρτσουνιάρικος, -η, -ο, αυτός που ταιριάζει ή αναφέρεται στον ζαρ-

τσουνιάρη (βλ. λ.).
ζεβζέκης, -ισσα, -ικο, διαβολεμένος, σκανταλιάρης, άτακτος: *την έκανε πάλι τη σκανταλιά του ο ζεβζέκης.*
ζεβζέκικος, -η, -ο, αυτός που ταιριάζει ή αναφέρεται στον ζεβζέκη (βλ. λ.).
ζέγνω, **1.** αναδίδω άσχημη μυρωδιά, βρομοκοπάω: *δεν είναι να τον πλησιάσεις, ζέγνει ολόκληρος.* **2.** ζεύω, βάζω τα ζώα στο ζυγό: *δεν είχα προλάβει να ζέξω τα ζα και με πιάνει μια βροχή, που μ' ανάγκασε να τα μαζέψω και να φύγω.*
ζέμα το, δύσκολη κατάσταση, δύσκολη ώρα, αδυναμία: *με βρήκε σε ζέμα και του είπα το ναι.*
ζεμπερέκι το, τσεμπερέκι (βλ. λ.).
ζέμπος ο, ονομασία καστανόμαυρου σκύλου.
ζέξιμο το, **1.** ζέψιμο των ζώων. **2.** (μτφ.) στρίμωγμα, εξαναγκασμός: *ζέξιμο που του χρειάζεται, για να καταλάβει πώς βγαίνει το ψωμί.*
ζερβοκοτσιάφτης, -α, -ικο, (για γιδοπρόβατα) αυτός που έχει το αριστερό αφτί κομμένο στην άκρη, για σημάδι: *το δικό μου κοπάδι είναι ζερβοκοτσιάφτικο.*
ζερβοκοτσιάφτικος, -η, -ο, ο σχετικός με ζερβοκοτσιάφτη (βλ. λ.).
ζερβός, -ή, -ό, κοντός, μικροκαμωμένος: *δεν ψήλωσε αυτό το παιδί, έμεινε ζερβό.*
ζερβούλης, -α, -ικο, υποκ. του ζερβός (βλ. λ.).
ζευγιά η, **1.** έκταση χωραφιού που οργώνεται σε μια μέρα από ένα ζευγάρι ζώων. **2.** μονάδα μέτρησης καλλιεργήσιμων εκτάσεων, χωραφιών: *σπέρνω κάθε χρόνο πάνω από σαράντα ζευγιές χωράφια και με το ζόρι εξασφαλίζω το ψωμί της χρονιάς.*
ζέφκι το, βάσανο, ταλαιπωρία· συνήθως στη φρ. **τούτα είναι ζέφκια κι όχι τα περασμένα**.
ζηλός, -ή, -ό, ζηλιάρης, ζηλιάρικος, αχόρταστος: *όσα και να 'χει, το μάτι είναι ζηλό* (παροιμ.).
ζιαγκούνα η, δαγκάνα, ποδολαβίδα του κάβουρα κ.λπ.: *ο κάβουρας με τις ζιαγκούνες του πινίγει φίδι.*
ζιακουτάω, **1.** πιέζω, χτυπώ: *τον έριξε κάτω κι άρχισε να τον ζιακουτάει με το γόνατο.* **2.** (για άνδρα) συνουσιάζομαι, γαμώ: *ο κουμπάρος τη ζιακούτησε την κουμπάρα.*
ζιακούτημα το, η ενέργεια και το αποτέλεσμα του ζιακουτάω (βλ. λ.).
ζιέρης ο, πρόωρα γερασμένος, καχεκτικός άνθρωπος: *πού τον βρήκε η φρεγάδα αυτόν το ζιέρη και τον παντρεύτηκε;*
ζίζι το (συνήθως στον πληθ., **ζίζια**), **1.** (για ύφασμα) αραιοΰφασμένο, μη κρουστό: *δεν το χτύπησε όσο έπρεπε το χτένι της και της βγήκε το πανί μπίτι ζίζια.* **2.** (για πλεκτό) το πλεγμένο χαλαρά, αραιοπλεγμένο: *έπλεξε μια φανέλα ζίζια, πού να κρατήσει κρύο το χειμώνα αυτή.*
ζιλές ο, πλεχτή αμάνικη φανέλα, πουλόβερ.
ζιόγκος ο, οίδημα, εξόγκωμα: *έβγαλα ένα ζιόγκο στην πλάτη και με πονάει πολύ.*
ζιούμπα η, καμπούρα, κύρτωμα της ράχης: *δεν τηράει τη ζιούμπα του, κάνει και τον παλικαρά.*

ζιουμπός, -ή, -ό, καμπούρης, κυφός.
ζιριάζω, δεν μεγαλώνω, μένω ατελής, ατροφικός, μαραζώνω: *φύτεψα μια κλάρα βασιλικό κι εδεκεί στη γλάστρα ζίριασε.*
ζιριάρης, -α, -ικο, ατροφικός, μαραζιάρης, αυτός που δεν μεγαλώνει.
ζιριάρικος, -η, -ο, αυτός που ταιριάζει ή αναφέρεται στον *ζιριάρη* (βλ. λ.).
ζίριασμα το, καχεξία, ατροφία, μαράζωμα.
ζιω, ζω, υπάρχω, βρίσκομαι στη ζωή: *με τόσα βάσανα και που ζιω τι καταλαβαίνω;*
ζόμπολο το, (συνθ. μαστ. γλ.) *μισόμπολο* (βλ. λ.).
ζόρι το (συνήθως στον πληθ., **ζόρια**), άκρες χωραφιού που με δυσκολία οργώνονται με το ζευγάρι των ζώων: *κοίτα πρώτα να συμμαζέψεις 'κείνα τα ζόρια, κι αν έχεις καιρό, συνεχίζεις κανονικά το όργωμα.*
ζουζάνιο το, ζιζάνιο, ταραξίας, άτακτος, ζωηρός άνθρωπος: *τέτοιο ζουζάνιο που είναι, καλά έκανε ο δάσκαλος και τον τιμώρησε.*
ζουζούκι το, τζουτζούκι (βλ. λ.).
ζούλα η, **1.** ώριμο φρούτο, *ζούπα* (βλ. λ.): *τ' απίδια γίνανε ζούλες.* **2.** φρ.: **στη ζούλα**, κρυφά, ανειδοποίητα: *πετάχτηκα στη ζούλα –να μη με πάρουν χαμπάρι τα παιδιά– και τους είδα για λίγο.*
ζουλίτσα η, ποικιλία σιταριού.
ζουλούμης, -ισσα, -ικο, αυτός που με διαβλητό, δόλιο τρόπο οικειοποιείται ξένο πράγμα: *σουφρώνοντας αποδώ κι αποκεί ο ζουλούμης τα καταφέρνει και ζει μπέικα.*

ζουλούμικος, -η, -ο, **1.** αυτός που ταιριάζει ή αναφέρεται στον *ζουλούμη* (βλ. λ.): *ζουλούμικη ταχτική.* **2.** κλοπιμαίος, αποχτημένος με ανέντιμο τρόπο: *με ζουλούμικα λεφτά την έκανε την περιουσία.*
ζούπα η, παραωριμασμένο φρούτο, *ζούλα* (βλ. λ.): *τα γκόρτσα γίνανε ζούπες.*
ζουρίζω, φθίνω, εξαντλούμαι, είμαι κατάκοιτος, αργοπεθαίνω: *χρόνια ζουρίζει στο κρεβάτι και δε λέει να βγει η ψυχή του.*
ζούρισμα το, η κατάσταση του *ζουρίζω* (βλ. λ.).
ζουρλαμάρα η, ζουρλαμάδα, παλαβομάρα, ασύνετη σκέψη ή ενέργεια: *για όλα είναι ικανός με τη ζουρλαμάρα που τον δέρνει.*
ζουρλάς ο, ζουρνάς, φλογέρα: *στο παίξιμο του ζουρλά δεν τον φτάνει κανείς.*
ζούφλα η, βαθούλωμα σε –μεταλλική συνήθως– επιφάνεια, από πίεση ή χτύπημα: *γέμισε ζούφλες το λαδικό, θέλει πέταμα, δεν αντέχει άλλο.*
ζουφλιάζω, προκαλώ βαθούλωμα σε μεταλλική ή άλλη επιφάνεια, με πίεση ή χτύπημα: *τον ζούφλιασες τον ντενεκέ σ' εκατό μεριές.*
ζουφλιάρης, -α, -ικο, ο γεμάτος *ζούφλες* (βλ. λ.), ο ζουφλιασμένος: *πού τον βρήκες αυτόν το ζουφλιάρη τον ντενεκέ;*
ζουφλιάρικος, -η, -ο, αυτός που ταιριάζει ή αναφέρεται στον *ζουφλιάρη* (βλ. λ.).
ζούφλιασμα το, υποχώρηση επιφάνειας σε σημείο πίεσης ή χτυπήματος.

ζυγάλετρα τα, ζυγός, αλέτρι και όλα τα απαραίτητα εργαλεία για άροση με ζώα: *έχω έτοιμα τα ζυγάλετρα και περιμένω τα πρωτοβρόχια ν' αρχινήσω τη σπορά.*

ζυγή η, ζυγιά, κομπανία μουσικών οργάνων: *στο γάμο του γιου του έφερε και μια ζυγή όργανα και κάηκε το πελεκούδι* (γλέντησαν με την ψυχή τους).

ζυγονόμι το, σιδερένια ασφαλιστική περόνη που συγκρατεί τη ζεύλα (λαιμαριά) στο ζυγό.

ζυγοπάλεμα το, το αποτέλεσμα του ζυγοπαλεύω (βλ. λ.).

ζυγοπαλεύω, βρίσκομαι στο ίδιο επίπεδο επίδοσης ή επιτυχίας με κάποιον που συναγωνίζομαι (διαφορά στήθους με στήθος, αμφίρροπο αποτέλεσμα): *οι δυο αυτοί ζυγοπαλεύουν στην τέγνη, δεν μπορείς να ειπείς ότι τούτος ή ο άλλος είναι καλύτερος μάστορης.*

ζυμαρήθρα η, **1.** μικρός, ημίσκληρος βώλος αλευριού στο προζύμι ή στο ψωμί κ.λπ., που οφείλεται σε όχι καλό ζύμωμα: *δεν τα καταφέρνει καλά στο ζύμωμα και το ψωμί της είναι γεμάτο ζυμαρήθρες.* **2.** κομματάκια ζυμαριού που μένουν κολλημένα στα χέρια του ζυμωτή μετά το ζύμωμα: *ώσπου να βάλω τα ψωμιά στα τεψιά, ξεράθηκαν κιόλας οι ζυμαρήθρες στα δάχτυλά μου.*

ζωντάρι το, άψητο, ωμό: *δεν ήταν καημένος ο φούρνος και μου βγήκε το ψωμί ζωντάρι.*

-ηκα, κατάληξη αορ. ορισμένων ρημάτων, συνηρημένων και μη (π.χ. *βόηθηκα, απήδηκα, απόθηκα, άφηκα* κ.λπ.).

-ήκω, κατάληξη υποτ. αορ. ορισμένων ρημάτων, συνηρημένων και μη [π.χ. *(να, θα) βοηθήκω, απηδήκω, αποθήκω, αφήκω* κ.λπ.].

ημέρεμα το, **1.** (για ζώα) ημέρωμα, εξημέρωση. **2.** (για πρόσωπα) εξευγένιση, εκπολίτιση.

ημερολάσι το, διάρκεια μιας ημέρας, από το πρωί ως το βράδυ, όλη η ημέρα: *αυτή η δουλειά, για να γίνει, θέλει ένα ημερολάσι.*

θαλάμωμα το, το αποτέλεσμα του θαλαμώνω (βλ. λ.).

θαλαμώνω, κατέχομαι από ανία, πλήξη, εξαιτίας της παραμονής μου για πολύ χρόνο σε κλειστό χώρο (θάλαμο): *θα βγω μια βόλτα, γιατί θαλάμωσα οληµέρα κλεισμένος µέσα.*

θάλµπωση η, (για την ατμόσφαιρα) έλλειψη καθαρότητας, αδιαφάνεια, θολότητα, αχλύς: *σήμερα έχει πολλή θάλµπωση και δε φαίνονται του Σαϊτά του βουνά.*

θαµπίζω, **1.** μόλις που βλέπω, ίσα που διακρίνω: *θαμπίζοντας στο σκοτάδι κατάφερα να φτάσω στο σπίτι μου.* **2.** (για φωτιστικό μέσο) φωτίζω θαμπά: *μόλις που θαμπίζει η λάμπα, σε λίγο θα σβήσει.*

θανατίκια τα, τα ρούχα του νεκρού (αλλαξιά, σάβανο, σεντόνι µε δαντέλες, μαξιλάρι κ.λπ.), τα οποία συνήθως οι ηλικιωμένοι τα είχαν έτοιμα όσο ήταν ακόμη ζωντανοί: *στη βαλίτσα να μου βάλτε και τα θανατίκια μου, δεν ξέρω τι με βρίσκει στην Αθήνα που πάω.*

θελά (μόριο), θενά, θα: *θελά 'ρχόμουνα να σε ιδώ, αλλά χασομέρησα στην αγορά.*

θελέσπι το, θεριό, μεγαλόσωμος, τεράστιος άνθρωπος: *μετά τον πόλεμο μας δώκανε κάτι μεγάλα μουλάρια αμερκάνικα, κάτι θελέσπια.*

θελός, -ή, -ό, θολός: *θελό ποτάμι πέρναγα και πέρα δεν εβγήκα* (δημ. τραγ.).

θελούρα η, **1.** η κατάσταση του θολού, η έλλειψη διαφάνειας και καθαρότητας: *τι νερό είν' αυτό, πώς την πίνεις αυτήν τη θελούρα;* **2.** ζάλη: *έχω μια θελούρα σήμερα στο κεφάλι, δε νιώθω καλά.*

θελώνω, θολώνω: *είναι μια σιγαλοπαπαδιά αυτή, κάνει πως δε θελώνει νερό.*

θεμελόπετρα η, θεμέλιος λίθος: *ο αρχιμάστορης έβαλε τη βαμμένη με το αίμα του κόκορα θεμελόπετρα κι όλοι ευχηθήκανε τα καλορίζικα.*

θεμωνιά η, θημωνιά.

θεμωνιάζω, θημωνιάζω, τοποθετώ (με τα στάχυα προς τα μέσα) τα δεμάτια του θερισμένου δημητριακού σε σωρό: *τελειώσαμε το θέρο και θεμωνιάσαμε τα δεμάτια στ' αλώνι.*

θεμώνιασμα το, η ενέργεια και το αποτέλεσμα του θεμωνιάζω (βλ. λ.).

θεοποντή η, ισχυρή νεροποντή: *με βρήκε όξω η θεοποντή κι έγινα μούσκεμα μέχρι το κόκκαλο.*

θεόπουλο το, αγριόπουλο, πετεινό του ουρανού: *είναι όμορφα ν' ακούς την άνοιξη τα θεόπουλα να κελαηδάνε.*

θεός ο, ουρανός, ουράνια: *μερικά αερόπλανα πετάνε τόσο ψηλά που λες κι ακουμπάνε στο θεό.*

θεοσκοτωμένα (επίρρ.), απελπισμένα, αποκαρδιωτικά: *πολύ θεοσκοτωμένα μας μίλησε για την αρρώστια του φίλου μας.*

θεούρι το, κάτι τεράστιο, γιγάντιο: *ένα δέντρο θεούρι έπεσε από τον αέρα κι έκλεισε το δρόμο.*

θεραπαή η, **1.** θαραπαή, γιατρειά: *βρήκα τη θεραπαή μου με τις κοφτές βεντούζες.* **2.** βόλεμα, ανακούφιση: *μεγάλη θεραπαή τ' αλαφρά ρούχα το καλοκαίρι.*

θεριακό το, θεριό, δυνατός σαν θηρίο: *τι θεριακό που γίνηκε ο γιος του μαστρο-Θανάση!*

θηλιά η, κυκλοτερής δέσμη νήματος που προσαρμόζεται στην ανέμη, για να ξετυλιχθεί και να αποτελέσει με κατάλληλες ενέργειες το στημόνι ή το υφάδι του υφαντού.

θηλιάζω, μετατρέπω νήμα σε θηλιές (βλ. λ.).

θήλιασμα το, η ενέργεια και το αποτέλεσμα του *θηλιάζω* (βλ. λ.).

θήλυκας ο, μαγικός κατάδεσμος σε νύφη.

θηλύκι το, θηλιά, κομβιοδόχη.

θουρίδα η, εσοχή σε τοίχο για την τοποθέτηση κάποιου πράγματος: *βάλε προσεχτικά τη βίκα στη θουρίδα.*

θρακοκώλα η, άζυμο μπομποτένιο (βλ. λ.), συνήθως, ψωμί (κουλούρα), ψημένο στη θράκα (χόβολη) του τζακιού.

θράσιος, -α, -ο, **1.** (για ζώα) αυτό που ψοφάει από βίαιο θάνατο και δεν προλαβαίνουν, όσο είναι ζωντανό, να το σφάξουν (να το ματώσουν)· το θράσιο (αρνί, κατσίκι, κότα κ.λπ.) κατά πάγια συνήθεια δεν επιτρέπεται να φαγωθεί: *πήγε θράσιο τ' αρνί που του 'κοψε τη σπλήνα το κριάρι.* **2.** (μτφ. και γενικά) αδικοθάνατος, αδικοσκοτωμένος: *πήγε θράσιος ο καημένος, άδικα τον σκότωσαν, δεν είχε ανάμειξη στον Εμφύλιο.* **3.** (για φαγητό) ανάλατο, άνοστο: *δεν έβανες μια στάλα αλάτι, μπίτι θράσιο είναι τούτο το φαΐ σήμερα.*

θρέμπελα τα, άγνωστης σημ. λ.· συνοδευόμενη πάντα με κάποιον τύπο του ρ. *τρώω*, σημαίνει «αναζητώ κάτι επίμονα», «επιδιώκω», «ψάχνω»: *έχασα ένα πετσετάκι κι έχω φάει τα θρέμπελα από το πρωί κι ακόμα δεν το 'βρα.*

θρεφτάρι το, ο προς σφαγή τρεφόμενος χοίρος: *πότε λέτε να σφάξτε το θρεφτάρι, τώρα τα Χριστούγεννα ή τις Απόκριες;*

θρύψιαλο το, θρύψαλο, θρύμμα, σύντριμμα: *μην κάνεις το ψωμί θρύψιαλα, είν' αμαρτία.*

θυμωσιάρης, -α, -ικο, αυτός που θυμώνει εύκολα, ευερέθιστος, οξύθυμος.

θυμωτός, -ή, -ό, θυμωμένος, οργισμένος: *μας ήρθε θυμωτός και μόνο που δε μας βάρεσε.*

Ι

ιγγλώνω, στερεώνω το σαμάρι του ζώου με την ίγγλα: *ίγγλωσε τα ζα, να φύγουμε.*

ιδιανός, -ή, -ό, αυτός ο ίδιος, ο ίδιος του: *ήρθε η ιδιανή και μου ζήτησε να την πάρω αργατίνα στο χωράφι.*

ιζάμι το, νιζάμι, τάξη, διαταγή, κουμάντο: *εγώ σε ξένο σπίτι ιζάμια δε βάνω.*

ίσια (επίρρ.), μόλις που: *ίσια που πρόλαβα να κάνω μια σποριά κι έπιασε βροχή.*

ισιάδα η, τόπος επίπεδος, χωρίς ανηφόρες και κατηφόρες, λάκκα (βλ. λ.): *στην ισιάδα περπατάει κανείς ξεκούραστα.*

ίσιαμε (πρόθ.), ίσαμε, μέχρι, έως: *ίσιαμε το μεσημέρι έχουμε καιρό.*

ισιωματερός, -ή, -ό, επίπεδος, ομαλός: *ισιωματερός τόπος // ισιωματερό χωράφι.*

Ιστιμός ο, ο ισθμός της Κορίνθου.

ιταίρι το, ταίρι: *στο χορό δεν έχ' ιταίρι, δεν τη φτάνει καμιά // ώσπου να βρει κι αυτός το ιταίρι του.*

Κ

κά' (επίρρ.), κάτω: *αν πας κά' στο κατώι, πάρε και τη λάμπα να βλέπεις*.

καβελαρούδι το, εξάρτημα του αλετριού που στερεώνει τη σπάθη σε ορισμένη θέση.

καβούλα η, σφαιροειδής μάζα χιονιού (χιονόμπαλα) ή λίπους χοιρινού: *άμα χιονίσει, θα βγούμ' όξω να παίξουμε καβούλες // έβαλα μια καβούλα αλοιφή και τηγάνησα δυ' αβγά*.

καβουρντάω, καβουρντίζω, ξηραίνω κάτι στη φωτιά, όπως καφέ, αμύγδαλα κ.λπ.

κάβουρος ο, εργαλείο των παλιών μαραγκών για το σφίξιμο των σανιδιών κατά την κατασκευή πατώματος.

καγιακά [συνένωση των λ. της φρ. *κά' για κά'* (**κά'**, κάτω), επίρρ.], κάτω για κάτω, εντελώς κάτω: *κατρακύλησε μια πέτρα κι έφτασε καγιακά, στο ποτάμι*.

καγιανάς ο, χτυπητά αυγά και *παστό* (βλ. λ.), τηγανισμένα με χοιρινό λίπος (*αλοιφή*, βλ. λ.): *μ' έναν καγιανά ξεντροπιάζεται η νοικοκυρά, αν της παρουσιαστεί άξαμνα ένας μοσαφίρης*.

καγιούρι το, τρόπος δεσίματος του κεφαλομάντιλου στο μέτωπο των γυναικών (στο κέντρο οι χήρες, δεξιά οι ελεύθερες και αριστερά οι παντρεμένες).

καζανιάτικο το, η αμοιβή του ιδιοκτήτη ρακοκάζανου για την απόσταξη στέμφυλων.

καζάρμα η, παλιότερα (19^{ος}-αρχές 20^{ού} αιώνα) το κτήριο της αστυνομίας αλλά και η ίδια η αστυνομία: *τον πιάσανε τον κλέφτη και τον πήγανε στην καζάρμα*.

καθελικό το, τάφος, μνήμα: *να μη σε δεχτεί το καθελικό σου* (κατάρα).

καθεράω, 1. (μτβ.) καθαρίζω, από κάποιο πράγμα πετάω τα περιττά και άχρηστα: *να καθερήσεις το σιτάρι και να πετάξεις τα σκύβαλα*. **2.** (αμτβ.) αποβάλλω βρομιά.

καθερίζω, καθεράω (βλ. λ.): *αν δε βάλεις πολύ σαπούνι, δεν καθερίζουν τα ρούχα*.

κάθοικο το, οικιακό σκεύος, αγγειό: *πλύνε τα κάθοικα μια στιγμή και μετά φέγεις*.

καΐκι το, κούτουλας (βλ. λ.).

καίω, (για τον ήλιο) μαυρίζω, σκουραίνω την επιδερμίδα: *βάλε μια τσεμπέρα να μη σε κάψει ο ήλιος*.

κάκα τα, (στη νηπιακή γλώσσα) κακά, κόπρανα: *κάκα να φάει η μπομπόλα* (να φύγει ο μπαμπούλας που κάποιος τον κάλεσε, δεν χρειάζεται, το παιδί είναι ήσυχο).

κακαβολήθρα η, υπαίθρια κατα-

κακαβολίθαρο

σκευή για άναμμα φωτιάς και τοποθέτηση σε πυροστιά ή σε δυο *κακαβολίθια* (βλ. λ.) καζανιού (κακαβιού) ή άλλου σκεύους, για πλύσιμο ρούχων, μαγείρεμα κ.λπ.

κακαβολίθαρο το, μια από τις δυο πέτρες πάνω στις οποίες εδράζεται το κακάβι (καζάνι) κι ανάμεσά τους καίει η φωτιά.

κακαβολίθι το, *κακαβολίθαρο* (βλ. λ.).

κακάγια η, άσχημη, κακοπρόσωπη γυναίκα: *θα σκιαχτείς σίγουρα, αν την ιδείς νύχτα αυτήν την κακάγια.*

κακάρα η, κάκαρο, κρανίο: *κόντεψε να τον αφήκει στον τόπο με μια που του 'δωκε στην κακάρα.*

κακαρέντζα η, κακαράντζα, η στρόγγυλη κοπριά, ιδίως των γιδοπροβάτων, του λαγού κ.λπ.

κακίστρω η, κακίστρα, μοχθηρή, μνησίκακη γυναίκα: *αυτή η μητρυιά είναι πολύ κακίστρω, εκείνα τα προγόνια της τα τσιγούρισε.*

κακοζώητος, -η, -ο, αυτός που δεν περνά καλή ζωή, βασανισμένος, κακότυχος: *καλός άνθρωπος αλλά κακοζώητος.*

κακοθελής (επίρρ.), αθέλητα, ακούσια: *κακοθελής πήγε στο γάμο του αδερφού του, έτσι για τα μάτια του κόσμου· ήσαν μαλωμένοι.*

κακοπαθιάζουμαι (από τη συνεχώς επαναλαμβανόμενη φρ. *κακό που έπαθα*), στενοχωριέμαι, δυσανασχετώ για τα κακοπαθήματά μου, τη δυστυχία μου: *συνέχεια κακοπαθιάζεσαι σήμερα, τι σου συμβαίνει τελοσπάντων;*

κακοσκάλι το, ανηφορικός δρόμος με κουραστικά πέτρινα σκαλοπάτια, ανηφορικό καλντερίμι: *σε κακοσκά-*

καλαμόβρακο

λι ανέβαινα τώρα το βράδυ-βράδυ (δημ. τραγ.).

κακοτζάτζαλος, -η, -ο, απεριποίητος, ατημέλητος, τσαπατσούλης: *μια ζωή έτσι είναι, κακοτζάτζαλος.*

κακοτρέχω, κατατρέχω, καταφέρομαι εναντίον κάποιου, κατηγορώ: *με κακοτρέχουνε οι οχτροί και οι γειτόνοι οι φτονεροί* (δημ. τραγ.).

κακοτυχιάζω, **1.** έχω κακή τύχη, δεν καλοπερνώ: *κακοτυχιάσαμ' εμείς, δε ζήσαμε σαν παιδιά.* **2.** δεν αναπτύσσομαι, φυτοζωώ: *φύτεψα βασιλικό, αλλ' εδεκεί στη γλάστρα κακοτύχιασε.*

κακοτύχιασμα το, κακή τύχη, κακοδαιμονία.

κακοφάγανος, -η, -ο, ιδιότροπος στο φαγητό, λιτοδίαιτος: *γκρινιάρικο και κακοφάγανο μας βγήκε αυτό το παιδί.*

κακόχω, κακομεταχειρίζομαι, συμπεριφέρομαι σκληρά: *πάντα τον κακόειχε, δεν του μίλησε μια φορά σαν άνθρωπος.*

καλαμαριά η, καλαμάρι, μελανοδοχείο: *του 'πεσε η καλαμαριά και γέμισε το πάτωμα μελάνια.*

καλαμιά η, τα εναπομένοντα ως σύνολο μετά τον θερισμό κομμένα στελέχη των δημητριακών: *γύρεψε την άδεια από το νοικοκύρη να βοσκήσουν τα πρόβατά του στην καλαμιά του φρεσκοθερισμένου χωραφιού του.*

καλαμίστρα η, εξάρτημα της υφαντικής, το οποίο χρησιμοποιείται στο διάσιμο του στημονιού, αλλιώς *διάστρα*.

καλαμόβρακο το, βρακοπόδαρο, το ένα από τα δύο σκέλη του μακριού βρακιού.

καλαμοβύζα η, γίδα ή προβατίνα με μακρουλούς μαστούς.

καλαμοδόντα η, κακό πνεύμα, ξωθιά, λάμια, με δόντια μεγάλα σαν καλάμια, μπαμπούλας των μικρών παιδιών: *για τρώγε το φαΐ σου, μην ερθεί η καλαμοδόντα κι αλίμονό σου.*

καλαμποκόσπυρο το, σπυρί του καρπού του καλαμποκιού.

καλ(ε)ιά (**μου, σου, του, της** κ.λπ., με προτασσόμενο πάντα κάποιον τύπο του ρ. *πηγαίνω*, ρημαT. φρ.), **1.** αναχωρώ, φεύγω: *ώσπου να 'ρθείς εσύ, εγώ θα έχω πάει καλιά μου.* **2.** πεθαίνω: *τον πέτυχε, λέει, η σφαίρα στο μεσόφρυδο και πάει καλιά του.*

καλέσης ο, ονομασία κριαριού που φέρει στενές μαύρες λωρίδες στο πρόσωπό του.

κάλεσια η (ως ουσ.), η προβατίνα με στενές μαύρες λωρίδες στο πρόσωπο.

κάλεσιος, -ια, -ιο, (για πρόβατο) αυτός που έχει στενές μαύρες λωρίδες στο πρόσωπο.

καλεσοχάρτι το, προσκλητήριο: *σου 'στειλα καλεσοχάρτι να 'ρθείς στο γάμο της κόρης μου, αλλά συ ούτε που φάνηκες.*

καλιάζω, ταιριάζω, συνδυάζω: *αυτοί οι άνθρωποι δεν κάλιασαν από την αρχή // σε ξεσελιάρη γάιδαρο δεν μπορείς εύκολα να καλιάσεις φορτίο.*

καλιγοσφύρι το, σφυρί του πεταλωτή.

καλικούτσια (επίρρ.), τρόπος μεταφοράς, μικρών ιδίως, παιδιών φορτωμένων στην πλάτη.

καλνταίνω, καλντίζω (βλ. λ.): *κάλντησε το μουλάρι, σπολάτι, περπατάει συνέχεια μια βδομάδα.*

καλντίζω, (μτβ. και αμτβ.) παθαίνω υπερκόπωση, αδυνατώ να συνεχίσω εργασία, πορεία κ.λπ. μετά από εξαντλητική κούραση: *θα τον καλντίσεις το γάιδαρο με τέτοιο φόρτωμα που του κάνεις.*

κάλντισμα το, η ενέργεια και το αποτέλεσμα του καλντίζω (βλ. λ.).

καλογεριάζω, 1. βγάζω καλογέρους (σπυριά): *καλογέριασ' ο σβέρκος μου ολόκληρος.* **2.** (μτφ., για τυρόγαλο που βράζει για την παρασκευή μυτζήθρας) μπιμπικιάζω, δημιουργώ στην επιφάνειά μου μικρούς σβώλους: *έχε το νου σου, αρχινάει να καλογεριάζει το τυρόγαλο.*

καλογέριασμα το, το αποτέλεσμα του καλογεριάζω (βλ. λ.).

καλογριά η, ποώδες φυτό, από το ευθυτενές στέλεχος του οποίου κατασκευάζεται μπαστούνι, διακοσμητικό περισσότερο, παρά για στήριξη. Η ρίζα του, που αποτελεί και τη λαβή του μπαστουνιού, προσφέρεται για σκάλισμα κεφαλής ζώου (φιδιού, αλόγου κ.λπ.).

καλόγριας ζωνάρι το, γριάς ζωνάρι (βλ. λ.).

καλοέχω, καλόχω (βλ. λ.).

καλοθελής (επίρρ.), θεληματικά, εκούσια: *καλοθελής πήγε στη δουλειά που τον κάλεσαν να βοηθήκει.*

καλολερωμένος, -η, -ο, (ως ευχή) να λερωθεί κάτι που βάφτηκε ή πλύθηκε απ' αυτούς που το χρησιμοποιούν «με το καλό», «εν υγεία»: *ασπρίσατε το σπίτι σας· ας είναι καλολερωμένο // είχατε μπουγάδα σήμερα, καλολερωμένα τα φρεσκοπλυμένα σας.*

καλομιλάω, μιλώ γλυκά, καλοσυνάτα, ευγενικά: *παρότι του καλομίλη-*

σα, εκείνος θύμωσε.

καλοξημέρωμα (ευχετικό επιφ.), βραδινός αποχαιρετισμός αντί για «καληνύχτα»: *εγώ φέγω, έχετε καλοξημέρωμα.*

καλοξόδευτος, -η, -ο, (ως ευχή) να ξοδευτεί εύκολα ένα είδος προοριζόμενο για πώληση, για κατανάλωση: *καλοξόδευτο να 'ναι το καινούργιο σας εμπόρεμα // καλοξόδευτα τα φρέσκα καρύδια.*

καλόπαιδο το, προσφώνηση σε νέο που δεν γνωρίζουμε το όνομά του: *δε μου λες, ρε καλόπαιδο, καλά πηγαίνω για το χωριό;*

καλοπάκουγος, -η, -ο, αυτός που εύκολα υπακούει, πειθήνιος: *είναι καλοπάκουγο παιδί, δε γυρίζει κουβέντα.*

καλοπίχερα (επίρρ.), εύκολα, με ευχέρεια: *δε δέχεται καλοπίχερα να βοηθήκει σε μι' ανάγκη.*

καλοστεριωμένος, -η, -ο, (ως ευχή) καλορίζικος, να είναι υγιής και δυνατός εκείνος στον οποίο απευθύνεται η ευχή: *καλοστεριωμένα να είναι τα νιογάμπρια.*

καλούλια (επίρρ.), καλούτσικα, κάπως καλύτερα: *χτες έσπασε το κεφάλι μου από πονοκέφαλο, αλλά σήμερα είμαι καλούλια.*

καλοφάγωτος, -η, -ο, (ως ευχή) να φαγωθεί κάτι με το καλό, με υγεία: *τον φτειάσατε έμαθα τον τραχανά, καλοφάγωτος να 'ναι.*

καλοχαιρετάω, χαιρετάω με εγκαρδιότητα, γλυκοχαιρετάω: *δεν μπορώ να ειπώ, όταν με βλέπει ο Κώστας, με καλοχαιρετάει.*

καλοχαιρέτημα το, ζεστός, φιλικός χαιρετισμός.

καλόχω, συμπεριφέρομαι με καλοσύνη, προσέχω, φροντίζω, περιποιούμαι: *να το καλόχεις το παιδί, να μη του μιλάς με το άγριο.*

καλοχώνευτος, -η, -ο, **1.** αυτός που χωνεύεται εύκολα, εύπεπτος. **2.** (ως ευχή) να χωνευτεί εύκολα κάτι που μόλις φαγώθηκε: *το 'φαγες το φαΐ σου ούλο, μπράβο, καλοχώνευτο να 'ναι.*

καλυβίζω, βρίσκω αποκούμπι, γίνομαι δεκτός, φιλοξενούμαι, βοηθιέμαι: *έτσι που μου φέρθηκε, ας ερθεί να ξανακαλυβίσει σε μένα.*

καλυτέρεψη η, καλυτέρευση, βελτίωση, θεραπεία: *το περιποιήθηκα το αραποσίτι όσο δεν έπαιρνε, αλλά καλυτέρεψη καμιά δεν είχε // με τα φάρμακα που πήρα είδα μεγάλη καλυτέρεψη.*

καλυτερούλια (επίρρ.), κάπως καλύτερα: *πήρα μια ασπιρίνη κι είμαι καλυτερούλια.*

καμαρούλα η, υπνοδωμάτιο χωριάτικου σπιτιού (τρία ήταν κατά κανόνα τα δωμάτια: η σάλα, το χειμωνιάτικο, βλ. λ., και η καμαρούλα, η οποία, όταν χρησιμοποιόταν ως αποθήκη, λεγόταν γκιλέρι, βλ. λ.).

καμάτζο το, (στο χαρτοπαίγνιο) μπλόφα, παραπλάνηση, ξεγέλασμα του αντιπάλου (παίκτης, ενώ έχει φύλλο με το οποίο μπορεί να πάρει τα χαρτιά που είναι κάτω, το κρατεί για άλλη στιγμή, για να κερδίσει περισσότερους πόντους): *μπαγάσα, την έκανες καμάτζο την ντάμα κι έκοψες με βαλέ, για να τη ρίξω τώρα και να μου κάνεις ξερή, αλλά δεν τρέχει τίποτα.*

καμάτι το, όργωμα, άροση: *ο πατέ-*

ρας έφυγε πρωί για καμάτι.
καματιάρικος, -η, -ο, (για αροτριώντα ζώα) ικανό και χωρίς προβλήματα ζώο για καμάτι (βλ. λ.): *το μουλαράκι που αγόρασα πέρσι μου βγήκε πολύ καματιάρικο.*
καμούσι το, σώσμα κρασιού, τελευταίο κρασί στο βαγένι: *έχω λίγο καμούσι, θα το φέρω να το πιούμε.*
καμουτζί το, καμουτσί, μαστίγιο.
καμούφα η, πρόσθετη πτυχωτή λωρίδα υφάσματος στην κάτω άκρη γυναικείου φορέματος (φραμπαλάς, βολάν).
καμουφωτός, -ή, -ό, αυτός που έχει καμούφα (βλ. λ.), φραμπαλωτός: *καμουφωτή φούστα // καμουφωτός κρεβατόγυρος.*
κάμπα η, κάμπια: *τα καταστρέψανε τα λάχανα οι κάμπες.*
καμπανάπιδο το, ποικιλία καμπανόμορφου απιδιού.
καμπάρο το, ημίπαλτο, βραχεία: *το καμπάρο δεν το βγάνει από πάνω του ούτε τον Άγουστο.*
καμπαχέτι το, καμπαέτι, μεμπτή συμπεριφορά, κακή συνήθεια, χούι: *βλέπω μ' αρχίνησες τα καμπαχέτια εκείνου του παλιόπαιδου που κοροϊδεύουμε.*
κάνε (μόριο), **1.** (βεβαιωτικό) βεβαίως, ασφαλώς, ναι: *–Πήγες στη βρύση; –Τι κάνε!* **2.** (συμπερασματικό) τότε, άρα, λοιπόν: *αφού ήρθε μεσημέρι, για δεν τρώμε κάνε;*
κανείνε (αιτ. εν. της αντων. *κανείς*), κανέναν: *δεν είδα κανείνε από τους δικούς σου στο πανηγύρι, γιατί;*
κανελάτος, -η, -ο, (για φαγητό, κουλούρα, γλυκά κ.λπ.) περιποιημένος με μυρωδικά.
κανένανε (αιτ. εν. της αντων. *κανείς*), κανέναν: *τόσο δρόμο και δε συνάντησα κανένανε να ειπώ μια καλημέρα.*
κανιά (θηλ. της αντων. *κανείς*, σπάνιος τύπος), καμιά: *κανιά φορά γίνεται κι αυτό.*
κανίσκι το, αποκλειστικά το σφαχτό, το κρασί και το ψωμί, τα οποία προσκόμιζε ο προσκαλεσμένος συγγενής ή φίλος για τη συμμετοχή του στο τριήμερο γαμήλιο γλέντι: *εμένα που με βλέπεις, στο γάμο μου είχα τριάντα πέντε κανίσκια.*
κανίστρα η, καλάθι πλατύ και άβαθο.
κανιστρούλα η, μικρή κανίστρα (βλ. λ.).
καντίλα η, φουσκάλα με υγρό του δέρματος, δρωτσίλα: *κάποια μόλυση έπαθα και γέμισε το κορμί μου καντίλες.*
καντιλιάζω, **1.** (για τον ήλιο) ρίχνω κάθετα τις ακτίνες, καίω πολύ, ιδίως τα καλοκαιρινά μεσημέρια: *καντίλιασε ο ήλιος, βρείτε έναν ίσκιο και καθίστε.* **2.** γεμίζω το ποτήρι ξέχειλα: *μην το καντιλιάζεις το ποτήρι, θα χιουθεί το κρασί.*
καντινάτσο το, αμπάρα, *κοντομίρι* (βλ. λ.), ξύλινος ή σιδερένιος μοχλός με τον οποίο ασφαλιζόταν από μέσα η πόρτα: *βάλε καλά το καντινάτσο στην πόρτα μην μπει κάνας παλιάνθρωπος μέσα στη νύχτα.*
καντίρης, -ισσα, -ικο, ικανός, άξιος: *ήταν καντίρης να δουλεύει με τις ώρες και να μην κουράζεται.*
καντίρικος, -η, -ικο, ο σχετικός με τον *καντίρη* (βλ. λ.).

κάνω, οργώνω, αροτριώ: *φέτο έχω να κάνω περσότερες από σαράντα ζευγιές χωράφια.*

καούρι το, **1.** ό,τι καίει πάρα πολύ: *τι καούρι είν' αυτό το κρεμμύδι;* **2.** (συνθ. μαστ. γλ.) κρεμμύδι. **3.** το υπερβολικά τσουχτερό κρύο: *όξω κάνει καούρι, ντυθείτε γερά.* **4.** υπερβολική ζέστη, καύσωνας: *αυτό το καούρι θα τα ξεράνει ούλα, δε θ' αφήκει τίποτα* (λέγεται και για κρύο και για ζέστη, γιατί και στις δυο περιπτώσεις καίγονται, μαραίνονται τα φυτά).

κάπαρο το, καπάρο, εγγύηση αγοραπωλησίας.

καπελαδούρα η, η ανώτερη κοινωνική τάξη του χωριού: *στην Ανάσταση ήταν ούλη η καπελαδούρα.*

κάπελη η, **1.** πυκνότατο δάσος: *πού να μπω μες στην κάπελη, σκιάζουμαι μη με φάει κάνα φίδι.* **2.** (μτφ.) οργιώδης βλάστηση: *γινήκανε κάπελη οι φασολιές, κάτι πρέπει να τους κάνω.*

καπελώνω, (για φυτά) γίνομαι κάπελη (βλ. λ.), έχω υπερβολική πυκνότητα: *καπέλωσε το κρεμμύδι και πρέπει να τ' αραιώσω.*

καπερώνα η, ακούρευτο μαλλί στο κέντρο του κεφαλιού ζώου, συνήθως μπροστάρη τράγου, για εντύπωση: *αν φοβόταν ο λύκος το χειμώνα, θα 'φηνε και καπερώνα* (παροιμ.).

καπέτα η, σχέδιο, παιγνίδισμα στο γυναικείο χτένισμα κοντά στο μέτωπο: *έκανε στα μαλλιά της καπέτες και της πήγαν πολύ.*

καπετάλι το, καπιτάλι, χρηματικό κεφάλαιο.

καπηλαύκι το, καλυμμαύκι του ιερέα: *έτρεξε ο παπάς και του 'φυγε το καπηλαύκι.*

καπινιά η, **1.** καπνιά, καπνός, φούμο, αιθάλη. **2.** ο δαυλίτης των δημητριακών.

καπινίζω, καπνίζω. Το μ. **καπινίζουμαι**, λερώνομαι από καπνό, μαυρίζω: *καπινίστηκε το χειμωνιάτικο, θέλει άσπρισμα.*

καπινίλα η, καπνίλα.

καπίνισμα το, κάπνισμα.

καπινιστός, -ή, -ό, καπνιστός.

καπινός ο, καπνός.

καπιστριάνα η, το χαλινάρι, το καπίστρι των υποζυγίων: *να το κρατάς με την καπιστριάνα το μουλάρι, μη το αφήκεις και σου φύγει.*

καπιστρόσκοινο το, το σχοινί του καπιστριού (χαλινού) των υποζυγίων.

καπόνι το, **1.** καλοθρεμμένος κόκορας: *κρατώ ένα καπόνι να το φάμε τις απονήστες.* **2.** (μτφ.) αρρενωπό και επιβλητικό κοριτσόπουλο, αγοροκόριτσο: *τι καπόνι πόγινε, τώρα που μεγάλωσε, η Αγγέλω.*

καπόρι το, μικρό ξύλινο καρδάρι για πήξιμο γιαουρτιού ή μεταφορά φαγητού: *είχαμε κάποια υποχρέωση και του πήγαμε ένα καπόρι γιαούρτι για το Πάσχα.*

καπρί το, (μτφ.) κορίτσι αρρενωπό, αγοροκόριτσο: *μα τι καπρί έγινε αυτή η γειτονοπούλα.*

καπροδόντης, -α, -ικο, αυτός που έχει δόντια κάπρου, χοίρου (μεγάλα και στραβά): *πού τη βρήκε και την πήρε την καπροδόντα· να 'ψαχνε πολύ άραγε;*

καπροδόντικος, -η, -ο, αυτός που

ταιριάζει ή αναφέρεται σε καπροδόντη (βλ. λ.).

καράβα η, λιμνασμένο, στάσιμο νερό, *ρογγάλα* (βλ. λ.): *δεν πας να πλύνεις τα πόδια σου σε καμιά καράβα να ξεβρομίσουνε;*

καράβωμα το, η ενέργεια και το αποτέλεσμα του καραβώνω (βλ. λ.).

καραβώνω, (μτβ. και αμτβ.) λιμνάζω, δημιουργώ *καράβες* (βλ. λ.): *στη ρίζα του δέντρου να το καραβώνεις το νερό, για να ποτίζεται καλά.*

καραγυαλιάς ο, ψυχρότατος αέρας που παγώνει, κρυσταλλιάζει τα νερά: *φυσάει τέτοιος καραγυαλιάς που θα πήξ' η θάλασσ' απόψε.*

καρακαηδόνα η, μειωτικός χαρακτηρισμός γυναίκας: *είναι μια καρακαηδόν' αυτή, όποιος δεν την ξέρει!*

καρακαμπιά η, μεγάλη, συνήθως επίπεδη, έκταση χωρίς βλάστηση, τόπος άδεντρος: *πού να σταθείς το καλοκαίρι καταμεσήμερο μέσα σ' αυτήν την καρακαμπιά.*

καραμελωτό το, σχέδιο ύφανσης κουβέρτας αργαλειού.

καραμονεύω, (μτβ. και αμτβ.) παραμονεύω, στήνω ενέδρα, καιροφυλακτώ: *τον καραμόνευε ολημέρα και, μόλις πέρασε, τον χτύπησε // ο κλέφτης καραμόνευε κι όταν είδε το νοικοκύρη να φέγει, μπήκε κι έκλεψε.*

καραμούτζα η, φυσαρμόνικα: *μας πήρε τ' αφτιά με μια καραμούτζα π' αγόρασε στο πανηγύρι και πασκίζει τάχα μου να παίξει τραγούδια.*

καραμπαλίκι το, καλαμπαλίκι.

καρβούνα η, καρβουνισμένη, ζεσταμένη φέτα ψωμιού στη θράκα: *έκανα μια καρβούνα, την άλειψα με λάδι και ρίγανη και την έφαγα.*

καρβουνάω, ζεσταίνω, καψαλίζω ψωμί στη φωτιά.

καρβουνίζω, καρβουνάω (βλ. λ.).

καρβούνισμα το, ψήσιμο, καψάλισμα ψωμιού στη φωτιά.

καρέλα η, μηδέν, τίποτε: *τον απειλούσε ότι θα τον βαρέσει, θα τον πάει στο δικαστήριο κι ένα σωρό άλλα πράματα· τελικά του 'κανε μια καρέλα.*

καρελάω, κυλάω κυλινδρικό ή σφαιρικό αντικείμενο: *τότε που δεν είχαμε παιχνίδια, καρελάγαμε τα στεφάνια από τα βαρέλια // βρήκε μια μπίλια και την καρέλαγε συνέχεια στο πάτωμα.*

καρέλι το, (μτφ., για μάτι) ορθάνοιχτο, που δεν κλείνει ηθελημένα ή από αϋπνία: *όλη τη νύχτα τα μάτια μου ήταν καρέλια, την κονταυγή λιγάδιασα λιγουλάκι.*

καρελώνω, ανοίγω όσο γίνεται τα μάτια μου από έκπληξη, θυμό, ξαφνική αδιαθεσία κ.λπ.: *καρέλωσε τα μάτια κι άρχισε να φωνάζει σαν τρελός // καρέλωσε τα μάτια και λιγοθύμησε.*

καρένιος, -α, -ο, ο καμωμένος από καρέ ύφασμα του αργαλειού: *καρένια πετσέτα.*

καριώνω, βρομοκοπάω, ζέγνω: *έκλασε και κάριωσ' ο τόπος.*

καρκανιάζω, κρυώνω πολύ, ιδιαίτερα τα δάχτυλά μου κοκκαλώνουν από το πολύ κρύο: *καρκάνιασαν τα δάχτυλά μου και δεν μπορώ να πιάσω τίποτα.*

καρκάνιασμα το, κοκκάλωμα των άκρων από υπερβολικό κρύο.

κάρκανο το, ξερό, κοκκαλωμένο από το κρύο: *πάγωσαν τα χέρια μου, γί-*

καρκαρίζω

νανε κάρκανο.
καρκαρίζω, κακαρίζω: *καρκαρίζ' η κότα, φαίνεται γέννησε.*
καρκάρισμα το, κακάρισμα.
καρκατζέλα η, ολόγυμνη, θεόγυμνη: *τρελάθηκε και βγήκε στο μπαλκόνι θεόγυμνη, καρκατζέλα σου λέω.*
καρκατζέλι το, καλικάντζαρος: *αυτά τα παιδιά τρέχουνε πέρα-δώθε σαν τα καρκατζέλια.*
καρκάτζελος ο, *καρκατζέλι* (βλ. λ.).
καρκούλα η, σούφρα, πτύχωση, ζάρα: *αυτό το φουστάνι είναι γιομάτο καρκούλες.*
καρκουλιάζω, κάνω *καρκούλες* (βλ. λ.), σούφρες: *εκεί στον ώμο η ζακέτα καρκουλιάζει, θέλει διόρθωμα.*
καρκούλιασμα το, το αποτέλεσμα του *καρκουλιάζω* (βλ. λ.): *κάνει πολλά καρκουλιάσματα το φουστάνι, θα το πάω στη μοδίστρα να το διορθώσει.*
κάρμα το, ψοφίμι, άταφο πτώμα ζώου: *κάπου βρήκε κάρμα το σκυλί και γυρίζει χορτάτο.*
καρμαγκιόλα η, καρμανιόλα, λαιμητόμος: *το κεφάλι μου στην καρμαγκιόλα το βάνω, θα γίνει αυτό που σας λέω.*
καρναβίτσα η, *σπαρτσακλίτσα* (βλ. λ.).
κάρος, -α, -ο, εντελώς τελευταίος: *εγώ θα παίξω κάρος, σας το λέω από τώρα.*
καροτσίνι το, **1.** καρότσι, χειράμαξα. **2.** παιδικό παιχνίδι (πατίνι).
καρούτα η, **1.** αυλακωτός ξύλινος κορμός, μέσα από τον οποίο περνά νερό από τη μια όχθη χαντακιού στην άλλη: *πιάσε λίγο κρύο νερό από την καρούτα.* **2.** ξύλινη σκάφη, λαξευτή ή φτειαγμένη με σανίδια, για τάισμα και πότισμα ζώων.
καρούτζαφλας ο, καρύδι, μήλο του Αδάμ, λαρύγγι: *γιδούλα, κάτσε φρόνιμα, θα σου τον κόψω τον καρούτζαφλα.*
καρσιντάω, **1.** τοποθετώ κάτι ακριβώς σε σημείο ή θέση που θέλω: *βλέπεις καλ' ακόμα· την καρσιντάς μια χαρά την κλωνά στη βελόνα.* **2.** πετυχαίνω να πέσει ένα πράγμα που ρίχνω ή πετάω από κάποια απόσταση στο σημείο ή τη θέση που ακριβώς θέλω, βρίσκω τον στόχο: *την καρσίντησε την μπίλια στη γουβίτσα με την πρώτη* (παιδικό παιχνίδι).
καρσίντημα το, η ενέργεια και το αποτέλεσμα του *καρσιντάω* (βλ. λ.).
καρτέρεμα το, αναμονή, υποδοχή: *μα δεν ξέρεις τι καρτέρεμα μας έκαναν· ούλοι τους είχαν βγει στο δρόμο και μας περίμεναν.*
καρτερέστρα η, γυναίκα που καλοδέχεται συγγενή, φίλο, επισκέπτη γενικά: *δεν μπορώ να ειπώ, είναι καρτερέστρα· μας δέχτηκε μ' εκατό καρδιές και μας φίλεψε τα χίλια καλά.*
καρυδώνω, **1.** σφίγγω το καρύδι (τον λαιμό) κάποιου και τον πνίγω, απαγχονίζω: *αν θες να σε καρυδώσω, κάν' το αυτό που λες.* **2.** κόβω τον λαιμό, σφάζω: *το βάλανε κάτω το γουρούνι και το καρυδώσανε.*
καρυόφυλλο το, φύλλο της καρυδιάς: *μ' έστειλαν να μαζέψω καρυόφυλλα, για να βάψουνε κάτι νέματα.*
καρφοπιάνουμαι, **1.** (για υποζύγια) κουτσαίνω λόγω τραυματισμού του νυχιού κατά το πετάλωμα: *καρφοπιάστηκε το μουλάρι και δεν μπορεί να περπατήσει.* **2.** (μτφ., για πρόσωπα)

κουτσαίνω (από σφίξιμο παπουτσιών ή *παπουτσοφάγωμα*, βλ. λ.), βαδίζω χωρίς άνεση, με προφύλαξη: *τι έπαθες, γιατί πας σαν καρφοπιασμένος;*
κάσα η, (συνθ. μαστ. γλ.) ο ταμίας, ο πρωτομάστορης.
κασάρα η, ξυάλα (βλ. λ.), κλαδευτήρι (ολόκληρο σιδερένιο, χωρίς ξύλινη λαβή) κατάλληλο κυρίως για το κόψιμο θάμνων (θαμνώδη πουρνάρια για το φούρνισμα του ψωμιού κ.λπ.).
κασιάρα η, προκοπή, πρόοδος: *για να ιδούμε κι αυτουνού την κασιάρα, τώρα που άνοιξε σπίτι δικό του.*
κασιδιαράκος ο, (ειρωνικά) το μικρότερο αγγείο του ταβερνιάρη που χωρούσε εκατό δράμια: *πάρ' τον από 'δώ τον κασιδιαράκο και φέρ' τη μισιοκαδούλα.*
κας και κας (επίρρ.), εύκολα, αυθόρμητα: *το ναι δεν το λέει κας και κας.*
καστισματάκι το, μικρή πιέτα σε ξεχειλωμένο ρούχο, εργόχειρο κ.λπ. για στένεμα: *ρίξε κάνα καστισματάκι στη μέση της φούστας σου, γιατί θα σου πέσει.*
καταβρομίζω, βρομίζω υπερβολικά: *αυτές οι κότες έχουν καταβρομίσει τον τόπο με τις κοτσιλιές τους.*
κατάγιομος, -η, -ο, ολόγιομος, υπερπλήρης: *ένα μπουκάλι κατάγιομο λάδι δάνεισα στη γειτόνισσα κι ακόμα να μου το γυρίσει.*
κατάδικος ο, (συνθ. μαστ. γλ.) *παστό* (βλ. λ.).
καταζεματάω, θερμαίνω, ζεσταίνω υπερβολικά, κατακαίω: *μας καταζεμάτισες μ' αυτή τη σούπα σήμερα.*
καταζεματίζω, καταζεματάω (βλ. λ.).
καταθεού (επίρρ.), στον ορίζοντα, κατάκορφα, στην κορφογραμμή: *εκεί καταθεού όπως στεκόταν τον βάρεσ' η αστροπή και τον άφηκε στον τόπο.*
καταΐσιωμα (επίρρ.), στο ίσιωμα, στα ομαλά, στα φανερά: *χαθήκαμε καταΐσιωμα (έχασε ο ένας τον άλλο σε μέρος επίπεδο και γυμνό) // διπλώθηκε το μουλάρι κι έπεσε καταΐσιωμα.*
κατακαθίδι το, κατακάθι, υποστάθμη: *μην το πετάς το κατακαθίδι από το τυρόγαλο, θα το βάλουμε στα σκυλιά.*
κατακάμπελα (επίρρ.), βαρυφορτωμένα, υπέρβαρα: *κόντεψε να το κοψομεσιάσει το ζωντανό έτσι κατακάμπελα που το φόρτωσε.*
κατακαστέ (επίρρ.), επίτηδες, σκόπιμα: *εμένα δε μου το βγάνεις από το μυαλό, το 'κανε κατακαστέ, δεν το 'καν' από λάθος.*
κατακιάζω, δαμάζω, καταφέρνω, αποτελειώνω: *έναν τέτζιερη τραχανά τον κατακιάζει στην καθισιά του.*
κατακλάνω, κλάνω συνέχεια: *φτάνει πια, μας έχεις κατακλάσει σήμερα.*
κατακομματιάζω, κατακερματίζω, τεμαχίζω κάτι σε πάρα πολύ μικρά κομμάτια: *μόλις διάβασε το γράμμα με τα άσκημα χαμπέρια, το κατακομμάτιασε και το 'ριξε στη φωτιά.*
κατάκριατα (επίρρ.), κατάσαρκα, σε επαφή με το σώμα: *έχει περάσει πλεμονία και φοράει κατάκριατα ράσινη φανέλα χειμώνα-καλοκαίρι.*
κατάλακκα (επίρρ.), καταμεσής της λάκκας (βλ. λ.), υπαίθρια, φανερά: *όλο το καλοκαίρι κοιμόταν κατάλακκα // σκεπάσου, τα 'βγαλες ούλα*

κατάλακκα.
καταλαχάρης, -ισσα, -ικο, περαστικός: *αφήστε λίγο ψωμί, μην περάσει κάνας καταλαχάρης.*
καταλαχάρικος, -η, -ο, αυτός που ταιριάζει ή αναφέρεται στον καταλαχάρη (βλ. λ.).
καταλιακού (επίρρ.), κάτω από τον ήλιο, έκθεση στον ήλιο: *μην κάθεσαι καταλιακού, θα σε βαρέσ' η ζέστη στο κεφάλι.*
καταλμπάνης, -α, -ικο, άθλιος, τιποτένιος, ελεεινός: *απ' αυτόν τον καταλμπάνη δεν περίμενα και κάτι καλύτερο.*
καταλμπανιά η, ενέργεια, συμπεριφορά του καταλμπάνη (βλ. λ.): *ασυχώρετη η καταλμπανιά του πάντως.*
καταλμπάνικος, -η, -ικο, αυτός που ταιριάζει ή αναφέρεται στον καταλμπάνη (βλ. λ.).
καταμεριά (επίρρ.), παράμερα: *έκατσε καταμεριά και δε μίλαγε καθόλου.*
καταξεσκίζω, σχίζω εντελώς κάτι, το κάνω πολλά μικρά κομμάτια: *η κατσούλα τον καταξέσκισε τον ποντικό που έπιασε.*
καταξιαρίζω, προκαλώ σε υπερβολικό βαθμό ξιαρισιές (βλ. λ.): *πέρασα μέσα από κάτι αρκόβατα και καταξιαρίστηκα.*
κατάξινος, -η, -ο, ο πάρα πολύ ξινός.
καταπιάζω, γνέθω λίγο, για να συνδέσω το αδράχτι ή τη δρούγα (βλ. λ.) με τη ρόκα, αφήνοντας τη συνέχιση για άλλη ώρα.
καταπισιά η, ποσότητα τροφής ή ποτού που καταπίνεται μεμιάς, γουλιά, ρουφηξιά: *να πιω μια καταπισιά νερό, γιατί πιπίτσιασε (στέγνωσε) το στόμα μου.*
καταπίτης ο, η σταφυλή της στοματικής κοιλότητας: *έχει πρηστεί ο καταπίτης μου και με πονάει πολύ.*
καταπιώνας ο, φάρυγγας: *με πονάει ο καταπιώνας μου και δεν μπορώ να καταπιώ.*
καταρίνω, καταδέχομαι, ρίχνω τον εγωισμό μου: *ενώ έχει ανάγκη από χρήματα, δεν το καταρίνει να ζητήσει δανεικά.*
καταρίχνω, καταρίνω (βλ. λ.).
καταρράχτης ο, 1. καταπακτή, γκλαβανή. 2. υπαίθρια ειδική εγκατάσταση σε κατηφορικό μέρος για την παραγωγή πριστής ξυλείας (σανίδια, ψαλίδια, μαδέρια κ.λπ.).
κατασάρα η, κατακάθι, τρυγία, μούργα: *δεν ήταν καθόλου καλό το λάδι, το μισό έμεινε κατασάρα.*
κατατρουπάω, δημιουργώ πολυάριθμες τρύπες σε κάτι: *ο ποντικός το κατατρούπησε το σακί με τα καρύδια.*
καταφχαριστιέμαι, ευχαριστιέμαι, χαίρομαι πάρα πολύ με ή για κάτι, μου αρέσει υπερβολικά κάτι: *ήταν πάρα πολύ ωραίο το φαΐ σήμερα, το καταφχαριστήθηκα // έμαθα που πέτυχες στην Ακαδημία και καταφχαριστήθηκα.*
καταφωνιάζομαι, χάνω τη φωνή μου, πέφτω σε λήθαργο, σε νεκροφάνεια: *όταν τον ξέθαψαν, βρήκαν μπρούμυτα τα κόκκαλά του κι είπαν πως θάφτηκε καταφωνιασμένος.*
καταχέζω, χέζω υπερβολικά, γεμίζω τον τόπο σκατά: *ο μικρός είχε διάρροια απόψε και κατάχεσε το κρεβάτι του.*
καταχέρι το, δυνατό ξυλοκόπημα, γερό δάρσιμο: *έκανε τον παλικα-*

ρά, ώσπου βρήκε το μάστορή του κι έφαγε ένα καταχέρι κι ησύχασε.
καταχιδεμένος, -η, -ο, στη φρ. *μαύρος κι άραχνος και καταχιδεμένος*, άκρως δυστυχισμένος.
καταώρας (επίρρ.), ως την ώρα, προς το παρόν: *αν με ρωτάς τι κάνω, καταώρας καλά είμαι.*
κατήφορης ο, κατήφορος.
κατιγονίζω, 1. (κυρίως για υποζύγια) γίνομαι αδύναμος, κουράζομαι, λυγίζουν τα πόδια μου από αρρώστια, αδυναμία, υπερφόρτωση κ.λπ.: *το μουλάρι πολύ κατιγόνισε τελευταία, πετσί και κόκκαλο έμεινε.* **2.** (μτφ.) αποκάμω, λυγίζω: *πολύ δουλευταράς, δεν τον κατιγονίζει η βαριά δουλειά με τίποτα.*
κατιγόνισμα το, το αποτέλεσμα του κατιγονίζω (βλ. λ.).
κάτινους (γεν. εν. αόρ. αντων.), κάποιου: *κάτινους χαρίζαν' ένα γάιδαρο κι εκείνος εκαμάρωνε* (παροιμ.).
κατιντίς το (αντων.), κατιτί: *περίμενα να μου φέρεις κατιντίς να ξελιγουριάσω, αλλά τίποτα // έρχετ' ο πατέρας του και του φέρνει κατιντίς, λουκουμάκι στο χαρτί* (νανούρισμα).
κατοσταριά η, εκατοντάδα: *έχω καμιά κατοσταριά χιλιάδες και λέω να πάρω ένα καλό χωράφι.*
κατοσταριάρικος, -η, -ο, κατοστοριάρης (βλ. λ.).
κατοστοριάρης, -α, -ικο, κάθε δοχείο που χωρούσε εκατό δράμια: *κατοστοριάρικο μπουκάλι // κατοστοριάρα κανατούλα.*
κατούντα η, **1.** κατούνα, τέντα, σκηνή, πρόχειρη καλύβα: *οι ξωμάχοι στις στάνες κάνουν κατούντες, για να προφυλάγονται από τις απότομες καλοκαιριάτικες βροχές.* **2.** φρ.: *ρίνω κατούντα*, κάνω παρατεταμένη (αρμένικη) επίσκεψη.
κατρουλήθρα η, **1.** ουρήθρα. **2.** είδος εδώδιμου αγριόχορτου. **3.** βρύση με ελάχιστη ροή.
κατρούτσο το, κατρούτσος (βλ. λ.).
κατρούτσος ο, σκεύος κρασιού χωρητικότητας ενός τετάρτου της οκάς ή του κιλού: *φέρε μας πρώτα έναν κατρούτσο και μετά βλέπουμε.*
κατσαγανιά η, ζαβολιά, μπαγαποντιά, ασυνέπεια, αθέτηση, *κουτσικέλα* (βλ. λ.): *είχε δεν είχε, την έκανε την κατσαγανιά του πάλι.*
κατσαλίδας ο, ισχνός, αδύνατος άνθρωπος.
κατσαμάκι το, χυλός με *μπομποτένιο* (βλ. λ.) αλεύρι, συγκάθια (βλ. λ.).
κατσαφαλιώνω, με επιτηδειότητα αντικρούω, αποστομώνω κάποιον, παρόλο που πιθανόν να έχω άδικο: *δεν τα βγάνεις πέρα μαζί του, σε κατσαφαλιώνει κι ας έχεις και δίκιο.*
κάτσενος, -α, -ο, (για πρόβατο) αυτός που έχει ξανθές βούλες στο πρόσωπο.
κατσικάδα η, θηλυκό κατσικάκι που δεν χρόνισε (κατά το *αρνάδα*).
κατσικάντερα τα, (συνθ. μαστ. γλ.) μακαρόνια.
κατσιλιέρης ο, κορυδαλλός.
κατσιμουδιάζω, μουδιάζω, χάνω τον ζήλο μου, μειώνεται η ορμή μου, συστέλλομαι, ζαρώνω: *όταν του μίλησα για τις δυσκολίες της υπόθεσης, αμέσως κατσιμούδιασε.*
κατσιμπούλα η, πεταλούδα: *γιόμισ' ο τόπος κατσιμπούλες, ήρθ' άνοιξη πια.*

κατσιούλα η, κωνική καλύπτρα του κεφαλιού, στην οποία απολήγει η κάπα του βοσκού: *φόρα την κατσιούλα σου να μη βρέχεσαι.*

κάτσιουλο το, κατσιούλα (βλ. λ.).

κατσίτ (επιφ.), πρόσταγμα σε γάτα να απομακρυνθεί.

κατσιφάρα η, ομίχλη, καταχνιά: *έχει μια κατσιφάρα όξω, δε βλέπεις τη μύτη σου.*

κατσόβουρλας ο, κάνθαρος.

κατσομαλλιάζω, βγάζω, αποκτώ κατσομαλλίδα (βλ. λ.).

κατσομάλλιασμα το, το αποτέλεσμα του κατσομαλλιάζω (βλ. λ.).

κατσομαλλίδα η, χνουδωτό τρίχωμα στον σβέρκο, τους κροτάφους (στη νεαρή ιδίως ηλικία), αλλά και στα μάγουλα (από κακή σίτιση): *από την «καλοπέραση» γέμισαν τα μάγουλά της κατσομαλλίδα.*

κατσόμαλλο το, 1. κατσομαλλίδα (βλ. λ.). 2. κοντό και κακής ποιότητας μαλλί: *να πας να τα κόψεις αυτά τα κατσόμαλλα, δεν έχεις νόστα.*

κατσόπουλο το, γατί, γατόπουλο.

κατσοπούρνι το, θαμνώδες, καχεκτικό πουρνάρι: *αυτ' η πλαγιά έναι σκεδόν τσαμαδή, κάτι κατσοπούρνια υπάρχουν εδώ κι εκεί.*

κατσούλα η, γάτα: *όταν λείπουν οι κατσούλες, απηδάνε τα ποντίκια* (παροιμ.).

κατσουλάω, μπουσουλάω, κινιέμαι με τα τέσσερα: *κοντεύει να χρονιάσει το παιδί κι ακόμα δεν κατσούλησε· κάτι τρέχει.*

κατσούλημα το, μπουσούλημα, κίνηση με τα τέσσερα.

κατσούλι το, κατσόπουλο (βλ. λ.),

γατί: *νιαούριζε οληνύχτα σαν το κατσούλι.*

κατσουλιέρα η, κατσιλιέρης (βλ. λ.): *πήγε για κυνήγι και δε βάρεσε ούτε κατσουλιέρα.*

κατσουλομούστακος, -η, -ο, αυτός που έχει αραιό, άσχημο μουστάκι, που μοιάζει με εκείνο της *κατσούλας* (βλ. λ.).

κατωγόπορτα η, πόρτα, είσοδος κατωιού.

κατωγότρουπα η, τετράπλευρη μικρή τρύπα (όσο να χωράει μια κότα), σε μια κάτω γωνιά της ξύλινης κατωγόπορτας (βλ. λ.), από την οποία βγαίνουν και μπαίνουν οι κότες, ενώ αυτή είναι κλειστή: *μην ξεχάστε ανοιχτή το βράδυ την κατωγότρουπα και μας φάει η αλουπού τις κότες.*

κατωκάσι το, το κάτω μέρος της κάσας κουφώματος, κατώφλι.

κατωκέφαλα (επίρρ.), με το κεφάλι προς τα κάτω, ανάποδα: *δε χωρούσαν στο κρεβάτι, κι ο ένας κοιμήθηκε κατωκέφαλα // τον φοβέρισε πως θα τον κρέμαγε κατωκέφαλα, αν έκανε ζημιά.*

κατωλίθι το, το κάτω, το ακίνητο λιθάρι του μύλου.

κατωμαχαλίτης, -ισσα, -ικο, αυτός που κατοικεί στον κάτω μαχαλά (συνοικία) του χωριού.

κατωμαχαλίτικος, -η, -ο, αυτός που ανήκει ή αναφέρεται στον κατωμαχαλίτη (βλ. λ.).

κατωμεριά η, το κάτω μέρος πράγματος: *στην κατωμεριά του χωραφιού φύτεψα δυο κυδωνιές.*

κατώμερο το (συνήθως στον πληθ., **κατώμερα**), χειμαδιά: *ένας αϊτός*

καφιριαίνω

περήφανος, ένας αϊτός λεβέντης δεν πάει στα κατώμερα να καλοξεχειμάσει (δημ. τραγ.).

καφιριαίνω, συρρικνώνομαι, μαζεύω, ελαττώνομαι: *καφίριανε το στομάχι του, η δίαιτα δεν αστειεύεται.*

κάφιρο το, ρουθούνι: *βούλωσαν τα κάφιρά μου και δεν μπορώ να πάρω ανάσα.*

καφόμπρικο το, μπρίκι του καφέ.

καφούρι το, **1.** χειμωνιάτικος παγερός αέρας, ξεροβόρι. **2.** υπερβολικά κρύος καιρός με αέρα, χωρίς βροχή ή χιόνι: *έχει ένα καφούρι όξω, ξουρίζει δεσπότη.*

καψάλι το, μυτερό ξυλάκι (και από τις δυο μεριές) προσαρμοσμένο στο στόμα του κατσικιού για την επίτευξη απογαλακτισμού του (με το ξυλάκι ενοχλείται η μάνα και δεν το αφήνει να θηλάσει).

καψαλιά η, αποτεφρωμένη δασική, θαμνώδης ή άλλη έκταση, καμένη γη.

καψοκαλύβας ο, **1.** αυτός που κατά λάθος ή ηθελημένα καίει την καλύβα του, το σπίτι του: *δεν είναι που κάηκε το σπίτι μου, θα με λένε και καψοκαλύβα τώρα.* **2.** ο αδιάφορος για το σπίτι του, για την προκοπή του, ο αχαΐρευτος: *τι χαΐρι να κάνει αυτός ο καψοκαλύβας.*

κέλμπερης, -η, -ο, μονόφθαλμος, στραβός.

κεντρί το, στενός οξυκόρυφος τοίχος του χωριάτικου σπιτιού, όπου κατά κανόνα είναι το τζάκι και η καπνοδόχος (το κεντρί, σε περίπτωση που λόγω μεγάλης κλίσης του εδάφους έρχεται περασιά με τη γη, χτίζεται ψηλότερο από τον κορφιά της στέγης,

κερεστές

για να προστατεύει την κεραμοσκεπή από ρέοντα ύδατα, χώματα και επισκέψεις ζώων): *το σοκάκι περνούσε σύρριζα στο κεντρί του γείτονα.*

κέντρινος, -η, -ο, κέδρινος.

κέντρο το, κέδρο.

κεντροκωλαίος ο, ξερή ρίζα (πρέμνο) κέδρου, χρησιμοποιούμενη ως καυσόξυλο: *ταχιά θα πάμε για κεντροκωλαίους.*

κέντρος ο, κέδρος.

κενώνω, χέζω, αποπατώ: *πήγε και κένωσε καταμεσής στη στράτα το παλιόπαιδο.*

κέπι το, κέρατο: *πέταξε μια πέτρα και τσάκισε το κέπι της γίδας.*

κέπινος, -η, -ο, κεράτινος, καμωμένος από κέπι (βλ. λ.): *η κλίτσα μου είναι κέπινη.*

κεραμίδα η (συνήθως στον πληθ., **κεραμίδες**), κόκκινες *πετάλες* (βλ. λ.) στα πόδια, προκαλούμενες από τη θερμότητα (πύρα) του τζακιού: *μην κάθεσαι κοντά στη φωτιά, θα γιομίσουν τα πόδια σου κεραμίδες.*

κερατάς ο, κενό (τρύπα) σε κάποιο σημείο του πανιού του αργαλειού, ανυφαντίλα (βλ. λ.).

κερατούκλης, -α, -ικο, (χαϊδευτικά) έξυπνος, χαριτωμένος, μπαγάσας: *α, ρε κερατούκλη, τα κατάφερες πάλι!*

κερατούκλικος, -η, -ο, αυτός που ταιριάζει ή αναφέρεται στον *κερατούκλη* (βλ. λ.).

κερές ο, (συνθ. μαστ. γλ.) αφεντικό, ιδιοκτήτης.

κερεστές ο, **1.** υλικό κατασκευής οικοδομής αλλά και οιουδήποτε πράγματος: *ένα σπίτι, για να γίνει, θέλει πολύν κερεστέ.* **2.** άνθρωπος ευτε-

κερνάω

λής: *δεν το περίμενα να είναι τόσο κερεστές ο φίλος σου.*

κερνάω, (για σκεύη: κανάτες, μπουκάλια κ.λπ.) μεταγγίζω, ρέω ομαλά: *πρόσεχε βάνοντας κρασί στα ποτήρια, γιατί αυτή η κανάτα δεν κερνάει καλά και θα λερώσεις το τραπεζομάντιλο.*

κερόστυμμα το, άδεια από μέλι κερήθρα, από την οποία με ειδική επεξεργασία ο *κεροστυμματάς* (βλ. λ.) έφτειαχνε την ύλη του κεριού: *οι Λαγκαδινοί κεροστυμματάδες γυρίζανε ούλο το Μοριά, κι ακόμα φτάνανε ως τη Θήβα, για να προμηθευτούνε κεροστύμματα.*

κεροστυμματάς ο, κατασκευαστής της ύλης του κεριού από *κεροστύμματα* (βλ. λ.).

κεφαλάρια η, κεφαλόπονος: *έχω μια κεφαλάρια σήμερα, κοντεύει να σπάσει το κεφάλι μου.*

κεφαλιωμένος, -η, -ο, πεισματάρης, ισχυρογνώμων.

κεφαλιώνω, **1.** προκόβω, προοδεύω: *δούλεψε σκληρά τα πρώτα χρόνια και μπόρεσε και κεφάλιωσε.* **2.** ανταποκρίνομαι στις απαιτήσεις μιας κατάστασης: *άξιο μαστορόπουλο, σε δυο μαστόρους είναι βοηθός και τους κεφαλιώνει και τους δυο με πέτρες, μισόμπολα και λάσπη.* **3.** πεισμώνω, θυμώνω: *κεφάλιωσε και δε μας μιλάει από χτες· θα του περάσει.*

κεφτέδα η, κεφτές: *στις κεφτέδες είναι μαστόρισσα η γειτόνισσα.*

κεφώνουμαι, μπαίνω στα κέφια, ευθυμώ: *ο άνθρωπος είν' ωραίος, όταν κεφώνεται.*

κηπουρικά τα, κηπευτικά, προϊόντα του κήπου.

κια, 1. (επιφ.) παρότρυνση του ζευγολάτη προς τα αροτριώντα ζώα του να τραβάνε σωστά (δυνατά, ίσια, ήρεμα κ.λπ.). **2.** (ως ουσ.) έναρξη άροσης: *δεν έβρεξε και δεν κάναμε ακόμα κια.*

κιάλι το, ξαστεριά, ουρανός καθαρός: *απόψε έχει έναν ουρανό κιάλι.*

κιάσο το, κάζο, αναπάντεχο πάθημα, ζημιά: *έπαθα μεγάλο κιάσο φέτο· μου ψόφησε το μουλάρι και πώς θα πάρω άλλο.*

κικιρολαίμης ο, αυτός που έχει ψηλό κι αδύνατο λαιμό.

κιλούμι το, το μυτερό μέρος του κασμά: *έσπασε το κιλούμι του κασμά και πρέπει να τον πάω στο γύφτο (σιδηρουργός).*

κίνα (προστ. ενεστ. του ρ. κινάω, βλ. λ.), ξεκίνα.

κινάω, ξεκινάω: *δεν κινάει να φύγουμε.*

κινητικός, -ή, -ό, διαρροϊκός: *τώρα που δεν είσαι καλά μην τρως σταφύλια, είναι κινητικά.*

κιντινάρι το, αρμαθιά, πλεξίδα σκόρδων ή κρεμμυδιών: *αγόρασα ένα κιντινάρι σκόρδα να περάσω το χειμώνα.*

κιοτάω, (μτβ. και αμτβ.) κιοτεύω, δειλιάζω, κάμπτομαι: *ήταν δύσκολη δουλειά, την πάλαιψε, αλλά στο τέλος κιότησε.*

κιότεμα το, αποκάμωμα, δείλιασμα, λιποψυχία.

κιοτίζω, κιοτάω (βλ. λ.): *με τις δυσκολίες που του αράδιασε τον κιότισε.*

κίσκιλα τα, (συνθ. μαστ. γλ.) κόπρανα.

κισκιλάω, (συνθ. μαστ. γλ.) **1.** χέζω, αποπατώ. **2.** περιφρονώ, δεν δίνω

σημασία, αφήνω: *κισκίλα με* (παράτα με).
κισκιλίζω, (συνθ. μαστ. γλ.) *κισκιλάω* (βλ. λ.).
κισκίλισμα το, (συνθ. μαστ. γλ.) χέσιμο.
κιώνω, τελειώνω, αποπερατώνω μια δουλειά που άρχισα: *όταν θα κιώσουμε τις χυλοπίτες, θα σας φτειάσω δίπλες.*
κλαδούχος ο, κλαδευτής, ειδικός στο να κλαδεύει δέντρα και ιδιαίτερα αμπέλι: *θα φωνάξω τον κλαδούχο, να μου κλαδέψει τ' αμπέλι.*
κλαδώνω, 1. (για φωτιά) δεν καίω με όρεξη, αργοκαίω (από έλλειψη αέρα): *μερικές φορές κλαδώνει η φωτιά και δε λέει να πάρει μπρος.* **2.** (για μύγα) χάνω τη ζωηρότητά μου, μένω για πολύ σε μια θέση, παύω να είμαι ενοχλητικός: *οι μύγες κλαδώνουν με το κρύο και δεν πετάνε πέρα-δώθε.*
κλάημα το, κλάμα: *το σκαμπίλησε ο πατέρας του και σπάραξε στο κλάημα.*
κλαμούδι το, συνεχές και γοερό κλάμα: *το τι κλαμούδι έκανε το παιδί σαν έφυγες, δε λέγεται!*
κλαρί το, χλωροί κλάδοι δέντρων που δίνονται για τροφή στα γιδοπρόβατα: *θα πάω στον έλατο να κόψω κλαρί για τα ζωντανά.*
κλαρίζω, ταΐζω τα γιδοπρόβατα με φυλλοφόρα κλαδιά δέντρου (λεύκης, ιτιάς, έλατου κ.λπ.).
κλαρικό το, δέντρο, ιδίως οπωροφόρο: *έχει το χωράφι του γιομάτο κλαρικά και χορταίνει φρούτα το καλοκαίρι.*
κλάρισμα το, κόψιμο κλαδιών και τάισμα των αιγοπροβάτων: *τα πήγε για κλάρισμα τα πρόβατα.*
κλαψής ο, κλαψιάρης, παραπονιάρης: *τώρα τι κάνεις, με στέλνεις από τον κλαψή στον παραπονιάρη* (παροιμ.).
κλαψοβενέτα η, γυναίκα ευκολοσυγκίνητη.
κλαψοπούλι το, είδος νυχτόβιου πτηνού με μονότονη οξεία φωνή, που προοιωνίζεται –κατά τη λαϊκή δοξασία– θάνατο: *το έλεγε το κλαψοπούλι στο διπλανό δέντρο μέρες πριν πεθάνει ο γείτονας.*
κλαψού η, κλαψιάρα, παραπονιάρα: *μην τη λυπάσαι και τόσο, έτσι είναι, κλαψού.*
κλειδοστομιάζω, (μτβ. και αμτβ.) δεν έχω διάθεση να φάω, έχω ανορεξία: *την κλειδοστόμιασε την τσιούπα ο πυρετός τόσες ημέρες // κλειδοστόμιασε το παιδί από την ασιτία τόσον καιρό.*
κλειδοστόμιασμα το, ανορεξία.
κλεισοσπίτης ο, ανεπρόκοπος, αχαΐρευτος: *φαινότανε από μικρός ότι θα γίνει κλεισοσπίτης.*
κλέφτικο το, παιδικό παιχνίδι.
κλιδέρα η, γράμμα κακότεχνο, δυσανάγνωστο: *κανείς δεν μπορεί να τις διαβάσει τις κλιδέρες του.*
κλιμαντίρα η (ως ουσ.), λιγούρα, ζαλάδα, φορτικότητα: *παράτα με επιτέλους· κάνε πιο πέρα, μου 'χεις γίνει κακή κλιμαντίρα.*
κλιμαντίρης, -α, -ικο, κουραστικός, πληκτικός, ενοχλητικός.
κλιμαντίρικος, -η, -ο, αυτός που ταιριάζει ή αναφέρεται στον κλιμαντίρη (βλ. λ.).

κλιμαστάρα η, γυμνός καρπός καλαμποκιού κρεμασμένος από την οροφή (οριζόντια δοκάρια) αγροτικού σπιτιού, για να διατηρηθεί για τον χειμώνα: *φτάσε πέντε κλιμαστάρες να τις βράσουμε να τις φάμε.*

κλιονέρης ο, (αστεία) ο πισινός: *δεν ελάγγεψ' ο κλιονέρης μου ότι θα σε ιδώ* (δεν είχα προαίσθηση...).

κλίτσικας ο, παιδικό παιχνίδι (ένα ξυλάκι ζυγισμένο οριζόντια πάνω σε κάτι, πέτρα συνήθως, με προεξέχουσες τις άκρες· νικητής θεωρείται εκείνος που χτυπώντας το ξύλο στην άκρη θα το στείλει μακρύτερα).

κλιτσινάρα η, το πίσω μέρος της άρθρωσης του γόνατος.

κλιτσόραβδο το, το ραβδί της κλίτσας.

κλόσι το, κρόσι, φούντα: *να φτειάσεις τα κλόσια του τραπεζομάντιλου.*

κλουδιάζω, κλουβιάζω: *πάν' τ' αβγά που μάζευα για χυλοπίτες, κλουδιάσανε ούλα.*

κλουδιαίνω, κλουδιάζω (βλ. λ.).

κλούδιασμα το, κλούβιασμα.

κλούδιος, -ια, -ιο, κλούβιος.

κλωθρί το, παραμπαλωμένο ρούχο, το ένα μπάλωμα πάνω στο άλλο: *δε σηκώνει πια μπάλωμα, έγινε κλωθρί.*

κλωνά η, κλωστή: *πέρνα μου την κλωνά στη βελόνα, για δε βλέπω.*

κλωνιάζω, (για υγρά) ρέω σαν κλωνά (βλ. λ.), γίνομαι παχύρρευστος: *το βραστόγαλο πρέπει να κλωνιάζει, για να 'ναι πετυχεμένο // το σιορόπι άμα κλωνιάζει, σημαίνει ότι γίνηκε.*

κογιόνικος, η, -ο, αυτός που ταιριάζει ή αναφέρεται στον κογιόνο (βλ. λ.).

κογιόνος, -α, -ικο, χωραταντζής, πειραχτήρι, είρωνας: *είναι μεγάλος κογιόνος, δεν ξέρεις πότε μιλάει σοβαρά και πότε αστειεύεται.*

κοζιά η, γιδόμαλλο (βλ. λ.).

κόζινος, -η, -ο, ο καμωμένος από κοζιά (βλ. λ.): *στην Κατοχή φορέσαμε και κόζινα σκαλτσούνια.*

κοζιόμαλλο το, γιδόμαλλο (βλ. λ.).

κοζιονάτη η, (συνθ. μαστ. γλ.) γυναίκα με προτεταμένους μαστούς.

κοζιόνια τα, (συνθ. μαστ. γλ.) μαστοί, βυζιά.

κόθρος ο, τσίγκινο περίβλημα της άνω μυλόπετρας, μη εφαπτόμενο σε αυτήν, που σκοπό έχει να συγκρατεί το αλεύρι.

κοιμηθιό το, ύπνος: *άιντεστε για κοιμηθιό τώρα, πέρασ' η ώρα.*

κοιμήσης ο, νωθρός, αδρανής, κοιμισμένος: *περιμένεις προκοπή απ' αυτόν τον κοιμήση;*

κοκάνι το, καλοπέραση, εξαιρετική ευχαρίστηση από φαγητό, διασκέδαση, περιβάλλον κ.λπ.: *κάναμε επίσκεψη στο γείτονα που γιόρταζε και περάσαμε κοκάνι.*

κοκκίνα η, 1. ροδομάγουλη γυναίκα: *ήταν μια κοκκίνα αυτή στα νιάτα της, λες κι έβανε κοκκινάδι.* 2. ονομασία αγελάδας λόγω κόκκινου χρώματος.

κοκκινάπιδο το, απίδι (αχλάδι) κοκκινωπό, ο καρπός της κοκκιναπιδιάς: *τα κοκκινάπιδα αργούν πολύ να γίνουν, είναι τα πιο όψιμα φρούτα του τόπου μας.*

κοκκινολάχανο το, εδώδιμο αγριόχορτο.

κοκκοδιαλέγω, περισυλλέγω εναπομείναντες καρπούς δημητριακών, καρυδιών κ.λπ. που δεν μαζεύτηκαν κατά την πρώτη συγκέντρωση: *περάσαμε μια βόλτα από την καρυά μας και κοκκοδιαλέξαμε αρκετές κοκόσες.*

κοκκοδιάλεμα το, κοκκολόγι, περισυλλογή καρπών σιταριού, καρυδιών, αραποσιτιού κ.λπ. που διέλαθαν και δεν μαζεύτηκαν κατά την κανονική συγκέντρωση.

κοκκοδιάλι το, κοκκοδιάλεμα (βλ. λ.).

κοκορόβι το, **1.** δυνατή βροχή ή χαλάζι. **2.** (μτφ.) άφθονα και συνεχή δάκρυα, έντονη δακρύρροια, «δάκρυα βροχή»: το δάκρυ *τρέχει κοκορόβι από την ώρα που έμαθε το χαμό της φιλενάδας της.*

κοκοροβιάς ο, δυνατός άνεμος μετά τον οποίο ακολουθεί κοκορόβι (βλ. λ.).

κοκόσα η, καρύδι χωρίς το πράσινο περίβλημα: *μάζεψα από κοκοδιάλια καμιά διακοσιαριά ζευγάρια κοκόσες και θα τα πουλήσω να πάρω τετράδια.*

κοκοσιάλι το, χαλάζι: *τα λιάνισε τα κλαρικά και τα σπαρτά το κοκοσιάλι.*

κοκότεμα το, η ενέργεια και το αποτέλεσμα του κοκοτεύουμαι (βλ. λ.).

κοκοτεύουμαι, 1. ερωτοτροπώ: *μεγάλωσε το παιδί μας κι άρχισε να κοκοτεύεται.* **2.** (μτφ.) επιδιώκω να κατακτήσω κάτι, γυροφέρνω ένα πράγμα με φανερή την επιθυμία να το αποκτήσω: *μην κοκοτεύεσαι, δεν πρόκειται να στο πουλήσει εσένα το χωράφι ο Μαρίνης.*

κολαϊνά (επίρρ.), εύκολα: *δε θα ξεμπερδέψουμε κολαϊνά μ' αυτόν τον παλιάνθρωπο που μπλέξαμε.*

κολαντρίζω, υπηρετώ, περιποιούμαι: *ας μην είχε τόσους γύρω του να τον κολαντρίζουν και θα σου 'λεγα εγώ.*

κόλαρη η, ζόρι (βλ. λ.).

κολέκας ο, φίλος, μπουραζέρης: *ο κολέκας σου, γιε μου, δε μ' αρέσει και πολύ.*

κολεκάτζα η, φιλία, σχέση: *αμ δεν έρχεται τώρα σε μας, έχει πιάσει κολεκάτζες με τους διπλανούς.*

κολεκατζαρία η, (ειρωνικά) κολεκάτζα (βλ. λ.): *δε θα κρατήσουν πολύ, πιστεύω, οι καινούργιες κολεκατζαρίες τους.*

κολίνα η, λοβός καρυδιού, σκελίδα: *κάτσε καλά, μην ιδώ τ' όνομά σου γραμμένο στο δίσκο με κολίνες* (αρχικά ονόματος πεθαμένου σε δίσκο μνημόσυνου).

κολιτσάκι το, γάντζος του σαμαριού από τον οποίο κρεμούν ταγάρια, βαρέλες κ.λπ. ή περνούν την *τριχιά* (βλ. λ.), για να στερεώσουν το φορτίο (υπάρχουν δυο ζεύγη, ένα στο *μπροστάρι*, βλ. λ., κι ένα στο *πισάρι*, βλ. λ.).

κολλάω, 1. (μτβ.) α. στρέφω, κατευθύνω κάποιον προς τα πάνω, προς ανωφέρεια: *κόλλησε τα πρόβατα στο βουνό και τ' άφηκε μόνα τους να βοσκήσουν.* β. τρυπάω, διαπερνώ: *αυτό το ψωμί, είναι κατάξερο, δεν το κολλάει γκρας.* **2.** (αμτβ.) ανεβαίνω, κινούμαι σε ανηφορική επιφάνεια: *κόλλησα κι εγώ τον ανήφορη και βγήκα κατάκορφα.*

κολλήντρα η, γρομπόλι (βλ. λ.): *αυτός ο τραχανάς είναι γεμάτος κολλήντρες.*

κολληντριάζω, γρομπολιάζω (βλ. λ.):

κολληντριαστός

δεν ανακατεύτηκε καλά ο χυλός και κολλήντριασε.

κολληντριαστός, -ή, -ό, αυτός που έχει κολλήντρες (βλ. λ.).

κολόκα η, το ξύλινο τμήμα της άνω μυλόπετρας, στο οποίο προσαρμόζεται η χελιδόνα (βλ. λ.) και στο οποίο ακουμπά το *βαρδάλι* (βλ. λ.).

κολοκυθολέλουδο το, άνθος της κολοκυθιάς.

κολοκυθόριζα η, ρίζα της κολοκυθιάς.

κολοκυθόφυλλο το, φύλλο της κολοκυθιάς.

κολόστρα η, κολάστρα, αλατισμένο παρασκεύασμα με το πρώτο μετά τη γέννα γάλα των αιγοπροβάτων.

κολύμπρα η, κολύμπα, λάκκος γεμάτος νερό: *πότισα τον κήπο και γέμισε κολύμπρες*.

κολυμπριά η, λίμνασμα, πλημμύρισμα.

κολυμπριάζω, (μτβ. και αμτβ.) κολυμπιάζω, πλημμυρίζω, λιμνάζω: *φτάνει τόσο πότισμα, τον κολύμπριασες τον κήπο* // *τ' άφηκα με τις ώρες το νερό στο χωράφι, μέχρι που κολύμπριασε*.

κομματαριά η, μεγάλο κομμάτι κρέατος: *τι την πήρες ούλη τούτη την κομματαριά, ποιος θα τη φάει;*

κόμπι το, **1.** μικρός κόμπος: *το βιλάρι είναι γεμάτο κόμπια*. **2.** (στον πληθ., **κόμπια**) αρθρώσεις: *με πονάνε ούλα τα κόμπια μου, θ' αλλάξει, φαίνεται, ο καιρός*.

κόμπος ο, είδος βελονιάς στην κεντητική.

κομπώνω, κομπιάζω, δυσκολεύομαι στην κατάποση: *θα σε κομπώσει, αν φας το ίδιο φαΐ και σήμερα;*

κονακεύω, βρίσκω κονάκι, κατάλυμα, καταλύω: *μ' αυτό που μου 'κανες, ξανά σε μένα δε θα κονακέψεις*.

κονάκι το, μικρόσωμο φίδι, *σπιτόφιδο* (βλ. λ.).

κοντά (επίρρ.), μαζί: *δε χορταίνει ν' αγοράζει χωράφια ο άκληρος, λες κι όταν πεθάνει θα τα πάρει κοντά του*.

κοντοβούτσελος, -η, -ο, κοντός σαν βουτσέλι, κοντόσωμος: *δε φαίνεται να ψηλώνει, θα μείνει κοντοβούτσελη σαν τη μάνα της*.

κοντόγιομος, -η, -ο, **1.** κοντός και χοντρός: *δεν είναι ψηλός, κοντόγιομος είναι*. **2.** κοντόγεμος, όχι τελείως γεμάτος, σχεδόν γεμάτος: *μου 'φερε από το προπέρσινο κρασί του ένα μπουκάλι κοντόγιομο*.

κοντόγιουρντο το, κοντή γιούρντα, αμάνικο ημίπαλτο.

κοντόημερος, -η, -ο, κοντόμερος, αυτός που λίγες ημέρες του απομένουν να ζήσει: *με την κακή αρρώστια που έχει, η ζωή του σίγουρα είναι κοντόημερη*.

κοντόθαμπος, -η, -ο, κοντόφθαλμος, κοντόθωρος.

κοντοκαρτεράω, επιβραδύνω το βήμα μου, για να δώσω την ευκαιρία σε κάποιον που με ακολουθεί σε απόσταση να με φθάσει: *εκεί ψηλά που πας στη φτέρη κι εμένανε κοντοκαρτέρει* (δημ. τραγ.).

κοντοκαρτέρεμα το, η ενέργεια και το αποτέλεσμα του *κοντοκαρτεράω* (βλ. λ.).

κοντομίρι το, *καντινάτσο* (βλ. λ.), μοχλός για το αμπάρωμα της πόρτας εσωτερικά.

κοντομπίθιακας ο, βραχύσωμος με φουσκωτή κοιλιά.
κοντοπατριώτης ο, κοντοχωριανός.
κοντοπατρώτισσα η, κοντοχωριανή.
κοντοποδιάζω, **1.** κοντοπερπατώ, μικραίνω το βηματισμό μου, κουράζομαι: *τον είδα να κοντοποδιάζει, ήταν φανερά κουρασμένος.* **2.** μειώνομαι, λιγοστεύω: *το λυγνάρι κοντοποδιάζει, όπου να 'ναι θα σβήσει.*
κοντοσύλλαβα (επίρρ.), σύντομα, στο άμεσο μέλλον: *δε θα αργήσω να γυρίσω, να με περιμένετε κοντοσύλλαβα.*
κοντοτσιουλίτσα η, (μτφ.) κοντοκοιλίτσα, άνθρωπος βραχύσωμος, συνήθως μικρό παιδί: *είδα να παίζουν πεντέξι κοντοτσιουλίτσες στην αυλή του, δεν ξέρω αν είναι όλα δικά του παιδιά.*
κοντοχορεύω, **1.** χορεύω επί τόπου, κάνω βήματα σημειωτά χορεύοντας: *κοντοχόρευε με πολύ νάζι κι ούλοι την καμάρωναν.* **2.** λέω κάτι θυμωτά κάνοντας συγχρόνως νευρικά βήματα: *τι σ' έπιασε και κοντοχορεύεις έτσι;*
κόπανος ο, σφυρί του πελεκάνου (βλ. λ.) και από τα δυο μέρη ισόπεδο.
κοπετίνα η, ρούχο παλιό, χιλιομπαλωμένο: *αυτή η κοπετίνα δεν πάει άλλο, είναι για πέταμα.*
κοπετινιασμένος, -η, -ο, χιλιομπαλωμένος: *δεν είχε σακάκι ο καημένος και φορούσε το κοπετινιασμένο αμπέχονο του πατέρα του.*
κοπιάτικο το, μισθός, αμοιβή: *έδωκα στον ψυχογιό το κοπιάτικό του κι είμαι ήσυχος // μια λάτα σιτάρι παίρνει κοπιάτικο ο κάθε αγωγιάτης που βάζει το μουλάρι του στ' αλώνι.*
κοπινός ο, άνοιγμα δρόμου στο χιόνι προς αποφυγή ατυχημάτων: *πάρτε φτυάρια και πάμε να κόψουμε κοπινό, για να φέρουμε νερό από τη βρύση.*
κόπιτσα η, σκόρος: *δεν είχα βάλει νεφταλίνη στα ρούχα και μου τα σακάτεψ' η κόπιτσα.*
κοπιτσοφαγωμένος, -η, -ο, σκοροφαγωμένος.
κοπός ο, κοπινός (βλ. λ.).
κορακάξα η, **1.** καρακάξα, κουρούνα: *πέσαν' οι κορακάξες στα κεράσια και δεν αφήκανε ούτ' ένα.* **2.** (μτφ.) γυναίκα άσχημη και φλύαρη: *αυτ' η κορακάξα η Θανάσω δε σταματάει, άμ' αρχίσει, την πολυλογία.*
κόρδα η, τα έντερα των αμνοεριφίων που χρησιμοποιούνται στην παρασκευή της μαγειρίτσας: *είμαστε πολλά άτομα, θα χρειαστούμε τρεις κόρδες ακόμα για τη μαγειρίτσα.*
κορδαρεύουμαι, κορδώνομαι, καμαρώνω, αλαζονεύομαι: *μην κορδαρεύεσαι, σε ξέρουμε δα ποιος είσαι.*
κορδαρευτός, -ή, -ό, κορδωτός, καμαρωτός: *περπατάει κορδαρευτά λες και κάποιος (σπουδαίος) έναι.*
κορδελάκια τα, **1.** νάζια, φιλάρεσκη συμπεριφορά: *μας κάνει κορδελάκια να την προσέξουμε.* **2.** αθέτηση συμφωνημένων, ασυνέπεια: *ενώ τα είχαμε συμφωνήσει όλα, τώρα μας κάνει κορδελάκια.*
κορδιάλο το, τονωτικό: *με τα κορδιάλα τον κρατώ τόσον καιρό, αλλιώς θα 'χε πεθάνει.*
κορδόμπεης ο, **1.** αυτός που περπατεί με ίσο το κορμί και ψηλά το

κεφάλι, κορδωτός, καμαρωτός: *ο κορδόμπεης περπατάει λες και κάνει παρέλαση.* **2.** υπερήφανος, υπερόπτης, αλαζόνας: *η μύτη του να πέσει κάτω, δε σκύβει να την πάρει ο κορδόμπεης.*
κορδονούρης, -α, -ικο, *κορδόμπεης* (βλ. λ.).
κορδονούρικος, -η, -ο, αυτός που ταιριάζει ή αναφέρεται στον *κορδονούρη* (βλ. λ.).
κορδοπούτσης ο, (αστεία) *κορδόμπεης* (βλ. λ.).
κοριά η, **1.** η σκληρή επιφάνεια του ψωμιού (κόρα): *δώσ' του μια κοριά ψωμί να ησυχάσει.* **2.** η κρούστα που σχηματίζεται στον πυθμένα της χύτρας κατά το βράσιμο μερικών φαγητών (τραχανάς, ρυζόγαλο κ.λπ.). **3.** κρούστα, πέτσα σπυριού, πληγής κ.λπ.: *έπιασε κοριά το σπυρί, θέλει προσοχή.*
κοριάζω, αποκτώ πέτσα, κρούστα: *ήταν δυνατή η φωτιά και κόριασε ο τέτζιερης // κόριασε η βρόμα στα πόδια του.*
κορκολόγημα το, το αποτέλεσμα του *κορκολογιέμαι* (βλ. λ.).
κορκολογιέμαι, **1.** (για κότες) κακαρίζω λίγο πριν γεννήσω το αβγό: *κορκολογιέται η κότα, έχε το νου σου να μαζέψεις τ' αβγό.* **2.** (μτφ., για πρόσωπα) έχω συμπτώματα αδιαθεσίας: *κορκολογιόμουνα από προχτές και να, δεν τη γλύτωσα τη γριπούλα.*
κορκοσούρας ο, κουτσομπόλης, ανακατωσούρης.
κορκοσουρεύω, κουτσομπολεύω, μεταφέρω λόγια από 'δώ κι από 'κεί.

κορκοτσιέλα η, **1.** *αραποσιτόσπυρο* (βλ. λ.) ψημένο και σκασμένο σε πυρωμένο τούβλο, ποπ-κορν. **2.** (μτφ.) χιονισμένο τοπίο: *χιόνισε τη νύχτα κι ο τόπος έγινε κορκοτσιέλα.*
κορμάτος, -η, -ο, εύσωμος, μεγαλόσωμος: *πήρε κορμάτο μουλάρι, χαλάλι τα λεφτά που έδωκε.*
κορμερός, -ή, -ό, *κορμάτος* (βλ. λ.).
κόρμπος, -α, -ο, (για γίδι) ολόμαυρος.
κοροβέσικος, -η, -ο, (για γιδοπρόβατο) σημαδεμένος και από τα δυο αφτιά.
κορομπηλιά η, κορομηλιά.
κορόμπηλο το, κορόμηλο.
κορονιά η, προκοπή, χαΐρι: *το βλέπω, με το μυαλό που έχεις δεν πρόκεται να κάνεις κορονιά.*
κορονιό το, *κορονιά* (βλ. λ.).
κορονυχιά η, εκδορά, αμυχή προκαλούμενη με τα νύχια: *όρμησ' απάνω μου και μου γιόμισε το πρόσωπο κορονυχιές.*
κορονυχιάζω, προκαλώ αμυχές με τα νύχια: *σιγά, μωρή, με κορονύχιασες.*
κορονύχιασμα το, η ενέργεια και το αποτέλεσμα του *κορονυχιάζω* (βλ. λ.).
κορύτα η, λαξευμένη πέτρινη λεκάνη μέσα από την οποία περνάει και τρέχει νερό πηγής κυρίως, αλλά και δικτύου ύδρευσης: *έχουμε πολλές βρύσες στο χωριό μας με κορύτα.*
κορφάδα η, **1.** κορυφή δέντρου: *ψηλό κυπαρισσάκι, γέρν' η κορφάδα σου, το ποιος θα τη γλεντήσει την ομορφάδα σου* (δημ. τραγ.). **2.** κολοκυθιά: *με πέντε κορφάδες έβγαλα*

κορφάδι

ένα σωρό κολοκύθια.
κορφάδι το, **1.** φρέσκο κολοκυθάκι. **2.** κορυφή βλαστού, κλάδου, φυτού κ.λπ.: *θα μπω στ' αραποσίτι να κόψω λίγα κορφάδια για τα ζωντανά.*
κορφαδίζω, κορφολογώ, κόβω τις κορυφές φυτών-δέντρων: *ήρθ' ο καιρός, πρέπει να κορφαδίσω τ' αραποσίτι.*
κορφή η, η κρούστα, η πέτσα που σχηματίζεται στην επιφάνεια υγρού, ιδίως γάλακτος εκτεθειμένου στον ήλιο ή μετά από βράσιμο: *από το γάλα που έμενε κάποιες ώρες στον ήλιο μαζεύαμε την κορφή κι αρταίναμε το φαΐ.*
κορφιάζω, (συνήθως για υγρά) αποκτώ, σχηματίζω στην επιφάνειά μου κρούστα, κορφή.
κορφώνω, βάζω πράγματα στον κόρφο μου, για να τα μεταφέρω ή να τα κρύψω: *όλο κορφώνεις και κορφώνεις, πάρε πέντε καρύδια και φύγε.*
κοσκίνα η, λαγανίστρα (βλ. λ.).
κοσμούρα η, κοσμοσυρροή, κοσμοπλημμύρα: *είχε πολλή κοσμούρα στο πανηγύρι.*
κόσσυβας ο, κότσυφας, κοτσύφι.
κόταινα η, (συνθ. μαστ. γλ.) νοικοκυρά, γυναίκα του αφεντικού: *να ιδούμε τι θα μας 'τοιμάσει σήμερα για το μεσημέρι η κόταινα.*
κοταρού η, φαρδύ έντερο του χοιρινού, από το οποίο μαζί με άλλα λεπτότερα γίνεται η ομάτιά (βλ. λ.).
κοτερά τα, κοτερικά (βλ. λ.).
κοτερικά τα, οικόσιτες κότες.
κοτζιάμ (άκλιτο επίθ. αδιακρίτως γένους· προσδίδει στα προσδιοριζόμενα ουσ. την έννοια του μεγάλου),

κοτζάμ, ολόκληρος: *δεν τον είδες κοτζιάμ άνθρωπο;*
κοτζιάμου (άκλιτο επίθ. αδιακρίτως γένους), κοτζιάμ (βλ. λ.): *έγινε κοτζιάμου παλικάρι.*
κοτσάρι το, κουράδι, συμπαγές ανθρώπινο σκατό.
κοτσαράς ο, (υβριστικά) κουράδας, κοπρίτης, ανάξιος λόγου.
κοτσιά η, οι από ένα μίσχο δυο ή και περισσότεροι κρεμασμένοι καρποί ή τα από ένα στέλεχος δημητριακού περισσότερα του ενός εκφυόμενα στάχυα: *η καρυά μας φέτο έχει πολλές κοτσιές // ποτέ δεν είχαμε σιτάρι με τόσες κοτσιές.*
κοτσιάζω, 1. (για φυτά) βγάζω, δημιουργώ κοτσιές (βλ. λ.). **2.** (για κορίτσι) αρχίζω να σχηματίζω, να αποκτώ στήθος.
κότσιαλο το, ατροφικός καρπός καλαμποκιού, αραποσιτιού: *δεν είχαμε καλό αραποσίτι φέτο, κάτι κότσιαλα μαζέψαμε για τα ζωντανά.*
κοτσιάφτης ο, αυτός που έχει κομμένο αφτί.
κοτσιαφτίζω, 1. κόβω στην άκρη το αφτί των αιγοπροβάτων για σημάδι (αναγνώριση). **2.** (γενικά) κόβω την άκρη, τη μύτη πράγματος: *γιατί το κοτσιάφτισες το μαχαίρι;*
κοτσιεύω, 1. σημαδεύω, βρίσκω τον στόχο: *τον κότσιεψε το λαγό με την πρώτη ντουφεκιά.* **2.** διακρίνω, επισημαίνω: *τον κότσιεψε τον πατέρα του που ξανάφανε στο διάσελο.*
κοτσιλάω, (για πτηνά) κουτσουλάω, κουτσουλίζω.
κοτσίλημα το, κουτσούλημα.
κοτσιοκέρης, -α, -ικο, αυτός που

έχει σπασμένα κέρατα: *μαλώνουν μεταξύ τους οι γίδες και κοντεύουν να γίνουν ούλες κοτσιοκέρες.*

κοτσιοκέρικος, -η, -ο, αυτός που ταιριάζει ή αναφέρεται στον κοτσιοκέρη (βλ. λ.).

κοτσιολέτης ο, εργαλείο με σπασμένη μύτη (άκρη), όπως μαχαίρι, πριόνι, σουγιάς κ.λπ.: *τι μου τον έφερες τον κοτσιολέτη, δεν μπορώ να βγάλω λάχανα με δαύτον.*

κοτσιομύτης, -α, -ικο, κουτσομύτης, κοψομύτης.

κοτσιομύτικος, -η, -ο, αυτός που ταιριάζει ή αναφέρεται στον κοτσιομύτη (βλ. λ.).

κουβαράς ο, (συνθ. μαστ. γλ.) κρασί.

κουβενταρία η, συνεχής και ζωηρή συζήτηση.

κουβενταρίζω, συζητάω ζωηρά και με τις ώρες: *σας άκουγα που κουβενταρίζατε κι είπα να 'ρθω κι εγώ.*

κουβέρνο το, κυβέρνηση, εξουσία: *να ιδούμε τι θα ειπεί και το κουβέρνο.*

κούδα η, το κάτω πίσω μέρος του κατά κανόνα μακριού φουστανιού των παλιών γυναικών, που σχημάτιζε κατά κάποιο τρόπο υποτυπώδη ουρά: *για ιδές, γριά γυναίκα και βάρεσ' η κούδα της στην Αθήνα.*

κουζιουλός, -ή, -ό, 1. ζωηρός, ζουρλός, ανόητος: *μπίτι κουζιουλό είν' αυτό το παιδί.* 2. αυτός που έχει αναπηρία στα χέρια: *το δεξί του χέρι είναι κουζιουλό, δεν μπορεί να κάνει δουλειά.*

κούκα τα, ζαχαράτα, καλούδια για μικρά παιδιά: *μην κλαις, όπου να 'ναι έρχεται ο πατέρας σου και σου φέρνει κούκα.*

κουκίζω, (για βόδια) με τσιμπάει μύγα (οίστρος) και αφηνιάζω, τρέχω δαιμονισμένα: *την άνοιξη τα βόιδα κουκίζουν, γι' αυτό θέλουν μεγάλη προσοχή.*

κουκούγερας ο, σκιάχτρο για τα ζούδια στα χωράφια ή στα αμπέλια.

κουκουγέρι το, *κουκούγερας* (βλ. λ.).

κούλουμπα τα, *κούλουμα*.

κουλούμπα η, συγκέντρωση ατόμων ή ζώων σε στενή συνάφεια μεταξύ τους, σαν σε σωρό: *σαν έπιασ' η βροχή, μαζεύτηκαν μια κουλούμπα τα πρόβατα και δε λέγανε να κάνουνε πέρα.*

κουλούμπωμα το, η ενέργεια και το αποτέλεσμα του *κουλουμπώνω* (βλ. λ.).

κουλουμπώνω, 1. (μτβ.) συγκεντρώνω ανθρώπους ή ζώα κοντά-κοντά (σώμα με σώμα) σαν σε σωρό: *ο δάσκαλος στην εκδρομή κουλούμπωσε τους μαθητές γύρω του και τους μίλησε για τη φύση.* 2. (αμτβ.) μαζί με άλλους ή άλλα γίνομαι *κουλούμπα* (βλ. λ.): *οι κότες, άμα περάσει γεράκι, από φόβο κουλουμπώνουν και δεν κουνιόνται από τη θέση τους.*

κουλούρα η, ξύλινο συνήθως περιλαίμιο από το οποίο κρέμεται το κουδούνι, το *τροκάνι* (βλ. λ.) ή το *τσιοκάνι* (βλ. λ.) των αιγοπροβάτων.

κουμανταρίζω, φροντίζω, συγυρίζω, νοικοκυρεύω: *χωρίς να κουμανταρίσει το σπίτι της δεν ξεκινάει να πάει πουθενά.*

κουμαντάρισμα το, η ενέργεια και το αποτέλεσμα του *κουμανταρίζω* (βλ. λ.).

κουμουδιά η, γλάρα, αίθριος και

κουμούτσα

γλυκός καιρός, νηνεμία: *χτες χάλασ' ο τόπος από τη βροχή και σήμερα έχει μια κουμουδιά, άλλο πράμα.*

κουμούτσα η, κομμάτα, μεγάλο κομμάτι ψωμιού: *ούλη αυτήν την κουμούτσα θα τη φας;*

κουμούτσι το, κομμάτι ψωμιού μεγαλύτερο από φέτα: *έβγαλε από το σακούλι του ένα κουμούτσι ψωμί κι ένα σβώλο τυρί, κι έκατσε και την ταράτσωσε.*

κουμουτσώνω, δίνω κουμούτσες (βλ. λ.), ψωμίζω: *τον κουμούτσωσε το διακονιάρη και τον έστειλε στο καλό.*

κουμπανία η, μπουλούκι (βλ. λ.), συνεταιρικό συνεργείο κτιστών που αναλάμβανε την κατασκευή οικοδομικών έργων: *η κουμπανία του γερο-Τοσούλη φέτο δουλεύει στα καλαβρυτοχώρια.*

κούμπλα η, νύστα, γλάρα, τάση για ύπνο: *έχω τέτοια κούμπλα, που δεν μπορώ να κρατήσω τα μάτια μου.*

κουμπλάω, κουμπλίζω (βλ. λ.).

κουμπλής ο, νυσταλέος, αυτός που συνέχεια νυστάζει: *κουμπλής ήταν από τα νιάτα του, δεν έγινε τώρα.*

κουμπλίζω, νυστάζω, έχω διάθεση για ύπνο: *έχω μια ώρα που κουμπλίζω, δεν αντέχω άλλο, θα κοιμηθώ.*

κούμπλισμα το, το αποτέλεσμα του κουμπλίζω (βλ. λ.).

κουμπουρώνω, τραβώ ίσια (ευθεία), φεύγω, αναχωρώ: *θύμωσε μ' αυτά που του είπα και το κουμπούρωσε για το σπίτι του.*

κουνημένος, -η, -ο, θαλασσοκουνημένος, αυτός που πήγε στην Αμερική, ο πειραγμένος ελαφρά στο μυαλό: *άσ' τον αυτόν, είναι κουνημένος, πήγε κι ήρθε δυο-τρεις φορές στην Αμερική.*

κουνιάδι το, ο μικρός κουνιάδος, κουνιαδάκι.

κουνός, -ή, -ό, οκνός, νωθρός: *μη σας φαίνεται παράξενο, είναι κουνή η γυναίκα και δεν τις προλαβαίνει τις δουλειές της.*

κουνουπαράς ο, κουμπαράς: *θα τα ρίξω στον κουνουπαρά μου τα λεφτά που μάζεψα από τα κάλαντα.*

κουντούρα η, μεγάλο χερόβολο θερισμένου σιταριού.

κουντουρέλι το, εξάρτημα του αργαλειού.

κουντουρίτσα η, λαχνός, κλήρος: *σε μένα έπεσε η κουντουρίτσα να πάω για νερό.*

κούντουρος, -η, -ο, λειψός, λίγος: *το κούντουρο μυαλό του δεν έφταν' ως εκεί.*

κούπα η, η κεφαλή του οστού που εισέρχεται στην αρθρική κοιλότητα.

κουπαδέλι το, μικρή κούπα.

κουραμπιγιές ο, κουραμπιές.

κουρβουλιάζω, καθιστώ ένα δέντρο κούρβουλο, κόβοντας όλα τα κλαδιά του: *είπαμε να την κλαδέψεις τη μηλιά, όχι και να την κουρβουλιάσεις.*

κουργιαλής ο, κατασκευαστής κουργιαλού (βλ. λ.).

κουργιαλός ο, αποχετευτικός αγωγός χτισμένος με πέτρινες πλάκες, υπόνομος.

κουρεμάδα η, γίδα δυο ετών.

κουρεμπέτσης, -α, -ικο, κουρεμένος σύρριζα (εν χρω): *γιατί κουρεύτηκες σύρριζα κι έγινες σαν κουρεμπέτσα γίδα;*

κουρεμπέτσικος, -η, -ο, αυτός που ταιριάζει ή αναφέρεται στον *κουρεμπέτση* (βλ. λ.).
κουρί το, χοντρός κορμός δέντρου, *κουρούχι* (βλ. λ.).
κουριάτης ο, αρνί ή κατσίκι που σφάζεται στον κούρο του κοπαδιού: *να 'ρθείτε να βοηθήκετε στον κούρο, να φάμε και τον κουριάτη*.
κουρκουμιάζουμαι, ζαρώνω κάπου (σε μια άκρη, σε μια γωνιά κ.λπ.), πλαγιάζω πρόχειρα: *τι κουρκουμιάστηκες στο παραγώνι, πήγαινε στο στρώμα σου να κοιμηθείς*.
κουρκούμιασμα το, το αποτέλεσμα του *κουρκουμιάζομαι* (βλ. λ.).
κουρκουτάω, κάνω κάτι στα γρήγορα, ιδίως απλό φαγητό: *πότε τον κουρκούτησες κιόλας τον τραχανά;*
κουρκουτιάζω, ζαλίζομαι, μειώνεται η πνευματική μου διαύγεια, ανοηταίνω: *δεν μπορώ να συγκεντρωθώ, κουρκούτιασε το μυαλό μου*.
κουρκούτιασμα το, το αποτέλεσμα του *κουρκουτιάζω* (βλ. λ.).
κούρνταλα τα, **1.** κούρταλα, προετοιμασίες, γενικά τα γαμήλια δρώμενα: *παντρεύει το παιδί του, έχει κούρνταλα, δεν είναι γι' άλλα πράματα*. **2.** (μτφ.) φασαρία, ταραχή, σαματάς.
κουρούνα η, **1.** (ως κατάρα) γυναίκα μαυροφορεμένη, να πενθήσει αυτή που αποκαλείται έτσι. **2.** εξάρτημα του αργαλειού.
κουρούτα η, θηλυκό πρόβατο με κέρατα.
κουρούχι το, μεγάλο τμήμα κομμένου κορμού δέντρου, *κουρί* (βλ. λ.).
κουρουχιάζω, κάνω *κουρούχια* (βλ. λ.) τον κορμό δέντρου: *μόλις τον έρι-*

ξα κάτω τον έλατο, και τώρα θα τον κουρουχιάσω.
κουρούχιασμα το, η ενέργεια και το αποτέλεσμα του *κουρουχιάζω* (βλ. λ.).
κουσάκια τα, ευτελή φορέματα, παλιόρουχα: *μάζεψε τα κουσάκια του κι έφυγε*.
κουσί το, ευτελές μαλλί, κωλομπούρι (βλ. λ.).
κούσιας ο, νήπιο, και μάλιστα αβάπτιστο.
κουσκουτεύω, ψιλοσυγυρίζω, ψάχνω, χάνω το χρόνο μου ασχολούμενος με ασήμαντα πράγματα: *τι κουσκουτεύεις τόσην ώρα, ντύσου να πάμε στον κήπο*.
κουσουλάτο το, μέρος ζεστό, ζεστασιά: *το χειμωνιάτικό μας με αναμμένο το τζιάκι γίνεται κουσουλάτο*.
κουσουμάρω, μου αρέσει κάτι, επιθυμώ, εγκρίνω: *να σου πω, δεν το κουσουμάρω και πολύ το στιφάδο*.
κουστίζω, κοστίζω.
κουταλογλείφτης ο, εργαλείο για το βαθούλωμα ξύλινου κουταλιού.
κουτέλα η, **1.** μεγάλο κούτελο (μέτωπο). **2.** ιμάντας που δεν αφήνει το μεγάλο κουδούνι, *τροκάνι* (βλ. λ.) ή *τσιοκάνι* (βλ. λ.) του γκεσεμιού να γλιστρήσει προς το πίσω μέρος του λαιμού του [διέρχεται από το κούτελο και στερεώνεται στο περιλαίμιο (*κουλούρα*, βλ. λ.)].
κούτουλας ο, **1.** δοχείο μέτρησης γάλακτος. **2.** ξύλινη σέσουλα σταθερά προσαρμοσμένη στην πρόσοψη της *σκάφης* (βλ. λ.) του νερόμυλου, που ρυθμίζει την ποσότητα του σιταριού που πέφτει στην τρύπα της άνω μυ-

λόπετρας.
κουτούπι το, μαλλί: *θύμωσε και της τράβηξε τα κουτούπια.*
κουτούπωμα το, **1.** μαλλιοτράβηγμα. **2.** (μτφ.) έντονη επίπληξη: *του χρειαζόταν ένα τέτοιο κουτούπωμα ύστερ' απ' αυτό που έκανε.*
κουτουπώνω, 1. αρπάζω κάποιον από τα μαλλιά. **2.** (μτφ.) επιπλήττω: *τον κουτούπωσε άγρια που δεν πήγε σκολειό χτες.*
κουτουράω, τολμώ, παίρνω το θάρρος: *το κουτούρησε και πέρασε το φουσκωμένο ποτάμι.*
κουτουριά η, κουτουράδα, τόλμη: *μπράβο του! Ήθελε μεγάλη κουτουριά το κυνήγημα του λύκου.*
κουτουριάρης, -α, -ικο, τολμηρός, αποφασιστικός.
κουτουριάρικος, -η, -ο, αυτός που ταιριάζει ή αναφέρεται στον κουτουριάρη (βλ. λ.).
κουτραμπάνης, -α, -ικο, απερίσκεπτος, ακαταλόγιστος: *είναι μεγάλος κουτραμπάνης, κάνει επικίντυνα πράματα.*
κουτραμπανιά η, απερισκεψία, αφροσύνη, ασύνετη πράξη: *από κουτραμπανιά πήγε να περάσει το φουσκωμένο ποτάμι και πινίγηκε.*
κουτραμπάνικος, η, -ο, αυτός που ταιριάζει ή αναφέρεται σε κουτραμπάνη (βλ. λ.).
κουτρούλι το, σωρός χώματος γύρω από τη ρίζα φυτού και ιδίως κλήματος: *σ' ούλα τα κλήματα θα κάνω κουτρούλια, για να κρατάνε υγρασία.*
κουτσαρίδας ο, κουτσός, χωλός: *τον είδες τον κουτσαρίδα τρέξιμο που κάνει;*

κουτσαύλω η, κουτσή, χωλή γυναίκα.
κουτσιάζω, σπάζω, καταστρέφω: *πότε το κούτσιασες το ποτήρι και δεν το πήρα χαμπάρι;*
κουτσίζω, κουκίζω (βλ. λ.).
κουτσικέλα η, κουτσουκέλα, ζαβολιά, κατσαγανιά (βλ. λ.), κατεργαριά: *ούλο κουτσικέλες μας κάνει τελευταία.*
κούτσικος, -η, -ο, μικρόσωμος, μικροκαμωμένος: *μπορεί να 'ναι κούτσικο το μουλαράκι που πήρα, αλλά είναι αϊτός.*
κουτσιούβελο το, κουτσούβελο, μικρό παιδί: *πέθανε κι άφηκε πέντε κουτσιούβελ' αρφανά.*
κουτσιουκέλα η, κουτσικέλα (βλ. λ.).
κουτσιουκοβαρεμένος, -η, -ο, απόπληκτος.
κουτσιούκος ο, νταμπλάς, αποπληξία: *τον βάρεσε κουτσιούκος, γι' αυτό σέρνει το πόδι του.*
κουτσουμπέλι το, ξερός κορμός κλήματος αμπελιού αλλά και κάθε ξερό ρίζωμα δέντρου (πρέμνο): *πάμε να μαζέψουμε κουτσουμπέλια, για να ψήσουμ' αραποσίτια.*
κουτσούνι το, κουκλάκι.
κουφάλογο το, (μτφ.) αυτός που δεν ακούει καλά ή καθόλου, βαρύκοος: *τόσο σιγά που μιλάς, που ν' ακούσει το κουφάλογο.*
κουφέτα η, κουφέτο.
κουφό το, οίδημα κοκκινωπό και οδυνηρό, συνήθως σε αδένα μασχάλης ή ριζομηρίου, το οποίο ή υποχωρεί (σπάνια) ή μαζεύει πύο (εμπυούται) και σπάζει.
κουφολάχανο το, εδώδιμο αγριόχορτο.

κουφοσμίλη η, σύνεργο με το οποίο ο μυλωνάς ξύνει τα πτερύγια της φτερωτής.

κουφούλιακας ο, ο πολύ κουφός άνθρωπος, ο θεόκουφος: *μια ώρα του βάρηγα την πόρτα, αλλά πού ν' ακούσει ο κουφούλιακας.*

κουφτελιαίνω, γερνάω, γίνομαι χούφταλο: *πολύ γλήγορα κουφτέλιανε, κάτι τον τρυγάει, φαίνεται.*

κούφτελο το, χούφταλο, πολύ γέρος, υπέργηρος.

κουφώνω, 1. (για καρπούς) καταστρέφεται η ψίχα μου, το περιεχόμενό μου, και μένει η φλούδα μου (περίβλημα): *κούφωσαν λίγα καρύδια που φύλαγα για κάνα γλυκό.* **2.** ερημώνω, δεν παρουσιάζω εικόνα ζωής: *έφυγε το παιδί για τη μαστοριά και κούφωσε το σπίτι.*

κοφίνα η, σκάφη (βλ. λ.).

κόφτης ο, το σημείο κοντά στο πάνω μέρος του *βαγενιού* (βλ. λ.), όπου ο μυλωνάς κόβει (εκτρέπει) το νερό.

κόφτρα η, μεγάλο πριόνι που το χειρίζονται δυο άτομα για το κόψιμο χοντρών κορμών δέντρων.

κόχυλας ο, (συνθ. μαστ. γλ.) κορίτσι (και μάλιστα εντυπωσιακό).

κοψαντερήθρα η, σκουληκάκι σε στάσιμο νερό, που, αν καταποθεί, προκαλεί *κοψαντερία* (βλ. λ.): *ήπιε νερό με κοψαντερήθρες κι έπαθε κοψαντερία.*

κοψαντερία η, έντονος πόνος των εντέρων, κοιλόπονος.

κοψιά η, ύψος, ανάστημα, μπόι: *αν κι έχουν τρία χρόνια διαφορά, μια κοψιά είναι τα δυο ξαδέρφια.*

κοψίδι το, μικρό παιδί, τρυφερής ηλικίας άτομο: *από κοψίδι το καψερό πήγε στη μαστοριά.*

κοψόημερος, -η, -ο, (χαϊδευτική κατάρα) να κοπούν δήθεν οι μέρες στον αποκαλούμενο έτσι, να ζήσει τάχα λίγο: *την είδες την κοψόημερη τι χορό που κάνει;*

κοψολαίμικος, -η, -ο, αυτός που έχει κομμένο λαιμό: *μας έφερε λίγο λάδι η θεία μου σ' ένα κοψολαίμικο μπουκάλι.*

κοψονούρης, -α, -ικο, **1.** (για ζώο) με κομμένη όλη ή μέρος της ουράς του. **2.** (μτφ., για πράγμα) με κομμένη τη λαβή του: *κοψονούρικο τηγάνι // κοψονούρα κουτάλα.*

κοψονούρια η, πληγή υποζυγίου στη ρίζα της ουράς.

κοψονούρικος, -η, -ικο, αυτός που ταιριάζει ή αναφέρεται στον *κοψονούρη* (βλ. λ.).

κοψοπούτσης ο, **1.** άνδρας με κομμένο πέος: *δεν παντρεύτηκε, γιατί το γουρούνι τού έφαγε την τσουτσούνα, όταν ήταν μικρός, κι έμεινε κοψοπούτσης.* **2.** (μτφ.) άνδρας στείρος, ανίκανος για παιδοποιία: *λένε ότι οι σπανοί είναι κοψοπούτσηδες.*

κοψοραχιάζω, προκαλώ δυνατό πόνο χτυπώντας κάποιον στη ράχη (πλάτη): *κάτσε καλά να μη σε κοψοραχιάσω.*

κοψοράχιασμα το, η ενέργεια και το αποτέλεσμα του *κοψοραχιάζω* (βλ. λ.).

κοψού η, τσαχπίνα, ναζιάρα, χαριτωμένη πολυλογού: *είναι μια κοψού αυτή, χαίρεσαι να τη βλέπεις και να την ακούς.*

κοψοχρονιά η, (με επιρρημ. σημ.) μισοτιμής: *βρέθηκε σ' ανάγκη και το*

κράγκωμα 92 **κριτσιανίδι**

πούλησε το χωράφι κοψοχρονιά.
κράγκωμα το, καρκάνιασμα (βλ. λ.).
κραγκώνω, κοκκαλιάζω, μουδιάζει το σώμα μου από το κρύο: *κράγκωσαν τα χέρια μου από το ξεροβόρι.*
κράνη η, πείνα, λιμός: *υποφέρουν τα ζωντανά, έχει πέσει μεγάλη κράνη και δε βρίσκουν τίποτα να φάνε.*
κρανιάζω, (για ζώα) υποφέρω από πείνα, γιατί δεν βρίσκω τροφή: *από την ανομβρία δε βγήκε χορτάρι και κράνιασαν τα καημένα τα ζωντανά.*
κρασόπιασμα το, το παιδί που συνελήφθη μετά από οινοποσία και δεν βγήκε και τόσο σωστό: *κρασόπιασμα είναι, γι' αυτό χρωστάει λίγο.*
κρατώ, 1. πιστώνω: *λυπάμαι, κουμπάρε, αλλά δεν μπορώ να σε κρατήσω άλλο, θέλω τα δανεικά.* **2.** (σε χρήση μόνο το τρίτο πρόσωπο εν.) δεν βρέχει, σταματάει η βροχή: *δεν εκράτησε σήμερα καθόλου // βρέχει τρεις ημέρες και δε λέει να κρατήσει ακόμα.*
κρεβαταριά η, **1.** κατασκευή, που μοιάζει με μεγάλο κρεβάτι, για την τοποθέτηση διαφόρων πραγμάτων. **2.** κρεβατίνα, αναδενδράδα.
κρεβατόγυρος ο, στενόμακρο βαμβακερό ύφασμα (4 x 0,8 περίπου μέτρων) για κάλυψη από τα πλάγια του κρεβατιού (από το στρώμα μέχρι σχεδόν το δάπεδο).
κρέκονας ο (πληθ.: **κρέκονες** και **κρεκόνοι**), (συνθ. μαστ. γλ.) χτίστης, μάστορης.
κρεκονιά η, (συνθ. μαστ. γλ.) οικοδομική (τέχνη), μαστοριά.
κρεκονιάζω, (συνθ. μαστ. γλ.) είμαι κάπου και δουλεύω κτίστης.

κρεκονιεύω, (συνθ. μαστ. γλ.) *κρεκονιάζω* (βλ. λ.).
κρεκόνικα τα, **1.** η συνθηματική μαστορική γλώσσα. **2.** (γενικά) εκείνα που ανήκουν στους *κρέκονες* (βλ. λ.).
κρεκονόπουλο το, (συνθ. μαστ. γλ.) **1.** μαστορόπουλο, βοηθός κτίστη. **2.** γιος κτίστη.
κρεμάγομαι, κρεμιέμαι.
κρεμανταλάς ο, άγκιστρο, μεταλλικό ή ξύλινο, για κρέμασμα ρούχων: *κρέμα το μπαλντό σου στον κρεμανταλά και κάτσε να φάμε.*
κρεμμυδοκαγιανάς ο, αβγά τηγανητά με ψιλοκομμένο ξερό κρεμμύδι και ντομάτα ή σάλτσα.
κρεμμυδόπουλο το, φρέκο πράσινο κρεμμυδάκι.
κριαρομύτης, -α, -ικο, αυτός που έχει μεγάλη και γαμψή μύτη σαν του κριαριού.
κριαρομύτικος, -η, -ο, αυτός που ταιριάζει ή αναφέρεται στον *κριαρομύτη* (βλ. λ.).
κριάτινες οι, οι ημέρες από την αρχή του Τριωδίου μέχρι τις Αποκριές κατά τις οποίες επιτρέπεται η κρεοφαγία.
κριατωμένος, -η, -ο, σαρκερός, κρεατώδης: *είναι κριατωμένο κατσίκι, ας φαίνεται άπαχο.*
κριθαροκαλαμιά η, το στέλεχος του κριθαριού.
κριθαρόσπυρο το, σπυρί κριθαριού.
κριτσιανάω, ροκανίζω, κάνω θόρυβο τρώγοντας κάτι ξερό: *σ' ακώ τόσην ώρα να κριτσιανάς και σε βαρέθηκα.*
κριτσιανίδι το, χόνδρος, ελαστικός ιστός στις άκρες των ιστών: *από το κρέας πιο πολύ μ' αρέσουν τα κρι-*

τσιανίδια παρά το ψαχνό.

κρίτσικας ο, γάιδαρος: *οι Βυτιναίοι φάγανε έναν κρίτσικα, γιατί τον πέρασαν για λάφι* (τοπικό σκώμμα).

κριτσικοφάγος, -α, -ο, αυτός που τρώει κρέας *κρίτσικα* (βλ. λ.): *λένε τους Βυτιναίους κριτσικοφάγους, γιατί φάγανε, λέει, κάποτε έναν κρίτσικα.*

κρυάβρυση η, κρυόβρυση, πηγή κρύου νερού.

κρυαδερός, -ή, -ό, κρύος, ψυχρός: *το σπίτι μας είναι πολύ κρυαδερό // πολύ κρυαδερός ο φετινός Απρίλης.*

κρυαδίζω, (για τον καιρό) αλλάζω, γίνομαι ψυχρός: *σήκωσ' αέρα, θα κρυαδίσει ο καιρός.*

κρυαίνω, κρυώνω: *δεν ξέρω, σήμερα πολύ κρυαίνω, μου φαίνεται θ' αρρωστήσω // ντύσ' το το παιδί καλά να μην το κρυάνεις.*

κρυάκουρο το, **1.** πολύ δυνατό κρύο, παγωνιά: *τι κρυάκουρο είν' αυτό που βγήκε σήμερα!* **2.** τόπος, χώρος, δωμάτιο που έχει πολύ κρύο: *η σάλα μας είναι σκέτο κρυάκουρο, γιατ' είναι αταβάνωτη.*

κρυοβρυσούλα η, μικρή βρύση με κρύο νερό: *στον Αγιολιά, στον πλάτανο, που 'ναι μια κρυοβρυσούλα* (δημ. τραγ.).

κρυόκωλος, -η, -ο, αυτός που λέει ανούσιες κουβέντες, κρυάδες, ξενέρωτος: *θέλει να κάνει τάχα τον αστείο, αλλά δεν τα καταφέρνει ο κρυόκωλος.*

κρυφομισιούρα η, αυτή που κάνει τις δουλειές της αθόρυβα, κρυφά, χωρίς να την παίρνει κανείς είδηση: *την αρρεβώνιασε την κόρη της η κρυφομισιούρα και δεν πήρε κανείς*

χαμπάρι το προξενιό.

κυρά η, κουνιάδα, αντραδερφή.

Κυριακάδες οι [πληθ. του ονόματος *Κυριακή* (ημέρα της εβδομάδας)], Κυριακές: *τις Κυριακάδες γινότανε μεγάλο παζάρι στην πλατέα του χωριού μας.*

κωλαγκαθιά η, πληγή στη ράχη υποζυγίου που προκαλείται από την επαφή του ξύλινου τμήματος του σαμαριού.

κωλάγκαθο το, **1.** αγκάθι που μοιάζει με αγκινάρα. **2.** οστεομυελίτιδα, κυρίως των δακτύλων: *έβγαλε στο δάχτυλό του κωλάγκαθο και δεν το προλάβανε· πάει το δάχτυλο.*

κωλαδούρος ο, το μέρος του σώματος ανθρώπων και ζώων γύρω από τον πρωκτό και τον κόκκυγα: *τον κωλαδούρο της κότας θα τον φάω εγώ.*

κωλάθρα η, **1.** παχύς, χοντρός κώλος: *κάνε πιο πέρα την κωλάθρα σου να κάτσω κι εγώ.* **2.** (συνεκδ.) γυναίκα με οπίσθια μεγάλα, χοντρά: *αυτήν την κωλάθρα ήβρε και παντρεύτηκε;*

κωλάνι το, **1.** δερμάτινο συνήθως λουρί, που, διερχόμενο από τους χαλκάδες της ίγγλας, σφίγγει λιγότερο ή περισσότερο το σαμάρι ανάλογα με το φορτίο. **2.** άλλη ονομασία της ίγγλας.

κωλαρέτζος ο, (εμπαικτικά) ο κώλος: *για γύρνα τον κωλαρέτζο σου να σου κάνω την ένεση.*

κωλαρεύουμαι, κλάνω, αερίζομαι, πέρδομαι: *γείτσα του που κωλαρεύτηκε* [στην υγειά αυτού (του μωρού συνήθως) που έκλασε, αερίστηκε].

κώλεθρο το, άτομο που κινείται με

τον κώλο, γιατί δεν μπορεί αλλιώς να περπατήσει λόγω πάθησης: *το είδες το κώλεθρο, τα καταφέρνει και κινείται μέσα στο σπίτι και στην αυλή.*

κωλιά η, **1.** σκούντημα, χτύπημα με τα οπίσθια: *του 'δωκε μια κωλιά και τον έριξε κάτω.* **2.** πτώση με τα οπίσθια: *σκόνταψε κι έφαγε μια κωλιά που ήταν όλη δική του.*

κωλοβελόνης ο, διάβολος, πανέξυπνος: *αυτός είναι κωλοβελόνης, θα τα καταφέρει.*

κωλοβογκάω, βογκώ σιγανά και συνέχεια εξαιτίας σωματικού ή ψυχικού πόνου: *σταμάτα επιτέλους να κωλοβογκάς, βαρεθήκαμε να σ' ακούμε.*

κωλοβούτι το, παραφυάδα: *θέλουν κόψιμο τα κωλοβούτια, να πάρει το δέντρο αέρα.*

κωλοβούτσι το, η συνέχεια του *βαγενιού* (βλ. λ.) του νερόμυλου (μέσα στη *χούρχουρη,* βλ. λ.) που δέχεται τη μεγάλη πίεση του νερού και από το *σιφούνι* (βλ. λ.) του εκτοξεύεται το νερό με πίεση, χτυπάει τα πτερύγια της φτερωτής και τη θέτει σε περιστροφική κίνηση.

κωλοδουλειά η, επίπονη, σκληρή εργασία: *μου βγήκε μια κωλοδουλειά σήμερα!*

κωλοζάβα η, (συνήθως στο παιχνίδι) ψευτιά, πονηριά, μπαγαποντιά: *δε θα τον ξαναπαίξουμε τον Κώστα, ούλο κωλοζάβες κάνει.*

κωλοζάβας -α, -ικο, ζαβολιάρης.

κωλοζάβικος, -η, -ο, αυτός που ταιριάζει ή ανήκει στον *κωλοζάβα* (βλ. λ.).

κωλοθρόφος ο, αυτός που θρέφει πισινά, που καλοπερνάει, μαμόθρεφτος.

κωλοκάθομαι, κάνω βαθύ κάθισμα στηριζόμενος στις φτέρνες: *της καλής μάνας το παιδί στους πέντε μήνες κάθεται, στους έξι κωλοκάθεται και στους εφτά και στους οχτώ πάει τον τοίχο-τοίχο* (παροιμ.).

κωλομάγουλο το, κωλομέρι, γλουτός.

κωλομάγουλος, -η, -ο, αυτός που έχει καλοθρεμμένα μάγουλα, μαγουλάς.

κωλομπούρι το, κωλόκουρο, *κουσί* (βλ. λ.), μαλλί κατώτερης ποιότητας.

Κωλομπρίνος ο, ο Αυγερινός.

κωλοπανίζω, φροντίζω την καθαριότητα μωρού, μεγαλώνω μωρό: *ξέρει η γιαγιά, τόσα παιδιά κωλοπάνισε.*

κωλοπάνισμα το, η ενέργεια και το αποτέλεσμα του *κωλοπανίζω* (βλ. λ.).

κωλοπάτι το, σώσμα υγρού, λίγη ποσότητα κοντά στον πάτο: *είχ' ένα κωλοπάτι κρασί στο μπουκάλι και το 'πια.*

κωλοπετίνα η, χιλιομπαλωμένο ρούχο: *δεν παίρνει άλλο μπάλωμα το παντελόνι, έγινε κωλοπετίνα.*

κωλοπετούρα η, ευκοιλιότητα, διάρροια.

κωλορίζι το, η βάση του φυτού ή δέντρου από την οποία εκφύονται όλες οι ρίζες του: *βγάλ' τη με το κωλορίζι της τη μηλίτσα να την ξαναφυτέψουμε.*

κωλοσάρα η, πολύ απότομη και ολισθηρή πλαγιά και γι' αυτό δυσκολοπέραστη: *εγώ δεν μπορώ να την περάσω αυτήν την κωλοσάρα, ας πάει κάποιος άλλος.*

κωλοσαφράς ο, μεγάλη πράσινη

σαύρα, πρασινόσαυρα.

κωλοσκούτι το, χοντρό ύφασμα με το οποίο σκεπάζουν τα καπούλια του υποζυγίου τις πολύ ψυχρές ημέρες του χειμώνα.

κωλοσούρνουμαι, σύρομαι, κινούμαι με τα οπίσθια: *δεν περπάτησε το παιδί ακόμα, κωλοσούρνεται.*

κωλοστρίβουμαι, **1.** καθισμένος στα οπίσθια γυρίζω το σώμα μου από 'δώ κι από 'κεί: *σταμάτα να κωλοστρίβεσαι, μας ζάλισες πια.* **2.** (μτφ.) κλωθογυρίζω, στριφογυρίζω, κάνω κύκλους γύρω από κάποιον ή κάτι σαν να θέλω να πω ή να κάνω κάτι, αλλά διστάζω: *τι κωλοστρίβεσαι, ό,τι έχεις να ειπείς, πες το.*

κωλοστρόκι το, παιδικό παιχνίδι εκσφενδόνισης στουπιού με πίεση αέρα.

κωλοσφίξιμο το, (μτφ.) ζόρι, στενοχώρια: *τώρα που έχει κωλοσφιξίματα θυμήθηκε ότι υπάρχω.*

κωλοφωτιά η, (μτφ.) πανέξυπνο, τετραπέρατο άτομο: *είναι κωλοφωτιά, δε χρειάζεται να του ειπείς δυο φορές ένα πράμα, για να το καταλάβει.*

κώλωμα το, σταμάτημα, εμπόδιση.

κωλώνω, **1.** (μτβ.) σταματώ, εμποδίζω κάποιον, ιδίως ζώο, να προχωρήσει παραπέρα: *σου είπα να κωλώσεις τα πρόβατα μην πέσουν στο γέννημα.* **2.** (αμτβ.) σταματώ, ακινητοποιούμαι: *όταν είδε το φίδι, κώλωσ' αμέσως.*

κωροφύλακας ο, χωροφύλακας: *πήγε κωροφύλακας (έγινε χωροφύλακας).*

κωροφυλακή η, χωροφυλακή: *έστειλε το παιδί του στην κωροφυλακή.*

κωροφυλακίστικος, -η, -ο, αυτός που ταιριάζει ή αναφέρεται στον κωροφύλακα (βλ. λ.): *κωροφυλακίστικα μας τα λες (μιλάς με βαρβαρισμούς και σολοικισμούς, όπως οι παλιοί χωροφύλακες στην προσπάθειά τους να φανούν μορφωμένοι).*

κωσταντάρας ο, (συνθ. μαστ. γλ.) τυρί.

λαβδαριά η, ξύλινη ή σιδερένια κουπαστή μπαλκονιού: *άπλω τα σκουτιά στη λαβδαριά, να πάρουν αέρα.*
λαγανίζω, κοσκινίζω άμμο.
λαγανίστρα η, οικοδομικό εργαλείο για το λαγάνισμα (κοσκίνισμα) της άμμου.
λαγάρι το, καθαρό χοιρινό λίπος.
λαγάφτι το, εδώδιμο αγριόχορτο.
λάγγεμα το, παίξιμο, σκίρτημα του ματιού (βλεφάρου): *εγώ το 'χω για καλό το λάγγεμα του ματιού.*
λαγγεύω, (για μάτι-βλέφαρο) παίζω, σκιρτώ: *πολύ λαγγεύει το μάτι μου σήμερα, σίγουρα κάποιον θα ιδώ (επισκέπτη).*
λαγγοδέρνω, παίζουν τα λαγαρά μου (λαγόνες), αναπνέω γρήγορα, κοντανασαίνω, ξεψυχώ: *θα ψοφήσει τ' αρνί, δεν το βλέπεις πώς λαγγοδέρνει;*
λαγκαδινιωτάκι το, νεαρός από τα Λαγκάδια.
λαγκαδινιωτόπουλο το, παιδί καταγόμενο από τα Λαγκάδια: *τι ανάγκη έχουν τα λαγκαδινιωτόπουλα που έχουν το Γυμνάσιο στα πόδια τους;*
λαγκουνίζω, λάμπω, γυαλίζω: *μες στο χορτάρι είδα μια χάντρα που λαγκούνιζε.*
λαγκουνιστός, -ή, -ό, λαμπερός, γυαλιστερός, αστραφτερός: *πήρες βλέπω σκολαρίκια λαγκουνιστά, με γεια σου.*
λαγοκακαρέντζα η, κοπριά του λαγού: *βρήκα τις λαγοκακαρέντζες και κατάλαβα ποιος έφαγε τα ρεβίθια.*
λαγούμι το, **1.** φωλιά λαγού: *τον είδε και τον χτύπησε στο λαγούμι του το λαγό.* **2.** γούβα, λάκκος: *το παλιόσκυλο μου χαλάει τον κήπο ανοίγοντας λαγούμια να κρύψει κόκκαλα.*
λαγούσια η, μαγκούρα, βακτηρία με γυριστή, κυκλοτερή σχεδόν, λαβή.
λαγόψωμο το, λαγάφτι (βλ. λ.).
λαδομπούκι το, **1.** μπουκιά βουτηγμένη στο λάδι, στη σάλτσα. **2.** (μτφ.) λαδωμένος, λιγδιάρης, ρυπαρός: *δεν προσέχει, όταν τρώει, και γίνεται λαδομπούκι.*
λάζος ο, **1.** δάσος σε πλαγιά. **2.** πεσμένος, ριγμένος κάτω, ξαπλωμένος, πεθαμένος, ψόφιος: *φύσηξ' ένας παλιαέρας και το 'κανε τ' αραποσίτι λάζο // τις ήβρα ούλες τις κότες στο κατώι λάζο· μπήκε αλουπού και τις πίνιξε (έπνιξε).*
λαζουρωτός, -ή, -ό, αυτός που στην επιφάνειά του φέρει παράλληλες λωρίδες διαφορετικού χρώματος, ριγωτός: *πολλά υφαντά του αργαλειού γινόσαντε λαζουρωτά.*
λαίμη η, λαιμός, φάρυγγας: *μια περιουσία ολόκληρη την πέρασε από τη*

λαίμη του (την έφαγε) ο άσωτος.
λαιμικά τα, λαιμός: *έκρυωσα και με πονάνε τα λαιμικά μου.*
λαιμοπινίγω, απαγχονίζω, προκαλώ τον θάνατο με σφίξιμο του λαιμού: *θύμωσε και το λαιμοπίνιξε το κοτόπουλο.*
λαιμουριάζω, πιάνω από τον λαιμό, σφίγγω τον λαιμό, απαγχονίζω: *κάτσε καλά, γιατί θα σε λαιμουριάσω.*
λαιμούσια η, λαγούσια (βλ. λ.).
λακιχτός, -ή, -ό, βιαστικός, τρεχάτος: *δεν έμεινε καθόλου, έφυγε λακιχτός.*
λάκκα η, **1.** επίπεδο σχετικά έδαφος (χωράφι κ.λπ.) μέσα σε πετρώδη και γενικά ανώμαλη περιοχή, ισιάδα (βλ. λ.): *τη λάκκα φέτο θα τη σπείρω καλαμπόκι.* **2.** φρ.: **βγάζω στη λάκκα**, φανερώνω, αποκαλύπτω.
λακκοκαθίστρα η, το κάθισμα της ανυφάντρας στον αργαλειό.
λάκκος ο, αργαλειός, υφαντικός ιστός: *έμεινε χήρα πολύ νέα και, για να αναθρέψει τα κουτσιούβελά της, την έφαγε ο λάκκος την καψερή (δούλεψε στον αργαλειό ξένες παραγγελίες).*
λακκούλα η, μικρή λάκκα (βλ. λ.).
λακκούλι το, πάρα πολύ μικρή λάκκα (βλ. λ.), μικρότερη κι από τη λακκούλα (βλ. λ.): *έχω κάτι λακκούλια να σπείρω ακόμα και τελειώνω.*
λακριντεύω, συζητώ, κουβεντιάζω: *λακρίντευαν σ' ούλο το δρόμο και δεν κατάλαβαν πότε φτάσανε.*
λακριντί το, συζήτηση, κουβεντολόι: *πιάσαμε το λακριντί και ξεχαστήκαμε.*
λαλά το, (στη νηπιακή γλώσσα) παιχνίδι.
λαλαγγίδα η, λαλαγγίτα, είδος τηγανίτας.

λαλάγγιχτος, -η, -ο, ευπαθής, ευαίσθητος, μυγιάγγιχτος, «μη μου άπτου»: *πολύ λαλάγγιχτο μας βγήκε αυτό το παιδί, όπου να τ' ακουμπήσεις πονάει.*
λαλακώνω, **1.** στεγνώνει το στόμα μου, διψώ: *δεν είχα πάρει νερό μαζί μου και λαλάκωσα από τη δίψα.* **2.** κουράζομαι να μιλώ: *λαλάκωσ' η γλώσσα μου να στο λέω.*
λαλημένος, -η, -ο, σαλός, βαρεμένος: *αυτός ο γαμπρός της Μήτσιαινας φαίνεται σαν λίγο λαλημένος.*
λάμπαδος ο, μεγάλη φλόγα: *βάλανε φωτιά σ' ένα ξερό πουρνάρι κι έφτασ' ο λάμπαδος μέχρι τον ουρανό.*
λαμπάς ο, παραστάδα, κολόνα παραθύρου ή πόρτας.
λάμπρεμα το, λήξη νηστείας και κατάλυση κρεατικών, γαλακτοκομικών, ψαρικών κ.λπ.: *μικροί και μεγάλοι περιμέναμε πώς και πώς το λάμπρεμα, για να φάμε λιγούλι κριάς και να πιούμε μια στάλα γάλα.*
λαμπριάτης ο, το αρνί ή το κατσίκι που σφάζεται τη Λαμπρή: *τον φάγατε το λαμπριάτη, μήπως σας πείραξε;*
λαμπροβδομάδα η, η εβδομάδα μετά το Πάσχα, η διακαινήσιμη: *τη λαμπροβδομάδα δε νηστεύουμε ούτε Τετράδη ούτε Παρασκευή.*
λαμπρογιόρτια τα, οι γιορτές της Λαμπρής, του Πάσχα: *λέμε τα λαμπρογιόρτια να κάνουμε το γάμο της τσιούπας μας.*
λαμπροκουλούρα η, κουλούρα πασχαλιάτικη, άρτος σε σχήμα μεγάλου κρίκου, στολισμένος με χρωματιστά ζαχαρωτά, ένα κόκκινο αυγό κ.λπ.

λαπατσιάφτης, -α, -ικο, αυτός που έχει μεγάλα και πεταχτά αφτιά: *τι παιδί λαπατσιάφτικο είν' τούτο 'δώ, μέχρι μια τηγανίδα είν' το κάθ' αφτί του*.

λαπατσιάφτικος, -η, -ο, αυτός που ταιριάζει ή αναφέρεται στον λαπατσιάφτη (βλ. λ.).

λάρμα (άκλιτο επίθ. αδιακρίτως γένους), λιμασμένος, θεονήστικος: *γύρισε από το χωράφι λάρμα κι έφαγε μισόν τέντζιερη φαΐ*.

λασπιάζω, (για υλικά κ.λπ.) λασπώνω, γίνομαι πολτώδης, μαλακός: *έβρεξε και λάσπιασε ο κήπος, δεν είναι να μπει κανείς μέσα* // *παράβρασε το κριθαράκι και λάσπιασε*.

λασπιτζής ο, αυτός που παρασκευάζει και δίνει τη λάσπη στους μαστόρους, τριότης (βλ. λ.): *λασπιτζής είν' ακόμα, δε γίνηκε μάστορης*.

λασποτοίχι το, τοίχος χτισμένος με λάσπη που δεν περιέχει ασβέστη: *λασποτοίχι το 'κανε το σπίτι, ο Θεός να φυλάξει μην περάσει βρονταμάς*.

λασποτσιούλης ο, λασποτσούλης, αυτός που κυλιέται στις λάσπες, που είναι συνέχεια λερωμένος, ρυπαρός: *μπίτι λασποτσιούλης είσαι, καημένε μου*.

λασποτσιούλι το, **1.** λασποτσούλι, αυτό που κυλιέται στη λάσπη, είναι γεμάτο λάσπες, βρομιάρικο. **2.** χώρος γεμάτος λάσπες, όπως εκεί που κυλιέται το γουρούνι: *λασποτσιούλι γίνηκ' η αυλή, θέλει πλύσιμο*.

λασπούρα η, λασπουριά, τόπος (δρόμος, αυλή κ.λπ.) με πολλή λάσπη: *δεν είναι να μπεις στο χωράφι· έβρεξε κι έγινε λασπούρα*.

λασπόφτυαρο το, **1.** φτυάρι με ίσο στειλιάρι, ειδικό για το κόψιμο (παρασκευή) της οικοδομικής λάσπης. **2.** *φραγκόφτυαρο* (βλ. λ.).

λάτα η, **1.** γκαζοτενεκές: *αγόρασα μια λάτα λάδι*. **2.** μονάδα μέτρησης δημητριακών κ.λπ.: *φέτο, αν δεν τα πιάσει λίβας τα γεννήματα, θα βγάλω πάνω από εκατό λάτες σιτάρι*.

λατανάω, (για αρνοκάτσικα) εξακολουθώ να θηλάζω χωρίς να υπάρχει γάλα στους μαστούς: *άσ' το κατσίκι να λατανήσει, μπας και κατεβάσει γάλα η μάνα του*.

λατάνημα το, η ενέργεια και το αποτέλεσμα του λατανάω (βλ. λ.).

λάτζος ο, ανάστημα, μπόι: *μα τι λάτζο τράβηξε σ' ένα χρόνο, να μην αμασκαθεί, το παιδί*.

λατόνι το, καλοθρεμμένο αρνί ή κατσίκι: *είχε γάλα η μάνα του κι έγινε τ' αρνί της λατόνι*.

λατούφι το, ελατούφι (βλ. λ.).

λατσάρα η, βουρκόλασπη, λασπόνερα, γλίτσα, βρομιά: *τι περπατάς μες στη λατσάρα, θα φέρεις ούλη τη λάσπη μέσα*.

λάτσι το, ησυχία: *το παιδί ψες δεν είχε μάιδε ύμνο μάιδε λάτσι*.

λαφατζάνα η, γυναίκα ψηλή κι επιβλητική, γυναικάρα: *λεβέντης αυτός, αλλά πήρε και γυναίκα λαφατζάνα*.

λαφτακάω, περπατώ ξυπόλυτος μέσα σε νερά, βρέχω τα πόδια μου παίζοντας με νερά: *από το πρωί μου λαφτάκαγες μες στα νερά, τώρα μου ξεροβήχεις*.

λαχτάρα μου (επιφων. έκφρ.), έκφραση φόβου, αγωνίας, λύπης, αλλά και τρυφερότητας και αγάπης:

λαχτάρα μου, τι κακό με ήβρε την άμοιρη!

λαχταρίτσα μου (επιφων. έκφρ.), *λαχτάρα μου* (βλ. λ.): *ήρθες, λαχταρίτσα μου! Να ήξερες πόσο ανησυχούσα!*

λαχταροκαρδιά η, λαχτάρισμα της καρδιάς από ξαφνικό φόβο: *βλέποντάς τον άξαμνα να πέφτει κάτω από τη μάντρα, έπαθα λαχταροκαρδιά.*

λαχταροκαρδίζω, παθαίνω λαχταροκαρδιά, κατατρομάζω: *λαχταροκάρδισα, σαν τον είδα να περπατάει στην άκρη της σκεπής.*

λεβεντόκωλος ο, διάρροια, ευκοιλιότητα: *τον λιάνισε δυο ημέρες τώρα ένας φοβερός λεβεντόκωλος.*

λεβεντόσογο το, σόι που βγάζει λεβέντες, παλικάρια: *της μάνας του μοιάζει που 'ναι από λεβεντόσογο.*

λεβετόξυλο το, κυλινδρικό ξύλο με το οποίο οι κτηνοτρόφοι κρεμούσαν σε δυο πασσάλους (φούρκες) το λεβέτι (καζάνι) με το αρμεγμένο γάλα, για να μην το φτάνουν σκύλοι κ.λπ.

λεβιθιάρης, -α, -ικο, αυτός που έχει λεβίθες (παρασιτικό σκουλήκι των εντέρων).

λεβιθιάρικος, -η, -ο, αυτός που ταιριάζει ή αναφέρεται στον *λεβιθιάρη* (βλ. λ.).

λεγκέρα η, βασικό χάλκινο σύνεργο της κηροπλαστικής.

λεϊμονοπορτόκαλα τα, λεμόνια και πορτοκάλια, εσπεριδοειδή.

λειριάζω, γλαρώνω, έχω τάση να κοιμηθώ (από κούραση, παρατεταμένη προσμονή κάποιου ή μη έχοντας κάτι σοβαρό να κάνω): *ώρες λείριασε σήμερα στην αυλή περιμένοντας τον άντρα της από τη δουλειά //* *λείριασες, πάγαινε να πλαγιάσεις.*

λειψάδα η, **1.** χαραμάδα: *έχει λειψάδα το παρεθύρι και μπάζει κρύο.* **2.** (μτφ.) ελλειμματική, μειωμένη νόηση: *μια λειψάδα την έχει ο φίλος μας.*

λειψανέβατος, -η, -ο, **1.** (για ψωμί) λειψανάβατος, ελλιπής ως προς το ανέβασμα, το φούσκωμα. **2.** (μτφ.) άνθρωπος με αρρωστιάρικο χρώμα, κιτρινιάρης, αδύνατος: *σα λειψανέβατη μπομπότα είναι τρομάρα του.*

λεκάδι το, δεματάκι (μάτσο) κλωστών.

λεμπεσουριά η, πλήθος, όχλος: *με τόση λεμπεσουριά που πλάκωσε, πού να βρει άκρη να τους κεράσει ούλους.*

λεποδύτης ο, λωποδύτης.

λεποντιά η, (μτφ.) λεπτοφυής, πολύ αδύνατη γυναίκα: *πήρε μια γυναίκα πολύ αδύνατη, λεποντιά.*

λεπριάρης, -α, -ικο, αυτός που πάσχει από λέπρα, λεπρός· συνήθως ως βρισιά για πρόσωπο που έχει σκασμένο δέρμα και που συνέχεια ξύνεται ή για άτομο που δεν συμπαθούμε: *τον είδες το λεπριάρη, δε σταμάτησε να ξύνεται από την ώρα που ήρθε.*

λεπριάρικος, -η, -ικο, αυτός που αρμόζει ή αναφέρεται στον *λεπριάρη* (βλ. λ.): *κάψανε τη λεπριάρικη καλύβα, μην μπει κατά λάθος κανείς και κολλήσει την παλιαρρώστια.*

λεπρόσκουτα τα, ενδύματα και κλινοσκεπάσματα λεπρού που έκαιγαν ή πετούσαν σε ερημικό μέρος.

λέχος ο, **1.** πολτός προβατοκοπριάς με τον οποίο λεύκαιναν το πανί του αργαλειού: *να βάλουμε αποβραδίς* το *πανί στο λέχο, για να το ξεπλύνουμε αύριο-μεθαύριο*. 2. βρομιά, ακαθαρσία, βόρβορος: *λερώθηκε το παιδί, έγινε λέχος, άλλαξέ το*.

λέχρα η, αρρώστια, καχεξία, βρομιά.

λεχριάρης, -α, -ικο, άρρωστος, καχεκτικός, βρόμικος: *δε λέει τίποτα από δαύτονε, ένας λεχριάρης έναι*.

λεχριάρικος, -η, -ο, αυτός που σχετίζεται ή αναφέρεται στον λεχριάρη (βλ. λ.): *λεχριάρικη εμφάνιση // λεχριάρικος τρόπος*.

λεχρός, -ή, -ό, λεχριάρης (βλ. λ.): *κι επέσανε τα δυο λεχρά κι εχέσανε το στρώμα* (σκωπτικό δημ. τραγ.).

λεχωνικό το, 1. στρωσίδι, δωμάτιο της λεχώνας. 2. φρ.: **πιάνω το λεχωνικό**, αποφεύγω, με κάποια πρόφαση κι όχι για σοβαρό λόγο, να εργάζομαι ή να εκτίθεμαι σε δύσκολες καιρικές συνθήκες: *βλέπω έπιασες το λεχωνικό, τήρα μη βγεις παραόξω και σε φυσήξ' αέρας*.

λημερνάω, περνώ όλη την ημέρα: *λημέρησα στο μύλο σήμερα // να φας το φαΐ σου να λημερήσεις* (να περάσεις την ημέρα σου χωρίς να πεινάσεις).

λημεροξενυχτάω, περνώ την ημέρα και τη νύχτα, όλο το εικοσιτετράωρο: *έτσι βήχοντας λημεροξενυχτάω*.

λιαγκουρίζω, εκπέμπω λιγοστή λάμψη, φέγγω αμυδρά: *ίσια που λιαγκούριζε μακριά στο βουνό ένα φως σαν κωλοφωτιά*.

λιανάκι το, κόνιδα, αβγό ψείρας: *το κεφάλι της είναι βουρβούκι λιανάκια, έχει να σπάσει ψείρες!*

λιανόξυλο το, ξύλο λιανό, λεπτό, αποκλάδι: *φέρτε λίγα λιανόξυλα να βοηθήκουμε τα κούτσουρα να καούνε*.

λιανώματα τα, αρνιά και κατσίκια: *κάποιος να βγάλει τα λιανώματα για βοσκή*.

λιαρίζω, ασπρίζω (ξεχωρίζει το ανοιχτό χρώμα μου μέσα σε σκούρο περιβάλλον), διακρίνομαι από μακριά, φαίνομαι: *αυτό που λιαρίζει απέναντι στο δάσος πέτρα έναι ή πρόβατο;*

λιαρομάτης, -α, -ικο, αυτός που η κόρη των ματιών του φέρει λευκά στίγματα.

λιάρος, -α, -ο, ασπρόμαυρος (γίδι, βόδι κ.λπ.).

λιασιά η, μικρή ποσότητα πράγματος (τραχανάς, χυλοπίτες κ.λπ.) που εκτίθεται στον ήλιο για στέγνωμα: *έκανα μια λιασιά χυλοπίτες να περάσουμε το μήνα*.

λιβαδειά η, μέτριου μεγέθους μπρούντζινο κωνοειδές κουδούνι γιδιών με μεταλλικό ήχο.

λιβαδιάτικο το, ενοίκιο που πληρώνει ο κτηνοτρόφος για δικαίωμα βοσκής του κοπαδιού του σε λιβάδι κοινοτικό ή ιδιωτικό: *είναι ακριβά τα λιβαδιάτικα και δε θα πάω φέτο στα χειμαδιά*.

λιβάκωμα το, ηλίαση.

λιγαδιάζω, κοιμάμαι ελαφρά, μισοκοιμάμαι, ησυχάζω: *έπεσα να λιγαδιάσω λιγούλι, αλλά δε μ' αφήκαν τα διαβολόπαιδα*.

λιγάδιασμα το, το αποτέλεσμα του λιγαδιάζω (βλ. λ.).

λίγια η (θηλ. του επιθ. *λίγος*): *λίγια λάσπη έφτειασες, δε θα μας φτάσει πουθενά*.

λιγνίζω, λιχνίζω.

λίγνισμα το, λίχνισμα.

λιγοκαρδίζω, δειλιάζω, λιποψυχώ:

λιγόμυαλος

είναι δυνατός αυτός, δε λιγοκαρδίζει εύκολα.

λιγόμυαλος, -η, -ο, αυτός που διαθέτει λίγο μυαλό, κοντόμυαλος, ελαφρόμυαλος: *καλό ανθρωπάκι είναι, αλλά λιγόμυαλο.*

λιγόσωμος, -η, -ο, μικροκαμωμένος, αδύνατος.

λιγοτάρι το, μικρή ποσότητα: *το πολύ το θερίσαμε, κουράγιο, ένα λιγοτάρι μάς έμεινε.*

λιγούλης, -α και -ια, -ι, πολύ λίγος, ελάχιστος: *δεν έβραζες λιγούλη τραχανά ή λιγούλες χυλοπίτες να φάμε να ζεσταθούμε; // λιγούλια ζάχαρη να μου βάλεις στον καφέ, γιατ' έχω ζάχαρο.*

λιγούρα η, ταλαιπωρία, στενοχώρια, ενόχληση: *μεγάλη λιγούρα να θερίζεις το νταλαμεσήμερο // μου 'γινες κακή λιγούρα, παράτα με.*

λιγουριάζω, **1.** (μτβ.) ταλαιπωρώ, κουράζω, γίνομαι ανιαρός: *με λιγούριασε αυτ' η γυναίκα σήμερα με την πολυλογία της.* **2.** (αμτβ.) ταλαιπωρούμαι, κουράζομαι, πλήττω: *δεν είχε πολύ νερό και λιγούριασα, ώσπου να τον ποτίσω τον κήπο // λιγούριασα με το να σε περιμένω.*

λιγουριάρης, -α, -ικο, αυτός που κατέχεται πάντοτε από λιγούρα, λιγούρης.

λιγουριάρικος, -η, -ο, αυτός που ταιριάζει ή αναφέρεται στον λιγουριάρη (βλ. λ.).

λιγοφάμελος, -η, -ο, αυτός που έχει ολιγομελή οικογένεια: *τα βγάζει πέρα, γιατί και περιουσία έχει και λιγοφάμελος είναι.*

λιθαράς ο, ο τροφοδότης του συνεργείου κτιστών με πέτρες, νταμαριτζής (βλ. λ.).

λιθαροκασμάς ο, ατσάλινος κασμάς, κατάλληλος για την εξόρυξη λίθων.

λιθαροπάτι το, φλεγμονή στο πέλμα οφειλόμενη σε τραυματισμό από επαφή του γυμνού ποδιού με αιχμηρές πέτρες: *οι πατούσες μας στην Κατοχή ήσαν γεμάτες λιθαροπάτια από την ξυπολυσιά.*

λιμαρίζω, (μτβ. και αμτβ.) φοβίζω, τρομάζω, φοβάμαι: *σιγά, ρε παιδάκι μου, με λιμάρισες // είδα ένα φίδι και λιμάρισα.*

λίμνα η, **1.** λίμνη. **2.** (μτφ.) μεγάλη ποσότητα υγρού που χύνεται στο έδαφος και παραμένει στάσιμη: *έγινε λίμνα το γούπατο χωράφι μας από την απότομη μπόρα // λίμνα έγινε το λάδι που χιούθηκε στο πάτωμα.*

λιμό το, χαρτί της τράπουλας με αριθμό κάτω από το έξι: *ούλα τα λιμά είχ' απάνω μου αυτήν τη φορά.*

λιμοξίφτερο το, είδος γερακιού.

λιμοχτονάω, είμαι θεόφτωχος, λιμοκτονώ, στερούμαι τα εντελώς απαραίτητα, για να ζήσω: *μια ζωή λιμοχτονάει, δε χόρτασε το ψωμί ο έρημος.*

λινατσένιος, -ια, -ιο, ο καμωμένος από λινάτσα: *στην Κατοχή φορέσαμε και λινατσένια παντελόνια.*

λίξα η, έντονη λιγούρα: *έχω μια λίξα, δώσ' μου μια μπουκιά ψωμί.*

λιόκια τα, τα ανδρικά γεννητικά όργανα: *στα λιόκια μου κι αν με είδες κι αν δε με είδες.*

λιόκρινο το, κοκκαλάκι από κάποιο είδος φιδιού που χρησιμοποιούσαν οι παλιοί για ξεμάτιασμα ρίχνοντάς

λιόκριση το σε ποτήρι με νερό: *αν δεν του ρίνανε το λιόκρινο, θα 'σκαγε το παιδί από το κακό μάτι*.

λιόκριση η, πανσέληνος.

λιοπάνα η, πανί (συνήθως υφαντό του αργαλειού χωρίς επεξεργασία σε νεροτριβή) που στρώνεται κάτω από το δέντρο, για να πέσει πάνω ο καρπός (ελιές, καρύδια κ.λπ.), ή χρησιμοποιείται για το λιάσιμο καρπών (καρυδιών, καλαμποκιού κ.λπ.).

λιοπάνι το, λιοπάνα (βλ. λ.).

λιόπρα η, **1.** γερασμένη κι αδύνατη κατσίκα, παλιόγιδα: *σκλαβώνει το παιδί του για τσιοπάνη με καμιά δεκαριά λιόπρες*. **2.** (μτφ.) μειωτικός χαρακτηρισμός ηλικιωμένης και κακοφτειαγμένης γυναίκας: *για ιδές που η λιόπρα θέλει και λούσια*.

λισιαντίρι το, **1.** νισαντίρι, χλωριούχο αμμώνιο. **2.** (μτφ.) πολύ αρμυρός, λύσσα: *λισιαντίρι το 'κανες, μάνα, το φαΐ σήμερα*.

λογγώνω, (για τόπο) αποκτώ θάμνους, γίνομαι λόγγος, δάσος: *τα χωράφια που ήξερες, από την εγκατάλειψη τόσα χρόνια, λόγγωσαν*.

λογοδίνω, με λόγο, ανεπίσημα, αρραβωνιάζω αγόρι ή κορίτσι: *λογόδωκε την κόρη του στο γιο του γείτονα // πρώτα λογοδοθήκανε και πολύ αργότερα αρρεβωνιαστήκανε*.

λογοδόσιμο το, ανεπίσημος αρραβώνας.

λογολέω, λογοφέρνω, λογομαχώ: *λογόειπαμε με το φίλο μου και κάπως ψυχραθήκαμε*.

λογοντριβή η, λογοτριβή, λογομαχία: *είχανε μια λογοντριβή που νόμιζες ότι τώρα θ' αρπαχτούνε*.

λοΐδα η, τούφα μαλλιού: *καημένη μου, αν σε πιάσω από τη λοΐδα, τότε θα ιδείς εσύ*.

λοκάνικο το, λουκάνικο.

λοντάρι το, λιοντάρι.

λόξα η, μια από τις πολλές λοξές πτυχές της φουστανέλας: *η φουστανέλα του παππού μου είχε εκατόν είκοσι λόξες*.

λόπια τα, ποικιλία φασολιών.

λοστάρι το, λοστός: *το λοστάρι ήταν από τα βαρύτερα εργαλεία του λαγκαδινού μαστορικού μπουλουκιού*.

λότζα η, ισόγειο πρόσκτισμα του αγροτικού σπιτιού με μονόριχτη επικλινή στέγη για στάβλισμα ζώων, αποθήκευση καυσόξυλων κ.λπ.

λουβιά τα, αποξηραμμένα φασολάκια που μαγειρεύονται τον χειμώνα.

λουμάκι το, **1.** ευθυτενές νεαρό δέντρο: *βρήκα ένα λουμάκι και το 'κανα στιγερό*. **2.** ευθυτενής κλώνος δέντρου κατάλληλος για στειλιάρια εργαλείων (κασμάδες, τσεκούρια κ.λπ.).

λούμπα η, **1.** λάκκος με νερά: *δεν πρόσεξε κι έπεσε στη λούμπα με τα λασπόνερα*. **2.** (μτφ.) παγίδα, δόλος: *τον ξεγέλασε με τις υποσχέσεις του κι έπεσε στη λούμπα*.

λούμπαρδος ο, όρθιος, στητός άνθρωπος: *εκεί που νομίσαμε πως κοιμάται, να σου και σηκώθηκε λούμπαρδος, κι ήθελε κιόλας να τον πάρουμε μαζί μας*.

λουμπίνα η, πυκνός και απλωτός θάμνος: *πετάχτηκε ένας λαγός από τη λουμπίνα, αλλά δεν πρόλαβα να τον χτυπήσω*.

λουμώνω, κρύβομαι, ζαρώνω κάπου:

λουπουνιάζουμαι

είχε λερωμένη τη φωλιά του και λούμωσε σε μια γωνιά αμίλητος.

λουπουνιάζουμαι, (για ζώα) δηλητηριάζομαι από φάγωμα λούπουνου (βλ. λ.) και ψοφώ: *κρίμα, πάει η γίδα, λουπουνιάστηκε.* Το ενεργ.

λουπουνιάζω, δέρνω, χτυπώ, ξαπλώνω: *κάτσε καλά, θα σε λουπουνιάσω.*

λούπουνο το, λούπινο, το φυτό θέρμος.

λούρμπας ο, λαίμαργος, αδηφάγος: *δεν έμεινε χουλιαριά φαΐ, το 'φαγε ο λούρμπας ο αδερφός σου.*

λούρωμα το, ίδρωμα.

λουρώνω, ιδρώνω μετά από γερό κουκούλωμα, επήρεια εντριβής ή φαρμάκου: *του πήρε βεντούζες, ήπιε κι ένα ζεστό κι ήρθε και λούρωσε, έγινε παπί στον ιδρώτα.*

λουτριάζω, κάνω λουτρό: *λούτριασε τα πόδια σου να ξεκουραστούνε.*

λούτριασμα το, η ενέργεια και το αποτέλεσμα του *λουτριάζω* (βλ. λ.).

λουφαχτός, -ή, -ό, ο υποκρινόμενος τον ήσυχο, *σιγαλοκατούρης* (βλ. λ.): *είναι ένας λουφαχτός αυτός, ο Θεός να σε φυλάει από δαύτονε!*

λουφαχτούλης, -α, -ι, υποκ. του *λουφαχτός* (βλ. λ.).

λόχεμα το, λόχευμα, χτύπημα.

λοχεύω, δέρνω, χτυπώ: *το λόχεψες το παιδί, γι' αυτό κλαίει.*

λυγνάρι το, λυχνάρι.

λυκοφαμελιά η, οικογένεια με άγριους και κακούς τρόπους.

λυκώνω, δεν φοβάμαι, δεν κάνω πίσω: *ευτουνού δε λυκώνει το μάτι του από τίποτα!*

λυποκρατώ, πενθώ: *δεν πήγε στο πανηγύρι, γιατί λυποκρατεί για τον αδερφό που έχασε πριν λίγο καιρό.*

λυσαντερία η, δυσεντερία, ασθένεια των εντέρων.

λυσόδεμα το, σπαργάνωμα και ξεσπαργάνωμα, περιποίηση του μωρού.

λυσοδένω, φασκιώνω και ξεφασκιώνω το μωρό: *το μωρό πρέπει να λυσοδένεται πολλές φορές την ημέρα.*

λυσσομαχάω, κατέχομαι από ερωτικό πάθος, έρχομαι σε ερωτική σαρκική επαφή: *τέτοια είναι, λυσσομαχάει μ' όποιον της τύχει.*

λυτάδα η, χτίσιμο κατά το οποίο η πέτρα ή το τούβλο κάθε δεύτερης σειράς δεν καλύπτει κατά το ήμισυ τις αμέσως από κάτω δυο πέτρες ή δυο τούβλα.

λυτάρια τα, δυο σχοινάκια χρησιμοποιούμενα κατάλληλα για το «τίναγμα» (αραίωμα) της κοζιάς (γιδίσιο μαλλί).

λωλώνω, ζαλίζω, αποκοιμίζω: *αμάθητη καθώς, ήταν τη λώλωσ' ένα ποτήρι κρασί που ήπιε και δεν ήξερε τι έλεγε.*

λωφορείο το, λεωφορείο.

Μ

μαγάρα η, λίγο χιόνι που πέφτει με ξεροβόρι και κολλάει όπου πέσει: *καλύτερα να το 'στρωνε ένα γόνα παρά αυτήν τη μαγάρα που θα τα ξεράνει ούλα*.

μαγερέματα τα, ο τραχανάς και οι χυλοπίτες της χρονιάς: *πρέπει να μαζέψουμε γάλα κι αβγά για τα μαγερέματα*.

μαγερευτούρα η, γυναίκα που γνωρίζει να μαγειρεύει καλά, νοικοκυρά: *ήταν μια μαγερευτούρα στα νιάτα της αυτή, που δεν την έβανε κάτω καμιά*.

μαγερεψιά η, μαγεριά, ποσότητα τροφίμων που αρκεί για την παρασκευή ενός γεύματος ατόμου ή ατόμων: *μου 'χε μείνει μια μαγερεψιά φασόλια από πέρσι και τα 'βρασα σήμερα*.

μάγκανο το, καβγάς, σαματάς, φασαρία, τσακωμός: *ήρθ' ο τρελός, πάλι μάγκανα θα 'χουμε*.

μαγκαρίνι το, (συνθ. μαστ. γλ.) γάιδαρος, μουλάρι, ζώο του *μπουλουκιού* (βλ. λ.) των μαστόρων.

μαγκαφάς ο, αργόστροφος, βραδύνους, χοντροκέφαλος: *του μαγκαφά ώρες να του λες ένα πράμα δεν το καταλαβαίνει*.

μαγκουνιάζω, μαραίνομαι, συστέλλομαι: *φύτεψα βασιλικό κι εκεί που τον έβαλα εκεί στέκει μαγκουνιασμένος, δε λέει να το πάρει απάνω του*.

μαγκουνίδα η, η παπαρούνα ως χόρτο: *βάλε και καμιά μαγκουνίδα στην πίτα, γίνεται πιο νόστιμη*.

μαγκούφης, -α, -ι, (απαξιωτικά, για οτιδήποτε μας ενοχλεί και μας στενοχωρεί) χαμένος, κακορίζικος: *κράζω τις κότες να 'ρθούν να φάνε και δεν έρχονται οι μαγκούφες*.

μαγκούφικος, -η, -ο, αυτός που αναφέρεται ή ταιριάζει στον *μαγκούφη* (βλ. λ.).

μάζα η, σβώλος, μικρός σχετικά συμπαγής χωμάτινος όγκος: *έχει πολλές μάζες ο κήπος και πρέπει να τις σπάσω, για να μπορέσω να φυτουργήσω*.

μαζιά η, **1.** συμπαγής χωμάτινος και χορταριασμένος σβώλος. **2.** έκταση καλυμμένη με υποτυπώδη φυσικό χλωροτάπητα: *η μαζιά της Πανηγυρίστρας ήταν ό,τι έπρεπε την άνοιξη, για να παίζουμε μπάλα*.

μαζιάζω, αρχίζω να βγάζω χορτάρι, πρασινίζω: *αρχίζει ο τόπος να μαζιάζει, δε θ' αργήσ' η άνοιξη*.

μαζούκλα η, συλλογή, μάζεμα σε μεγάλη ποσότητα: *την έκανες τη μαζούκλα από καρύδια φέτο, καλοφάγωτα*.

μαζωχτικά τα, δαπάνες για συγκέντρωση καρπών και γενικά αγροτικών προϊόντων.

μάικο (επιφ.), μάνα μου, παιδάκι μου, γιούλη μου (βλ. λ.), ανεξάρτητα βαθμού συγγένειας (κάτι ανάλογο με το καλέ): *τι λες, μάικο, που θα πάω εγώ να τον παρακαλέσω να με βοηθήκει, αν θέλει, ας έρθει μόνος του.*

μακαντόνι το, λουκούμι.

μακάπι το, *ματσακούπι* (βλ. λ.).

μακλάνιος, -ια, -ιο, σκατόψυχος (βλ. λ.): *μου τα 'φαγε ο μακλάνιος κι αυτός κάμποσα λεφτά.*

μάκος ο, αφέψημα παπαρούνας που δίνανε στα κλαψιάρικα μωρά ως υπνωτικό: *δώσ' του λίγο μάκο του παιδιού να κοιμηθεί, βλέπεις δε βάνει γλώσσα μέσα του.*

μακρινάρα η, μακρουλό μαξιλάρι, μαξιλάρα.

μάκρου του (γεν. εν. του ουσ. *μάκρος*, με επιρρημ. σημ.), σε βάθος χρόνου: *βλέπω ότι αυτ' η δουλειά θα πάει του μάκρου* (θα χρονίσει).

μαλαβουτάω, αρπάζω, κλέβω, οικειοποιούμαι: *δεν έχει μπέσα· για πότε το μαλαβουτάει, δεν παίρνεις είδηση.*

μαλαβούτημα το, άρπαγμα, κλοπή.

μαλαγουρδάω, κολακεύω, προσπαθώ με μαλαγανιές να επιτύχω εκείνο που θέλω: *έχει καιρό που μαλαγουρδάει τον μπάρμπα του, για να του γράψει τ' αμπέλι.*

μαλαγούρδης, -α, -ικο, μαλαγάνας, κόλακας.

μαλαγουρδιά η, κολακεία, μαλαγανιά.

μαλαγούρδικος, -η, -ο, αυτός που ταιριάζει ή αναφέρεται στον *μαλαγούρδη* (βλ. λ.).

μαλαγούρδισμα το, η ενέργεια και το αποτέλεσμα του *μαλαγουρδάω* (βλ. λ.).

μαλάθα η, μεγάλη κοφίνα, στην οποία έβαζαν το ψωμί της βδομάδας, για να μη το «μαγαρίσει κάνα ζούδι» (γάτα, ποντικός κ.λπ.).

μαλαΐμικος, -η, -ο, πολύ ήσυχος, ήρεμος: *είναι ήσυχο παιδί, ένα μαλαΐμικο πλάσμα.*

μαλακοτοπιά η, τόπος μαλακός, έδαφος χωρίς πέτρες: *άλλο να πέσεις σε μαλακοτοπιά κι άλλο σε σφήνες* (αιχμηρές πέτρες).

μαλαπέρδα η, πέος.

μάλε (επίρρ.), πάρα πολύ: *με φίλεψε ένα μάλε καρύδια.*

μαλεβράσι το, φασαρία, καβγάς, αναστάτωση: *ευτυχώς που απάνω στο μαλεβράσι φάνηκε ένας χωροφύλακας και τους έκανε πέρα.*

μαλέτσικο το, (συνθ. μαστ. γλ.) μικρό παιδί.

μαλετσικοπούλα η, (συνθ. μαστ. γλ.) κορίτσι, κοπέλα.

μαλλάτος, -η, -ο, αυτός που έχει πλούσιο τρίχωμα, μαλλιαρός· κυρίως στη φρ. **μαλλάτα και γαλάτα**, η οποία λέγεται για εκείνους που θέλουν αυτό που τους προσφέρεται να συγκεντρώνει όλα τα πλεονεκτήματα: *εσύ, παιδάκι μου, δεν τρώγεσαι με τίποτα, ούλα τα θέλεις μαλλάτα και γαλάτα.*

μαλλιάζω, **1.** βγάζω μαλλιά: *τα υφαντά τα στέλνουμε στη νεροτριβή, για να μαλλιάσουν.* **2.** (μτφ.) χορταριάζω: *ζέστανε λίγο κι άρχισ' ο τόπος να μαλλιάζει.* **3.** κάνω προκοπή, προοδεύω: *μάλλιασε τώρα, δε μας έχει πια ανάγκη.*

μαλτέζικος, -η, -ο, αυτός που ανήκει ή αναφέρεται στον *μαλτέζο* (βλ. λ.).

μαλτέζος, -α, -ικο, ράτσα αιγοπροβάτων με μεγάλα και ριχτά αφτιά.

μάμα η, στομάχι, ιδίως της κότας: *κάλλιο η μάμα μου παρά η μάνα μου* (παροιμ. για ίδιο συμφέρον).

μαμούρι το, μικρό παιδί: *δεν ντρέπεσαι, καημένε, που τα 'βαλες με το μαμούρι // τι θες να ξέρει το μαμούρι;*

μάνα η, **1**. ο αρχιμάστορης που φροντίζει για όλα, έχει τη γενική διεύθυνση του συνεργείου των κτιστών, του *μπουλουκιού* (βλ. λ.). **2**. η τρύπα πολλών εργαλείων (σκεπαρνιού, κασμά κ.λπ.) όπου μπαίνει το στειλιάρι.

μανιαμούνιας ο, άντρας που ανακατεύεται με τις γυναίκες, που θέλει να τα μαθαίνει και να τα σχολιάζει όλα: *καλά, δίνεις σημασία σ' ό,τι λέει αυτός ο μανιαμούνιας;*

μανίκι το, **1**. στειλιάρι ή λαβή εργαλείου, όπως τσάπας, τσεκουριού, μαχαιριού κ.λπ. **2**. (για αρσενικό, άνθρωπο ή ζώο) σεξουαλική συνεύρεση με θηλυκό: *της τράβηξε μερικά μανίκια της πεταχτούλας και ησύχασε...*

μανόγαλο το, **1**. το πρώτο μετά τη γέννα γάλα της μητέρας σε ανθρώπους και ζώα, το πρωτόγαλα (πύαρ). **2**. το γάλα μητέρας και κόρης, όταν συμβεί να γεννήσουν την ίδια εποχή, χρησιμοποιούμενο για τη θεραπεία της ωτίτιδας.

μαντάρωμα το, (συνθ. μαστ. γλ.) **1**. ψέμα, ξεγέλασμα, προσποίηση. **2**. κολακεία, μαλαγανιά: *δεν τ' αφήνεις τα μανταρώματα, λέγε τι θες.*

μανταρώνω, (συνθ. μαστ. γλ.) ξεγελώ, εξαπατώ.

μαντζετάκι το, ματσάκι, μπουκέτο λουλούδια: *ήταν η νύφη μαντζετάκι κι ο γαμπρός γαριφαλάκι* (δημ. τραγ.).

μαντιλό το, **1**. ελαφρό μαντίλι του κεφαλιού. **2**. μαντίλι του λαιμού, φουλάρι.

μαντρώνα η, (υβριστικά) παλιογυναίκα.

μαξούνι το, *μαμούρι* (βλ. λ.): *τι περιμένεις από το μαξούνι, κι αυτό που κάνει πολύ είναι.*

μαραβάς ο, **1**. λιβάδι με πλούσιο χορτάρι. **2**. (μτφ.) αφθονία, πλούτος αγαθών: *έπεσε στο μαραβά του πεθερού του και μας κάνει τον καμπόσο.*

μαράγκλα η, μαραγκιασμένο, συρρικνωμένο φρούτο: *τι μου τις ήφερες τούτες τις μαράγκλες, αυτές είναι για πέταμα.*

μαραγκλιάζω, μαραγκιάζω, συρρικνώνομαι, μαραίνομαι: *σου στέλνω μήλο σέπεται, κυδώνι μαραγκλιάζει* (δημ. τραγ.).

μαράγκλιασμα το, το αποτέλεσμα του *μαραγκλιάζω* (βλ. λ.).

μαραθιά η, μάραθος ή μάραθο.

μαραφουλάω, χαϊδεύω, πασπατεύω: *μαραφούλα το παιδάκι σου λίγο στην πλάτη, αφού βλέπεις του αρέσει.*

μαραφούλημα το, χάδι, πασπάτεμα: *ησύχασε, δεν είναι ώρα για μαραφουλήματα.*

μαρκάλημα το, μαρκάλισμα, επίβαση.

μαρμάρα η, στείρα, στέρφη γίδα ή προβατίνα (και κατ' επέκταση γυναίκα): *η γίδα μου βγήκε μαρμάρα, θα τη δώσω στο χασάπη.*

μαρτιάκος ο, δημητριακό (ενδιάμεσος τύπος σιταριού και κριθαριού) που σπερνόταν στα ορεινά τον Μάρτιο και χρησίμευε για τροφή ανθρώπων και ζώων.

μαρτίνα η, οικόσιτη γίδα ή προβατίνα: *το χωριό στην Κατοχή είχε δυο τσοπάνηδες για τις μαρτίνες του.*

μαρτίνι το, **1.** οικόσιτο γίδι ή πρόβατο. **2.** (μτφ.) εκείνος που τρέφεται από κάποιον άλλον, παρασιτικός: *ας είναι καλά ο μπάρμπας του που τον έχει μαρτίνι.*

μαρτούριο το, μαρτύριο, βασανισμός, κάκωση: *πιάστηκε αιχμάλωτος στον πόλεμο και τράβηξε πολλά μαρτούρια.*

μαρτυριέμαι, αποκαλύπτομαι, αυτοπροδίδομαι: *μόνος του μαρτυρήθηκε ότι έκλεψε τα μήλα του γείτονα.*

μασιά η, μεταλλικό εργαλείο, τριγωνικού σχήματος (δέλτα) με μακριά ουρά, για το τσιοκάλημα (σκάλισμα) των καιόμενων καυσόξυλων.

μασκαντούρης, -α, -ικο, *βασκαντούρης* (βλ. λ.).

μασκαντούρικος, -η, -ο, *βασκαντούρικος* (βλ. λ.).

μαστέλο το, λεκάνη με νερό, στην οποία οι τσαγκάρηδες μαλάκωναν τα σκληρά δερμάτινα κομμάτια που δούλευαν.

μαστοράντζα η, οι χτίστες ως σύνολο: *το χωριό μας παλιά είχε πολλή μαστοράντζα // μόλις χειμώνιαζε, γύριζε η μαστοράντζα και γιόμιζε το χωριό ανθρώπους και λεφτά.*

μαστοριά η, **1.** η εργασία, το επάγγελμα του χτίστη: *άφηκε την κλίτσα κι έμαθε μαστοριά και σώθηκε.* **2.** ταξίδι, ξενιτεμός, απουσία για την άσκηση της χτιστικής τέχνης: *πολύ παλιά οι Λαγκαδινοί μαστόροι κάνανε να γυρίσουν από τη μαστοριά πάνω από ένα χρόνο.*

μαστορίνα η, η σύζυγος του μάστορη (του χτίστη): *τι ανάγκη έχουν οι μαστορίνες, ας είναι καλά ο μάστορης που στέλνει το παραδάκι.*

μαστοροχώρι το, χωριό που σε συντριπτική πλειοψηφία οι κάτοικοί του μετέρχονται το επάγγελμα του χτίστη: *τα Λαγκάδια παλιότερα ήσαν το μεγαλύτερο μαστοροχώρι του Μοριά.*

μάτα (επίρρ.), πάλι, ξανά: *νιάτα, να 'ρχόστε μάτα* (δημ. τραγ.).

ματαβουλιέμαι, αλλάζω βούληση, γνώμη, αναιρώ προηγούμενες θέσεις και απόψεις μου: *έλεγα να κάνω ένα ταξίδι αυτό το μήνα, αλλά ματαβουλήθηκα.*

ματαγράφω, ξαναγράφω: *εγώ δεν του ματαγράφω, αφού δε μ' απάντησε στο γράμμα που του 'στειλα.*

ματαλαβαίνω, κοινωνώ, μεταλαμβάνω: *να νηστέψεις αυτήν τη βδομάδα, για να ματαλάβεις την Κυριακή.*

ματαλάβωση η, μετάληψη, κοινωνία.

ματαμιλάω, ξαναμιλώ: *αν ματαμιλήσω, φτύσε με.*

ματανοάω, μετανοώ, μετανιώνω: *ματανόησα που πάνω στο θυμό μου του είπα μερκές κουβέντες παραπάνω.*

ματαπηδάω, ξαναπηδάω: *δε θα ματαπηδήκω ξυπόλητος.*

ματαράτσι το, υφαντό μάλλινο στρώμα του αργαλειού γεμάτο με άχυρα ή *πούσια* (βλ. λ.).

ματαστουπαίρνω, εκπλήττομμαι, μένω άναυδος: *τι να σας ειπώ, όταν άκουσα για το φονικό, εματαστούπαρα.*

ματαφέγω, ξαναφεύγω: *τώρα που 'ρθα δεν ματαφέγω.*

ματαφορτώνω, ξαναφορτώνω: *τόσο βαριά δεν πρόκεται να το ματαφορτώσω το μουλάρι.*

ματζακόνα η, βαριοπούλα.

μάτζαλο το, μικροαντικείμενο, μικροπράμα· συνήθως απαντά στον πληθ. και στη φρ. **τζάτζαλα-μάτζαλα**.

ματρακάς ο, ελαφριά βαριά (βαριοπούλα) που χρησιμοποιεί ο πελεκάνος (βλ. λ.), αλλά και σφυρί για το σπάσιμο χαλικιών.

ματραπουλάω, μεταπουλώ (μεταπωλώ), ξαναπουλάω: *οι τσαμπάσηδες αγοράζουν αλογογαϊδουρομούλαρα και τα ματραπουλάνε.*

ματραπούλημα το, μεταπούλημα, ξαναπούλημα.

ματσακούπι το, κοντός λοστός που χρησιμοποιείται για το αρχίνημα της διάνοιξης της φουρνελότρυπας (ακολουθεί χρησιμοποίηση της *παραμίνας*, βλ. λ.).

μάτσιο (επιφ.), παρότρυνση στο μουλάρι να πλησιάσει ή να προχωρήσει.

μάτσιομ (επιφ.), *μάτσιο* (βλ. λ.).

ματσουκίζω, χτυπώ με ματσούκι, δέρνω, ξυλοκοπώ: *τον ματσούκισε ο δάσκαλος, γιατί έκανε μεγάλη αταξία.*

ματσούκισμα το, η ενέργεια και το αποτέλεσμα του *ματσουκίζω* (βλ. λ.).

μαυλάω, κράζω, καλώ τα ζώα με διάφορους τρόπους να 'ρθούν κοντά μου: *μαύλα το σκυλί να 'ρθεί να φάει.*

μαυροζούμι το, (συνθ. μαστ. γλ.) καφές.

μαυροκακαριάζω, αδυνατίζω στο πρόσωπο κι αποκτώ σκούρο χρώμα: *μαυροκακάριασε το πρόσωπό του κι έγινε σαν εκατό χρονώ γέρος.*

μαυροκακάριασμα το, αδυνάτισμα και μαύρισμα του προσώπου.

μαυροκακαριασμένος, -η, -ο, ο μαυριδερός κι αδύνατος άνθρωπος.

μαυροκάψαλος, -η, -ο, πολύ μελαχρινός, μελαμψός: *μια μαυροκάψαλη είναι, δε λέει και τίποτα.*

μαυρολιά η, μαύρη ελιά (καρπός): *δε βρήκα πράσινες ελιές και πήρα κάτι μαυρολιές πεντανόστιμες.*

μαυρομάνικο το, μαχαίρι με μαύρη λαβή: *σαν έβγαλε το μαυρομάνικο, το στοιχειό έγινε άρατο.*

μαυρομελέας ο, ψηλός και πολύ μελαχρινός άντρας.

μαυροτσούκαλος, -η, -ο, μαυριδερός, μελαχρινός: *πού τη βρήκε τη μαυροτσούκαλη και την πήρε, απορώ.*

μαυρουδερός, -ή, -ό, μαυριδερός, μελαχρινός: *ένας ψηλός και μαυρουδερός είν' ο καινούργιος γυμνασιάρχης.*

μαυροχαρχαλιάζω, γίνομαι μελαμψός κι αδύνατος στο πρόσωπο: *μαυροχαρχαλιασμένο τον είδα, πρέπει κάτι να τον τρυγάει.*

μαυροχάρχαλος, -η, -ο, μελαμψός κι αδύνατος στο πρόσωπο.

μαχιάς ο, ένα από τα τέσσερα (τετράριχτη στέγη) ή δυο (τρίριχτη στέγη) ξύλα της σκεπής, που αρχίζει από την άκρη του κορφιά και καταλήγει σε μια από τις γωνίες του σπιτιού: *σάπισ' ένας μαχιάς και πρέπει να τον αλλάξω.*

μαχτός ο, **1.** παρασκεύασμα από πίτουρα ή αλεύρι για τα ζώα, ιδίως για το γουρούνι: *εγώ το κράζω στο μαχτό κι εκείνο πάει στο σκατό* (παροιμ.). **2.** πηχτό φαγητό περισσότερο από όσο πρέπει: *αυτός ο τραχανάς έγινε μαχτός, δεν τρώγεται.*

μεγάλοι-μεγάλοι οι, οι σπουδαίοι (από άποψη αξιώματος, πλούτου, μόρφωσης) μιας κοινωνίας: *για τους μεγάλους-μεγάλους είν' η ζωή, όχι για μας τα φτωχαδάκια.*

μεγαλοκρατώ, ψηλοκρατώ, συμπεριφέρομαι υπεροπτικά, αλαζονικά: *δεν κάνει παρέα μ' όποιον κι όποιον, μεγαλοκρατεί.*

μεθούκλας ο, μεγάλος μεθύστακας: *κάθε μέρα πιωμένος είν' ο μεθούκλας.*

μεθύστρα η, φλεγμονή στο δάχτυλο, συνήθως του χεριού, κοντά στο νύχι.

μεινεμένος, -η, -ο (μτχ. παρακ. του ρ. *μένω*), αυτός που έχει μείνει: *έφαγε το μεινεμένο από τα χτες φαητό.* Το θηλ. **μεινεμένη**, γεροντοκόρη: *παντρεύτηκε μια μεινεμένη από την Καρκαλού.*

μεινέσκω, **1.** μένω, κατοικώ: *ποιος μεινέσκει στο διπλανό σπίτι;* **2.** υπολείπομαι: *από δέκα που ήμαστε, μεινέσκουμε τώρα μόνο πέντε, οι μισοί.*

μελαφράντζα η, σύφιλη.

μελεούνι το, μιλιούνι, πλήθος, χιλιάδες: *πέσανε μελεούνια ακρίδες και δεν αφήκανε τίποτα από τα σπαρτά.*

μελετάω, απαγγέλλω ξόρκια για την απομάκρυνση πονηρών πνευμάτων, ίαση νοσούντων μελών του σώματος, καταστροφή βλαβερών εντόμων, σκουληκιών, ποντικιών κ.λπ.: *η θεια-Νικητογιαννού μελέταγε πολλά πονίδια και περνάγανε* (γιατρεύονταν).

μελίσσα η, **1.** μέλισσα: *κουβαλάει στο σπίτι του σαν τη μελίσσα τα χίλια καλά.* **2.** (μτφ.) άδηλος πόρος, χορηγός: *αμ τον τσίμπησε μελίσσα κι απόχτησε τόση περιουσία* (αλληγορικά, κάποιος τον βοήθησε).

μελίσσης ο, ονομασία μελίχρωμου βοδιού.

μελισσής, -ιά, -ί, αυτός που έχει το χρώμα του μελιού, μελίχρωμος.

μελισσός, -ή, -ό, *μελισσής* (βλ. λ.): *με φίλεψε χάσικο ψωμί και μούρες μελισσές.*

μελισσόσυκο το, σύκο που έχει το χρώμα του μελιού, μελίχρωμο.

μελίτζι το, μελίγγι, κρόταφος.

μελιτζίνα η, σύμπυκνος θάμνος χωρίς αγκάθια, που απλώνει και καλύπτει μαντρότοιχους, φράχτες κ.λπ.

μελιτζίτης ο, μελιγγίτης, μηνιγγίτιδα: *κακός μελιτζίτης να σε βαρέσει* (κατάρα).

μελίχλωρος, -η, -ο, (για ξύλα) μισόχλωρος, μισόξερος: *τα ξύλα είναι μελίχλωρα ακόμα και δεν καίγονται καλά στο τζιάκι.*

μελλάμενος, -η, -ο, **1.** μελλούμενος, αυτός που θα συμβεί στο μέλλον: *τα μελλάμενα δεν τα γνωρίζει κανείς.* **2.** μοίρα, γραφτό, πεπρωμένο: *ήταν μελλάμενο, φαίνεται, να πάει από σκοτωμό ο γιος της χήρας.*

μεντέκα η, μουστακοδέτης (ταινία με την οποία δένεται το μουστάκι, για να πάρει ορισμένο σχήμα).

μεραιβός, -ή, -ό, στρεβλός, στραβός, λοξός: *ήρθε κάπως μεραιβά η ραφή,* αλλά δεν πειράζει.

μερελιάζω, γίνομαι χαζός, χάνω τα λογικά μου: *οι κακοτυχιές και τα βάσανα τον μερέλιασαν ολότελα το φουκαρά.*

μερελός, -ή, -ό, χαζός, μισότρελος: *τι περιμένεις από μερελό άνθρωπο!*

μερελούτσικος, -η, -ικο, χαζούλης.

μερεμετάω, μερεμετίζω, επισκευάζω, διορθώνω: *δε μερεμετάς την κλειδωνιά που χάλασε, λέω εγώ.*

μεριάω, 1. (μτβ.) μετακινώ ένα πράγμα από τη θέση του και το βάζω στην άκρη: *δε μεριάς λίγο το μπαούλο να πάρω κάτι που μου 'πεσε πίσω;* 2. (αμτβ.) μεριάζω, παραμερίζω, αλλάζω θέση: *εγώ δε μεριάω κι ό,τι θέλεις κάνε.*

μερκός, ή, -ό, μερικός: *σε μερκά χρόνια δε θα συναντάς άνθρωπο στα χωριά να ειπείς καλημέρα.*

μερμελάω, μουδιάζω, φαγουρίζω: *με μερμελάει ένα σπυρί που έχω στο σβέρκο, φαίνεται μαζεύει έμπυο.*

μερμελητό το, μούδιασμα, φαγούρα, κνησμός.

μέσα (**τον, την, το, τους, τις, τα,** επίρρ.), μέσα (στον, στην, στο, στους, στις, στα): *γύριζε μέσα τον κόσμο και με κατηγορούσε // δεν το ήξερα να τρέχω μέσα τους γιατρούς γι' αυτό το σπιθουράκι // περπατάει μέσα το δάσος και μαζεύει ξερόκλαρα για προσανάμματα.*

μεσαριά η, μικρός προθάλαμος (χολάκι) σε χωριάτικο σπίτι, εμπατή (βλ. λ.): *αφ' το μπαλντό σου στη μεσαριά κι έλα μέσα στο χειμωνιάτικο.*

μεσιάζω, βρίσκομαι στη μέση μιας εργασίας, έχω εκτελέσει το μισό ενός έργου: *χαρά στο κουράγιο σου, τον μέσιασες, βλέπω, το θέρο.*

μεσιανό το, το μεσαίο πάτωμα στα τριώροφα σπίτια.

μεσικά τα, εντόσθια, σωθικά: *μαζί με τ' αρνί θα μου δώσεις και τα μεσικά του.*

μεσογόμι το, μισογόμι (βλ. λ.).

μεσολογγίτικο το, σχέδιο ύφανσης σεντονιών αργαλειού.

Μεσσένια η, Μεσσηνία: *οι δικοί μας μαστόροι δουλεύουν φέτο στη Μεσσένια.*

μεσσήνα η, μεγάλο πολύχρωμο μεταξωτό καλαματιανό μαντίλι: *στο σιλάχι τους οι φουστανελάδες κρεμούσανε και μια μεσσήνα.*

μεστός, -ή, -ό, ηλικιωμένος, μπασμένος στην ηλικία: *μην τον έχεις ακόμα για νέο, έγινε κι αυτός μεστός.*

μετακομάω, μετακομίζω.

μετάξι το, το «γένι» (άνθος) του καρπού του καλαμποκιού.

μεταξώνω, (για καλαμπόκι) βγάζω «γένι», ανθίζω, δένω: *μετάξωσε ούλο τ' αραποσίτι.*

μέτζα η, ιδιοτροπία, χούι: *βλέπω ότι όσο γερνάς βγάνεις μέτζες.*

μηγυρίδια τα, ταξίδι χωρίς επιστροφή (κατάρα σε ταξιδεύοντα): *σάμπως έφυγ' ο Παναγής· ας πάει στα μηγυρίδια.*

μημόσυνο το, μνημόσυνο: *την Κυριακή θα 'χουνε το μημόσυνο του μπαρμπα-Κωστή.*

μηχάνησμα το, μηχάνημα.

μίγκρια η, γκρίνια, φαγωμάρα: *δε θα τους βγει σε καλό τούτ' η μίγκρια που τους έχει πιάσει.*

μικρανάθρεμμα το, μεγάλωμα των

μικρών παιδιών από τους γονείς τους: *την έφαγε το μικρανάθρεμμα· ώσπου να μεγαλώσει τα δικά της παιδιά, φτάσανε και τα 'γγόνια*.

μικραναθρέφω, φροντίζω να μεγαλώσουν τα μικρά παιδιά μου: *μικραναθρέφει κι έχει πολλά έξοδα· και βοήθεια από πουθενά*.

μικροδέματος, -η, -ο, μικρόσωμος, «μικρός το δέμας»: *μικροδέματος αλλά πολύ συμπαθητικός ο φίλος σου*.

μικρομαθαίνω, αποκτώ κάποια συνήθεια ή έξη από μικρή ηλικία: *όπου μικρομάθαινε, δεν εγεροντάφηνε* (παροιμ.).

μικρομάνα η, μητέρα με μικρά παιδιά: *πού να προλάβει τις δουλειές η καημένη, είναι μικρομάνα*.

μικροπατέρας ο, πατέρας με μικρά παιδιά: *είναι μικροπατέρας, τα παιδιά του δεν μπορούν να τον βοηθήκουν ακόμα*.

μικροπάψη η, διάλειμμα, μικρή παύση εργασίας ή οποιασδήποτε απασχόλησης: *κάνε μια μικροπάψη να πάρεις ανάσα*.

μικροφάμελος, -η, -ο, αυτός που έχει οικογένεια με μικρά παιδιά: *κουράζεται να τα φέρει βόλτα ο άνθρωπος, είναι μικροφάμελος*.

μινέτι το (με προτασσόμενο πάντα κάποιον τύπο του ρ. *πέφτω*), θερμοπαρακαλώ, ικετεύω, επιδιώκω κάτι με επιμονή: *αν και του 'πεσα μινέτι, δε στάθηκε δυνατό να μου δανείσει λίγα λεφτά // του είχανε πέσει μινέτι πολλές καλές κοπέλες, αλλά τελικά έμεινε μαγκούφης*.

μισάντρα η, ξύλινο χώρισμα σπιτιού: *το σπίτι μας με μισάντρες χωρίζεται σε τρία δωμάτια, τη σάλα, το γκιλέρι και το χειμωνιάτικο*.

μισιοκαδιάρικος, -η, -ο, (για δοχείο) αυτός που έχει χωρητικότητα μισής οκάς: *να πάρεις το μισιοκαδιάρικο μπουκάλι για λάδι*.

μισιοκαδούλα η, αγγείο του ταβερνιάρη της μισής οκάς: *πάρ' τον κασιδιαράκο (αγγείο για εκατό δράμια) από 'δώ και φέρ' τη μισιοκαδούλα*.

μισιούρι το, ρεζίλεμα, διασυρμός: *θα σε βγάλουνε μισιούρι, αν κάνεις αυτό το άπρεπο πράμα που σκέφτεσαι*.

μισόαγουρος, η, -ο, μισογινωμένος, αυτός που δεν ωρίμασε εντελώς: *μισόαγουρα τα φάγαμε τα κεράσια*.

μισοβέζικος, -η, -ο, μεσοβέζικος.

μισόγλωσσος, -η, -ο, τραυλός.

μισογόμι το, πρόσθετο φορτίο στο κέντρο του σαμαριού: *το σακί με τα καρύδια βάλ' το μισογόμι*.

μισόγονος, -η, -ο, (ειδικά για κρησάρα) ούτε χοντρός, ούτε ψιλός, μεσαίος: *για την κουλούρα να βάλεις τη μισόγονη κρησάρα*.

μισοκακόμοιρος, -η, -ο, αυτός που παριστάνει τον κακομοίρη, τον δυστυχή και θέλει να επισύρει τη συμπάθεια και τον οίκτο των άλλων: *μη μας κάνεις το μισοκακόμοιρο, έχεις λεφτά πιο πολλά από πολλούς*.

μισοκιώνω, μισοτελειώνω, δεν ολοκληρώνω μια εργασία: *σχεδόν τη μισόκιωσα τη δουλειά, λίγη μου 'μεινε γι' αύριο*.

μισόκοπος, -η, -ο, μέσης ηλικίας, μεσήλικας: *χήρεψε μικρή και ξαναπαντρεύτηκε· πήρε ένα μισόκοπο*.

μισόμπολο το, μικρό λιθάρι που μπαίνει μαζί με λάσπη ανάμεσα στις μεγάλες πέτρες της τοιχοποιίας, γιομίδι (βλ. λ.): *μισόμπολα και λάσπη κι όλη μέρα καθησιό* (ειρωνικά, για τα μαστορόπουλα).

μισοπαγαιμένος, -η, -ο, αρρωστιάρης, αδύναμος, μισοπεθαμένος: *μην τον λογαριάζεις αυτόν, ένας μισοπαγαιμένος είναι*.

μισοριξιά η, (μτφ.) άνθρωπος μικροκαμωμένος, καχεκτικός (που συνελήφθη, θαρρείς, από λειψό σπέρμα): *από μισοριξιά άνθρωπο μην περιμένεις περσότερα πράματα*.

μισοσυγνοφιά η, ουρανός ή καιρός που δεν είναι ούτε εντελώς συννεφιασμένος ούτε ασυννέφιαστος (ξαστεριά): *είναι μισοσυγνοφιά, αλλά δεν πιστεύω να βρέξει*.

μισοσυγνοφιάζω, (για τον καιρό και τον ουρανό) αρχίζω να αποκτώ σύννεφα, παύω να έχω ξαστεριά: *μισοσυγνόφιασε, μπορεί και να βρέξει τ' απόγιομα*.

μισοτοίχι το, μεσοτοίχι, τοίχος που χωρίζει ένα χώρο στη μέση: *ένα μισοτοίχι χώριζε τις δυο φαμελιές*.

μισοτράγαλος, -η, -ο, αυτός που από ψυχική ή σωματική υγεία δεν είναι και τόσο στα καλά του: *μισοτράγαλη γίνηκε κι αυτή η λεβεντογυναίκα*.

μισοχώρι το, κατασκευή που διαιρεί ένα χώρο στα δύο.

μίτωμα το, μιτάρωμα, το πέρασμα του στημονιού στα μιτάρια.

μιτώνω, μιταρώνω, περνώ το στημόνι στα μιτάρια: *ταχιά θα μιτώσουμε, ελάτε να μας βοηθήκετε*.

μιώνω, μιαίνω, βρομίζω, λεκιάζω: *το 'μιωσες πάλε το φουστάνι σου, πρόσεχε*.

μιώσιμο το, βρόμισμα, λέκιασμα.

μοβόρικος, -η, -ο, αιμοβόρικος, μοχθηρός: *μοβόρικο παιδί, δεν ξέρω τίνους έμοιασε*.

μοβορίλα η, μοχθηρία, κακία: *η μοβορίλα του δεν έχει όρια*.

μοβόρος, -α, -ικο, αιμοβόρος, κακός: *μοβόρος άνθρωπος, δε γελάει ποτέ τ' αχείλι του*.

μοδιστρεύουμαι, ασχολούμαι με τη μοδιστρική, ξέρω να ράβω ρούχα: *προκομμένο κορίτσι· ούλα τα καταφέρνει, μοδιστρεύεται κιόλας*.

μοιάσιμο το, ομοιότητα: *τέτοιο μοιάσιμο μάνας και κόρης δεν είχαμε ματαϊδεί*.

μοιρινά τα, 1. μοίρα, ριζικό, τύχη. 2. φρ.: **κλαίω τα μοιρινά μου**, κλαίω, δυσανασχετώ για την κακή μοίρα μου, το κακό ριζικό μου, τη δυστυχία μου.

μόλεψη η, μόλυνση, μόλεμα: *έπαθε μόλεψη το σπυρί του και δε λέει να γειάνει*.

μόλογο το, διήγηση, διάδοση, μύθος, ανέκδοτο: *γίνηκε μόλογο το ότι κλεφτήκανε τα δυο πρώτα ξαδέρφια*.

μολυβοχιούνω, βολυμοχιούνω (βλ. λ.).

μόλωμα το, η ενέργεια και το αποτέλεσμα του μολώνω (βλ. λ.).

μολώνω, γεμίζω κενό, μπαζώνω, επιχωματώνω: *μόλωσαν το χαντάκι και κόντεψ' η κατεβασιά να τους πινίξει*.

μονάντερος, -η, -ο, (υβριστικά) ο ψηλός κι εξαιρετικά αδύνατος: *μπίτι μονάντερος είναι ο νέος γαμπρός του Κώστα*.

μονάξια η, 1. μοναξιά. 2. η κατάσταση αυτού που ζει μόνος του κι αντιμετωπίζει τη ζωή χωρίς τη βοήθεια κανενός: *μ' όλη της τη μονάξια, χήρα γυναίκα, κατάφερε και τα μεγάλωσε τα πέντε κουτσιούβελά της*.

μονάξιος, -α, -ο, **1.** αυτός που ζει μόνος του. **2.** αυτός που δεν έχει καμιά βοήθεια στις δουλειές του και τις κάνει εντελώς μόνος του: *είναι μονάξιος και δεν τις προλαβαίνει τόσες δουλειές*.

μοναχονοικυρά η, η χωρίς πεθερά ή κουνιάδες γυναίκα στο σπίτι: *αν τον έπαιρνε το Γιάννη, θα ήταν μοναχονοικυρά, κανείνε δε θα είχε πάνω από το κεφάλι της*.

μοναχοντριβιάρης ο, εργένης, ο χωρίς οικογένεια: *έμαθε μοναχοντριβιάρης και δε θέλει να παντρευτεί*.

μονοβεργίζω, κόβω τα παρακλάδια ενός φυτού, και ιδίως κλήματος, αφήνοντας μόνο βέργες που θα τις κλαδέψω αργότερα, στον καιρό τους: *πέσανε τα φύλλα από τα κλήματα, κρυάδισε κι ο καιρός, πρέπει να τα μονοβεργίσω*.

μονογνωμιάζω, έχω την ίδια γνώμη, συμφωνώ, μονοιάζω: *μονογνώμιασαν οι συμπεθέροι, μια χαρά τα πάνε τώρα*.

μονοζεύγι το, άροση, όργωμα με ένα αντί για δύο ζώα: *δεν κάλιασε να σεμπρέψουμε με κανέναν και τα 'σπειρα τα χωράφια μονοζεύγι*.

μονοζεύλι το, *μονοζεύγι* (βλ. λ.).

μονοζιάγκουνος, -η, -ο, **1.** (μτφ.) αυτός που στηρίζεται περπατώντας στο ένα κυρίως πόδι, γιατί το άλλο ή το έχει χάσει ή είναι ανάπηρο ή τον πονάει: *αυτόν λες, το μονοζιάγκουνο που πάει πέρα; Είναι ο Μήτσιος που έχασε το πόδι του στον Εμφύλιο*. **2.** (γενικά) γερτός, μονόπαντος, στραβοτοποθετημένος: *είναι μονοζιάγκουνα κρεμασμένος ο καθρέφτης, για σιάχ' τον*.

μονοκκλησιά η, γιορτή αγίου ενοριακού ναού, στην οποία συμμετέχουν και οι ιερείς των άλλων ενοριών και συνεπώς δεν λειτουργούν οι εκκλησίες τους εκείνη την ημέρα: *ταχιά θα 'χουμε μονοκκλησιά, γιορτάζει ο Ταξιάρχης και θα 'ναι μαζεμένοι εκεί οι άλλοι παπάδες*.

μονόμερα (επίρρ.), μονόπαντα, προς το ένα μέρος: *μην κάθεσαι στην καρέκλα μονόμερα, θα γείρει και θα πέσεις*.

μονοπρόσωπο το, πανί του αργαλειού που έχει μιτωθεί (βλ. λ.) σε δυο κι όχι σε τέσσερα μιτάρια, χωρίς σχέδια κ.λπ.

μονοτάρι το, αυτό που δίνεται ή γίνεται μια κι έξω, εφάπαξ: *του 'δωσα του σέμπρου το σιτάρι του μονοτάρι κι είμαι εντάξει // του τράβηξε δυο ντουφεκιές μονοτάρι και τον ξάπλωσε το λαγό*.

μονοφόρι το, ρούχο ή ζευγάρι παπούτσια που το έχουμε ένα και το φοράμε συνέχεια: *έλιωσε το μπαλντό μου· σπολάτι, κράτησε τόσα χρόνια μονοφόρι*.

μονόχλωτος, -η, -ο, μονόχνωτος, ακοινώνητος, ασυνάστρεφτος.

μόρος ο, καλοήθης όγκος, λίπωμα του δέρματος: *χρόνια έχει ένα μόρο στο κεφάλι, αλλά ως τώρα δεν έχει πάθει τίποτα*.

μοσαφίρης ο, μουσαφίρης, επισκέπτης.

μοσαφιριό το, επίσκεψη, επισκέ-

πτης: *φύγανε τα μοσαφιριά σας;*
μοσαφιρλίκι το, μουσαφιρλίκι, φιλοξενία, παροχή φαγητού και ποτού σε επισκέπτη: *καλώς όρισες στο χωριό μας! Έλα να σου κάνω τα μοσαφιρλίκια.*
μοσκαναθρεμμένος, -η, -ο, ο μεγαλωμένος με περισσή αγάπη και φροντίδα: *μοσκαναθρεμμένο τον είχε το γιόκα της η δύστυχη και τον έχασε στον πόλεμο.*
μοσκαναθρέφω, ανατρέφω με εξαιρετικές περιποιήσεις (μτφ., μέσα στους μόσχους, στα αρώματα) μικρά παιδιά: *τα μοσκανάθρεψε πέντε παιδιά και τα 'δωσε στολίδια στην κοινωνία.*
μοσκιός ο, αυτός που δεν απαντάει σε ερωτήσεις που του υποβάλλονται, που κάνει πως δεν καταλαβαίνει: *μίλα, μη μας κάνεις το μοσκιό.*
μόσκος ο, μόσχος, αρωματικό φυτό με εξαιρετικά ψιλά φυλλαράκια που μοιάζει κάπως με φτέρη: *ο μόσκος κι ο βασιλικός και το μακεδονήσι* (δημ. τραγ.).
μοσκοτρώω, τρώγω με όρεξη, με βουλιμία: *τις περιφρόνησε στην αρχή τις φακές, αλλά σαν τον έκοψ' η πείνα να ιδείς πώς τις μοσκόφαγε.*
μουγγάσης, -α, -ικο, μουγγός, βουβός.
μουγγάσικος, -η, -ο, αυτός που ταιριάζει ή αναφέρεται στον *μουγγάση* (βλ. λ.).
μουιστερής ο, μουστερής, αγοραστής, πελάτης: *το κάθε μαγαζί 'κείνα τα χρόνια είχε τους δικούς του μουιστερήδες.*
μούκουλο το, προγούλι, το συσσωρευμένο πάχος κάτω από το πιγούνι: *έφαγε κι έριξε μούκουλα ο μονάντερος.*
μουλαρίτσα η, μικρόσωμο θηλυκό μουλάρι.
μουλαρόπουλο το, νεαρό μουλάρι: *αγοράσαμε από το πανηγύρι ένα μουλαρόπουλο ντεφαρίκι.*
μουλαρόστρωση η, το μαλακό τμήμα του σαμαριού του μουλαριού που έρχεται σε επαφή με την πλάτη του ζώου.
μουλαροτσιουλίστρα η, μουλαροκυλίστρα, το μέρος όπου κυλιέται το μουλάρι, για να ξυστεί.
μουλί το, το τελευταίο στομάχι των μηρυκαστικών, το ήνυστρο.
μούνα η, (με θαυμασμό) γυναίκα νεαρής ηλικίας, ευπαρουσίαστη και τσακπίνα, που δεν περνά απαρατήρητη: *αυτό το μυξιάρικο κορίτσι της γειτόνισσας έγινε κιόλας μια μούνα, μπουκιά και συχώριο!*
μούνος ο, (με θαυμασμό) εύσωμη, καλλίγραμμη και όμορφη γυναίκα, κόμματος.
μουνουχάω, μουνουχίζω, ευνουχίζω.
μουνούχι το, μουνουχισμένο, ευνούχο ζώο (τραγί, κριάρι κ.λπ.): *στο γάμο του γιου του έσφαξε πέντε τραγιά μουνούχια.*
μουνουχιστής ο, ευνουχιστής ζώων.
μουντζαλιάρης, -α, -ικο, αυτός που κάνει μουντζαλιές (μελανιές).
μουντζαλιάρικος, -η, -ικο, αυτός που αρμόζει ή αναφέρεται στον *μουντζαλιάρη* (βλ. λ.).
μουντζάλωμα το, λέρωμα με μελάνια.
μουντζωμένος, -η, -ο, ιδιότροπος,

αξιοκαταφρόνητος: *μ' αυτόν το μουντζωμένο δεν μπορείς να συνοννοηθείς.*

μουργέλα η, μεγάλη μύγα, ιδιαίτερα ενοχλητική στα μεγάλα ζώα, οίστρος: *μουργέλα τον τσίμπησε και κάνει σαν τρελός;*

μουρλαμάρα η, 1. μούρλια, παραφροσύνη. 2. αγωνία, μεγάλη στενοχώρια: *έχω να πάρω γράμμα πολύν καιρό από το παιδί κι έχω μεγάλη μουρλαμάρα.*

μουρτζιά η, θάμνος και μεγάλο αγκαθωτό δέντρο με πολύ μικρά φύλλα.

μουρχούτα η, μικρή πήλινη τσανάκα, μεγάλο πήλινο πιάτο.

μουρχούτας ο, 1. λαίμαργος άνθρωπος. 2. *πλατομούτρης* (βλ. λ.), κακομούτσουνος, κακοφτειαγμένος άνθρωπος.

μούσγα η, τόπος με νερά, υγρότοπος.

μούσκιος ο, νερό μέσα στο οποίο μουσκεύουμε για κάποιο χρονικό διάστημα κάτι, για να μαλακώσει ή να αποβάλει κάποιο στοιχείο του ή ακόμη για να καταστεί ευκολότερη η επεξεργασία του: *η μητέρα αποβραδίς έβαλε τον μπακαλιάρο στο μούσκιο να ξαρμυριάσει // ο τσαγκάρης έβανε τα ψίδια στο μούσκιο να μαλακώσουν.*

μουσμούλα η, 1. αυτός που ψάχνει, που ερευνά. 2. κουτσομπόλης, ανακατωσούρης, συκοφάντης: *αυτή η μουσμούλα τους ανακάτεψε και κοντέψανε να σκοτωθούνε.*

μουσμουλεύω, 1. ψάχνω επίμονα κι αθόρυβα να βρω κάτι: *τι ψάχνεις, σε βλέπω ώρα που μουσμουλεύεις.* 2. χώνω τη μύτη μου παντού, επιδιώκω να μαθαίνω με κουτσομπολευτική διάθεση: *όπου κι αν πάει μουσμουλεύει, για να έχει να λέει.*

μουστακλού η, γυναίκα με λεπτές, αλλά ορατές, τρίχες στον χώρο ανάμεσα στο άνω χείλος και στη μύτη.

μουστιά η, 1. ασκί, τουλούμι μούστου. 2. (μτφ.) κοιλαράς: *από τη στιγμή που ήρθε, δε σταμάτησε να τρώει η μουστιά.*

μουστρέζα η, *μαλτέζα* (βλ. λ.).

μουστρίζω, καλύπτω μια επιφάνεια με βρομιά, λερώνω άτσαλα: *το μούστρισες το πρόσωπό σου με γιαούρτι, πρόσεχε και λίγο.*

μουστρούφης, -α, -ικο, σκυθρωπός, κατηφής, κατσούφης.

μουστρούφικος, -η, -ο, αυτός που αρμόζει ή αναφέρεται στον *μουστρούφη* (βλ. λ.).

μουστώνω, (μτφ.) είμαι υπεραυτάρκης, έχω αφθονία από κάποιο αγαθό και κυρίως από χρήματα: *εμούστωσε στα λεφτά και δεν ξέρει τι κάνει.*

μουτζούλι το, σπυρί, δοθιήνας.

μουτζουλιάρης, -α, -ικο, ο γεμάτος *μουτζούλια* (βλ. λ.).

μουτζουλιάρικος, -η, -ικο, αυτός που αρμόζει ή αναφέρεται στον *μουτζουλιάρη* (βλ. λ.).

μουτρέλα η, φαρδύ και άχαρο πρόσωπο: *δεν τη βλέπεις τη μουτρέλα του να γελάσει ποτέ.*

μουτσιά η, *αμουτσιά* (βλ. λ.).

μουτσιουλάω, 1. πιάνω με τα χέρια μου κάτι και το γυρνώ από 'δώ κι από 'κεί χωρίς λόγο, απλά το λερώνω ή το διαλύω: *τι το μουτσιουλάς τόσην ώρα το πλεχτό, αφού βλέπω δεν πλέγεις.* 2. ανακατεύω άτακτα

μουτσιούλημα

το φαγητό μου χωρίς να τρώγω: *μην το μουτσιουλάς το φαΐ σου, αν δεν το θες, άσ' το.*

μουτσιούλημα το, η ενέργεια και το αποτέλεσμα του μουτσιουλάω (βλ. λ.).

μουτσουτσούνια τα, **1.** μορφασμοί, γκριμάτσες. **2.** ακκισμοί, καμώματα, νάζια: *κάνει τα μουτσουτσούνια του, θα 'ρθεί τελικά.*

μουφλούζης, -α, -ικο, σκυθρωπός, κατσούφης, βαριεστημένος, κακόκεφος: *όποτε και να τον ιδείς είναι μουφλούζης, δε γελάνε λίγο τα χείλη του.*

μουφλούζικος, -η, -ο, αυτός που ταιριάζει ή αναφέρεται στον *μουφλούζη* (βλ. λ.).

μουχρίτσα η, αγριόχορτο (ζιζάνιο) που εμποδίζει την ανάπτυξη των δημητριακών.

μουχτερός, -ή, -ό, μοχθηρός, κακός, αιμοβόρος: *μουχτερός άνθρωπος, να μην ιδεί άλλον να προκόψει.*

μούχτος ο, άνθρωπος χωρίς ζωηρότητα και νεύρο, χωρίς τσαγανό: *αυτή η δουλειά θέλει άνθρωπο να πετάνε τα μάτια του σπίθες, όχι μούχτο.*

μπαγάδια τα, μπαγκάζια, αποσκευές, προσωπικά πράγματα: *μάζεψε τα μπαγάδια του κι έφυγε χωρίς να μας χαιρετήσει.*

μπαγλιστάω, (μτβ. και αμτβ.) ταλαιπωρούμαι, βασανίζομαι, αποκάμω: *με μπαγλίστησες με την πολυλογία σου, φτάνει πια // μες στον ήλιο μπαγλίστησα ολημέρα να βγάζω ρόβη.*

μπαζάκι το, μπατζάκι.

μπαζίνα η, **1.** πηχτός αλευροχυλός. **2.** φαγητό από μικρά κομμάτια ψωμιού σε ζωμό, γάλα κ.λπ.

μπαιζόβγαλμα το, το συνεχές μπεςβγες: *να σταματήσεις το μπαιζόβγαλμα, μας πούντιασες.*

μπαιζογελάω, κοροϊδεύω, λοιδορώ: *κατάντησε ο καημένος να τον μπαιζογελάνε τα παιδιά.*

μπαϊρεύω, μπαϊριάζω (βλ. λ.).

μπαΐρι το, χέρσος, χορταριασμένος ακαλλιέργητος τόπος: *άφηκε το χωράφι και γίνηκε μπαΐρι.*

μπαϊριάζω, (μτβ. και αμτβ.) γίνομαι *μπαΐρι* (βλ. λ.), χερσότοπος: *μπαΐριασε το χωράφι, δεν μπορεί να μπει ζευγάρι μέσα.*

μπαΐριασμα το, η μετάπτωση καλλιεργημένης γης σε χερσότοπο.

μπακαρούνια τα, μακαρόνια: *μια φορά το χρόνο, τις Απόκριες, τρώγαμε μπακαρούνια στριφτά.*

μπακέτο το, πακέτο: *φέρε μου ένα μπακέτο τσιγάρα, σε περικαλώ.*

μπακιρώνω, 1. ακινητοποιώ ανοιχτά τα μάτια μου από κάποια σοβαρή αιτία, σοκ, λιποθυμία, θάνατο κ.λπ.: *άξαμνα το αρνί μπακίρωσε το μάτι του και ψόφησε.* **2.** καρφώνω το βλέμμα μου επίμονα κάπου: *ώρες είχε μπακιρωμένο το μάτι του στην Γκιάβιζα, για να ιδεί να ξαναφαίνει ο πατέρας του.*

μπακλαής ο, μπακλαβάς: *τον φτειάσατε τον μπακλαή, χρόνια σας πολλά.*

μπακλαΐ το, μπακλαής (βλ. λ.).

μπάλα η (με προτασσόμενο πάντα κάποιον τύπο του ρ. *παίρνω*), **1.** επισκέπτομαι με τη σειρά: *πήρανε μπάλα ούλα τα Καλαβρυτοχώρια, αλλά δουλειά δεν ήβρανε πουθενά.* **2.** παρασύρω με την ορμητικότητά μου, ανατρέπω: *τα πήρε μπάλα ο παλιαέρας, δεν άφηκε τίποτα ορθό.*

μπαλάστρο το, οικοδομική λάσπη: *χάσκουν οι πέτρες, βάλε λίγο μπαλάστρο να νοστιμίσει ο τοίχος.*

μπαλιάδι το, άσπρο στίγμα σε μέτωπο ζώου: *η γίδα μας έχει στο κούτελό της ένα μπαλιάδι και γι' αυτό τη λέμε μπάλια.*

μπαλντίμι το, δερμάτινος ιμάντας που αγκαλιάζει τους γλουτούς του ζώου και συγκρατεί, μαζί με την ίγγλα, σταθερά το σαμάρι στη ράχη του ζώου.

μπαλντό το, παλτό, πανωφόρι.

μπαμπακώνω, (για το στόμα) στεγνώνω και ασπρίζω εξαιτίας πολυλογίας: *μπαμπάκωσε το στόμα μου να του μιλάω συνέχεια, για να μην αποκοιμηθεί.*

μπάμπαλα τα, όρχεις: *εσύ, όταν γινόσαντε αυτά, ήσουνα στα μπάμπαλα του πατέρα σου.*

μπαμπουγέρι το, μαμούνι, ζωύφιο.

μπαμπουγεριάζω, (για όσπρια) αποκτώ μαμούνια, ζωύφια: *μπαμπουγεριάσανε οι φακές, θέλουνε πέταμα.*

μπάμπωμα το, η ενέργεια και το αποτέλεσμα του *μπαμπώνω* (βλ. λ.).

μπαμπώνω, προξενώ αμηχανία, αποστομώνω, αφοπλίζω: *του είπε τόσα που τον μπάμπωσε και δεν τόλμησε να ξαναειπεί κουβέντα.*

μπανταβίζω, χαζοφέρνω, είμαι διανοητικά καθυστερημένος: *μην τον ξεσυνερίζεσαι, μπανταβίζει ο άνθρωπος.*

μπανταβός, -ή, -ό, χαζός, ηλίθιος.

μπαντανία η, μπατανία, μάλλινο, βαρύ, χνουδωτό κλινοσκέπασμα, υφασμένο στον αργαλειό και επεξεργασμένο στη νεροτριβή.

μπαουλόπανο το, κεντημένο ή απλό βαμβακερό κάλυμμα καπακιού του μπαούλου.

μπαρακολόγος ο, έμπορος που συμμετέχει σε πανηγύρι με πρόχειρο κατάστημα (παράγκα, αλλιώς *μπαράκα*): *παλιότερα στο πανηγύρι της Αγια-Παρασκευής ερχόσαντε πάρα πολλοί μπαρακολόγοι.*

μπαραμπαρίζω, **1**. έχω περίπου την ίδια αξία, βρίσκομαι στην ίδια σχεδόν κατάσταση: *ούλοι 'κείνα τα χρόνια της Κατοχής μπαραμπαρίζανε σε φτώχεια.* **2**. μοιάζω περίπου με κάποιον: *αυτοί οι δυο μπαραμπαρίζουνε και καμιά φορά τους μπερδεύω.*

μπαραμπάρισμα το, το αποτέλεσμα του *μπαραμπαρίζω* (βλ. λ.).

μπαρδάλης ο, παρδαλό ζώο (κυρίως ονομασία προβάτου).

μπαρδαλιαίνω, γίνομαι παρδαλός, αποκτώ στίγματα άλλου χρώματος: *τα σταφύλια μπαρδαλιάνανε, σε λίγες ημέρες θ' αρχίσουμε να κόβουμε.*

μπαρδαλός, -ή, -ό, παρδαλός, πολύχρωμος.

μπαρδάλω η, **1**. παρδαλή γυναίκα. **2**. κακόγουστα ντυμένη γυναίκα.

μπαρδόν το (άκλιτο), παρντόν, συγγνώμη: *με το μπαρδόν κιόλας, αλλά νομίζω ότι εδώ δεν έχεις δίκιο.*

μπαρέζι το, κεφαλομάντιλο των γυναικών από βαμβακερό, λεπτό ύφασμα, τετράγωνο, συνήθως καφέ· το καθημερινό κάλυμμα της κεφαλής των μέσης ηλικίας γυναικών.

μπαρίζω, **1**. (για λαχανικά κ.λπ.) έχω μεγάλη καυστική ιδιότητα, καίω υπερβολικά από τη φύση μου: *αυτά τα πράσα δεν καίνε, μπαρίζουν*. **2.** (για φαγητά κ.λπ.) καίω, ζεματάω από πολύ βράσιμο: *μπαρίζει η σούπα, περιμένετε να κρυώσει λίγο*.

μπάρισμα το, κάψιμο, ζεμάτισμα.

μπαρουλένιος, -α, -ο, κατασκευασμένος από μπαρουλέ (λεγόταν μόνο για φθηνές, χοντροϋφασμένες βαμβακερές γυναικείες κάλτσες του εμπορίου).

μπάρτσος, -α, -ο, (κυρίως για γίδα) μαύρος με κοιλιά, πόδια και στήθος άσπρα.

μπαστίνα η, γυναικεία εφαρμοστή μπλούζα.

μπατάκα η, πατάτα.

μπατακιά η, πατατιά.

μπατακόσπορος ο, σπόρος πατάτας.

μπάτσα (επίρρ.), ακριβώς απέναντι, καρσί: *μπάτσα στην εκκλησία είναι το σπίτι του παπά* // *μην κάθεσαι μπάτσα στον ήλιο, θα μαυρίσεις*.

μπάφα η, κατώτατης ποιότητας καπνός: *αν δεν καπινίσανε μπάφα στην Κατοχή οι πατεράδες μας*.

μπαφουνιάζω, παχαίνω, φουσκώνω στο πρόσωπο αρρωστημένα: *δεν είναι στα καλά του ο Πέτρος, δε βλέπεις πώς μπαφούνιασε;*

μπαφουνιάρης, -α, -ικο, ελαφρά ασθματικός, με πρόσωπο ωχροκίτρινο και αρρωστημένα παχύ: *πού να βγάλει τον ανήφορη ο μπαφουνιάρης*.

μπαφουνιάρικος, -η, -ικο, αυτός που ταιριάζει ή αναφέρεται στον μπαφουνιάρη (βλ. λ.).

μπαφούνιασμα το, αρρωστημένο φούσκωμα του προσώπου με κιτρινιάρικο χρώμα.

μπαφούσκας ο, κοντό άτομο με δυσανάλογα μεγάλη κοιλιά -σαν να είναι φουσκωμένη με αέρα- ως προς τη λοιπή κατασκευή του: *πού ν' ανεβεί στο δέντρο αυτός ο μπαφούσκας*.

μπαχαβιόλης, -α, -ικο, βλάκας, χαζός, ανόητος.

μπαχαλιαίνω, 1. (μτβ.) κάνω κάποιον να χαζέψει, να χάσει τον νου του: *από το πολύ ξύλο την μπαχάλιανε ο παλιάνθρωπος τη γυναίκα του*. **2.** (αμτβ.) χάνω τα μυαλά μου, γίνομαι ανόητος, χαζεύω: *από τότε που τον δάγκωσε το φίδι μπαχάλιανε ολότελα*.

μπαχάλιασμα το, η ενέργεια και το αποτέλεσμα του *μπαχαλιαίνω* (βλ. λ.).

μπαχαλός, -ή, -ό, ευήθης, χαζός, βλάκας.

μπαχαντέλα η, πράγμα σε κακή κατάσταση, σαράβαλο, ερείπιο: *πώς την πήρες αυτήν την μπαχαντέλα, το παλιοκρέβατο, νύχτα στο φόρτωσε;*

μπεζεύω, πεζεύω, σταματώ να βαδίζω: *μπεζεύω, δένω τ' άλογο σε λεϊμονιάς κλωνάρι* (δημ. τραγ.).

μπεκόνι το, προσφώνηση τρυφερότητας σε μικρό παιδί: *έλα, μπεκόνι μου, να σε χαϊδολογήσω λίγο*.

μπελαρίνα η, είδος τριγωνικής μάλλινης πλεχτής γυναικείας μπέρτας (επινώτιο), χωρίς μανίκια, που καλύπτει την πλάτη και το στήθος και δένεται, αφού σταυρώσει μπροστά, πίσω στη μέση.

μπελεγρίνος ο, πέος.

μπελεσιά η, **1.** αμμουδερό και φτω-

μπέλντα μου | μπίστρωμα

χό σε συστατικά χώμα. **2.** άγονο, μη αποδοτικό χωράφι: *τα καλά χωράφια τα 'δωκε στο στερνοπούλι, για να τον κοιτάξει στα γεράματα· στ' άλλα του παιδιά κάτι μπελεσιές έδωκε.*
μπέλντα μου (επίρρ.), τάχα μου, τάχατες: *θα 'ρχόσουνα μπέλντα μου να με ιδείς, κι ακόμα έρχεσαι.*
μπελόνης ο, σκύλος με ασπρόμαυρες βούλες.
μπέλτσος, -α, -ο, (για πρόβατο) αυτός που έχει ξανθές βούλες στο πρόσωπο.
μπέρμπελο το, ανθρωπάκι, αγαθός και ασήμαντος άνθρωπος: *σιγά μη δώκουμε τώρα σημασία και στο μπέρμπελο.*
μπερνάκα η, θηλυκό πρόβατο ενός χρόνου.
μπερνάκι το, χρονιάρικο πρόβατο (θηλυκό ή αρσενικό): *έπεσ' αρρώστια και μας ψόφησαν ούλα τα μπερνάκια.*
μπερνταχάω, μπερνταχίζω (βλ. λ.).
μπερνταχίζω, δέρνω, χτυπώ: *θα σε μπερνταχίσω, αν κάνεις ζημιά.*
μπερντάχισμα το, η ενέργεια και το αποτέλεσμα του *μπερνταχίζω* (βλ. λ.).
μπεσιελετάω, ασχολούμαι με όχι και τόσο σοβαρή εργασία, ψευτοδουλεύω τακτοποιώντας, επιδιορθώνοντας κ.λπ. κάτι: *σε βλέπω συνέχεια από το πρωί στην αυλή, τι μπεσιελετάς;*
μπεσίκι το, κουνιστό βρεφικό κρεβατάκι, κούνια (εδάφους): *βάλε το παιδί στο μπεσίκι και κούνα το ώσπου να κοιμηθεί.*
μπέσικος, -η, -ικο, **1.** μη απαγορεύσιμος: *τα λιβάδια το καλοκαίρι είναι μπέσικα, δεν τα αμποδάει κανείς.* **2.** αδέσποτος, ελεύθερος: *τ' αφήνει μπέσικο το κοπάδι στο βουνό και πηγαίνει το βράδυ και το παίρνει.*
μπιβός ο, φουγιατίνι (βλ. λ.).
μπίθιακας ο, **1.** πίθηκος. **2.** μικρόσωμο άτομο.
μπινάς ο, **1.** τοίχος χτισμένος με λάσπη που περιέχει ασβέστη: *το σπίτι είναι μπινάς, δεν πέφτει εύκολα.* **2.** (συνεκδ.) κτίσμα, σπίτι: *ο τόπος τρώει τον μπινά* (παροιμ. που σημαίνει ότι δεν αποκτά δικαίωμα όποιος χτίζει σε ξένο οικόπεδο, χωράφι κ.λπ.).
μπιρμπατάκος ο, υποκ. του *μπιρμπάτης* (βλ. λ.).
μπιρμπατεύω, μπερμπαντεύω, διασκεδάζω, ξεφαντώνω, ιδίως με γυναίκες: *το 'χει στο αίμα του να μπιρμπατεύει, δεν ησυχάζει.*
μπιρμπάτης ο, μπερμπάντης, γυναικάς, γλεντζές, τσαχπίνης: *ήταν μεγάλος μπιρμπάτης στα νιάτα του.*
μπιρμπατιά η, μπερμπαντιά, συμπεριφορά μπερμπάντη, φαυλότητα, πονηριά, τσαχπινιά: *την μπιρμπατιά την έχει στο αίμα του.*
μπιρμπάτικος, -η, -ικο, αυτός που ταιριάζει ή αναφέρεται στον *μπιρμπάτη* (βλ. λ.).
μπιρμπιλιόνες οι, (συνθ. μαστ. γλ.) χυλοπίτες.
μπιρμπιλός, -ή, -ο, λαθουρός, ο με άσπρα και μαυριδερά στίγματα: *μπιρμπιλές κότες // μπιρμπιλά μάτια // μπιρμπιλό φόρεμα.*
μπίρμπτος ο, **1.** μπερμπάντης, γυναικάς. **2.** όνομα τσοπανόσκυλου.
μπίστρωμα το, η ενέργεια και το αποτέλεσμα του *μπιστρώνω* (βλ. λ.).

μπιστρώνω, περνώ κάτω από το σώμα κάποιου μέρος του κλινοσκεπάσματος, για να μην κρυώνει: *μπίστρω(σε) καλά το παιδί, κάνει πολύ κρύο απόψε* // *μπιστρώσου, έχει παγωνιά*.

μπλάθρα η, **1**. πλάκα συμπιεσμένου χώματος ή άλλου υλικού επιδεχόμενου συμπίεση: *πάτησα το βρεγμένο χώμα και γέμισαν τα παπούτσια μου μπλάθρες*. **2**. (μτφ.) ζυμάρι, ψωμί που δεν φούσκωσε: *δε φούσκωσαν τα ψωμιά καθόλου, μπλάθρες γινήκανε*.

μπλαθράς ο, άντρας δυσκίνητος, άτονος, άνευρος, μπατάλης.

μπλαθρί το, *μπλάθρα* (βλ. λ.).

μπλαθριάζω, (μτβ. και αμτβ., για χώμα, ζυμάρι κ.λπ.) γίνομαι *μπλάθρα* (βλ. λ.): *το πάτησε και το μπλάθριασε το χώμα* // *μπλάθριασε το ζυμάρι, δε θα τρώγεται το ψωμί*.

μπλαθρού η, γυναίκα δυσκίνητη, άτονη, άνευρη, μπατάλα.

μπλίκος ο, πλίκος, δεσμίδα, μάτσο: *έβγαλε έναν μπλίκο χιλιάρικα και πλέρωσε τους μαστόρους*.

μπλοκός ο, περιφραγμένος ιδιαίτερος χώρος στο κατώι για την αποθήκευση ζωτροφών (άχυρα, σανά κ.λπ.), που επικοινωνεί με το ανώι με καταπακτή: *να κατεβείς στον μπλοκό και ν' αχιουρίσεις τα ζα*.

μπογάτσια η, **1**. άζυμος ημίγλυκος άρτος με μυρωδικά και κεντίδια. **2**. απλή, άζυμη επίσης, κουλούρα, ψημένη στη χόβολη του τζακιού.

μπογατσιούλα η, μικρή *μπογάτσια* (βλ. λ.).

μπογιάδα η, κρύος, ψυχρός αέρας: *βάλε κάτι στο κεφάλι σου, γιατί έχει μπογιάδα*.

μπόδεμα το, μαγικός κατάδεσμος που συντελεί στην παρακώλυση της συνουσίας.

μποδένω, με μαγικά μέσα καθιστώ κάποιον ανίκανο για συνουσία : *αμ τον έχουν μποδεμένο, γι' αυτό δεν μπορεί να κάνει παιδιά*.

μπόζα η, πόζα, προσποιητή σοβαρότητα ή επιτηδευμένα ακατάδεκτο ύφος: *κρατάει μπόζα, να μεγαλώσ' η προίκα του*.

μποζάτος, -η, -ο, αυτός που παίρνει, που κρατάει πόζα, ενίοτε ο θυμωμένος: *περνάει μποζάτος και δε μας χαιρετάει, κάνει το θυμωμένο*.

μποκάρι το, ποκάρι, το μαλλί από το κούρεμα του προβάτου.

μπολιάρεμα το, η ενέργεια και το αποτέλεσμα του *μπολιαρεύω* (βλ. λ.).

μπολιαρεύω, **1**. (συνθ. μαστ. γλ.) επαιτώ, ζητιανεύω: *μερικοί ανάπηροι είχανε αγωγιάτη και μπολιαρεύανε σ' ούλο το Μοριά*. **2**. (για ζώα) φεύγω από το κοπάδι και ζω αδέσποτο.

μπολιάρης, -α, -ικο, **1**. (συνθ. μαστ. γλ.) αυτός που επαιτεί. **2**. (για ζώο) αδέσποτος.

μπολιαριά η, επαιτεία, ζητιανιά, διακονιά: *χήρεψε η δύστυχη κι αναγκάστηκε να βγει στην μπολιαριά*.

μπολιάρικος, -η, -ικο, αυτός που ταιριάζει ή αναφέρεται στον *μπολιάρη* (βλ. λ.).

μπόλκα η, **1**. σακάκι, ζακέτα: *βγάλ' τη μπόλκα σου, θα σκάσεις*. **2**. τρόπος κουρέματος: *...που κάνουν μπόλκα τα μαλλιά και παν στη Βόχα για δου-*

μπομπόλα | μπουμπούλωμα

λειά (δημ. τραγ.).
μπομπόλα η, μπαμπούλας, φόβητρο: *φύγε, μπομπόλα, είναι φρόνιμο το παιδί μου.*
μπόμπολας ο, η *τουρμπέτα* (βλ. λ.) του μυλωνά.
μπομπόλι το, μικρός καφετής σαλίγκαρος, που ζει στα λιβάδια κι όχι στις πέτρες όπως το *πετροσαλίγκαρο* (βλ. λ.).
μπομπότα η, εδώδιμο αγριόχορτο.
μπομποτένιος, -α, -ο, καλαμποκίσιος: *στην Κατοχή μονάχα μπομποτένιο ψωμί τρώγαμε και 'κείνο, αν βρισκόταν.*
μποξιαλίκι το, ρούχα (αλλαξιές, φορέματα, πουκάμισα κ.λπ.) που δίνονται στους συγγενείς (πεθερικά, κουνιάδοι, κουνιάδες, κουμπάροι) με την ευκαιρία του γάμου.
μπουγάς ο, βαρβάτο βόδι, επιβήτορας.
μπουγεύουμαι, παλεύω, παίζω, ερωτοτροπώ: *ασ' τους να μπουγεύουνται, καιρός τους είναι.*
μπούζα η, δημιουργία εξανθημάτων στα χείλη ανθρώπων και ζώων: *έπαθε μόλυνση κι έβγαλε μπούζα στα χείλα.*
μπουζιάζω, δημιουργούνται στα χείλη μου εξανθήματα, επιχείλιος έρπητας: *θερμάθηκα και μπούζιασαν τα χείλα μου.*
μπουζιάνι το, καθεμιά από τις δυο γωνίες της βάσης του σακιού: *στοίβαξε τ' άχιουρα να πάνε ως τα μπουζιάνια του σακιού.*
μπούζιασμα το, το αποτέλεσμα του *μπουζιάζω* (βλ. λ.).
μπουζούκα η, το μεγάλο *τροκάνι* (βλ.

λ.) που φέρει το γκεσέμι, ο προπομπός του κοπαδιού.
μπουζούκι το, *μπουζούκα* (βλ. λ.).
μπουκαβάς ο, χοντρό χαρτί που χρησιμοποιείται στη βιβλιοδεσία ως εξώφυλλο (καπάκι), χαρτί περιτυλίγματος, στρατσόχαρτο.
μπουκουβάλα η, ψωμί τριμμένο και μουσκεμένο μέσα σε λάδι: *καρβούνισα μια φέτα ψωμί κι έκανα μια μπουκουβάλα πεντανόστιμη.*
μπουκούμι το, μεγάλος μεζές ψαχνού κρέατος: *φάγαμε κάτι μπουκούμια, ήπιαμε και τα κρασιά μας, σκάσαμε.*
μπούλα η, μασκαράς, μεταμφιεσμένος της Αποκριάς: *'κείνα τα χρόνια τις Αποκριές γιόμιζε το χωριό μας μπούλες.*
μπουλασίκης ο, λεβέντης σε όλα του, παλικαράς, ανοιχτόκαρδος και γενναιόψυχος άνθρωπος: *είναι ασίκης και μπουλασίκης αυτός, τον παραδέχουμαι.*
μπουλεύω, (συνθ. μαστ. γλ.) φεύγω, αναχωρώ, «του δίνω»: *δε μας σηκώνει άλλο το χωριό τούτο, πρέπει να μπουλεύουμε.*
μπουλουγούρι το, χοντροκομμένο σιτάρι, πλιγούρι.
μπουλούκι το, συνεργείο μαστόρων (κτιστάδων), *κουμπανία* (βλ. λ.): *τα μπουλούκια των Λαγκαδινών μαστόρων δούλευαν κάποτε σ' ολόκληρη την Πελοπόννησο.*
μπουλουχτάω, συναντώ κάποιον τυχαία, ανταμώνω ξαφνικά: *μπουλουχτηστήκαμε στην Παναγίτσα και τα είπαμε λιγάκι, γιατί είχαμε καιρό να τα ειπούμε.*
μπουμπούλωμα το, η ενέργεια και

μπουμπουλώνω το αποτέλεσμα του *μπουμπουλώνω* (βλ. λ.).

μπουμπουλώνω, σκεπάζω το κεφάλι και ολόκληρο το πρόσωπο κάποιου με ριχτό κάλυμμα: *κατά το έφιμο η πεθερά μπουμπούλωσε τη νύφη μόλις μπήκε στο σπίτι με μι' άσπρη τσεμπέρα, για να 'ναι πάντα χαρούμενη.* Το μ. **μπουμπουλώνουμαι,** (για γυναίκα) καλύπτω το κεφάλι και το πρόσωπο, εκτός από τα μάτια, με τσεμπέρι, α. για να μη με καίει ο ήλιος το καλοκαίρι ή για να μην κρυώνω, όταν κάνει υπερβολικό κρύο: *μπουμπουλώσου καλά την τσεμπέρα σου, να μη σε παρουλιάνει ο ήλιος.* β. επειδή βαρυπενθώ: *σαν σκοτώθηκε το παιδί της στο Γράμμο, μπουμπουλώθηκε το μαύρο γεμενί κι έβλεπε κανείς μόνο τα συνέχεια δακρυσμένα μάτια της.*

μπουμπουνισμένος, -η, -ο, αυτός που λόγω κρυολογήματος αισθάνεται το κεφάλι του βαρύ και δεν διαθέτει πνευματική διαύγεια: *είμαι μπουμπουνισμένος κάνα δυο ημέρες, σίγουρα θ' αρρωστήσω.*

μπουντούρι το, σαλιβέρα (βλ. λ.).

μπούραμα το, το περιεχόμενο της κοιλιάς και των εντέρων των ζώων: *θα σε πατήσω και θα βγάλεις μπούραμα από το στόμα* (απειλή).

μπούρδα η, μεγάλο σακί, λινάτσα για ελαφρά πράγματα (άχυρα, χόρτα κ.λπ.).

μπουρέκι το, κολοκυθόπιτα.

μπουρίζω, (για νερό) αναβλύζω, ξεσπάω ορμητικά: *έβρεξε και μπούρισε νερό στα θεμέλια του σπιτιού, πάει θα μας πέσει το σπίτι.*

μπουρινιασμένος, -η, -ο, θυμωμένος, οργισμένος: *κάποιος τον πείραξε στο δρόμο, φαίνεται, κι ήρθε στο σπίτι μπουρινιασμένος.*

μπούρισμα το, το αποτέλεσμα του *μπουρίζω* (βλ. λ.).

μπουρλιά η, αρμαθιά: *έκανα καμιά δεκαριά μπουρλιές λουβιά να περάσουμε το χειμώνα.*

μπουρλιάζω, 1. περνώ κλωστή στη βελόνα: *μπούρλιασέ μου τη βελόνα, για δε βλέπω.* **2.** αρμαθιάζω, περνώ σε κλωστή φασολάκια, σύκα ξερά, καρύδια (σκελίδες) κ.λπ., κάνω μπουρλιά (βλ. λ.). **3.** (μτφ.) φοράω: *βλέπω το μπούρλιασες το καινούργιο σακάκι.*

μπουρλιακά τα, η κοιλιά με τα έντερα μαζί: *παραλίγο να πεταχτούν τα μπουρλιακά του όξω από την κλοτσιά που έφαγε.*

μπούρλιασμα το, η ενέργεια και το αποτέλεσμα του *μπουρλιάζω* (βλ. λ.).

μπούρμπουλας ο, ορμητική πηγή με άφθονο νερό: *το κεφαλάρι στο χωράφι μας δε στερφεύει ποτέ, συνέχεια τρέχει μπούρμπουλας.*

μπουρμπούλι το, νερό και κάθε υγρό που τρέχει με μια κάποια ορμή: *έκοψα το χέρι μου και πετάχτηκε το αίμα μπουρμπούλι.*

μπουρμπουλίζω, 1. (μτβ.) μαγειρεύω: *δεν μπουρμπουλίζεις έναν τραχανά, να φάμε να ζεσταθούμε;* **2.** (αμτβ.) α. (για πηγές) αναβλύζω, πηγάζω άφθονο νερό: *σαν πέσουν οι βροχές και τα χιόνια, μπουρμπουλίζουν οι πηγές.* β. κοχλάζω, βράζω: *μπουρμπούλισε το νερό, ρίξε τις χυ-*

λοπίτες.
μπουρμπούλισμα το, η ενέργεια και το αποτέλεσμα του *μπουρμπουλίζω* (βλ. λ.).
μπουσιαμάς ο, μουσιαμάς.
μπούσιουλα (επίρρ.), (για νήπια) κίνηση με τα τέσσερα: *μπούσιουλα-μπούσιουλα πήγε το παιδί από τη σάλα στο χειμωνιάτικο.*
μπούσιουλας ο, μπούσουλας.
μπουσιουλάω, **1.** κινούμαι με τα τέσσερα: *το παιδί άρχισε να μπουσιουλάει.* **2.** περπατώ στο σκοτάδι με οδηγό την αφή: *μπουσιουλώντας μπόρεσα και βρήκα ένα κερί και τ' άναψα.*
μπουσιουλητά (επίρρ.), **1.** *μπουσιουλώντας* (βλ. λ.), κατσουλώντας (βλ. λ.): *μπουσιουλητά το μωρό γυρίζει στη σάλα.* **2.** περπατώντας στο σκοτάδι με οδηγό την αφή.
μπουσιουνάς ο, (συνθ. μαστ. γλ.) ερωτιάρης, γυναικάς: *αυτός ήταν μεγάλος μπουσιουνάς στα νιάτα του.*
μπουσιούνι το, (συνθ. μαστ. γλ.) **1.** γυναικείο αιδοίο. **2.** (συνεκδ.) κορίτσι, γυναίκα.
μπουσιουνίστρα η, όμορφη και πεταχτή, ερωτική κοπέλα: *καλή μπουσιουνίστρα γίνηκε η γειτονοπούλα.*
μπούστος ο, πλεχτή φανέλα χωρίς μανίκια, πουλόβερ αμάνικο.
μπουστούκωμα το, η ενέργεια και το αποτέλεσμα του *μπουστουκώνω* (βλ. λ.).
μπουστουκώνω, **1.** (μτβ.) α. γεμίζω ασφυκτικά το στόμα κάποιου που ταΐζω (μωρό, γέρος, ασθενής): *μην το μπουστουκώνεις έτσι το παιδί, θα το πινίξεις.* β. παραγεμίζω ένα χώρο

(φούρνο, σακί κ.λπ.) με κάποια ύλη: *μην τον μπουστουκώνεις το φούρνο μ' άλλα ξύλα, φτάνει, κάηκε.* **2.** (αμτβ.) τρώγοντας έχω συνέχεια το στόμα μου γεμάτο, τρώγω με βουλιμία: *σταμάτα πια να μπουστουκώνεις, δε στο παίρνει κανείς το φαΐ.*
μπούτσωμα το, το αποτέλεσμα του *μπουτσώνουμαι* (βλ. λ.).
μπουτσώνουμαι, δένω το κεφαλομάντιλο κάτω από το σαγόνι: *μπουτσώσου καλά, κάνει φαρμάκι, θα πουντιάσεις.*
μπούφλα η, ράπισμα, σκαμπίλι: *κάτσε καλά, για να μη φας καμιά μπούφλα.*
μπουφλάω, χτυπώ, ραπίζω: *μαλώσανε και τον μπούφλησε μες στην πλατέα.*
μπουχαρές ο, καπνοδόχος, καμινάδα: *κατέβηκε κουνάδι από τον μπουχαρέ και τα 'κανε ούλα λίμπα.*
μπουχάω, μπουχίζω (βλ. λ.): *μπούχα το ύφασμα να μαλακώσει.*
μπουχίζω, ψεκάζω με το στόμα, ραντίζω, υγραίνω: *τον εμπούχισε με το στόμα και πιάστηκαν στο ξύλο.*
μπούχισμα το, η ενέργεια και το αποτέλεσμα του *μπουχίζω* (βλ. λ.).
μπούχλα η, κάπνα, σύννεφο σκόνης: *κάπνισε το τζιάκι και γιόμισε το σπίτι μπούχλα.*
μπουχλουμπού η, (συνθ. μαστ. γλ.) μπομποτένια (βλ. λ.) κουλούρα, ψημένη στη χόβολη.
μπούχλωμα το, η ενέργεια και το αποτέλεσμα του *μπουχλώνω* (βλ. λ.).
μπουχλώνω, (μτβ. και αμτβ.) γεμίζω καπνό ή σκόνη: *δεν τραβάει το τζιάκι μας και το σπίτι είναι συνέ-*

χεια μπουχλωμένο // πέρασε αυτοκίνητο και μπούχλωσ' ο τόπος από τη σκόνη.

μπουχράμι το, θυμός που περιμένει κάποια αφορμή να εκδηλωθεί, οργή, παράπονο: *αμ είχε μπουχράμι πολύν καιρό και βρήκε την ευκαιρία σήμερα να ξεσπάσει.*

μπρατ (άκλιτη ηχομιμητική λ.), ήχος που κάνει κάποιος φεύγοντας απότομα, γιατί τον μάλωσαν, τον έδιωξαν, είναι βιαστικός ή θύμωσε για κάτι: *σαν άρχισα να τον μαλώνω για την κουταμάρα που είπε, έκανε μπρατ κι έφυγε.*

μπρατσάτος, -η, -ο, αυτός που έχει γερά, φουσκωμένα μπράτσα, μπρατσάς, μπρατσαράς.

μπρι (επιφ.), παρότρυνση-παρακίνηση στα πρόβατα να προχωρήσουν.

μπροστάρι το, **1.** γκεσέμι, προπομπός του κοπαδιού (πάντα αρσενικό ζώο). **2.** το μπροστινό ξύλινο σκέλος του σαμαριού.

μπροσταριά η, **1.** προπομπή φάλαγγας ανθρώπων ή ζώων: *παραλίγο τ' αυτοκίνητο να κόψει την μπροσταριά του μπουλουκιού.* **2.** δερμάτινος ιμάντας διερχόμενος κάτω από τον τράχηλο του υποζυγίου και στερεωμένος στο σαμάρι και την ίγγλα για καλύτερη συγκράτηση του φορτίου. **3.** παραμάζεμα, φαλάγγι: *μας πήρε μπροσταριά καθώς έτρεχε και κόντεψε να μας σκοτώσει.*

μπροστάρισσα η, προπομπός, προπορευόμενη: *δεν τη φοβάται τη δουλειά, μπαίνει μπροστάρισσα στο θέρο, στο σκάλο, παντού.*

μπροστέλα η, *μπροσταριά* (βλ. λ.).

μπροστινέλα η, μέρος του ρούχου (φορέματος) που καλύπτει το εμπρός μέρος του σώματος (στέρνο): *μου 'μεινε να πλέξω την μπροστινέλα της φανέλας και τελειώνω.*

μπροστογιομί το, εμπροσθογεμές κυνηγετικό όπλο, δίκαννο ή μονόκαννο.

μπροστοκέρης, -α, -ικο, (για ζώο) αυτός που τα κέρατά του είναι στραμμένα προς τα μπρος.

μπροστοκέρικος, -η, -ο, αυτός που ταιριάζει ή αναφέρεται στον *μπροστοκέρη* (βλ. λ.).

μπροστοκουλούρα η, πρόχειρη κουλούρα που ψήνεται λίγο πριν φουρνιστούν τα ψωμιά.

μπροστολάτης ο, μπροστάρης, πρωτοπόρος.

μπροστομούνα η, γυναικεία ποδιά, ποδιά εργασίας της νοικοκυράς, της εργατίνας κ.λπ. (αστεία ονομασία): *όλη την ημέρα δεν τη βγάνει την μπροστομούνα από πάνω της.*

μπροστομούνι το, *μπροστομούνα* (βλ. λ.), *μπροστοποδιά* (βλ. λ.).

μπροστοποδιά η, γυναικεία ποδιά.

μπροστούρα η, κοιλιά, γαστέρα: *από το πολύ φαΐ έγιν' η μπροστούρα του σαν τουλούμι.*

μπρούκλης ο, Έλληνας που εργάστηκε στην Αμερική και γύρισε στην πατρίδα: *σαν μπρούκλης μού ντύθηκες.*

μπρούκλισσα η, η σύζυγος του *μπρούκλη* (βλ. λ.).

μπρουλιά η, *μπουρλιά* (βλ. λ.).

μπρουλιάζω, *μπουρλιάζω* (βλ. λ.).

μπρούλιασμα το, *μπούρλιασμα* (βλ. λ.).

μπτυρισμένος, -η, -ο, καψερός, καη-

μένος, ταλαίπωρος, κακότυχος: *το μπυρισμένο το παιδί δεν ειδ' άσπρ' ημέρα από τότε που έπεσ' από την καρυά.*
μυαλοκομμένος, -η, -ο, λιγόμυαλος, ανόητος: *ξέχασε η μυαλοκομμένη τα ψωμιά στο φούρνο και γίνηκαν κάρβουνο.*
μυλοκόπι το, σφυρί του μυλοκόπου, του μυλωνά.
μυλολίθαρο το, το λιθάρι του μύλου, η μυλόπετρα.
μυξιάζω, (για καρπούς και ιδίως καρύδια) η ψίχα μου (ενδοκάρπιο) βρίσκεται σχεδόν σε υδαρή κατάσταση: *άνοιξα ένα καρύδι κι είδα ότι μόλις άρχισε να μυξιάζει.*
μυξοκλαίω, κλαίω και βγάζω μύξες, κλαίω ψεύτικα: *μη μυξοκλαίς, αυτό που ζητάς δε στο δίνω, που να 'χεις το Θεό πατέρα.*
μυτζηθρόπανο το, το πανί που στραγγίζεται η μυτζήθρα.
μυτιά η, χτύπημα με τη μύτη, ράμφισμα: *η κότα το 'κανε κόσκινο με τις μυτιές της το κολοκύθι.*
μυτιάζω, **1.** (για ζώα) ακουμπώ τη μύτη μου στο χώμα ψάχνοντας να βρω τροφή: *με την ξεραΐλα που υπάρχει δε μυτιάζουν καθόλου τα κακόμοιρα τα ζωντανά.* **2.** (για χόρτα, φυτά κ.λπ.) σκάζω μύτη, αρχίζω να φυτρώνω: *έβρεξε λίγο κι άρχισαν να μυτιάζουν τα σπαρτά.*
μωρογαριά η, **1.** γυναίκα που κάνει τις δουλειές της τεμπέλικα και χωρίς σπιρτάδα: *ώσπου να συγυρίσει το σπίτι της η μωρογαριά, έχει κιόλας νυχτιώσει.* **2.** ακαταστασία στη νοικοκυροσύνη: *τέτοια μωρογαριά σε σπίτι δεν έχω ματαϊδεί.*
μωρογαρίζω, δουλεύω ράθυμα και άκεφα, ξοδεύω άσκοπα κι ανόητα τον χρόνο μου, χαζολογάω: *έτσι που μωρογαρίζει, το βράδυ θα τελειώσει το σάρωμα της αυλής.*
μωρόζα η, γυναίκα νωθρή, ανεπρόκοπη, ανοικοκύρευτη.
μωρόχαυλος, -η, -ο, μωρόχαυνος, ανόητος, χαζός, βλάκας.
μώρωμα το, σταμάτημα του κλάματος.
μωρωμός ο, *μώρωμα* (βλ. λ.): *από τότε που έχασε το παιδί της η καημένη, μωρωμούς δεν έχει.*
μωρώνω, **1.** (μτβ.) σταματώ το κλάμα μωρού ή μεγάλου, γαληνεύω: *του 'ταξα χίλια καλά κι έτσι το μώρωσα το κλαψιάρικο* // *της είπε πολλά λόγια παρηγοριάς και κάπως τη μώρωσε.* **2.** (αμτβ.) σταματώ να κλαίω, ησυχάζω: *μώρωσε επιτέλους η μπέμπα.*

νάχτι το, προίκα σε ακίνητα και χρήματα.

νεκραμάρα η, νέκρα, ησυχία, σιωπή, στασιμότητα: *σ' ούλο το χωριό έπεσε νεκραμάρα, όταν μαθεύτηκε ο θάνατος των αστραποκαημένων.*

νέκρας ο, υπερβολικά αδύνατος άνθρωπος, σκελετωμένος, νεκροθάφτης (βλ. λ.): *παραδυνάτισ' αυτός, γίνηκε νέκρας.*

νεκροθάφτης ο, κάτισχνος, αδύνατος, νέκρας (βλ. λ.): *από την αρρώστια και την αφαγανίλα κατάντησε σαν νεκροθάφτης.*

νεκροπάπουτσα τα, **1.** φθηνά υποδήματα για νεκρούς. **2.** (γενικά) ευτελή υποδήματα: *πού τα βρήκες αυτά τα νεκροπάπουτσα και τα φόρεσες;*

νεκρόσκουτα τα, τα στρωσίδια, στα οποία ξεψύχησε ο νεκρός: *πήγαν να πλύνουν στο ποτάμι τα νεκρόσκουτα.*

νεκρουλέας ο, **1.** αποφορά νεκρού. **2.** (μτφ.) μυρωδιά κρέατος που αρχίζει να χαλάει: *αυτό το κρέας μυρίζει νεκρουλέας.*

νεονύφια τα, νιόπαντροι, νεόνυμφοι: *να σας ζήσουν τα νεονύφια, καλοστεριωμένα να 'ναι.*

νεραπολάω, **1.** (για το στόμα) βγάζω νερουλά σάλια: *νεραπόληκε το στόμα μου, δώσ' μου μια μπουκιά ψωμί να φάω.* **2.** (για φαγητά κ.λπ.) ξεχωρίζει το νερό που περιέχω (μπαγιατεύω): *νεραπόληκαν τα φασολάκια, δεν τρώγονται // μην το κόψεις το γιαούρτι, θα νεραπολήκει ως αύριο που θα το φάμε.*

νεραπόλημα το, το αποτέλεσμα του νεραπολάω (βλ. λ.).

νεραύλακο το, αυλάκι στο οποίο τρέχει νερό.

νεροζούμι το, υδαρής ζωμός, νερουλό φαγητό: *τι νεροζούμι είν' αυτό που μας έκανες σήμερα, μάνα;*

νερολόγος ο, ο διορισμένος να επιβλέπει τη σειρά και τη διάρκεια ποτίσματος των περιβολιών: *ο νερολόγος δεν έκανε χάρη σε καμιά περιβολάρισσα να ποτίσει παραπάνω από όσο έπρεπε.*

νερομπάμπαλη η, πρόχειρο φαγητό με μπόλικο νερό, ξερό ψωμί, λάδι, ξίδι και αλάτι.

νερομπούλα η, περισσότερο από όσο πρέπει νερουλό και γι' αυτό άνοστο φαγητό: *πολύ νερομπούλες τις έκανες τις χυλοπίτες σήμερα, μητέρα.*

νερομπούλι το, *νερομπούλα* (βλ. λ.): *αυτό το φαΐ είναι πολύ νερομπούλι.*

νεροσουρμή η, νεροσυρμή, κατηφορικό υδάτινο αυλάκι.

νεροταριά η, γυναίκα ψηλή, επιβλητική, καλοκαμωμένη.

νερούλωμα το, το αποτέλεσμα του *νερουλώνω* (βλ. λ.).

νερουλώνω, νερώνω, αραιώνω με νερό κάποιο άλλο υγρό ή ρευστό (γάλα, κρασί, φαγητό υδαρές κ.λπ.): *μην το νερουλώνεις άλλο το γάλα, δε θα 'χει νόστα // είπαμε να την αραιώσεις λίγο τη σούπα, όχι να τη νερουλώσεις τελείως.*

νεροφαγιά η, **1.** νεροφάγωμα, τόπος διαβρωμένος από νερό. **2.** τόπος μόνιμα υγρός και χορταριασμένος: *να τα πας τα πράματα στις νεροφαγιές να τσιμπήσουν μια στάλα χορτάρι.*

νεροχυλοπίτες οι, νηστήσιμες χυλοπίτες καμωμένες χωρίς γάλα και αβγά: *δε φτειάνεις καμιά νεροχυλοπίτα να ξενυχτήσουμ' απόψε;*

νέστρα η, γυναίκα που ασχολείται με γνέσιμο μαλλιού: *η θεια-Γιώργαινα ήταν μεγάλη νέστρα, δεν την έβλεπες ποτέ χωρίς τη ρόκα της.*

νευριάρης, -α, -ικο, νευρικός, απότομος: *είναι νευριάρης, αρπάζετ' εύκολα.*

νευριάρικος, -η, -ο, αυτός που ταιριάζει ή αναφέρεται στον *νευριάρη* (βλ. λ.).

νεφταλίνη η, ναφθαλίνη.

νηστεία η, τιμωρία από δάσκαλο σε αμελή ή άτακτο μαθητή που υποχρέωνε τον δεύτερο να παραμείνει έγκλειστος στην τάξη για κάποιες ώρες μετά τη λήξη των πρωινών ή απογευματινών μαθημάτων: *δε διαβάζει καθόλου το παλιόπαιδο· κάθε ημέρα το βάνει νηστεία ο δάσκαλος.*

νηχός ο, σκοπός τραγουδιού, μελωδία: *αυτό το τραγούδι έχει δύσκολο νηχό, δεν μπόρεσα να τον πάρω.*

νιάκαρο το, **1.** βρέφος (της κούνιας, της νάκας): *συνέχεια κλαίει το νιάκαρο, βύζα το να ησυχάσει.* **2.** παιδί αδύναμο: *περιμένεις βοήθεια από το νιάκαρο, ντροπή σου.*

νιάτα τα, εννιάμερα, μνημόσυνο μετά την παρέλευση εννέα ημερών από τον θάνατο κάποιου.

νιάτι το, γινάτι, θυμός: *άμα δε θέλεις, ας είν' καλά το νιάτι σου.*

νιάτωμα το, θύμωμα, εξοργισμός: *γιατί αυτό το νιάτωμά του, δεν κατάλαβα.*

νιατώνω, (μτβ. και αμτβ.) θυμώνω, οργίζομαι: *με νιάτωσ' ο ξάδερφός μου μ' αυτά που μου είπε // νιάτωσ' ο φίλος μου και δε μου μιλάει κάνα μήνα τώρα, αλλ' ας πιει ξίδι να του περάσει.*

νινί το, άνθος της καρυδιάς.

νιογάμπρια τα, νεόνυμφοι, νιόπαντροι: *έχουν τραπέζι στα νιογάμπρια και γλεντάνε.*

νιοτράιστο το, *κόζινο* (βλ. λ.) σακούλι για το υνί και άλλα εργαλεία χρήσιμα στον ζευγολάτη.

νιτερεσιάρης, -α, -ικο, εριστικός, γκρινιάρης: *μ' αυτή τη γυναίκα δεν κάνει κανείς, είναι πολύ νιτερεσιάρα.*

νιτερεσιάρικος, -η, -ο, αυτός που αρμόζει ή ταιριάζει στον *νιτερεσιάρη* (βλ. λ.).

νιτερέσιο το, διαφορά, αντιδικία: *είχαν μεγάλα νιτερέσια τα ξαδέρφια μεταξύ τους και συνέχεια μάλωναν // το νιτερέσιο, νιτερέσιο κι η δουλειά, δουλειά* (παροιμ. φρ.).

νιτσιά η, αγριοκερασιά.

νιτσίσιος, -α, -ο, **1.** αυτός που έχει

σχέση με νιτσιά (βλ. λ.): *νιτσίσιο ξύλο* // *νιτσίσια φύλλα*. **2.** ο καμωμένος από ξύλο νιτσιάς (βλ. λ.): *νιτσίσια μαγκούρα* // *νιτσίσιο ραβδί* κ.λπ.

νοϊέμαι, νοούμαι, θεωρούμαι: *δε νοϊέται μάστορης χωρίς δικά του εργαλεία*.

νόσημο το, χτικιό, φυματίωση: *πέθανε πριν την Κατοχή από νόσημο και τα σκουτιά του τα πετάξανε στη Σγούρνα*.

νόστα η, **1.** νοστιμιά, καλή γεύση: *καμιά νόστα δεν έχει το φαΐ σήμερα, δεν ξέρω γιατί*. **2.** χάρη, κομψότητα: *δεν έχεις νόστα μ' αυτά τα παλιόρουχα, βγάλ' τα σε περικαλώ*.

νταβλαράς ο, άνθρωπος ψηλός και σωματώδης, νταγλαράς: *ολόκληρος νταβλαράς το 'βαλε στα πόδια, όταν του χύμηξε ο κοντοβούτσελος*.

νταβλαρού η (σπάνιος τύπος), νταβλαράς (βλ. λ.).

νταβραντίζω, δυναμώνω υπερβολικά, υπεραναπτύσσομαι: *βρήκε μάσα, έφαγε και νταβράντισε*.

νταβράντισμα το, υπερβολικό δυνάμωμα.

νταβραντώνω, νταβραντίζω (βλ. λ.): *γύρισε νταβραντωμένος από το στρατό*.

ντάκος ο, **1.** τάκος. **2.** ωραία και εύσωμη γυναίκα: *πήρε γυναίκα ντάκο!*

νταλακιάζω, διψώ υπερβολικά, κορακιάζω από τη δίψα: *νταλάκιασα σήμερα στο χωράφι χωρίς μια στάλα νερό*.

νταλαμεσήμερο το, καταμεσήμερο: *πώς ήρθες μες στο νταλαμεσήμερο, δε σε παρούλιανε ο ήλιος;*

νταλασουμάνα η, πολύ μεγαλόσωμη γυναίκα: *είπαμε να 'παιρνε ψηλή γυναίκα, αλλά όχι και τέτοια νταλασουμάνα*.

νταμαριτζής ο, λατόμος, λιθαράς (βλ. λ.), το μαστορόπουλο που φρόντιζε για την εξόρυξη των απαιτούμενων λιθαριών της ανεγειρόμενης οικοδομής.

ντάμι το, καλύβι, αγροικία.

ντανάλια η, τανάλια.

νταρντανοκόριτσο το, ψηλό κι εύσωμο, ωραίο κορίτσι.

ντε (επιφ.), **1.** πρόσταγμα σε ζώα να προχωρήσουν: *ντε, γαϊδαράκο μου, ντε!* **2.** φρ.: **ντε και καλά**, σώνει και καλά, οπωσδήποτε: *ντε και καλά να μας μπάσει σπίτι της και να μας φιλέψει*.

ντεβεκέλης, -ισσα, -ικο, λεβεντάνθρωπος, ανοιχτόκαρδος, παλικαράς: *σ' όλα του, να 'ναι καλά, είναι ντεβεκέλης ο γαμπρός που κάναμε*.

ντεβεκέλικος, -η, -ο, αυτός που ταιριάζει ή αναφέρεται στον ντεβεκέλη (βλ. λ.).

ντενταρούκι το, τενταρούκι (βλ. λ.).

ντένω, ντύνω: *σε ντένω, σε ποδένω και πάλι παράπονο έχεις*.

ντερβισόπαπας ο, λεβεντόκορμος ιερέας, θαρραλέος και με ανώτερες ψυχικές ιδιότητες, λεβεντόπαπας: *ο παπα-Γιώργης στα νιάτα του ήταν σε ούλα του λεβέντης, ντερβισόπαπας σου λέω*.

ντερέκι το, πανύψηλος: *άντρακλας σου λέω, ένα ντερέκι μέχρι εκεί απάνω*.

ντερεκώνω, οριζοντιώνομαι, πεθαίνω: *ντερέκωσε, προτού προλάβουν*

ντερμεντέ να φωνάξουν γιατρό.

ντερμεντέ (επίρρ.), σώνει και καλά, με το στανιό, με το ζόρι: *σου είπα δε χρειαζόμαστε άλλα ξύλα, εσύ ντερμεντέ να φέρεις κι άλλα.*

ντεσκερές ο, σύντομη επιστολή, σημείωμα: *δε μου 'στελνες τόσον καιρό έναν ντεσκερέ να μάθω κι εγώ, η μαύρη μάνα σου, ότι είσαι καλά;*

ντεφαρίκι το, πανέμορφος, πανώριος άνθρωπος ή ζώο: *πήρ' έν' άλογο ο φίλος μου πολύ όμορφο, ένα ντεφαρίκι.*

ντιλάρι το, κυπαρισσόκορμο άτομο: *την είδες την κοντοβούτσαλη, πήρε ένα ντιλάρι ως εκεί απάνω.*

ντιλμπεράκι το, *ντιλμπέρι* (βλ. λ.).

ντιλμπέρι το, άνθρωπος πανέμορφος, πανώριος (μόνο σε δημ. τραγ.): *...ντιλμπέρι, ντιλμπεράκι, θα ειπώ ένα τραγουδάκι.*

ντινέρι το, σφοδρή επίπληξη: *του τράβηξε ένα ντινέρι που ήταν ούλο δικό του.*

ντιρριέμαι, αντιρριέμαι, έχω αντιρρήσεις, διστάζω, ντρέπομαι: *μην ντιρριέσαι, πάγαινε να του ζητήσεις συχώρεση // μην ντιρριέσαι, φάει.*

ντολμπάρα η, ψηλή και σωματώδης γυναίκα, νταρντάνα.

ντορλοντός ο, φασαρία, σαματάς: *είχανε μεγάλο ντορλοντό ψες οι διπλανοί, σα να μαλώνανε μου φάνηκε.*

ντόρτα η, όχι πολύ πηχτή, νερουλή, ρευστή ύλη: *δεν έπηξε το γιαργούτι καλά, ντόρτα γίνηκε // ντόρτα η μουσταλευριά σου, φιλενάδα, δε σου πέτυχε, με το συμπάθιο.*

ντουβώνω, βλασταίνω υπερβολικά, υπερθάλλω: *ντούβωσε το καλαμπόκι και δεν μπορείς να μπεις μέσα.*

ντούζα η, **1.** φουσκωμένη κοιλιά. **2.** φρ.: **ντούζα-πλάκα**, χορτάτος και νηστικός συγχρόνως, μισοχορτασμένος-μισονηστικός (ειρωνικά).

ντουλαπίλα η, μυρωδιά κλειστής ντουλάπας, μουχλίλα: *βγάλε τα ρούχα ν' αεριστούνε, γιατί μυρίζουνε ντουλαπίλα.*

ντουμάνι το, μακρύ εσώρουχο των γιαγιάδων που τα *καλαμόβρακά* (βλ. λ.) του έδεναν ακριβώς κάτω από το γόνατο.

ντούνια τα, φόρμα, άριστη φυσική και ψυχική κατάσταση, μέγιστο δυνάμεων και δυνατοτήτων ενός ατόμου: *αυτόν τον καιρό είναι στα ντούνια του και δουλεύει από το πρωί ως το βράδυ.*

ντουντούκι το, όστρακο, καύκαλο, κέλυφος, περίβλημα: *δεν έσκασε ακόμα το ντουντούκι του κάστανου // η χελώνα δε βγάζει το κεφάλι από το ντουντούκι της, άμα την παρακλουθείς.*

ντουρίζω, αντέχω σε διάρκεια, δεν παλιώνω γρήγορα: *αυτά τα σκουτιά τ' ακριβοπλήρωσα, αλλά ντουρίσαν' απάνω μου.*

ντουσέκι το, στρώμα, κλίνη: *εγώ δε φέγω από το ντουσέκι μου, όποιος και να 'ρθεί μοσαφίρης.*

ντουφεκαλεύρης ο, πάμπτωχος, τεμπέλης: *δεν τον έφαγ' η δουλειά, γι' αυτό και μια ζωή είναι ντουφεκαλεύρης.*

ντουφεκόβεργα η, σύνεργο του αργαλειού, κατάλληλο –μαζί με ειδικό *μίτωμα* (βλ. λ.)– για ανάγλυφα σχέδια στο πανί.

ντράβαλο το, φασαρία, σαματάς: *ακώ ντράβαλα, τι να συβαίνει;*

ντραγουμάνος ο, καπετάνιος, ζορμπάς, αφέντης: *ούλα κι ούλα, δε θα σε βάλουμε και ντραγουμάνο στο κεφάλι μας.*

ντρακαδιάζω, τοποθετώ καυσόξυλα σε ορθογώνια στοίβα: *να τα ντρακαδιάσεις καλά τα ξύλα, να μην πέσουν.*

ντρακάδιασμα το, η ενέργεια και το αποτέλεσμα του *ντρακαδιάζω* (βλ. λ.).

ντρακάς ο, ορθογώνια στοίβα καυσόξυλων.

ντραμουτζάνα η, δαμιτζάνα.

ντριβέλι το, τριβέλι, έγνοια, βασανιστική σκέψη: *μ' αυτήν τη δουλειά που άρχισα, έβαλα μεγάλο ντριβέλι στο μυαλό μου.*

ντριβελίζω, τριβελίζω, βασανίζω, ταλαιπωρώ: *μου ντριβελίζει συνέχεια το κεφάλι να την πάρω μεθαύριο στο πανηγύρι.*

ντρίλια η, τρίλια, τρίλιζα, παιγνίδι κατά το οποίο δυο παίχτες μετακινούν καθένας τρία, εννιά ή δώδεκα χαλίκια διαφορετικού μεγέθους ή χρώματος σε τριπλό, εννεαπλό ή δωδεκαπλό τεράπλευρο, χαραγμένο σε πλάκα ή στο έδαφος.

ντρίλινος, -η, -ο, ο κατασκευασμένος από ντρίλι, ευτελές ύφασμα εμπορίου για λαϊκές ενδυμασίες: *ντρίλινο σακάκι // ντρίλινο παντελόνι.*

ντριμαλεύουμαι, 1. χουζουρεύω, κυλιέμαι στο κρεβάτι, χαϊδεύομαι: *σήκω, μην ντριμαλεύεσαι, να κάνεις και καμιά δουλειά.* 2. επιδίδομαι σε ερωτικά παιχνίδια: *ούλη την ημέρα ντριμαλεύουνται, δεν κάνουν και τίποτ' άλλο.*

ντριτσινάω, τσινάω, κλοτσάω: *μην πας κοντά στο μουλάρι, γιατί ντριτσινάει.*

ντρούδα η, 1. μικρή ποσότητα πράγματος. 2. μπουκιά: *δε μου δίνεις μια ντρούδα ψωμί να βάλω στο στόμα μου, έχω μια λιγούρα.*

ντρούμιζες οι, τριφτιάδα (βλ. λ.).

ντρουμπούκι το, κώνος, ρόκα του καλαμποκιού.

ντυμασιά η, ένδυση, ντύσιμο: *την προσέχει πολύ την ντυμασιά της.*

ντώνω, 1. (μτβ.) χαλαρώνω, λασκάρω: *μην του το ντώνεις και πολύ το σκοινί, δεν έχει εμπιστοσύνη.* 2. (αμτβ.) α. λιώνω: *δεν έντωσ' ο πάγος ακόμα, για να ξεκινήσεις;* β. αποσύρομαι, φεύγω: *για να ντώνει ένας-ένας, πρέπει και να κοιμηθούμε απόψε.*

ντώσιμο το, 1. χαλάρωση. 2. λιώσιμο. 3. αποχώρηση.

ντωτός, -ή, -ό, 1. χαλαρός: *η ίγγλα είναι ντωτή, θα ξεσαμαρίσει ο γάιδαρος.* 2. ρευστός, όχι όσο πρέπει πηχτός: *το ζυμάρι είναι πολύ ντωτό, βάλε ακόμ' αλεύρι.*

νυφαδιά η, νυφαριά (βλ. λ.).

νυφαριά η, (απαξιωτικά) νύφη, σύζυγος του γιου ή του αδελφού: *δε μου 'φτειαξ' ούτ' έναν καφέ η νυφαριά μου.*

νύχτιωμα το, νύχτωμα, σουρούπωμα: *με το νύχτιωμα θα 'χω γυρίσει.*

νυχτιώνω, (μτβ. και αμτβ.) νυχτώνω, με πιάνει νύχτα, καθυστερώ: *με νύχτιωσες με την κουβέντα σου // ενύχτιωσα και βράδιασα και πού θα μείν' απόψε* (δημ. τραγ.).

νυχτοβόσκημα το, **1.** νυχτερινή βόσκηση των ζώων. **2.** (μτφ.) νυχτομπερμπάντεμα.

νυχτοβόσκω, **1.** (μτβ.) βόσκω τα γιδοπρόβατα τη νύχτα: *συνέχεια τα νυχτοβόσκει τα ζωντανά του ο Γιώργης*. **2.** (αμτβ., αλληγορικά) επισκέπτομαι ερωτικά γυναίκα τη νύχτα: *από τα νιάτα του νυχτοβόσκει αυτός*.

νυχτοποτίζω, ποτίζω χωράφι ή κήπο τη νύχτα από έλλειψη νερού την ημέρα.

νυχτοπότισμα το, πότισμα τη νύχτα.

νυχτοσκαρίζω, **1.** (μτβ.) οδηγώ τα ζώα για βοσκή τη νύχτα: *το καλοκαίρι πάντα το νυχτοσκαρίζει το κοπάδι του ο Γιάννης*. **2.** (αμτβ.) βόσκω ζώα τη νύχτα: *από μικρό παιδί νυχτοσκαρίζει*.

νυχτοσκάρισμα το, η βόσκηση του κοπαδιού τη νύχτα: *μ' έφαγε το νυχτοσκάρισμα μια ζωή*.

νυχτούλια (επίρρ.), λίγο πριν ξημερώσει, με την κονταυγή: *πρέπει να φύγουμε νυχτούλια, για να προλάβουμε ως το μεσημέρι*.

ξάγγλισμα το, χτένισμα των μαλλιών με αρύ χτένι.
ξαγναντάω, εμφανίζομαι στον ορίζοντα: *μόλις ξαγνάντησα στο διάσελο, είδα κόσμο μαζεμένο στο σπίτι του γείτονά μου.*
ξαγνάντισμα το, εμφάνιση στον ορίζοντα: *με το ξαγνάντισμά του στην Γκιάβιζα τον γνώρισα αμέσως.*
ξαγρυμνάω, 1. ξυπνάω, ξενυστάζω: *είδα ένα κακό όνειρο και ξαγρύμνησα.* 2. μένω άγρυπνος: *με πονούσε ένα δόντι απόψε κι οληνύχτα ξαγρύμνησα.*
ξαγρύμνισμα το, 1. ξύπνημα. 2. αγρυπνία.
ξάγρυμνος, -η, -ο, ξυπνητός, άγρυπνος.
ξαδρυμάω, ξαγρυμνάω (βλ. λ.).
ξαδρύμισμα το, ξαγρύμνισμα (βλ. λ.).
ξάδρυμος, -η, -ο, ξάγρυμνος (βλ. λ.).
ξαιμάτωμα το, το αποτέλεσμα του ξαιματώνουμαι (βλ. λ.).
ξαιματώνουμαι, 1. χάνω μεγάλη ποσότητα αίματος από αιμορραγία: *έτρεχε για ώρα σαν αυλάκι το αίμα από το τραύμα στο πόδι του, ξαιματώθηκε και πέθανε.* 2. δεν έχω την κανονική ποσότητα αίματος από αρρώστια, ασιτία κ.λπ.: *από την αφαγανίλα ξαιματώθηκε μπίτι, τρομάρα του.*

ξαιμάτωτος, -η, -ο, αυτός που δεν έχει, από αιμορραγία ή άλλο λόγο, κανονική ποσότητα αίματος: *φαίνεται από το κιτρινιάρικο χρώμα του ότι είναι ξαιμάτωτος.*
ξαμήνια τα, εξάμηνο μνημόσυνο: *την Κυριακή έχουμε τα ξαμήνια του μακαρίτη του παππού.*
ξάμωμα το, το σήκωμα του χεριού απειλητικά, για να χτυπήσει ή να απομακρύνει κάποιον: *με το ξάμωμα φοβήθηκε και το 'βαλε στα πόδια.*
ξαναγγρίζω, ξαναθίγω συζητημένο και τελειωμένο θέμα: *κατάλαβε το σφάλμα του και δεν ξανάγγρισε κουβέντα για την υπόθεση.*
ξανακοτάω, ξανατολμάω: *ξανακότα, αν σου βαστάει, να κλέψεις σταφύλια και θα ιδείς πόσες θα φας.*
ξανάρτυγος, -η, -ο, χωρίς αρτυμή, ανάρτυτος, νηστήσιμος: *τα φασόλια είναι μπίτι ξανάρτυγα σήμερα.*
ξανάσα η, αναπνοή, ξεκούραση, ξανάσασμα: *σιγά, να πάρουμε μια ξανάσα και να συνεχίσουμε.*
ξαναφαίνω, ξεπροβάλλω από μέρος που δεν φαινόμουν: *ξανάφανε το λεωφορείο στη στροφή του Αγίου Κωνσταντίνου* // *λαχταράω να σε ιδώ να ξαναφάνεις στο διάσελο.*
ξανεντροπιά η, αδιαντροπιά, ξετσιπωσιά.

ξανέντροπος, -η, -ο, αδιάντροπος, αναιδής.
ξανόρεχτα (επίρρ.), ανόρεχτα, χωρίς όρεξη.
ξάριος, -ια, -ιο, (για τόπο) χωρίς βλάστηση, γυμνός: *καρτέραγε το λαγό να βγει στο ξάριο, για να τον χτυπήσει.*
ξαρμυριάζω, ξαρμυρίζω, αφαιρώ την αρμύρα, αφαλατώνω: *να βάλεις τον μπακαλιάρο από νωρίς να ξαρμυριάσει και να του αλλάξεις πολλές φορές το νερό.*
ξαρμύρισμα το, η ενέργεια και το αποτέλεσμα του ξαρμυριάζω (βλ. λ.).
ξαρχής (επίρρ.), εξαρχής, από την αρχή: *έπρεπε να μου το ειπείς από ξαρχής ότι δεν μπορούσες να με βοηθήκεις, για να κανόνιζα την πορεία μου.*
ξαστερόγλωσσος, -η, -ο, **1.** αυτός που μιλάει καθαρά, που δεν κομπιάζει, που δεν τραυλίζει. **2.** ανάγωγος, αυθάδης: *πολύ ξαστερόγλωσση είναι η τσιουπίτσα και δε μ' αρέσει.*
ξάστρα η, λανάρι, εργαλείο που ξαίνουν μαλλιά.
ξεβγαίνω, **1.** (μτβ.) συναγωνίζομαι: *ξεβγαίνουμε στην πηλάλα;* **2.** (αμτβ., για φρούτα, καρπούς κ.λπ.) περνά η εποχή μου: *τώρα ξεβγήκαν τα σύκα, άιντε και του χρόνου να 'μαστε καλά να ξαναφάμε.*
ξεβουρτσίζω, **1.** γδέρνω, αφαιρώ το δέρμα τραβηχτά. **2.** απολεπίζω.
ξεβραχιονίζουμαι, ξεμπρατσώνομαι, ανασκουμπώνομαι: *ξεβραχιονίστηκε, για να ζυμώσει.* Το ενεργ. **ξεβραχιονίζω** (σπάνιος τύπος), ξεμπρατσώνω: *ξεβραχιόνισέ με, γιατί δε μου 'ρχεται χέρι.*
ξεβραχιόνισμα το, ξεμπράτσωμα.
ξεγάνωμα το, το αποτέλεσμα του ξεγανώνω (βλ. λ.).
ξεγανώνω, αφαιρώ, καταστρέφω το γάνωμα κασσιτερωμένου μετάλλου (ιδίως για χαλκώματα): *η πολυκαιρία τα ξεγάνωσε τα χαλκώματα και πρέπει να φωνάξουμε τον καλατζή.*
ξέγελος, -η, -ο, γελαστός, ανοιχτόκαρδος: *ξέγελο κορίτσι η Ελένη.*
ξεγερεύω, αναρρώνω, δυναμώνω, συνέρχομαι από αρρώστια κ.λπ.: *με τα φάρμακα και το καλό φαΐ ξεγέρεψε γλήγορα το άρρωστο παιδί.*
ξεγκούσα η, ξέδομα, χαρά, ανακούφιση: *είπα κι εγώ να σε παντρέψω, για να ιδώ λίγη ξεγκούσα, αλλά πού.*
ξεγκουφιάζω, **1.** ξεγοφιάζω, εξαρθρώνω γοφό: *έπεσε κι έπαθε μεγάλη ζημιά· ξεγκούφιασε το δεξί του πόδι.* **2.** σπάζω τα γκοφιά χτένας-χτενιού κ.λπ.: *σιγά-σιγά με τ' αγριόμαλλά της την ξεγκούφιασε την τσατσάρα.* Το μ. **ξεγκουφιάζουμαι**, ξεγοφιάζομαι, εξαρθρώνομαι.
ξεγκούφιασμα το, η ενέργεια και το αποτέλεσμα του ξεγκουφιάζω (βλ. λ.).
ξεγκρίλωμα το, το αποτέλεσμα του ξεγκριλώνουμαι (βλ. λ.).
ξεγκριλώνουμαι, αδυνατίζω, ισχναίνομαι, ιδιαίτερα στο πρόσωπο, από ασιτία ή αρρώστια: *ξεγκριλώθηκε από την παλιαρρώστια, μόνο τ' αφτιά και τα μάτια του μείνανε.*
ξεγονατιάζω, ράβω μπάλωμα στο τρύπιο στο γόνατο παντελόνι: *δεν προλαβαίνει να ξεγονατιάζει τα παντελόνια του κανακάρη της.*
ξεγονάτιασμα το, το μπάλωμα του

φθαρμένου γονάτου του παντελονιού.

ξεγναλίζω, γυαλίζει, αποκτά λάμψη το πρόσωπό μου μετά από ανάπαυση, αποκατάσταση υγείας κ.λπ.: *του 'κανε πολύ καλό η ξεκούραση και το μπόλικο φαγητό· ξεγυάλισε το πρόσωπό του.*

ξεγυάλισμα το, το αποτέλεσμα του ξεγυαλίζω (βλ. λ.).

ξεγυριστός, -ή, -ό, από τη μια άκρη στην άλλη, ολόκληρος: *έφαγε μια ξεγυριστή φέτα ψωμί και τυρί.*

ξεδηλάω, 1. (μτβ.) εξηγώ, ερμηνεύω όνειρο: *είδα ένα κακό όνειρο και ήρθα να μου το ξεδηλήσεις.* **2.** (αμτβ., για όνειρο) πραγματοποιούμαι, βγαίνω, επαληθεύομαι: *το κακό το όνειρο στις τρεις ημέρες ξεδηλάει* (παροιμ.).

ξεδήλημα το, πραγματοποίηση, επαλήθευση ονείρου: *δεν το περίμενα τόσο γλήγορα το ξεδήλημα του παλιόνειρου που είδα χτες το βράδυ.*

ξεδογιάζουμαι, για ξυλοβάρελο, φεύγουν οι δόγες μου από τη θέση τους, διαλύομαι: *φύρανε το βαγένι και ξεδογιάστηκε.*

ξεδόγιασμα το, η αποσύνθεση του ξυλοβάρελου (καδιού, βαγενιού κ.λπ.).

ξεζαλούκωμα το, η ενέργεια και το αποτέλεσμα του ξεζαλουκώνουμαι (βλ. λ.).

ξεζαλουκώνουμαι, κατεβάζω από τους ώμους αυτόν που είχα φορτωθεί, που είχα ζαλουκωθεί (βλ. λ.).

ξεζαλώνω, ξεφορτώνω τη ζαλιά: *μόλις ξεζαλώθηκε και μπήκε στο σπίτι, έμαθε το θλιβερό μαντάτο.*

ξεζέγνω, ξεζεύω, ελευθερώνω τα ζώα από τον ζυγό: *ξέζεψα τα ζα κι έφυγα, γιατί μ' έπιασε βροχή.*

ξεζορίζω, οργώνω, καλλιεργώ με τα ζώα τις άκρες χωραφιού, εργασία δύσκολη εξαιτίας φυσικών και τεχνητών εμποδίων (μαντρότοιχοι, διπλανά σπαρτά κ.λπ.).

ξεζόρισμα το, το όργωμα των άκρων του χωραφιού: *το ξεζόρισμα είναι ζόρικο και για τα ζα και για το ζευγολάτη.*

ξέθαλμα το, ξέδομα, ξέσκασμα, απομάκρυνση στενοχώριας.

ξεθέλνω, ξεδίνω, ξεσκάζω, αποδιώχνω τη στενοχώρια: *είπα να βγω μια βόλτα να ξεθάλω.*

ξεθρακάω, ανακατεύω τη θράκα, σκαλίζω τη φωτιά: *ξεθράκα λίγο τη φωτιά να πάρω μια πύρα.*

ξεθρακώνω, ξεθρακάω (βλ. λ.).

ξεθυμάζω, βγάζω εξανθήματα (σπυράκια) στα χείλη, μετά από κρυολόγημα, αδιαθεσία κ.λπ.

ξεθύμωτος, -η, -ο, ο χωρίς θυμό, ξεθυμωμένος: *δεν τον θυμάμαι και ποτέ ξεθύμωτο.*

ξεϊγγλώνω, λύνω την ίγγλα του σαμαριού του ζώου: *να ξεϊγγλώσεις το μουλάρι, και πρόσεχε να μη σε κλοτσήσει.*

ξεΐγγλωτος, -η, -ο, **1.** (για ζώο) αυτός που δεν είναι δεμένη η ίγγλα του. **2.** (μτφ.) ατημέλητος, ασουλούπωτος, αυτός που του κρέμονται άτσαλα τα ρούχα, του πέφτουν τα παντελόνια κ.λπ.: *όποτε και να τον ιδείς, ξεΐγγλωτος θα 'ναι.*

ξεκακίζω, κακιώνω, θυμώνω: *από τότε που μαλώσαμε, ξεκάκισε και δεν ξαναφάνηκε.*

ξεκάκισμα το, κάκιωμα, θυμός.
ξεκαλίγωμα το, η ενέργεια και το αποτέλεσμα του ξεκαλιγώνω (βλ. λ.).
ξεκαλιγώνω, αφαιρώ τα πέταλα από υποζύγιο: *ξεκαλιγώθηκε το μουλάρι και δεν μπορεί να πατήσει*.
ξεκαλίγωτος, -η, -ο, (για ζώα) αυτός που δεν έχει πέταλα: *ο καράς είναι ξεκαλίγωτος και δυσκολεύεται να περπατήσει*.
ξεκαπνίζω, ξεκαπνίζω, αφαιρώ καπνιά: *να ξεκαπινίσεις τον μπουχαρέ, γιατί από την πολλή καπνιά δεν τραβάει*.
ξεκαπίνισμα το, ξεκάπνισμα.
ξεκαυκαλιάζω, **1.** αφαιρώ το καύκαλο, το όστρακο: *βρήκε μια χελώνα και βάλθηκε να την ξεκαυκαλιάσει*. **2.** αφαιρώ την κρούστα σπυριού του δέρματος: *ξεκαυκάλιασα άθελά μου το σπυρί και μάτωσε*. **3.** ξεριζώνω: *πήγε στ' αμπέλι και ξεκαυκάλιασε ούλα τα ξερά κλήματα*.
ξεκαυκάλιασμα το, η ενέργεια και το αποτέλεσμα του ξεκαυκαλιάζω (βλ. λ.).
ξεκαυκάλωμα το, ξεκαυκάλιασμα (βλ. λ.).
ξεκαυκαλώνω, ξεκαυκαλιάζω (βλ. λ.).
ξεκεφάλωμα το, αποτέλειωμα, ξεμπέρδεμα.
ξεκεφαλώνω, αποτελειώνω, βρίσκω άκρη, ξεμπερδεύω: *είχε πολλή δουλειά, πού να ξεκεφαλώσει σε μια ημέρα*.
ξεκλωνιάζω, αποσπώ κλώνους φυτού, δέντρου.
ξέκλωνος, -η, -ο, δέντρο, φυτό με αραιούς κλάδους: *η καρυά μας είναι ξέκλωνη και πολύ δύσκολα τη ραβδίζουμε*.
ξεκοκοσιάζω, αφαιρώ το πράσινο περίβλημα του καρυδιού: *δεν ξεκοκοσιάζονται τα καρύδια, αν δεν έχουν σκάσει*.
ξεκοκόσιασμα το, η ενέργεια και το αποτέλεσμα του ξεκοκοσιάζω (βλ. λ.).
ξεκολαριάζω, ξεζορίζω (βλ. λ.).
ξεκολάριασμα το, ξεζόρισμα (βλ. λ.).
ξέκοπος, -η, -ο, αυτός που γίνεται με ανάθεση εργασίας κατ' αποκοπή (αμοιβή υπολογιζόμενη εκ των προτέρων συνολικά για όλη την εργασία και τα απαιτούμενα υλικά, και καταβαλλόμενη συνήθως εφάπαξ κι όχι σε ημερομίσθια): *το 'δωκα ξέκοπο το χτίσιμο του σπιτιού, να 'χω το κεφάλι μου ήσυχο*.
ξεκοπρίζω, **1.** (για ζώα) βγαίνω από το κοπρισμένο μαντρί στο ύπαιθρο: *τα σκάρισε λίγο τα γίδια να ξεκοπρίσουν*. **2.** (μτφ.) αλλάζω θέση, μετακινούμαι από ένα μέρος που περνώ πολλές ώρες σε άλλο: *έβγα και λίγο από το σπίτι να ξεκοπρίσεις*.
ξεκόπρισμα το, το αποτέλεσμα του ξεκοπρίζω (βλ. λ.).
ξεκοριάζω, αποσπώ την κόρα από το ψωμί ή την κρούστα από σπυρί κ.λπ.: *μην το ξεκοριάζεις το ψωμί, την ψυχιά ποιος θα τη φάει*; // *μην ξεκοριάζεις το σπυρί, θα το μολέψεις*.
ξεκόριασμα το, η ενέργεια και το αποτέλεσμα του ξεκοριάζω (βλ. λ.).
ξεκουμπίδια τα, βίαιη απομάκρυνση: *ξεκουμπίδια από 'δώ* (απομακρύνσου, εξαφανίσου, χάσου από τα μάτια μου).
ξεκουπιάζω, εξαρθρώνω: *του τράβη-*

ξε με μεγάλη δύναμη το χέρι και του το ξεκούπιασε.
ξεκούπιασμα το, εξάρθρωση.
ξεκράγκωμα το, ξεμούδιασμα, ξεπιάσιμο.
ξεκραγκώνω, ξεμουδιάζω από κρύο, ξεκοκκαλώνω, ξεπιάνομαι: *να ζεστάνω λίγο τα χέρια μου, να ξεκραγκώσουν.*
ξεκωλιάζω, 1. αφαιρώ τον πάτο: *σκούριασε και ξεκωλιάστηκε ο ντενεκές.* **2.** (μτφ.) καταπονιέμαι, απαυδώ: *ξεκωλιαστήκαμε να δουλεύουμε σήμερα.*
ξεκωλιάρης, -α, -ικο, **1.** ο χωρίς βάση, χωρίς πάτο: *τι μου την έδωκες αυτήν τη γλάστρα την ξεκωλιάρα;* **2.** κίναιδος, αχρείος, τιποτένιος: *σίγουρα αυτός ο ξεκωλιάρης την έκανε τη ροφιανιά.*
ξεκωλιάρικος, -η, -ο, αυτός που σχετίζεται ή αναφέρεται στον ξεκωλιάρη (βλ. λ.).
ξεκώλιασμα το, η πράξη και το αποτέλεσμα του ξεκωλιάζω (βλ. λ.).
ξεκώλωμα το, η ενέργεια και το αποτέλεσμα του ξεκωλώνω (βλ. λ.).
ξεκωλωμός ο, **1.** ξερίζωμα. **2.** μετοίκηση. **3.** άδειασμα. **4.** εξαφάνιση, καταστροφή.
ξεκωλώνω, ξεριζώνω: *ο παλιαέρας το ξεκώλωσε τ' αραποσίτι, δεν άφηκε τίποτα.* Το μ. **ξεκωλώνουμαι**, (μτφ.) **1.** φεύγω από ένα μέρος που μένω μόνιμα: *ούλοι ξεκωλώθηκαν από το χωριό μετά την Κατοχή και πήγανε στην Αθήνα.* **2.** αδειάζω: *ξεκωλώθηκε δυο ημέρες το χωριό, ούλοι πήγαν στο πανηγύρι.* **3.** εξαφανίζομαι, παύω να υπάρχω, καταστρέφομαι: *με το θάνατό του ξεκωλώθηκε το σόι του, δεν έμεινε πια κανένας.*
ξέλαση η, αγροτική εργασία (σκάλισμα, βοτάνισμα, θερισμός κ.λπ.), στην οποία συμμετέχουν εκούσια και χωρίς αμοιβή φίλοι και συνάδελφοι: *το Σαββάτο θα 'χουμε ξέλαση, αν μπορείτε, ελάτε να μας βοηθήκετε.*
ξελαχιουρίζω, 1. προγκάω, απομακρύνω με φωνές ζώα: *τα ξελαχιούρισε τα ζα και φύγανε.* **2.** (μτφ.) μαλώνω, αποδιώχνω κάποιον: *μου 'πε κάτι κουβέντες άπρεπες και τον ξελαχιούρισα.*
ξελαχιούρισμα το, πρόγκισμα, μάλωμα, αποπομπή.
ξελημεριάζω, περνώ την ημέρα: *ξελημέριασα να σε περιμένω, αλλά συ πού να φανείς.*
ξελημέριασμα το, η πράξη και το αποτέλεσμα του ξελημεριάζω (βλ. λ.).
ξελιγούρι το, φαγώσιμο με το οποίο περνάει η λιγούρα.
ξελιγουριάζω, μου φεύγει η λιγούρα τρώγοντας κάτι: *ας είσαι καλά, ξελιγουριάζω μ' εκείνες τις σταφίδες που μου 'φερες.*
ξελιγουριαστικό το, ξελιγούρι (βλ. λ.): *καρτέραγα πως ούλο και θα μου 'φερνες κάνα ξελιγουριαστικό, αλλά τίποτα.*
ξελιθαρίζω, καθαρίζω από πέτρες το χωράφι, τον δρόμο κ.λπ.
ξελιθάρισμα το, η ενέργεια και το αποτέλεσμα του ξελιθαρίζω (βλ. λ.).
ξελότζα η, λότζα (βλ. λ.) σε μικρή απόσταση από το σπίτι.
ξεμάγκρωμα το, ξεκράγκωμα (βλ. λ.).
ξεμαγκρώνω, ξεκραγκώνω (βλ. λ.).
ξεμανίκωμα το, η ενέργεια και το

ξεμανικώνω αποτέλεσμα του ξεμανικώνω (βλ. λ.).
ξεμανικώνω, αφαιρώ το στειλιάρι από γεωργικό, ξυλουργικό, οικοδομικό κ.λπ. εργαλείο: *ποιος σου είπε να ξεμανικώσεις χωρίς λόγο την αξίνα;*
ξεμανίκωτος, -η, -ο, (για εργαλεία) χωρίς μανίκι (βλ. λ.): *ξεμανίκωτος κασμάς // ξεμανίκωτο σκεπάρνι κ.λπ.*
ξεμαυλίζω, ξεγελώ, παρασύρω, εξαπατώ: *ξεμαύλισε το σκυλί με λίγο ψωμί ο κλέφτης και μπήκε στο σπίτι.*
ξεμαύλισμα το, η ενέργεια και το αποτέλεσμα του ξεμαυλίζω (βλ. λ.).
ξεμεινεμένος, -η, -ο, αυτός που ξεμένει, που δεν αλλάζει θέση, που απομένει: *το βρήκα το ζωντανό ξεμεινεμένο και το συμμάζεψα.*
ξεμεσιάζω, καταπονώ τη μέση κάποιου (ανθρώπου ή υποζυγίου) με υπερβολική φόρτωση: *θα το ξεμεσιάσεις το ζωντανό με τόσο βάρος που το φόρτωσες.*
ξεμέσιασμα το, η ενέργεια και το αποτέλεσμα του ξεμεσιάζω (βλ. λ.).
ξεμονεύω, αποχωρίζω, ξεχωρίζω, αραιώνω: *να τον ξεμονέψεις το βασιλικό να μεγαλώσει.*
ξεμουδιάω, ξεμουδιάζω: *πυρώνω τα χέρια μου, αλλά δεν ξεμουδιάνε.*
ξεμουνουχάω, σκαλίζω, ανακατεύω: *ξεμουνούχα τη φωτιά να δυναμώσει // ξεμουνούχα τα χαρτιά (ανακάτεψε την τράπουλα).*
ξεμουνούχισμα το, σκάλισμα, ανακάτεμα.
ξεμπαγλιστάω, μπαϊντίζω, καταβάλλομαι από μεγάλη κούραση ή στενοχώρια: *ξεμπαγλίστησα σήμερα μες στη ζέστη να βγάνω ρόβη.*
ξεμπαγλίστημα το, μπαϊντισμα.

ξεμπαϊριάζω, μετατρέπω το *μπαΐρι* (βλ. λ.) σε γόνιμο χωράφι.
ξεμπαΐριασμα το, η ενέργεια και το αποτέλεσμα του ξεμπαϊριάζω (βλ. λ.).
ξεμπιρμπίλωμα το, η ενέργεια και το αποτέλεσμα του ξεμπιρμπιλώνω (βλ. λ.).
ξεμπιρμπιλώνω, κόβω το λιωμένο μέρος ρούχου ή οποιουδήποτε φθαρμένου υφάσματος και τοποθετώ στη θέση του, ράβοντάς το με βελόνα, καινούργιο κομμάτι: *τα καταφέρνει τόσο καλά να ξεμπιρμπιλώνει λιωμένα σκουτιά, που το μπάλωμα με δυσκολία διακρίνεται.*
ξεμπλέγω, ξεμπλέκω: *δεν ξεμπλέγεις εύκολα από δαύτον, είναι νιτερεσιάρης.*
ξεμπουμπούλωμα το, η ενέργεια και το αποτέλεσμα του ξεμπουμπουλώνω (βλ. λ.).
ξεμπουμπουλώνω, αφαιρώ ριχτό κάλυμμα κεφαλής και προσώπου.
ξεμπουρλούκωμα το, η ενέργεια και το αποτέλεσμα του ξεμπουρλουκώνω (βλ. λ.).
ξεμπουρλουκώνω, 1. ανακατώνω τα μαλλιά κεφαλιού: *παίζανε και της ξεμπουρλούκωσε τα μαλλιά.* 2. (γενικά) ανακατώνω, τραβολογάω τα ρούχα κάποιου: *της όρμηξε και της ξεμπουρλούκωσε τα σκουτιά.*
ξεμπουρλούκωτος, -η, -ο, 1. ο με αχτένιστα, ανακατεμένα μαλλιά, ατημέλητη κόμη. 2. (γενικά) ακατάστατος, τσαπατσούλης: *σαν κι αυτήν το σπίτι της, είναι ξεμπουρλούκωτο.*
ξεμπουτσώνουμαι, λύνω, βγάζω το δεμένο κάτω από το σαγόνι *μπαρέζι* (βλ. λ.): *γιατί ξεμπουτσώθηκες, θα*

κρυάνεις.

ξεμπούτσωτη η, γυναίκα με λυμένο ή βγαλμένο εντελώς το *μπαρέζι* (βλ. λ.): *πού πας ξεμπούτσωτη χήρα γυναίκα, θα σε παραξηγήσουνε*.

ξεμπροσταίνω, ξεμπροστιάζω, έρχομαι σε αντιπαράσταση με κάποιον και μπροστά σε άλλους τον ξεσκεπάζω για πράγματα που έκανε ή είπε κακόπιστα και συκοφαντικά για μένα ή δικό μου πρόσωπο: *τον ξεμπρόστησε τον παλιάνθρωπο όπως του άξιζε προχτές στην αγορά και τον έκανε να μαζέψει τα βρεμένα του και να φύγει*.

ξεμπροστουριάζω, ξεκοιλιάζω, βγάζω τα έντερα του σφάγιου: *ξεμπροστούριασε τ' αρνί και μάζεψε τ' άντερα πλεξίδα για τη μαγερίτσα*.

ξεμπροστούριασμα το, η ενέργεια και το αποτέλεσμα του *ξεμπροστουριάζω* (βλ. λ.).

ξεναδερφή η, ετεροθαλής αδερφή.

ξεναδερφός ο, ετεροθαλής αδερφός.

ξενηστικομάρα η, μεγάλη πείνα: *είχε τέτοια ξενηστικομάρα, που έφαγε ένα καρβέλι ψωμί στην καθισιά του*.

ξενηστικώνουμαι, πεινάω πολύ, ξεθεώνομαι στην πείνα: *ξενηστικώθηκε το παιδί, δώσ' του κάτι να φάει*.

ξενογαμήσι το, συνεύρεση άντρα με ξένη γυναίκα: *δε σταμάτησε και ποτέ του το ξενογαμήσι, τέτοιος ήτανε μια ζωή*.

ξενοτρώ, ξενοτρώω (βλ. λ.).

ξενοτρώω, 1. τρέφομαι από ξένους, καλούμαι συχνά σε τραπέζια: *πάλι θα ξενοφάτε σήμερα;* 2. (μτφ.) έχω εξωσυζυγικές ερωτικές σχέσεις: *μια ζωή ξενοτρώει· έχει φάει κέρατο η κακομοίρα η γυναίκα του!*

ξενοφάι το, φαγητό που δέχεται κάποιος από ξένο (φίλεμα ή από συμφωνία εργασίας κ.λπ.): *βλέπω πως κάθε τόσο δε σου λείπει το ξενοφάι*.

ξενοψωμίζω, ξενοτρώω (βλ. λ.).

ξενοψώμισμα το, παροχή τροφής από ξένους.

ξεντακουνιάζω, αποσπώ το τακούνι του παπουτσιού: *στραβοπάτησα και ξεντακούνιασα το παπούτσι μου· είμαι τώρα για τον τσαγκάρη*.

ξεντακούνιασμα το, η ενέργεια και το αποτέλεσμα του *ξεντακουνιάζω* (βλ. λ.).

ξεντουντουκιάζω, αφαιρώ το *ντουντούκι* (βλ. λ.), ξεκαυκαλίζω: *μαζέψαμε λίγα κάστανα και τα ξεντουντουκιάζουμε*.

ξεντουντούκιασμα το, η ενέργεια και το αποτέλεσμα του *ξεντουντουκιάζω* (βλ. λ.).

ξεντροπιάζω, κάνω κάποιον να μην ντρέπεται για κάποια ενέργεια, πράξη ή παράλειψή του: *του είπα πως πήγα εγώ για πάρτη του στην ξέλαση του ξάδερφού του και τον ξεντρόπιασα*. Το μ. **ξεντροπιάζουμαι**, 1. παύω να ντρέπομαι για κάτι που είπα ή έκανα: *του ζήτησα συγγνώμη γι' αυτά που είχα ειπεί εναντίον του και ξεντροπιάστηκα*. 2. ξεϋποχρεώνομαι: *πήγα και τον βόηθηκα στο θέρο και ξεντροπιάστηκα για τη δική του βοήθεια σε μένα πέρσι*. 3. βγαίνω από δύσκολη θέση: *ευτυχώς που είχα φαΐ και πρόσφερα στους ανεπάντεχους μοσαφιραίους μου και ξεντροπιάστηκα (αν δεν

ξεντρόπιασμα 139 **ξεπύτιασμα**

είχα, θα 'νιωθα ντροπιασμένη).
ξεντρόπιασμα το, το αποτέλεσμα του ξεντροπιάζω (βλ. λ.).
ξεντρούλιαμα το, η ενέργεια και το αποτέλεσμα του ξεντρουλιαίνω (βλ. λ.).
ξεντρουλιαίνω, κουράζω, γίνομαι πληκτικός, ταλαιπωρώ: *μας ξεντρούλιανε η ευλογημένη με την πολυλογία της.*
ξενυχτάω, (καλά ή κακά, ευχάριστα ή δυσάρεστα) περνάει η νύχτα μου, καλοκοιμάμαι ή κακοκοιμάμαι: *πόναγα πολύ απόψε και κιντύνεψα να ξενυχτήσω // πώς να ξενυχτήσει (πώς να κοιμηθεί) νηστικός ο άνθρωπος;*
ξεπετσιάζω, 1. αφαιρώ την πέτσα, την επιδερμίδα, γδέρνω: *να ξεπετσιάσεις καλά τον μπακαλιάρο και να τον βάλεις να ξαρμυριάσει.* **2.** αφαιρώ την κρούστα από την επιφάνεια υγρού, ιδίως γάλακτος κ.λπ.: *να το ξεπετσιάσεις πρώτα το γάλα και μετά να το πήξεις.*
ξεπέτσιασμα το, η ενέργεια και το αποτέλεσμα του ξεπετσιάζω (βλ. λ.).
ξεπιάσιμο το, **1.** απαλλαγή από πιάσιμο κάπου: *το ξεπιάσιμο από βάτο δεν είναι εύκολο.* **2.** ξεμούδιασμα, γιατρειά αγκύλωσης κ.λπ.
ξέπιασμα το, ξεπιάσιμο (βλ. λ.).
ξεπιτούτου (επίρρ.), επίτηδες, επί τούτου: *ήρθα ξεπιτούτου να σε ιδώ.*
ξεπλατιστά (επίρρ.), έντονα, δυνατά, ώστε να κινδυνεύει να εξαρθρωθεί η ωμοπλάτη: *χτυπούσε ξεπλατιστά με την τέμπλα τα κλωνάρια, για να πέσουν τα καρύδια.*
ξεπονάω, μου περνάει η στενοχώρια,

ο ψυχικός πόνος, όταν ξαναβλέπω αγαπημένο πρόσωπο που απουσίαζε για πολύν καιρό: *γύρισες, παιδάκι μου, σε είδα και ξεπόνεσα.*
ξεπόνεμα το, το αποτέλεσμα του ξεπονάω (βλ. λ.).
ξεπουντούλωμα το, εξαφάνιση, εξολοθρεμός, καταστροφή: *μα τέτοιο ξεπουντούλωμα δεν το περίμενε κανείς.*
ξεπουντουλωμός ο, ξεπουντούλωμα (βλ. λ.).
ξεπουντουλώνουμαι, ξεκληρίζομαι, εξαφανίζομαι, χάνομαι: *ξεπουντουλώθηκαν ούλοι απ' αυτό το σόι στη γρίπη του 1917.*
ξεπουσιάζω, αφαιρώ τα *πούσια* (βλ. λ.) από τον κώνο του καλαμποκιού.
ξεπουτσιάζω, 1. τραβώ, αποσπώ το πέος: *σιγά, θα τον ξεπουτσιάσεις τον αδερφούλη σου έτσι που τον τραβάς.* **2.** (για γυναίκα) καταπονώ τον άντρα μου από τη συχνή συνεύρεση: *κοντεύει να τον ξεπουτσιάσει τον άντρα της η λυσσιασμένη.*
ξεπούτσιασμα το, η ενέργεια και το αποτέλεσμα του ξεπουτσιάζω (βλ. λ.).
ξεπρασίζω, ξεκάνω, εκποιώ, χαλάω, καταργώ: *τα ξεπράσισε τα πρόβατα, δεν κράτησε ούτε ένα για μαρτίνι // τις ξεπράσισε τις κότες, γιατί της κοτσιλάγανε την αυλή.*
ξεπράσισμα το, ξέκαμα, εκποίηση, κατάργηση.
ξεπυτιάζω, αφαιρώ την πυτιά (βλ. λ.) από μικρό αρνί ή κατσίκι. Το μ. **ξεπυτιάζουμαι**, πεινώ πάρα πολύ: *ξεπυτιάστηκε το παιδί, δώσ' του να φάει.*
ξεπύτιασμα το, η ενέργεια και το αποτέλεσμα του ξεπυτιάζω (βλ. λ.).

ξεραλέθω, (για μύλο) λειτουργώ το μύλο χωρίς καρπό για δοκιμή, στρώσιμο του λιθαριού κ.λπ.: *τον άφηκα το μύλο καμιά ώρα να ξεραλέσει, για να στρώσει το λιθάρι.*
ξεράλεσμα το, η λειτουργία του μύλου χωρίς καρπό.
ξερατιό το, έμεσμα, ξέρασμα.
ξερογαμήσι το, ανεπιτυχής προσπάθεια για συνουσία.
ξερογαμώ, προσπαθώ να συνουσιασθώ χωρίς αποτέλεσμα, αερογαμώ: *σιγά μην μπορούν να κάνουν τίποτα, έτσι ξερογαμιόνται.*
ξερογελάω, γελάω χωρίς λόγο, άκαιρα, προσποιητά, αμήχανα: *σταμάτα να ξερογελάς, μου τη δίνεις στα νεύρα.*
ξερογιάζω, παύω κάποιον από τη δούλεψή μου: *δεν τον χρειαζόταν άλλο τον τσιοπάνη και τον ξερόγιασε.* Το μ. **ξερογιάζουμαι**, σταματώ να είμαι υπηρέτης σε κάποιον: *ξερογιάστηκε μόνος του, γιατί δεν τον πλήρωνε καλά τ' αφεντικό του.*
ξερόγιασμα το, η ενέργεια και το αποτέλεσμα του ξερογιάζω (βλ. λ.).
ξεροκαΐλα η, στέγνωμα και καούρα του λαιμού: *μ' έπιασε μια ξεροκαΐλα στο λαιμό από τα χτες και υποφέρνω.*
ξεροκατουράω, καταφεύγω σε συχνή ούρηση κατά τη διάρκεια εργασίας προς αποφυγή κόπου, τεμπελιάζω, χασομερώ: *κάνει τάχα μου πως δουλεύει κι όλη μέρα ξεροκατουράει.*
ξεροκατούρημα το, συχνουρία, τεμπελιά, χασομέρι: *να σου λείπουν τα συχνά ξεροκατουρήματα, για δούλευε, να τελειώνουμε καμιά φορά.*
ξεροκοπανάω, επαναλαμβάνω με έμφαση και συνεχώς τα ίδια πράγματα· κάνω παρατηρήσεις, συμβουλές, επισημαίνω λάθη κ.λπ.: *τα ίδια μας ξεροκοπανάς συνέχεια, βαρεθήκαμε να τ' ακούμε.*
ξεροκοπάνημα το, η ενέργεια και το αποτέλεσμα του ξεροκοπανάω (βλ. λ.).
ξεροκουράγιο το, ψευτοκουράγιο (βλ. λ.).
ξερομαχάω, 1. (για ξύλινα δοχεία, βαρέλια κ.λπ.) μένω άδειο και φυραίνω: *ξερομάχησε η βαρέλα και δεν κρατάει το νερό, βάλτε τη στη βρύση να ροκώσει.* 2. (μτφ.) α. επιθυμώ ερωτική συνεύρεση: *ξερομάχησε, φαίνεται, κι έγραψε του άντρα της ντερμεντέ να συντομέψει το ταξίδι του.* β. είμαι πολύ πεινασμένος: *προλίγου έφαγες, πότε ξερομάχησες κιόλας;*
ξερομάχιασμα το, το αποτέλεσμα του ξερομαχάω (βλ. λ.).
ξερομπούκι το, 1. ξεροφαγία, ψωμοφαγία χωρίς προσφάι. 2. πρόχειρο γεύμα χωρίς μαγειρεμένο φαγητό.
ξερόμυλος ο, νερόμυλος που λειτουργεί μόνο το χειμώνα.
ξεροπαγωνιά η, μεγάλη παγωνιά, χωρίς χιόνι ή βροχή και με ξαστεριά: *έχει μια ξαστεριά, αλλά και μια ξεροπαγωνιά που ξουρίζει δεσπότη.*
ξεροπάγωνο το, ξεροπαγωνιά (βλ. λ.).
ξερόρεμα το, χείμαρρος, ξεροπόταμο.
ξεροσκασιάρης, -α, -ικο, 1. αυτός που οι φτέρνες του είναι μόνιμα σκασμένες, έχουν ραγάδες: *ας πλύνει τα πόδια του πρώτα ο ξεροσκασιάρης και μετά κατηγοράει άλλους*

ξεροσκασιάρικος

γι' απλυσιά. **2.** (γενικά) αυτός που έχει σκασίματα, ραγάδες: *ξεροσκασιάρης σουβάς // ξεροσκασιάρα μπομπότα*.

ξεροσκασιάρικος, -η, -ο, αυτός που ταιριάζει ή αναφέρεται στον ξεροσκασιάρη (βλ. λ.).

ξεροσκασίλα η, σκάσιμο, ραγάδα του δέρματος, ιδίως της φτέρνας.

ξεροσκασμένος, -η, -ο, αυτός που έχει σκασίματα, ραγάδες.

ξεροσκάω, σκάζω ελαφρά, παθαίνω επιπόλαιο ρήγμα ή σχισμή: *ξερόσκασ' ο σουβάς σ' εκατό μεριές // ξερόσκασε το χώμα από την αναβροχιά*.

ξεροτοίχι το, τοίχος χωρίς λάσπη, ξερολιθιά: *ξεροτοίχι το 'κανε το καλύβι ο μάστορης, γλήγορα, μου φαίνεται, θα περάσει βρονταμάς*.

ξεροτοιχιά η, ξεροτοίχι (βλ. λ.).

ξερότοιχος ο, ξεροτοίχι (βλ. λ.).

ξεροφάι το, **1.** ξηροφαγία, γεύμα χωρίς μαγειρεμένο φαγητό: *το ξεροφάι συνέχεια δεν υποφέρνεται*. **2.** σκέτο ψωμί, χωρίς προσφάι: *δεν το αντέχω πια το ξεροφάι, χωρίς ούτε μια ελιά, μια στάλα τυρί*.

ξεροφυραίνω, **1.** ξερομαχάω (βλ. λ.). **2.** πεινώ, έχω άδειο στομάχι: *δεν έχεις μια ώρα που έφαγες, πότε ξεροφύρασες κιόλας;*

ξεροχάντακο το, χαντάκι χωρίς νερό, μικρός χείμαρρος.

ξεσαγονιάζω, εξαρθρώνω τα σαγόνια κάποιου. Το μ. **ξεσαγονιάζουμαι**, εξαρθρώνονται τα σαγόνια μου από το πολύ χασμουρητό: *σταμάτα να χασμουριέσαι, θα ξεσαγονιαστείς*.

ξεσαγόνιασμα το, η ενέργεια και το αποτέλεσμα του ξεσαγονιάζω (βλ.

λ.).

ξεσαμαρίζω, (για υποζύγια) ανατρέπω το σαμάρι, και μάλιστα μαζί με το φορτίο: *μου ξεσαμάρισε το μουλάρι και ξεθεώθηκα να το ματαφορτώσω*.

ξεσαμάρισμα το, το αποτέλεσμα του ξεσαμαρίζω (βλ. λ.).

ξεσβελιάζω, (για φωτιά) κινδυνεύω να σβήσω, σιγοκαίω: *ξεσβέλιασ' η φωτιά, βάλτε της κάνα ξύλο να πάρει μπρος*.

ξεσβέλιασμα το, το αποτέλεσμα του ξεσβελιάζω (βλ. λ.).

ξεσβουρτσάω, ξεσβουρτσίζω (βλ. λ.).

ξεσβουρτσίζω, αφαιρώ τραβηχτά το δέρμα, γδέρνω: *να ξεσβουρτσίσεις καλά τον μπακαλιάρο και να τον βάλεις να ξαρμυριάσει*.

ξεσβούρτσισμα το, η ενέργεια και το αποτέλεσμα του ξεσβουρτσίζω (βλ. λ.).

ξεσελάω, ξεσαμαρίζω (βλ. λ.).

ξεσελιάρης, -α, -ικο, **1.** (για ζώο) αυτός που εύκολα και συχνά ξεσελάει (βλ. λ.). **2.** (μτφ., για άντρα) αυτός που του πέφτουν τα παντελόνια και (μτφ., για γυναίκα) αυτή που της κρέμονται άτσαλα οι φούστες της.

ξεσελιάρικος, -η, -ο, αυτός που ταιριάζει ή αναφέρεται στον ξεσελιάρη (βλ. λ.).

ξεσέλισμα το, το αποτέλεσμα του ξεσελάω (βλ. λ.).

ξεσεμπρεύω, ξεσεμπριάζω (βλ. λ.): *με το θάνατο της γυναίκας του ξεσέμπρεψε πια με το σόι της*.

ξεσεμπριάζω, **1.** παύω να είμαι σέμπρος (βλ. λ.) με κάποιον. **2.** (μτφ.) παύω να είμαι εξ αγχιστείας συγγε-

ξεσέμπριασμα 142 **ξεστηθιάζουμαι**

νής μετά τον θάνατο συζύγου.
ξεσέμπριασμα το, η ενέργεια και το αποτέλεσμα του ξεσεμπριάζω (βλ. λ.).
ξεσιγούρεμα το, η ενέργεια και το αποτέλεσμα του ξεσιγουρεύω (βλ. λ.).
ξεσιγουρεύω, παίρνω από τη θέση που είχα σιγουρέψει κάτι: *τα ξεσιγούρεψα τα μουστοκούλουρα από την κασέλα, γιατί τ' ανακαλύψανε τα σκασμένα μου* (τα παιδιά μου).
ξεσιχαίνω, κάνω κάποιον, με λόγο ή έργο, να σιχαθεί, να αηδιάσει: *άσε με, μη με ξεσιχαίνεις μ' αυτό που μου λες // με ξεσίχανε μ' ένα ψοφίμι που μου κουβάλησε η γάτα*. Το μ. **ξεσιχαίνουμαι**, παύω να συμπαθώ κάποιον, αντιπαθώ: *από τότε που τον είδα να βαρεί τη γυναίκα του, τον ξεσιχάθηκα ολότελα*.
ξεσίχαμα το, η ενέργεια και το αποτέλεσμα του ξεσιχαίνω (βλ. λ.).
ξεσκαλτσούνωμα το, ξεκάλτσωμα.
ξεσκαλτσουνώνω, ξεκαλτσώνω: *ξεσκαλτσουνώσου και πήγαινε να κοιμηθείς*.
ξεσκαλτσούνωτος, -η, -ο, ξεκάλτσωτος.
ξεσοΐζω, 1. παύει να υπάρχει το σόι μου, ξεκληρίζεται το γένος μου: *άμα πεθάνει κι ο γερο-Γιάννης, ξεσοΐζει πια το Ροδαίικο*. 2. δεν μοιάζω στους γονείς μου ή σε κανέναν από τους παππούδες μου: *αυτός ξεσόισε ολότελα, ούτε μοιάζει καθόλου πως είναι παιδί του Κώστα*.
ξεσόισμα το, το αποτέλεσμα του ξεσοΐζω (βλ. λ.).
ξεσουρτίζω, βγαίνω από το σπίτι αθόρυβα και χωρίς να ρωτήσω ή να ενημερώσω κανέναν: *τελευταία πολύ ξεσουρτίζεις και δε μ' αρέσει η δουλειά σου*.

ξεσπινάω, ξεσπινίζω (βλ. λ.).
ξεσπινίζω, ξεσπυρίζω, ξεκοκκίζω, βγάζω σπυριά ή καρπούς από το περίβλημά τους ή από όπου αλλού (κώνο καλαμποκιού, ρόδι κ.λπ.): *θα μαζέψουμε ξέλαση να ξεσπινίσουμε το αραποσίτι // η μάνα ολημέρα ξεσπίναγε φασόλια*.
ξεσπίνισμα το, η ενέργεια και το αποτέλεσμα του ξεσπινίζω (βλ. λ.).
ξεσπινιστός, -ή, -ό, (για καρπό ή σπόρο) εκκοκκισμένος, βγαλμένος από το περίβλημά του κ.λπ.: *μέσα στα φασολάκια η μάνα μας έβαζε και λίγα ξεσπινιστά φασόλια* (φρέσκοι, χλωροί καρποί).
ξεσποριάζουμαι, χάνεται η σπορά μου, η διαδοχή μου, εξαφανίζομαι: *πάει κι αυτή η οικογένεια, ξεσποριάστηκε, δεν έμεινε κανείς*.
ξεσπόριασμα το, το αποτέλεσμα του ξεσποριάζουμαι (βλ. λ.).
ξεστειλιάζουμαι, (για εργαλεία) αποχωρίζομαι από το στειλιάρι μου εξαιτίας, συνήθως, συρρίκνωσής του: *φύρανε το μανίκι του και ξεστειλιάστηκε ο κασμάς // αυτό το σκεπάρνι συνέχεια ξεστειλιάζεται, θέλει κάμποσες σφήνες να σφίξει*.
ξεστερνίζω, τελειώνω, επισφραγίζω το φαγητό με κάτι ελάχιστο που αφήνω τελευταίο (τυρί, κρέας, ψωμί κ.λπ.), γιατί μου αρέσει περισσότερο: *άφηκα μια στάλα τυρί να ξεστερνίσω*.
ξεστηθιάζουμαι, ξεστηθώνομαι, αποκαλύπτω το στήθος μου: *τι ξεστηθιάστηκες έτσι, θα πουντιάσεις*.

ξεστήθιασμα το, το αποτέλεσμα του ξεστηθιάζουμαι (βλ. λ.).

ξεστρίβω, 1. ξεβιδώνω: *ξεστρίβω τη βίδα*. 2. επαναφέρω στριμμένο πράγμα στην κανονική θέση του: *ξεστρίβω τις ράντες μου*.

ξεσυγγένεμα το, η ενέργεια και το αποτέλεσμα του ξεσυγγενεύω (βλ. λ.).

ξεσυγγενεύω, παύω να είμαι συγγενής, να έχω συγγενικές σχέσεις με κάποιον ή κάποιους για διάφορους λόγους: α. λόγω θανάτου προσώπου που ήταν συγγενής εξ αγχιστείας: *από τότε που πέθανε η κουνιάδα μου ξεσυγγενέψαμε με τον άντρα της*. β. λόγω ξενιτειάς: *ξεσυγγενέψαμε με τον αδερφό μου που 'ναι στην Αμερκή· πού τον βλέπω;* γ. από αμέλεια: *δεν πάμε, δεν έρχονται, ξεσυγγενέψαμε σου λέω*.

ξεσυνέρια η, ξεσυνέριο, συναγωνισμός, άμιλλα, φαγωμάρα: *στη δουλειά δεν υπάρχει ξεσυνέρια // από την ξεσυνέρια τους πολλές φορές μαλώνουν*.

ξετάζω, εξετάζω, ερευνώ: *δεν ξετάζει δυστυχώς ο χάρος ποιον παίρνει και ποιον αφήνει!*

ξετζιφιάζω, κόβω την *αραποσιτόκλαρα* (βλ. λ.) από τον καρπό και πάνω.

ξετζίφιασμα το, η ενέργεια και το αποτέλεσμα του ξετζιφιάζω (βλ. λ.).

ξετοκιάζω, ξεκληρίζω, εξαφανίζω, καταστρέφω. Το μ. **ξετοκιάζουμαι**, ξεκληρίζομαι, εξαφανίζομαι, καταστρέφομαι: *ολότελα ξετοκιάστηκε αυτή η οικογένεια*.

ξετομαριάζω, γδέρνω, αφαιρώ το δέρμα: *τον ξετομάριασε το λαγό, ώσπου να ειπείς τρία*. Το μ. **ξετομαριάζουμαι**, (για φίδια) αποβάλλω το δέρμα μου: *τα φίδια ξετομαριάζουνται την άνοιξη μόνα τους*.

ξετομάριασμα το, 1. γδάρσιμο. 2. αποβολή δέρματος.

ξετρίβω, μαθαίνω, ασκείται, ξυπνάει το μυαλό μου: *πήγε κάνα δυο ταξίδια με τους μαστόρους και ξέτριψε // άμα πάει στο στρατό, θα ξετρίψει, μικρός είν' ακόμα*.

ξετριχιάζω, αποσπώ, αφαιρώ τρίχες: *μη με τραβάς έτσι, με ξετρίχιασες*.

ξετρίχιασμα το, απόσπαση, αφαίρεση τριχών.

ξετσιαπράκωμα το, ξεκούμπωμα, ξεθηλύκωμα.

ξετσιαπρακώνω, ξεκουμπώνω, ξεθηλυκώνω.

ξετσιαπράκωτος, -η, -ο, ξεκούμπωτος, ξεθηλύκωτος.

ξετσικλιάζω, ξετυλίγω *τσικλί* (βλ. λ.).

ξετσιμπλιάζω, 1. βγάζω την τσίμπλα από τα βλέφαρα: *τον πονάνε τα μάτια του και κάθε τόσο τον ξετσιμπλιάζω*. 2. καθαρίζω την καύτρα του λυχναριού, της λάμπας πετρελαίου κ.λπ.

ξετσίμπλιασμα το, η πράξη και το αποτέλεσμα του ξετσιμπλιάζω (βλ. λ.).

ξεφάσκιωμα το, ξεσπαργάνωμα.

ξεφασκιώνω, λύνω τη φασκιά του μωρού, ξεσπαργανώνω: *ξεφάσκιω το παιδί, πλύν' το και δώσ' του να φάει*.

ξεφερσιάζω, γδέρνω, βγάζω τη *φέρσα* (βλ. λ.) χοιρινού.

ξεφέρσιασμα το, η ενέργεια και το αποτέλεσμα του ξεφερσιάζω (βλ. λ.).

ξεφουσαίνω, 1. ξεφυσκώνω σιγά-

σιγά: *ξεφούσανε η φούσκα.* **2.** κλάνω αθόρυβα: *συνέχεια ξεφουσαίνεις, μας καταβρόμισες.*
ξεφτίδι το, νήμα προερχόμενο από ξήλωμα κάποιου πλεκτού, που ξαναχρησιμοποιείται για το πλέξιμο νέου ρούχου ή εργόχειρου: *ξήλωσα μια περσινή φανέλα και με το ξεφτίδι θα πλέξω άλλη με πιο ωραίο σκέδιο.*
ξεφτιλάω, ξεφτιλίζω (βλ. λ.).
ξεφτιλίζω, καθαρίζω την καύτρα του λυχναριού, της λάμπας πετρελαίου κ.λπ.: *να ξεφτιλίσεις τη λάμπα και να την ανάψεις μόλις νυχτιώσει.*
ξεφτίλισμα το, η ενέργεια και το αποτέλεσμα του ξεφτιλίζω (βλ. λ.).
ξεφτιλιστικό το, ξελιγούρι (βλ. λ.).
ξέφτιος, -ια, -ιο, ευτελής, τιποτένιος: *ένας ξέφτιος είναι, δεν του δίνει κανείς σημασία.*
ξεφυλλάω, ξεφυλλίζω: *βλέπω μια χαρά τα ξεφυλλάς τ' αραποσίτια.*
ξέφυλλος ο, πολύωρη ομαδική νυχτερινή εργασία –με τραγούδι, φαγητό και γλυκό– για το ξεφύλλισμα πολύ μεγάλης ποσότητας καρπών αραβοσίτου: *θα 'ρθείτε, πιστεύω, στον ξέφυλλο το βράδυ, θα 'ναι ούλος ο μαχαλάς.*
ξεφυσίδι το, εκφυλισμένος γόνος ανθρώπου ή ζώου, αδύναμος, καχεκτικός, ασήμαντος: *δεν πήρε από το λεβεντόσογο του πατέρα του, δυστυχώς βγήκε ξεφυσίδι.*
ξεφυσίζω, εκφυλίζομαι, αλλοιώνεται η φύση μου: *ξεφύσισε τελείως αυτό το παιδί, λες και δεν είναι από την ίδια οικογένεια με τ' αδέρφια του.*
ξεχαρβαλιάζω, ξεχαρβαλώνω, διαλύω, εξαρθρώνω: *σιγά, κοντεύεις να το ξεχαρβαλιάσεις το σπίτι.* Το μ. **ξεχαρβαλιάζουμαι,** γίνομαι χάρβαλο, χαλάω εντελώς: *το βαρέλι δεν πάει άλλο, ξαχαρβαλιάστηκε.*
ξεχαρβάλιασμα το, ξεχαρβάλωμα, εξάρθρωση, διάλυση: *αρχίνησε κιόλας το ξεχαρβάλιασμα του κρεβατιού.*
ξέχειλος, -η, -ο, γεμάτος ως τα χείλη, πλήρης: *δίψαγε τόσο πολύ, που ήπιε ένα κανάτι νερό ξέχειλο.*
ξεχιονίζω, απαλλάσσω κάποιο χώρο από το χιόνι: *ξεχιόνισα την αυλή, προτού παγώσει το χιόνι και πέσουμε και σκοτωθούμε.*
ξεχιόνισμα το, η ενέργεια και το αποτέλεσμα του ξεχιονίζω (βλ. λ.).
ξέχιονο το (ως ουσ.), μέρος που δεν έχει χιόνι: *έβγαλε τα πρόβατα στο ξέχιονο, για να τους ρίξει βελάνι να φάνε.*
ξέχιονος, -η, -ο, αυτός που δεν έχει χιόνι, γιατί έλιωσε ή δεν δέχθηκε.
ξεχιούνω, ξεχύνω, αποκτώ έρπητα (εξανθήματα) στα χείλη μετά από πυρετό, μόλυνση, στενοχώρια κ.λπ.: *είχα κάνα δυο ημέρες πυρετό και ξέχιουσαν τα χείλα μου.*
ξέχιουσμα το, έρπητας των χειλιών.
ξεχλεπιάζω, βγάζω, αφαιρώ χλέπι (βλ. λ.).
ξεχλέπιασμα το, η ενέργεια και το αποτέλεσμα του ξεχλεπιάζω (βλ. λ.).
ξεχλιαίνω, ξεδίνω, ξεσκάζω: *πήγα λίγο στους διπλανούς να ξεχλιάνω μια στάλα.*
ξεχτένιγος, -η, -ο, αχτένιστος: *τα καλά κορίτσια δεν πάνε ξεχτένιγα στο σκολειό.*
ξεχτενίζω, 1. ξεπλέκω τις κοτσίδες

μαλλιών. **2.** ανακατεύω χτενισμένα μαλλιά.

ξεψιλίζω, παίρνω όλα τα ψιλά χρήματα που έχει κάποιος, ξεπαραδιάζω: *τον ξεψίλισε μπίτι, ούτε για κερί στην εκκλησιά δεν του άφηκε.*

ξεψίλισμα το, η ενέργεια και το αποτέλεσμα του ξεψιλίζω (βλ. λ.).

ξεψιχιάζω, παίρνω την ψίχα από το ψωμί, αφήνοντας την κόρα: *μην το ξεψιχιάζεις το ψωμί, θα γιομίσεις τον τόπο τρύψιαλα.*

ξεψίχιασμα το, η ενέργεια και το αποτέλεσμα του ξεψιχιάζω (βλ. λ.).

ξηνταρίζω, εξηνταρίζω (βλ. λ.).

ξιαρίζω, προκαλώ αμυχές: *χάιδευε την κατσούλα και τον ξιάρισε στο χέρι.*

ξιαρισιά η, αμυχή, γρατζουνιά: *έχεις μια ξιαρισιά στο μάγουλο, ποιος την έκανε;*

ξιάρισμα το, ξιαρισιά (βλ. λ.).

ξιδιάς ο, χαλασμένο, ξινισμένο κρασί: *το κρασί μάς χάλασε φέτο, γίνηκε ξιδιάς, δεν πίνεται.*

ξιδόλαδο το, λαδόξιδο, κράμα ξιδιού και λαδιού: *είχα δυο σαρδελίτσες, έβαλα και ξιδόλαδο κι έφαγα και λημέρισα.*

ξιναριά η, το για μια φορά χτύπημα του χώματος (σκάψιμο) με ξινάρι (τσάπα): *άργησε να βρέξει φέτο και δε βαρέσαμε ακόμα ξιναριά (δεν αρχίσαμε σπορά).*

ξίστρωμα το, **1.** ξέστρωμα, μάζεμα, σήκωμα στρωμάτων (κλινοσκεπασμάτων). **2.** ξεσαμάρωμα των ζώων.

ξιστρώνω, **1.** ξεστρώνω, σηκώνω του κρεβατιού τα στρώματα. **2.** ξεσαμαρώνω: *να ξιστρώσεις το μουλάρι και να του βάλεις να φάει.*

ξίστρωτος, -η, -ο, **1.** ξέστρωτος, ο χωρίς στρώμα. **2.** ξεσαμάρωτος.

ξιφάρι το, μπάλωμα παπουτσιού, τσαρουχιού, κάθε μπάλωμα γενικά: *έφυγε κομμάτι από 'να σανίδι του πατώματος· βάλ' του ένα ξιφάρι να μη χάσκει.*

ξιφόρτωμα το, ξεφόρτωμα.

ξιφορτώνω, ξεφορτώνω: *να ξιφορτώσεις το μουλάρι και να το παγνίσεις.* Το μ. **ξιφορτώνουμαι**, αφήνω, παρατάω: *δε με ξιφορτώνεσαι, λέω εγώ, σαν πολύ με ζάλισες.*

ξιφόρτωτος, -η, -ο, ο χωρίς φορτίο, ξεφόρτωτος.

ξούκι το, άνθρωπος άξεστος, αγροίκος, «ζούδι του Θεού»: *πού να συνεννοηθείς μ' αυτό το ξούκι!*

ξυάλα η, ξυήλη, εργαλείο (ολόκληρο μεταλλικό, χωρίς ξύλινη λαβή) για την κοπή, κυρίως από τις γυναίκες, πουρναρόθαμνων κ.λπ. για το κάψιμο του φούρνου, είδος κλαδευτηριού, *κασάρα* (βλ. λ.).

ξυαλίζω, κλαδεύω, κόβω κλαδιά δέντρου: *να ξυαλίσεις το πουρνάρι και να μαζέψεις τ' αποξυαλίδια για το φούρνο.*

ξυάλισμα το, η ενέργεια και το αποτέλεσμα του ξυαλίζω (βλ. λ.).

ξυλάκι το, μανταλάκι.

ξυλαρένιος, -α, -ο, ξύλινος: *με το σουγιά φτειάνει ξυλαρένια χουλιάρια.*

ξυλογαϊδούρα η, αποκριάτικη αποκλειστικά κατασκευή για διασκέδαση των νέων (ξύλινο περιστρεφόμενο δοκάρι πάνω σε επίσης ξύλινο υποστήριγμα ύψους 80 περίπου εκατοστών· στην κάθε άκρη του οριζόντιου δοκαριού ίππευε ένα άτομο, ενώ ένα τρίτο, από το έδαφος, έδινε την ώθηση της περιστροφής).

ξυλοδεσιά η, εμφανές ξύλινο δοκάρι εντοιχισμένο στις λιθόκτιστες οικοδομές για λόγους στερεωτικούς και ιδιαίτερα αντισεισμικούς.

ξυλοκάνατο το, μεγάλο ξύλινο κανάτι (κατά κανόνα από ξύλο κέδρου, για να είναι ανθεκτικό και αρωματικό), χρησιμοποιούμενο αποκλειστικά ως υδροδοχείο: *κανάτι, ξυλοκάνατο, να είχα το ριζικό σου..., ...που σε κρατούν οι όμορφες και πίνουν το νερό σου...* (δημ. τραγ.).

ξυλοκαρπιά η, καρποί δέντρων: *φέτο, αν θέλει ο Θεός, θα 'χουμε πολλή ξυλοκαρπιά*.

ξυλοκατσούλα η, φάκα, ποντικοπαγίδα: *έβαλα την ξυλοκατσούλα και τον έπιασα τον άτιμο τον ποντικό*.

ξυλοκουβαλάω, μεταφέρω, συγκεντρώνω καυσόξυλα για το χειμώνα.

ξυλοκουβάλημα το, κουβάλημα καυσόξυλων: *μια ζωή μ' έφαγε το ξυλοκουβάλημα*.

ξυλοπίνακο το, κλειδοπίνακο.

ξυλοφάι το, *αρνάρι* (βλ. λ.).

ξυλοφαντίζω, (για το αντί του αργαλειού) φαίνεται, αποκαλύπτεται το ξύλο μου, όταν το περιτυλιγμένο στημόνι τελειώνει: *ξυλοφάντισε τ' αντί, χέστε τον ανυφαντή* (παροιμ. που σημαίνει πως δεν έχουμε κάποιον ανάγκη, όταν έχουμε κάνει τη δουλειά μας).

ξυλοχούλιαρο το, ξύλινο κουτάλι.

ξυλόχτενο το, εξάρτημα του αργαλειού, το οποίο συγκρατεί το χτένι και παλινδρομεί η υφάντρα κατά την ύφανση.

ξυλωσιά η, **1**. το ξύλινο τμήμα κάθε κατασκευής: *ξυλωσιά σαμαριού // ξυλωσιά σπιτιού* (ταβάνια, πατώματα, μισάντρες, βλ. λ., κ.λπ.). **2**. οι ξύλινες (άλλοτε) σκαλωσιές ανεγειρόμενης οικοδομής.

ξυόνι το, η ξύστρα της βουκέντρας, με την οποία ο ζευγολάτης απομακρύνει το κολλημένο χώμα στο υνί.

ξυπερετάω, εξυπηρετώ: *τον ξυπερέτησα μ' ούλη μου την καρδιά, γιατ' είναι καλός άνθρωπος*.

ξυπερέτηση η, εξυπηρέτηση: *ήθελα να μου κάνεις, αν μπορούσες, μια ξυπερέτηση*.

ξυπολιάρης ο, ξυπολιάς (βλ. λ.): *μια ζωή ξυπολιάρη τον ξέρω*.

ξυπολιάς ο, **1**. ξυπόλυτος, ανυπόδητος άνθρωπος: *θέλει να γυρίζει έτσι ξυπολιάς, δεν τ' αρέσουν τα παπούτσια*. **2**. φτωχός, άπορος άνθρωπος: *αγάπησ' η κόρη του έναν ξυπολιά και τον πήρε*.

ξύστρα η, κρούστα που δημιουργείται στον πάτο της κατσαρόλας κατά τον βρασμό ορισμένων φαγητών, π.χ. τραχανά, ρυζόγαλου κ.λπ.: *τα παιδιά μάλωναν για το ποιο θα μάζευε την ξύστρα του τραχανά*.

ξυστριστός, -ή, -ό, **1**. (για ζώα) αυτός που του έχει αφαιρεθεί το τρίχωμα με ξυστρί ή με άλλον τρόπο: *εμείς το γουρούνι, όταν το σφάζουμε, δεν το γδέρνουμε, το κάνουμε ξυστριστό* (με ζεματιστό νερό). **2**. (μτφ. και γενικά) ο καλοφαγωμένος, ο χωρίς σημάδια καχεξίας (ρυτίδες, αδυνάτισμα κ.λπ.): *έφαγε και ήπιε στην* *πόλη κάνα χρόνο και μας γύρισε ξυστριστός.*

ξυφαίνω, αποπερατώνω οποιαδήποτε ύφανση σε αργαλειό (πανί, μάλλινα υφαντά κ.λπ.): *μόλις ξυφάνω, πρώτα Θεός, θα κάτσω ένα μήνα να ξανασάνω.*

ξώλαμπρα (επίρρ.), μετά τη Λαμπρή, μετά το Πάσχα: *ξώλαμπρα δεν έβρισκες άντρα στο χωριό, ούλ' είχανε φύγει για τη μαστοριά.*

ξωμαχιά η, το σύνολο των ξωμάχων, των γεωργοκτηνοτρόφων που ζουν σε αγροτικούς οικισμούς γύρω από μια κωμόπολη: *την Κυριακή στο παζάρι του μεγάλου χωριού καταφτάνει ούλη η ξωμαχιά.*

ξωμάχικος, -η, -ο, αυτός που αναφέρεται ή ανήκει στον ξωμάχο: *ξωμάχικη κατάσταση // ξωμάχικο σπίτι.*

ξωτερικό το, οι ξένες χώρες, το εξωτερικό: *τον έστειλε το γιο του στο ξωτερικό να σπουδάσει γιατρός.*

οβρεύω, γίνομαι Οβριός (Εβραίος), κακός, εξοργίζομαι, γίνομαι θηρίο: *οβρεύω, όταν ακούω να βρίζει ούλο τον κόσμο χωρίς λόγο.*

ογδονταρίζω, 1. γίνομαι ογδόντα ετών. 2. συμπληρώνω τον αριθμό ογδόντα σε είδος ή πράγμα.

όγιος, -ια, -ιο, όποιος: *όγιος δεν κεράστηκε να σηκώσει το χέρι του.*

όγκρεμα το, το αποτέλεσμα του ογκρεύω (βλ. λ.).

ογκρεύω, παρουσιάζω υγρασία, αναβρύζω σταγόνες νερού: *η στέρνα μας ογκρεύει και πρέπει να τη φτειάσω.*

ογκριάρης, -α, -ικο, αυτός που έχει όγκρους (βλ. λ.).

ογκριάρικος, -η, -ο, αυτός που ταιριάζει ή αναφέρεται στον *ογκριάρη* (βλ. λ.).

όγκρος ο, σκουλήκι αναπτυσσόμενο υποδόρια κατά το χειμώνα στη σπονδυλική στήλη των γιδιών (πέφτει με τις ζέστες): *λιάσου να φύγουν οι όγκροι (γι' αυτούς που τεμπελιάζουν εκτεθειμένοι στον ήλιο).*

ογκώνω, γκώνω (βλ. λ.).

ογλήγορα (επίρρ.), γρήγορα: *να γυρίσεις ογλήγορα να φάμε.*

ογρατίζω, απαυδώ, ταλαιπωρούμαι: *ογράτισα, ώσπου να βγάλω λίγη φακή· είχε παραγίνει και τιναζότανε.*

ογράτισμα το, ταλαιπωρία, κούραση.

οδηγός ο, συνείδηση, νους, το «εν ημίν πνεύμα»: *σαν να μου το 'λεγ' ο οδηγός μου ότι θα 'ρχόσουν.*

οϊντίζω, ταιριάζω: *αν δεν οϊντίζανε, δε συμπεθεριάζανε* (παροιμ.).

ολόιδος, -η, -ο, ολόιδιος, ίδιος ακριβώς: *ολόιδος ο πατέρας του γίνεται όσο μεγαλώνει.*

ολονυχτία η, η βραδινή ακολουθία της κάθε ημέρας της Μ. Εβδομάδας.

ολόπηχτος, -η, -ο, πολύ πηχτός, πετυχημένος στο πήξιμο: *έφτειαξα ένα γιαούρτι ολόπηχτο.*

ολόστερνος, -η, -ο, εντελώς τελευταίος.

ολοτόβολος, -η, -ο, πολύ παχύς: *σταμάτα να τρως, έγινες ολοτόβολος.*

ολοτρόγυρα (επίρρ.), ολόγυρα, από όλες τις μεριές: *συγνόφιασε ολοτρόγυρα, έχει να ρίξει βροχή.*

ολοτρόγυρος, -η, -ο, ολόγυρος, από τη μια άκρη στην άλλη: *πείναγα κι έφαγα μια ολοτρόγυρη φέτα ψωμί.*

ολόφτυστος, -η, -ο, ολόιδιος: *αν την καλοπροσέξεις, είναι ολόφτυστη η μάνα της.*

οματιά η, αιματιά, λουκάνικο κα-

ομορφόγερος — **Ούντρα**

τασκευασμένο με το παχύ έντερο του γουρουνιού, γεμισμένο με σιτάρι, μπαχαρικά, σταφίδες και πορτοκαλόφλουδες και ψημένο στον φούρνο (φαγητό μια φορά τον χρόνο, στο σφάξιμο του γουρουνιού).

ομορφόγερος ο, γέρος με όμορφα χαρακτηριστικά και φροντισμένη εμφάνιση: *είναι ομορφόγερος ο παππούς, σκέψου τι θα ήταν στα νιάτα του!*

ομορφόγρια η, γριά όμορφη και περιποιημένη.

ομορφόσογο το, σόι που βγάζει όμορφους ανθρώπους: *είναι από ομορφόσογο η Διαμάντω, γι' αυτό είναι λεβέντισσα.*

όμπυο το, πύο: *με τρώει το σπυρί, φαίνεται μαζεύει όμπυο.*

-οντις, σπάνια κατάληξη μτχ. ενεστ. ορισμένων παροξύτονων ρημάτων, αντί -οντας: *βλέποντις και κάνοντις* (βλέποντας και κάνοντας) // *παίζοντις να πάμ' οι δυο μας μέχρι να πάμε στο χωριό μας* (δημ. τραγ.).

οξωμάχος, -α και -ισσα, ξωμάχος, αυτός που δουλεύει στην ύπαιθρο, ο γεωργοκτηνοτρόφος.

οποία τα, χρήματα απαραίτητα για τη θεραπεία των ποικίλων αναγκών της ζωής: *άμα δεν υπάρχουν τα οποία, ό,τι και να κάνεις προκοπή δε βλέπεις* // *θέλω να σου πάρω παπούτσια, αλλά δεν έχω τα οποία.*

οποιανής (γεν. εν. του θηλ. της αντων. *όποιος*), όποιας.

οποιανού (γεν. εν. του αρσ. και του ουδ. της αντων. *όποιος*), όποιου: *οποιανού δεν αρέσει το φαΐ, ας μη φάει.*

οποιανών (γεν. πληθ. και των τριών γενών της αντων. *όποιος*), όποιων, οποίων: *οποιανών είναι τα σκουτιά να τα πάρουν γλήγορα.*

όργος ο, τμήμα (λωρίδα) του χωραφιού που μπαίνει σε σειρά για θέρισμα, σκάλισμα, βοτάνισμα κ.λπ.: *όργους, όργους εθέριζε κι όργους δεμάτια δένει* (δημ. τραγ.).

όργωμα το, (μτφ.) το σκάσιμο του δέρματος: *τα χέρια μου από την παγωνιά σκάσανε, γινήκανε όργωμα.*

οργυά η, οργυιά· το μήκος δύο εκτεταμένων χεριών, από τη μια άκρη στην άλλη.

ότανες (σύνδ.), όταν, άμα: *ότανες έρινε τα πολλά χιόνια, κάναμε και δέκα ημέρες να βγούμε από το σπίτι.*

ότινους (γεν. εν. της αντων. *όστις*, παρεφθαρμένος τύπος), όποιου: *ότινους βαστάει ας ξαναπεράσει μέσ' από τ' αμπέλι.*

ουγιωτός, -ή, -ό, ο καμωμένος από είδος πανιού του αργαλειού που ονομάζεται *ουγιωτό.*

ούθε (επίρρ.), όπου: *θα φύγω και θα πάω ούθε ιδούν τα μάτια μου* // *ούθε και να τον πιάσεις λερώνεσαι.*

ουλοένα (επίρρ.), ολοένα, πάντοτε, διαρκώς.

Ούντρα η, υπηρεσία του Οργανισμού Ηνωμένων Εθνών (UNWRA), η οποία βοήθησε με τρόφιμα, ιματισμό κ.λπ. τους χειμαζόμενους

οχιάλλο

από τους πολέμους Έλληνες (Κατοχή, Εμφύλιος).

οχιάλλο (συνένωση των λ. της φρ. *όχι άλλο*), αλίμονο, τι πράμα είναι αυτό: *οχιάλλο, γυναίκες! Τώρα παντρεύονται και σε μια βδομάδα χωρίζουν.*

όχτη η, όχθη.

οψιμιά η, καλλιέργεια που όψιμα σπάρθηκε και γι' αυτό όψιμα ωρίμασε: *τέλειωσα το θέρο, έχω κάτι οψιμιές ακόμα να μαζέψω.*

οψιμίζω, μένω πίσω, καθυστερώ να ωριμάσω: *φέτο είχε κρύο μέχρι αργά κι οψιμίσανε τα γεννήματα.*

οψιμοχειμωνιά η, όψιμος χειμώνας, χειμωνιάτικη κακοκαιρία και πέρα από την εποχή του χειμώνα: *φέτο είχαμε οψιμοχειμωνιά, θ' αργήσουν να γινούν τα γεννήματα.*

Π

παβούρι το, παγούρι, φορητό υδροδοχείο, των στρατιωτικών κυρίως: *μου 'φερε ένα παβούρι ρακί, ας είναι καλά ο χριστιανός.*

παγάδα η, νηνεμία, απόλυτη ηρεμία του καιρού, άπνοια: *έπεσ' ο παλιαέρας, έχουμε παγάδα.*

παγαδιάζω, (για τον καιρό) δεν φυσάω, δεν έχω αέρα, νηνεμώ: *παγάδιασ' ο καιρός και δε θα μπορέσουμε να λιγνίσουμε.*

παγανιά η, **1.** πρόχειρο και προσωρινό μαντρί. **2.** (μτφ.) περιορισμός, στρίμωγμα.

παγανιάζω, **1.** βάζω τα πρόβατα στην παγανιά (βλ. λ.). **2.** (μτφ.) περιορίζω, στριμώχνω: *τον παγάνιασαν κάπου σε μια ρεματιά και τον πιάσανε τον καταζητούμενο.*

παγανιάτικα τα, φιλοδώρημα σε μετέχοντες σε παγάνα εξόντωσης λύκων.

παγκουί (επίρρ.), άμεση πληρωμή τοις μετρητοίς, «τα χρήματα στο χέρι»: *μου το πλέρωσε το χωράφι αμέσως παγκουί, όχι θα τον περίμενα.*

παγνί το, παχνί, φάτνη.

παγνίζω, βάζω τροφή στο παχνί των ζώων, ταΐζω τα ζώα: *να παγνίσεις το μουλάρι και ν' ανεβάσεις ξύλα για το τζιάκι.*

πάγνισμα το, η ενέργεια και το αποτέλεσμα του *παγνίζω* (βλ. λ.).

παγούδι το, πολύ ψυχρό, παγωμένο πράγμα: *μη με ακουμπάς, το χέρι σου είναι παγούδι.*

παθαίνω, είμαι επιληπτικός, σεληνιάζομαι: *ούλοι το ξέραμε ότι πάθαιν' ο καημένος από μικρό παιδί.*

παΐ το, υφαντό, από γιδόμαλλο (βλ. λ.) συνήθως, με το οποίο σκέπαζαν το υποζύγιο για προστασία αυτού και του σαμαριού του (και του φορτίου του, αν ήταν φορτωμένο) από βροχή, αλλά και από κρυολόγημα, όταν το ζώο ήταν ιδρωμένο: *να βάλεις το παΐ στο μουλάρι, γιατί μου φαίνεται θα βρέξει απόψε.*

παΐδα η, στενόμακρο σανίδι του σαμαριού από εκείνα που συγκρατούν το *πισάρι* (βλ. λ.) και το *μπροστάρι* (βλ. λ.) του.

παιδεμάρα η, παιδεμός, ταλαιπωρία: *παιδεμάρα μεγάλη να μαζεύεις μες στις πέτρες σαλιγκάρια.*

παΐζω, σκεπάζω το υποζύγιο με *παΐ* (βλ. λ.): *δεν είχα παΐσει τη φοράδα κι έβρεξε και γίνηκαν σαμάρι και ζωντανό μούσκεμα.*

παινεψιάρης, -α, -ικο, παινεσιάρης, αυτός που παινεύει τον εαυτό του και ό,τι δικό του, καυχησιάρης: *την ξέρουμε τι παινεψιάρα είναι και δεν της δίνουμε σημασία...*

πάισμα το, το σκέπασμα υποζύγιου

με παΐ (βλ. λ.).

πάκια τα, γλουτοί, κωλομέρια: *μας κάνει την αδύνατη τρομάρα της, δεν τηράει τα πάκια της που κρεμάσανε.*

παλαμαριά η, προστατευτικό κάλυμμα (κομμάτι κάλτσας, πανί κ.λπ.) της παλάμης, για να μην πληγώνεται από το δρεπάνι και τα θεριζόμενα στάχυα.

παλαμαριάζω, 1. με *παλαμαριά* (βλ. λ.) πιάνω τα στάχυα και τα θερίζω. **2.** (μτφ.) χουφτώνω, θωπεύω ερωτικά: *την ξεμονάχιασε κάπου και την παλαμάριασε.*

παλαμάριασμα το, η ενέργεια και το αποτέλεσμα του *παλαμαριάζω* (βλ. λ.).

παλαμοδέρνω, 1. (για πρόσωπα) κουράζονται, πονούν οι πατούσες μου από το πολύ περπάτημα και την ξυπολυσιά: *παλαμοδέρναμε στην Κατοχή περπατώντας συνέχεια ξυπόλητοι.* **2.** (για ζώα) πληγώνεται το πέλμα μου, επειδή περπατώ απετάλωτος: *παλαμόδειρε το μουλάρι τόσον καιρό απετάλωτο και κουτσαίνει.*

παλαμούτσα η, μεγάλη παλάμη.

παλιαέρας ο, δυνατός, ενοχλητικός αέρας: *δε θέλει να σταματήσει ο παλιαέρας, τα λιάνισε ούλα, δεν άφηκε τίποτα όρθιο.*

παλιαρρώστια η, **1.** σοβαρή αρρώστια που διαρκεί και ταλαιπωρεί: *του συγκολλήθηκε μια παλιαρρώστια κι έμεινε στο κρεβάτι κάνα δυο μήνους, ευτυχώς που πέρασε.* **2.** αγιάτρευτη, επάρατη ασθένεια (άλλοτε η φυματίωση, τώρα ο καρκίνος): *λένε ότι έχει την παλιαρρώστια, ο Θεός να λυπηθεί τα παιδάκια του!*

παλιβή η, ονομασία άσπρης γίδας.

παλιογκεσιμές ο, (υβριστικά) παλιάνθρωπος, αχρείος: *μα τον παλιογκεσιμέ, να ειπεί τέτοια κουβέντα για μένα!*

παλιοκουβέντα η, άσχημος, κακός λόγος, κατηγόρια, ψόγος, *παλιόλογο* (βλ. λ.): *είχες δεν είχες, την είπες την παλιοκουβέντα σου για μένα.*

παλιόλογο το, αισχρολόγημα, βωμολοχία, *παλιοκουβέντα* (βλ. λ.): *θα το μαρτυρήσω της μάνας σου που λες παλιόλογα.*

παλιοσεργούνα η, παλιογυναίκα, ξευτιλισμένη, ανυπόληπτη: *ακούς, η παλιοσεργούνα να πάρει το πετσετάκι μπροστά από τα μάτια μου!*

παλιόστομο το, βρομόστομο, στόμα που βρίζει και αισχρολογεί: *έχει ένα παλιόστομο αυτός, που 'ναι καλό να μην αρχίσει να μιλάει.*

παλιοχαϊμένος, -η, -ο, άχρηστος, τιποτένιος, κακός: *ακούς εκεί, ο παλιοχαϊμένος να με συκοφαντήσει στον αδερφό μου!*

παλιοχοντροκώλα η, υβριστική ονομασία γυναίκας με χοντρά πισινά: *άκου εκεί, η παλιοχοντροκώλα να ειπεί εμένα παχύ!*

παλούκωμα το, η ενέργεια και το αποτέλεσμα του *παλουκώνω* (βλ. λ.).

παλουκώνω, τοποθετώ παλούκι (πάσσαλο) κοντά στη ρίζα φυτού, για να το στηρίξω ή για να αναρριχηθεί σε αυτό: *πρέπει να παλουκώσω τη δομάτα, μη μου τη ρίξει κάνας παλιαέρας* // *απλώσανε οι φασολιές, χωρίς άλλο πρέπει να παλουκωθούν.*

πανέριος, -α, -ο, πανώριος, πανέμορφος: *έσπασα μια κανατούλα, πα-*

νέριο ανάχρι, και στενοχωρήθηκα πολύ.

πανηγιάρι το, μικρό πρόσφορο, μικρή λειτουργιά: *μας έδωκ' ο παπάς –να χαίρεται τα ιερά του– ένα πανηγιάρι και το φάγαμε και στυλωθήκαμε.*

πάντα η, **1.** πλαϊνή πλευρά: *από τη μια πάντα έβαλα το μπαούλο κι από την άλλη την ντουλάπα.* **2.** απόμερη θέση: *εγώ πιάνω την πάντα μου και δεν ενοχλάω κανέναν.* **3.** μπάντα, ταπητάκι ή κεντητό εργόχειρο, κρεμασμένο στον τοίχο κοντά στο κρεβάτι ή στους τοίχους των παραγωνιών.

πάντα-, πρώτο συνθετικό πολλών ρημάτων, στα οποία προσδίδει την έννοια του «πού και πού», «κάπου-κάπου» (π.χ. *πανταπάω, παντάρχουμαι* κ.λπ.).

πανταλέω, λέγω κάπου-κάπου: *εγώ, αν και δίσταζα, το παντάλεγα ότι αυτός μπορεί να κάνει κακό στο χωριό.*

πάντα-πάντα (επίρρ.), κάπου-κάπου: *στα νιάτα του, λέει, όταν πήγαινε για ξύλα, άκουγε πάντα-πάντα ένα λύκο ν' αρουλιέται.*

πανταπάω, πηγαίνω κάπου-κάπου: *πανταπάω στο χωριό, όχι συχνά, είν' αλήθεια.*

παντάρχουμαι, κάπου-κάπου, αραιά και πού έρχομαι: *τον πρώτο καιρό που παντρεύτηκε πανταρχότανε, τώρα έχει ρίξει μαύρο λιθάρι.*

πανταψέλνω, ψέλνω κάπου-κάπου: *πανταψέλνει κι ο δάσκαλος και βοηθιέται κάπως ο παπάς.*

παντιχαίνω, προσδοκώ, περιμένω: *τέτοιο κακό δεν το παντίχαινα.*

πανωγόμι το, φορτίο ανάμεσα στα δυο πλαϊνά φορτία του ζώου: *δεν είναι βαριά τα καρύδια, βάλε και μισό σακί πανωγόμι.*

πανωκάπουλο το, ιμάντας σε σχήμα Τ, που οι δυο οριζόντιες γραμμές του προσαρτιούνται (από τη μια μεριά και την άλλη) στο *μπαλντίμι* (βλ. λ.) και η κάθετη στο *πισάρι* (βλ. λ.) του σαμαριού, συγκρατώντας έτσι σταθερά, μαζί με την ίγγλα και την *μπροσταριά* (βλ. λ.), το σαμάρι με το φορτίο του στη ράχη του ζώου.

πανωκεφαλιάζω, προοδεύω, παίρνω τα πάνω μου: *δούλεψε πολύ, αλλά δεν πανωκεφάλιασε, δεν ξέρω τι έφταιξε.*

πανωκόρμι το, αντρικό πουκάμισο: *η προίκα των κοριτσιών είχε και πολλά αντρίκεια πανωκόρμια υφαντά (του αργαλειού).*

πανωμύλι το, δίσκος ξύλινος ή μεταλλικός με εγχάρακτες ακτίνες, προσαρμοσμένος στην πάνω μυλόπετρα γύρω από το στόμιό της· με την περιστροφή της μυλόπετρας τίθεται σε τρομώδη κίνηση το *βαρδάλι* (βλ. λ.), το οποίο έτσι σαλεύει τη *σκάφη* (βλ. λ.) και πέφτει ο καρπός για άλεση.

πανωπροίκι το, πρόσθετη μετά το γάμο προίκα ως αποζημίωση για το ότι η νύφη δεν ήταν παρθένα: *την είχε πάθει τη ζημιά... η κυρά κι αναγκάστηκαν τα γονικά της να δώκουν του γαμπρού πανωπροίκι το καλύτερο χωράφι.*

πανωσάμαρα (επίρρ.), στο κέντρο του σαμαριού.

παξάδι το, κομμάτι: *έκοψ' ένα παξάδι ψωμί, πήρε κι ένα σβώλο, κι έκατσε κι έφαγε.*

παπαβρακάκι το, είδος αγκαθιού που μοιάζει με αγκινάρα.

παπαλιάζω, γίνομαι *πάπαλο* (βλ. λ.), αδυνατίζει το μυαλό μου, αγαθοφέρνω: *παπάλιασε ο δύστυχος, κι είναι ακόμα πολύ νέος.*

πάπαλο το, αγαθός, πολύ ήσυχος άνθρωπος, χαζούλης: *ο Γιάννης στόμα έχει και μιλιά δεν έχει, είν' ένα πάπαλο.*

παπαρούντζα η, **1.** *μαγκουνίδα* (βλ. λ.): *μάζεψα λίγες παπαρούτζες και κάτι άλλα λαχανάκια, κι έκανα μια βρασίτσα.* **2.** το άνθος της παπαρούνας: *μπήκε για καλά η άνοιξη, ο τόπος γιόμισε παπαρούντζες.*

παπάς ο, κάθετο στήριγμα της ξυλοσκεπής, στερεωμένο στον κορφιά και ακουμπισμένο στο οριζόντιο πάτερο.

παπίτσα η, σίδερο, συσκευή που έβαζαν μέσα κάρβουνα και σιδέρωναν τα ρούχα.

παπλωματοκαρδιά η, η καλή όψη (με τα σχέδια και τα χρώματα) του παπλώματος.

παπουλάκος ο, (ευφημισμός) διάβολος, σατανάς: *εγώ σου λέω να κάνεις αυτό, εσύ, αν δε θέλεις, κάνε ό,τι σε φωτίσει ο παπουλάκος σου.*

παπουτσοφάγωμα το, πληγή από, καινούργιο συνήθως, παπούτσι: *έχω ένα παπουτσοφάγωμα που με τρελαίνει στον πόνο.*

παραβάλσιμο το, συναγωνισμός, άμιλλα: *στο παραβάλσιμο δεν τους φτάνει κανείς.*

παραβάνουμαι, συναγωνίζομαι, ανταγωνίζομαι: *παραβάλθηκαν στο τρέξιμο και βγήκε πρώτος ο μικρότερος.*

παραβόλα η, μέρος χορταριασμένο, συνήθως σε άκρη ή μεταξύ δυο χωραφιών, όπου με μεγάλη προσοχή, για να μην προκαλέσουν ζημιά στο σπαρτό, ο τσοπάνης βόσκει τα πρόβατά του.

παραβολιάζω, βόσκω τα πρόβατα σε *παραβόλα* (βλ. λ.).

παραβόλιασμα το, η ενέργεια και το αποτέλεσμα του *παραβολιάζω* (βλ. λ.).

παραγωνάδα η, το μέρος κοντά στο τζάκι, το παραγώνι: *έπιασες, βλέπω, την παραγωνάδα και δε ρωτάς αν θέλει να κάτσει κάνας μεγαλύτερος.*

παραδίνω, διαβολοστέλνω: *γιατί συνέχεια με παραδίνεις, τι σου 'κανα;*

παράδομα το, η ενέργεια και το αποτέλεσμα του *παραδίνω* (βλ. λ.).

παραθαρρώ, αναθέτω με επιφύλαξη: *θα παραθαρρέσω για λίγο το παιδί με τα πράματα και θα 'ρθώ.* Το μ. **παραθαρριέμαι**, βασίζομαι, επαναπαύομαι, εμπιστεύομαι: *εγώ σε σένα παραθαρρέθηκα κι έκλεισα τη συμφωνία.*

παραθάρρεια η, ανάθεση με επιφύλαξη, επανάπαυση, εμπιστοσύνη: *είχα την παραθάρρεια πως θα πρόσεχες τα παιδιά που παίζανε στην αυλή σου, αλλά συ ούτε που έδωκες σημασία.*

παρακά' (επίρρ.), παρακάτω.

παρακατούλια (επίρρ.), λίγο παρακάτω.

παρακέλι το, μικρό κολλητό στο κυρίως σπίτι κτίσμα.

παρακλουθάω, παρακολουθώ: *τον παρακλούθησα και είδα πού μπήκε.*

παραλυαίνω, **1.** (μτβ.) κάνω κάποιον

παράλυτο: *τον παράλυανε από το πολύ ξύλο που του 'δωκε.* **2.** (αμτβ.) παραλύω, γίνομαι παράλυτος: *παράλυανε τελείως ο δύστυχος, δεν μπορεί να πάρει τα πόδια του.*

παραμαλλιά η, **1.** η θηλιά του σχοινιού της ζαλιάς, η οποία ακουμπώντας στους ώμους της ζαλωμένης γυναίκας περνά το κεφάλι της και συνδέεται στο στήθος με τις δυο άκρες του σχοινιού, στερεώνοντας έτσι το φορτίο. **2.** το απομεινάρι του στημονιού του αργαλειού, που για λόγους τεχνικούς δεν μπορεί να υφανθεί.

παραμεριά η, άκρη, γωνιά: *τ' απόθηκες παραμεριά το στρώμα κι εκεί του 'γινε.*

παραμεριάζω, βάζω κάτι παράμερα, μετακινώ: *παραμέριασε τα μπαούλα, να μπορέσεις να σκουπίσεις καλά.*

παραμίνα η, μακρύς λοστός με τον οποίο ανοίγονταν οι φουρνελότρυπες: *δεν μπορεί όποιος κι όποιος να δουλέψει παραμίνα, χρειάζεται και δύναμη και ταλίμι.*

παραμονίδα η, αγριόχορτο με πολύ μικρά φύλλα και βελονοειδή αγκάθια.

παραμπάτης, -ισσα, -ικο, **1.** αυτός που γυρίζει από 'δω κι από 'κεί, χασομέρης: *δε στρώνει τον κώλο του κάτω για δουλειά, του αρέσει να είναι παραμπάτης.* **2.** μη ειδικός, μη συστηματικός σε κάτι: *μ' αυτός δεν είναι γεωργός, ένας παραμπάτης είναι που σπέρνει κάνα δυο χωράφια.*

παραμπάτικος, -η, -ικο, αυτός που ταιριάζει ή αναφέρεται στον *παραμπάτη* (βλ. λ.).

παραμύθι πουλητό το, αίνιγμα.

παραξυσμός ο, παροξυσμός: *έπαθε μικρός παραξυσμό και τ' άφηκε κουσούρι.*

παραόξω (επίρρ.), *παρόξω* (βλ. λ.).

παραπανούλια (επίρρ.), λίγο παραπάνω.

παραποστασιά η, η σπορά χωραφιού με το ίδιο δημητριακό κατά δεύτερη συνεχή χρονιά, παρά τον κανόνα της εναλλαγής καλλιέργειας (αμειψισπορά, αλληλοσπορά) και την εφαρμογή του από όλους τους άλλους κτηματίες της ίδιας περιοχής, *παρασπόρι* (βλ. λ.): *μόνον αυτός ο παλιοχαϊμένος το 'σπειρε το χωράφι του παραποστασιά αραποσίτι, για να εκδικηθεί τους τσιοπάνηδες.*

παρασαρτάρω, συναγωνίζομαι στο πήδημα.

παρασημειωμένος, -η, -ο, αυτός που έχει σωματικό ελάττωμα, ανάπηρος: *γεννητάτος (από γεννησιμιού του) είναι παρασημειωμένος, δεν έγινε τώρα.*

παρασκευάς ο, (συνθ. μαστ. γλ.) πάσσαλος που έβαζαν οι μαστόροι κάθετα στο θεμέλιο και, όταν τελείωνε το χτίσιμο, τον έβγαζαν, για να δουν το βάθος των θεμελίων και να υπολογίσουν την επιφάνεια των τοίχων, ώστε να πληρωθούν.

παρασούσουλος, -η, -ο, **1.** λειψός στο μυαλό, ελαφρόμυαλος, στερούμενος σοβαρότητας: *παρασούσουλος είναι, μην τον παίρνεις στα σοβαρά.* **2.** ακατάστατος, ασουλούπωτος: *δεν την είδα και ποτέ περιποιημένη, συνέχεια παρασούσουλη είναι.*

παρασπίζουμαι, υπερασπίζομαι, υποστηρίζω, παίρνω το μέρος κάποιου: *βέβια, τον παρασπίζεσαι, γιατί τα ίδια σκατά είσαι με δαύτονε.*

παρασπόρι το, σπορά αντίθετη από εκείνη που όλοι οι άλλοι έχουν κάνει στην ίδια περιοχή, π.χ. αραποσίτι αντί για σιτάρι και αντίστροφα, και αυτό για τη δημιουργία δυσκολιών στην ελεύθερη βόσκηση των ζωντανών (σιτηρά και καλαμπόκι δεν έχουν την ίδια καλλιεργητική περίοδο), *παραποστασιά* (βλ. λ.).

παραστάσιμο το, τέλεση μνημοσύνου, μνημόσυνο: *να διαστούμε, για να προλάβουμε το παραστάσιμο.*

παραστουπώνω, παραγεμίζω, παραστοιβάζω: *μην το παραστουπώνεις το σακί, θ' ανοίξει.*

παραταχιά (επίρρ.), τη μεθεπόμενη μέρα: *δε θυμάμαι, ταχιά ή παραταχιά είπαμε ότι θα πάμε στο μύλο;*

παρατρίβω, συγκαίομαι, ερεθίζεται το δέρμα των σκελών μου από ιδρώτα, τριβή κ.λπ.: *παράτριψαν τα μπούτια του από το πολύ περπάτημα.*

παραυλακίδα η, λωρίδα ανάμεσα σε δυο αυλακιές που δεν οργώθηκε.

παράφορμος, -η, -ο, αυτός που είναι διατεθειμένος να κάνει κάτι, καλό ή κακό, και ζητεί αφορμή: *παράφορμος ήταν να πάει στο πανηγύρι, πετάει η σκούφα του για κάτι τέτοια // δεν υπάρχει στιγμή που να μην είναι παράφορμος για καβγά.*

παραφωτιά (επίρρ.), κοντά στη φωτιά: *μην κάθεσαι παραφωτιά, θα γεμίσουν τα πόδια σου κεραμίδες.*

παρεδούλια (επίρρ.), λίγο πιο εδώ, πιο κοντά: *έλα παρεδούλια να σου ειπώ ένα μυστικό.*

παρέδω (επίρρ.), πιο εδώ, πιο κοντά: *έλα παρέδω να σου ειπώ κάτι.*

παρηγοριές οι, η επίσκεψη στενών συγγενών με φαγητά σε πενθούσα οικογένεια τις πρώτες ημέρες της εβδομάδας μετά τον θάνατο μέλους της και η κοινή συνεστίαση: *και τ' αδέρφια του πατέρα μου και της μάνας μου, αλλά και ξαδέρφια τους, δεν μπορώ να ειπώ, ήρθαν στις παρηγοριές, όταν πέθανε η γιαγιά μου.*

παρόξω (επίρρ.), παραέξω, απόμερα.

παρουλιάζω, (για τον ήλιο) κατακαίω, ζαλίζω: *θέριζα σήμερα και με παρούλιασ' ο ήλιος.*

παρτιλής ο, μαστορόπουλο που δούλευε για πάρτη του κι έπαιρνε μισό μερτικό, σε αντίθεση με τον ψυχογιό που του έδινε ο μάστορης, στον οποίο ήταν ρογιασμένος, κάποια μικρή αμοιβή.

πασαλιάζω, κουράζεται το στόμα μου από πολυλογία ή δίψα: *τόσην ώρα που μιλάει απορώ πώς δεν πασάλιασε το στόμα της // δώστε μου μια στάλα νερό, πασάλιασε το στόμα μου.*

πασαμάκι το, λωρίδα τοιχοποιίας που περιλαμβάνεται ανάμεσα στην προηγούμενη θέση της σκαλωσιάς και τη νέα θέση της: *άιντε, κάντε ένα κουράγιο ακόμα, ένα πασαμάκι μάς έμεινε και τελειώνουμε το σπίτι.*

πασάνας ο (αντων.), καθένας: *αυτήν τη δουλειά δεν μπορεί να την κάνει ο πασάνας.*

πασέτο το, ξύλινο ή πλαστικό πτυσσόμενο μέτρο γενικής χρήσης: *δώσε μου το πασέτο να μετρήσω ένα σανίδι.*

πασπάλα η, λεπτή στρώση χιονιού: *δεν έριξε χιόνι πολύ, μια πασπάλα που έλιωσ' αμέσως.*

πασπαλιάρης ο, προσωνύμιο του μυλωνά, μυλωνάς: *άφηκε τη μαστοριά κι έγινε πασπαλιάρης.*

πάστα η, σάλτσα από ντομάτα, ο τοματοπελτές.

παστό το, χοιρινό κρέας αρκετά αλατισμένο και βρασμένο (τσιγαρισμένο) με το λίπος του, που στη συνέχεια τοποθετείται σε στάμνες και διατηρείται όλο τον χρόνο ως εκλεκτό έδεσμα.

παστρικοθοδώρα η, (ειρωνικά) γυναίκα που έχει μεγάλη ιδέα για τον εαυτό της ως προς την καθαριότητα και τη νοικοκυροσύνη της: *σιγά, παστρικοθοδώρα, ξέρουμε κι εμείς από νοικοκυροσύνη, δεν τα ξέρεις ούλα συ.*

παστρογωνιά η, (απαξιωτικά) ονομασία του κοριτσιού, γιατί, όταν παντρεύεται, παστρεύει την εστία (γωνιά), ξεγυμνώνει δηλ. το σπίτι παίρνοντας προίκα: *γεννήθηκε κι άλλη παστρογωνιά, αλίμονο στα γονικά της!*

πατέκος ο, πατερούλης, πατεράκος: *πατέκο, θα μου φέρεις καραμέλες, όταν γυρίσεις από την αγορά;*

πατέρας ο, ανεξάρτητα συγγενικής σχέσης, ως επίκληση προσφιλούς προσώπου, συνήθως νεωτέρου και μάλιστα παιδιού, σε ένδειξη οικειότητας ή τρυφερότητας: *έλα, πατέρα, σαν παιδάκι που είσαι, να μου φέρεις από την αγορά μισή οκά ζάχαρη.*

πατητή (εννοείται βελονιά) η, είδος βελονιάς.

πατητήρα η, ειδική σκάφη (αναποδογυρισμένη κόλουρος πυραμίδα) με τρύπες στο κάτω μέρος, για να τρέχει ο μούστος, στην οποία πατούσαν (έλιωναν) τα σταφύλια όσοι δεν διέθεταν ληνό στο αμπέλι τους.

πατσαλιάς ο, ο διαρκώς ατημέλητος, τσαπατσούλης άνθρωπος.

πατσιά η, πατσάς: *αφού πήγανε ούλα καλά, φέρτε μια πατσιά να τη φάμε* (ειρωνικά).

πατσιαβό το, (συνθ. μαστ. γλ.) χρήματα, παράδες: *πιστεύω να το ρίξει το πατσιαβό σήμερα τ'αφεντικό.*

πατσιαβούρα η, πατσαβούρα.

πατσιαβούρι το, **1.** πατσαβούρι, κουρέλι. **2.** μακριά πάνινη λουρίδα που κρεμούσαν οι ξωμάχοι σε ένα στύλο του γαλαριού (βλ. λ.) και με κόμπους σε αυτή «δένανε» τον λύκο, τον ληστή, κάθε κακό δαίμονα.

πατσιαβουριάζω, τσαλακώνω, μεταβάλλω κάτι σε πατσαβούρι.

πατσιαλικά τα, κοιλιά, στομάχι, έντερα, ποδαράκια κ.λπ. αιγοπροβάτου, μοσχαριού και χοιρινού, με τα οποία παρασκευάζεται ο πατσάς: *να τα πλύνεις καλά τα πατσιαλικά και μετά να τα μαγερέψεις.*

πατσιατζίδικο το, πατσατζίδικο.

πατσιατσούλης, -α, -ικο, **1.** τσαπατσούλης, ατημέλητος, ανοικοκύρευτος: *είναι πολύ πατσιατσούλα, το σπίτι της δεν το βρίσκεις μια φορά συγγρισμένο.* **2.** (για τεχνίτη) ο χαρακτηριζόμενος από προχειρότητα: *φαίνεται από μακριά ότι είναι βάψιμο πατσιατσούλη.*

πατσιατσουλιά η, τσαπατσουλιά.

πατσιατσούλικος, -η, -ο, αυτός που

πατσιούρης 158 **περαστή**

ταιριάζει ή αναφέρεται στον *πατσιατσούλη* (βλ. λ.).
πατσιούρης ο, πατσουρός, ο με σιμή, πλακουτσωτή μύτη (απαντά και ως παρατσούκλι).
πάτωμα το, σάλα, σαλόνι: *τα παιδιά κοιμήθηκαν στο πάτωμα κι οι μεγάλοι στο χειμωνιάτικο.*
παφιλένιος, -α, -ο, ο καμωμένος από *πάφιλο* (βλ. λ.), λεπτό λευκοσίδηρο: *παφιλένιο μπαούλο // παφιλένιο μπρίκι* κ.λπ.
πάφιλο το, έλασμα λευκοσιδήρου: *έκοψα το δάχτυλό μου μ' ένα πάφιλο.*
πάχτα τα, στη φρ. *στα τάχτα και στα πάχτα*, στα όπα-όπα, σε όλες τις ανέσεις.
πεζούλα η, λωρίδα χωραφιού ή κήπου που τα χώματά της λόγω κατωφέρειας συγκρατούνται με ξερόμαντρα: *μια πεζούλα χωράφι έχει ο φουκαράς, πού να τα βγάλει πέρα.*
πεζουλάς ο, ο ατζαμής χτίστης που δεν κάνει για τίποτε άλλο, παρά μόνο για να φτειάχνει μάντρες για *πεζούλες* (βλ. λ.).
πεισμώνω, **1.** (μτβ.) κάνω κάποιον να θυμώσει: *πολύ με πείσμωσε μ' αυτά που μου είπε ο αδερφός μου.* **2.** (αμτβ.) θυμώνω, εξοργίζομαι: *πείσμωσε ο πατέρας, επειδή του αντιμίλησε ο γιος, και τον χτύπησε.*
πεισμωτά (επίρρ.), θυμωμένα, οργισμένα.
πεισμωτός, -ή, -ό, θυμωμένος, οργισμένος: *έφυγε πεισμωτός, γιατί δεν του δώκαμε όσα λεφτά γύρευε.*
πελεκάνος ο, λιθοξόος: *ο γερο-Τσούλης, λένε, ήταν ο καλύτερος πελεκάνος του χωριού μας.*

Πέμτη η, Πέμπτη, η πέμπτη ημέρα της εβδομάδας.
πεντάνευρο το, πόα που τα φύλλα της μοιάζουν με τα φύλλα του καπνού και χρησιμοποιείται στα *βισγάντια* (βλ. λ.) για το τράβηγμα των υγρών.
πενταρούγα η, καμπούρα, κύφωση: *γεννητάτος την έχει την πενταρούγα.*
πέπελη η, παράσιτο των λαχανικών: *δε φάγαμε λάχανα φέτο, τα κατάστρεψε η πέπελη.*
πεπελιάζω, (για λαχανικά) πιάνω, αποκτώ *πέπελη* (βλ. λ.).
πεπέλιασμα το, η δημιουργία *πέπελης* (βλ. λ.) στα λαχανικά.
πεπενός, -ή, -ό, λεπτός, τρυφερός, μαλακός: *τα δάχτυλά του γίνανε πεπενά από την αναδουλειά.*
περαμεριά η, **1.** το πέρα, το απέναντι μέρος. **2.** η πέρα από τον Λάδωνα ποταμό περιοχή.
περαμερίτης, -ισσα, -ικο, **1.** αυτός που κατοικεί, με κάποιο σύνορο, στην απέναντι μεριά. **2.** όσοι κατοικούν στην πέρα από τον Λάδωνα περιοχή: *οι περαμερίτες στην Επανάσταση του '21 στρατολογούνταν από τους Δεληγιανναίους.*
περαμερίτικος, -η, -ο, αυτός που ταιριάζει ή αναφέρεται στον *περαμερίτη* (βλ. λ.).
πέραση η, **1.** πέρασμα χρόνου: *δεν το 'χουμε για μια ημέρα το λάδι, το φυλάμε για πέραση ούλου του μήνα.* **2.** τρόπος ζωής, διαβίωσης: *δε στενοχωρήθηκε στη ζωή του από τίποτα, πάντα είχε καλή πέραση.*
περαστή (εννοείται *βελονιά*) η, είδος βελονιάς.

περάτης ο, εξάρτημα, υποστήριγμα που συγκρατεί τη φτερωτή του νερόμυλου.

περδιάρης ο, αγροφύλακας: *μπήκε σε ξέν' αμπέλι να κόψει δυο σταφύλια και τον έπιασ' ο περδιάρης.*

περδικάβγουλο το, αβγό της πέρδικας: *το σκάσανε από το σκολειό και πήγανε για περδικάβγουλα.*

περετάω, υπηρετώ στον στρατό ή σε δημόσια υπηρεσία: *έλεγ' ο παππούλης μου ότι περέτησε στο στρατό δέκα χρόνια.*

πέρζελη η, καφετής σαθρός σχιστόλιθος, θρυμματιζόμενος εύκολα.

περζελωτός, -ή, -ό, αυτός που η σύνθεσή του αποτελείται από *πέρζελη* (βλ. λ.): *περζελωτό χωράφι // περζελωτό έδαφος.*

πέρι (πρόθ.), παρά: *καλύτερα να 'σπαγα το πόδι μου, πέρι που 'ρθα να σε ιδώ και ηύρα τα ξινισμένα μούτρα σου.*

περίβαλτος, -η, -ο, ενδεδειγμένος, κατάλληλος, αποτελεσματικός, ό,τι πρέπει, ό,τι χρειάζεται: *ένα ζεστό (ρόφημα) είναι περίβαλτο για το κρυολόγημα // οι βεντούζες είναι περίβαλτες για τα κρυώματα.*

περικαλιέμαι, παρακαλώ, προσεύχομαι: *σταυραϊτός καθότανε και περικαλιότανε* (δημ. τραγ.) *// περικαλιέμαι στο Θεό να μ' αξιώσει να ξαναγυρίσω σπίτι μου.*

περικόβω, 1. (μτβ., για νερό, υγρασία) διαπερνώ, διεισδύω: *περίκοψε τον τοίχο η γρασία και βγήκε από μέσα.* 2. (αμτβ.) γίνομαι κάθυγρος, διάβροχος: *περίκοψε το σακάκι μου και μούσκεψα μέσα για μέσα.*

περικοπά (επίρρ.), από το *περικοπό* (βλ. λ.): *να πας περικοπά, για να μην αργήσεις.*

περικοπάτα (επίρρ.), *περικοπά* (βλ. λ.): *πήγα στο χωριό περικοπάτα.*

περικοπό το, δευτερεύων δρόμος (συντομότερος), μονοπάτι: *παγαίνω από το περικοπό για γληγορότερα.*

περικοφτός, -ή, -ό, διαπεραστικός, διεισδυτικός: *Θε μου, ρίξε μια βροχή σιγαλή, περικοφτή.*

περιόνι το, πριόνι.

περιονίζω, πριονίζω.

περιόρα η, ανάποδη, δύστροπη γυναίκα: *δεν μπορείς να συνοννοηθείς μ' αυτήν την περιόρα εύκολα.*

περιπλεμονία η, περιπνευμονία, φλεγμονή του πνεύμονα με αρκετά υψηλό πυρετό και δύσπνοια.

περίπλεχτος ο, στρόφος, κωλικόπονος· λέγεται μονολεκτικά ως παρατήρηση ή κατάρα με την έννοια του «σκασμός»: *περίπλεχτος πια, σταμάτα να μιλάς.*

περιστέρι το, (συνθ. μαστ. γλ.) κρεμμύδι: *σήμερα θα φάμε ψωμί και περιστέρι.*

περσευούμενος, -η, -ο, περισσός, επιπλέον: *δεν την έχω περσευούμενη την τσιούπα μου, να την δώκω σ' αυτόν τον αχαΐρευτο.*

πεσιάδα η, 1. ο από το βάρος ή τον αέρα πεσμένος καρπός: *φύσαγ' αέρας απόψε, πάμε να μαζέψουμε πεσιάδες.* 2. το πλαγιασμένο από τη βροχή ή τον αέρα δημητριακό: *η δυνατή βροχή τα πλάγιασε τα γεννήματα, τα 'καμε πεσιάδες.*

πετάλα η, κοκκινίλα, ερυθρή κηλίδα του δέρματος: *κάτι τον πείραξε και γιόμισε το κορμί του πετάλες.*

πεταλόκαρφο το, καρφί που χρησιμοποιείται στο πετάλωμα των ζώων.

πέταμα το, αντίληψη, εξυπνάδα, σπιρτάδα, προθυμία: *να 'χετε πετάματα· να μην περιμένετε να σας το ματαειπούν ένα πράμα, για να το καταλάβετε και να το κάνετε.*

πεταχτή (εννοείται βελονιά) η, είδος βελονιάς στην κεντητική.

πετρέλο το, πετρέλαιο: *μην ξεχάσεις να φέρεις ένα μπουκάλι πετρέλο για τη λάμπα.*

πετροκαταρούσα η, η γυναίκα που εκστομίζει σκληρές κατάρες: *σου είναι αυτή μια πετροκαταρούσα, ο Θεός να σε φυλάει.*

πετροσαλίγκαρο το, σαλιγκάρι που ζει σε πέτρες, σε αντίθεση με το *μπομπόλι* (βλ. λ.) που απαντά σε λιβάδια.

πετρούλες τρεις οι, *τρεις πετρούλες* (βλ. λ.).

πετρωτός, -ή, -ό, αυτός που έχει το χρώμα της πέτρας, σταχτόχρωμος: *κότα πετρωτή.*

πέτσα η, τόπι υφάσματος εμπορίου εβδομήντα εμπορικών πήχεων: *αυτή η φουστανέλα θα 'χει σίγουρα μια πέτσα πανί.*

πετσιώνα η, μεγάλη μεταξωτή μαντίλα.

πήδουκλος ο, μεγάλο πήδημα: *τον κυνήγησαν να τον πιάσουν, αλλά με κάτι πήδουκλους που έκανε τους ξέφυγε.*

πηλαλητό το, τραγούδι συρτού (καλαματιανού) χορού: *δεν είμ' εγώ για τσιάμικα, πέστε μου ένα πηλαλητό να τελειώνουμε.*

πηλαλίστρα η, χώρος όπου εύκολα μπορεί να τρέξει κανείς: *πού να τον πιάσεις, άμα βγει στην πηλαλίστρα κι αρχίσει να τρέχει.*

πήλιουρη η, **1.** θολούρα, λασπόνερο: *από τη δυνατή βροχή γέμισε το κατώι πήλιουρη.* **2.** ίζημα, κατακάθι: *δεν ήταν καθαρό το γάλα, ένας σβώλος πήλιουρη έμεινε στο πανί που το σουρώσαμε.*

πηξιά η, ποσότητα τυριού που πήζεται μεμιάς μέσα σε κάποιο σκεύος (χύτρα, καζάνι κ.λπ.) ή αλλιώς η ποσότητα τυριού που δέχεται η τυροτσαντίλα: *του 'ταξε πως θα του πήγαινε μια πηξιά τυρί, όταν θα τυροκομούσε.*

πηχτή η, γουρουνοπατσάς που, όταν κρυώσει, πήζει.

πιάνω, 1. (μτβ., για φαγητό) συντελώ στην ανάπτυξη του οργανισμού ανθρώπου ή ζώου: *τρώει πολύ φαΐ το παιδί, αλλά δεν το πιάνει.* **2.** (αμτβ., για χωράφι) δεν οργώνομαι εύκολα εξαιτίας σκληρότητας του χώματος από αναβροχιά: *δεν έβρεξε ακόμα και δεν πιάνουν τα χωράφια, για ν' αρχινήσουμε τη σπορά.*

πιασιά η, δράξιμο, χούφτα, ποσότητα που μπορεί να πιάσει το χέρι: *δώσ' μου μια πιασιά φασολάκια.*

πιζεύλι το, ζυγονόμι (βλ. λ.).

πιθοσηκώνουμαι, σηκώνομαι και κάθομαι πολλές φορές: *η δουλειά της είναι τέτοια που πρέπει να πιθοσηκώνεται, μην παραπονιέται.*

πικούνι το, ειδικό σφυρί που χρησιμοποιεί ο *πελεκάνος* (βλ. λ.) για τη σμίλευση των γωνιόλιθων (αγκωνάρια) και που το ένα σκέλος του είναι αιχμηρό σαν σμίλη και το άλλο οδο-

ντωτό ή πεπλατυσμένο.
πινάκι το, μονάδα μέτρησης των δημητριακών, βάρους πενήντα οκάδων: *αν θέλει ο Θεός, φέτο θα μαζέψω πάνω τριάντα πινάκια γέννημα.*
πινάρα η, ο δαυλίτης των δημητριακών.
πινίγω, 1. πνίγω, απαγχονίζω: *τον έπιασε από το λαιμό και κόντεψε να τον πινίξει τον άνθρωπο.* 2. πλημμυρίζω: *άφηκε η μυαλωμένη ούλο το νερό στο περιβόλι και το πίνιξε.*
πινοή η, αναπνοή, ανάσα: *πιάστηκ' η πινοή μου, ώσπου ν' ανέβω αυτόν τον ανήφορη.*
πινόμαλλο το, το άπλυτο μαλλί του προβάτου: *αυτά τα πινόμαλλα θέλουν πλύσιμο, γιατί μυρίζουν.*
πιπίτσα η, μεγάλη δίψα.
πιπιτσιάζω, διψώ υπερβολικά, στεγνώνει το στόμα μου από τη δίψα: *μια στάλα νερό, σε παρακαλώ, πιπίτσιασε το στόμα μου.*
πίργερος, -η, -ο, υπέργηρος: *γέρος, πίργερος, γλυκός ο απάνω κόσμος* (παροιμ. που σημαίνει ότι και για τον υπέργηρο η ζωή είναι γλυκιά).
πιριάνα η, μικρό βαθύ χαλκωματένιο ταψί με δυο λαβές για το ψήσιμο φαγητού (συνήθως μπριάμ): *έριξα την πιριάνα στο φούρνο με μπακαλιάρο και πατάτες· του Βαγγελισμού σήμερα, να χωρίσουμε την ημέρα.*
πιριάνι το, μπριάμ: *έφτειαξα ένα πιριάνι σήμερα, να το τρως και να γλείφεις τα δάχτυλά σου!*
πιρινόσπορος ο, περονόσπορος, γνωστή ασθένεια των αμπελιών.
πιριόνι το, πριόνι.
πιρνόφυλλο το, πρινόφυλλο, πουρναρόφυλλο: *φύσηξ' αέρας και μου γέμισε τ' απλωμένα αλευρομαγερέματα πιρνόφυλλα.*
πισάγναρο το, πισωγύρισμα, επιστροφή από τον ίδιο δρόμο: *κατευόδωσε τους ταξιδιώτες και πήρε το πισάγναρο και γύρισε σπίτι του.*
πισάρι το, το πισινό ξύλινο σκέλος του σαμαριού.
πισέλα η, τα τελευταία μέλη μιας φάλαγγας ανθρώπων ή ζώων (αντίθ.: *μπροστέλα,* βλ. λ.): *είχε μεγάλη κηδεία σου λέω, η πισέλα στον Ταξιάρχη και η μπροστέλα στο νεκροταφείο.*
πισκέσι το, πεσκέσι, συνήθως φαγώσιμο δώρο, αλλά και γενικά δώρο: *ήρθε με το πισκέσι του, ένα καπόρι γιαούρτι // αυτός είναι για το διάβολο πεσκέσι* (υποτιμητική φρ. για τον αχαΐρευτο, τον άχρηστο, τον κακό).
πισκίρι το, πετσέτα.
πισπίλωμα το, πασπάλισμα.
πισπιλώνω, πασπαλίζω: *έκοψε μια τρογυριστή φέτα ψωμί, την έβρεξε, την πισπίλωσε με ζάχαρη κι έκατσε και την έφαγε.*
πιστρόφια τα, η επίσκεψη των νεονύμφων στο σπίτι της νύφης μετά τρεις ημέρες από τον γάμο: *ήρθαν στα πιστρόφια τα νιογάμπρια και γίνεται γλέντι στο πεθερικό σπίτι.*
πιστρώνω, μπιστρώνω (βλ. λ.).
πισωγιομί το, οπισθογεμές κυνηγετικό όπλο.
πισωκέρης, -α, -ικο, (για γίδι) αυτός που τα κέρατα του είναι στραμμένα προς τα πίσω.
πισωκέρικος, -η, -ο, αυτός που ταιριάζει ή αναφέρεται στον *πισωκέρη* (βλ. λ.).

πισωλούρι το, ιμάντας δερμάτινος ή λαστιχένιος του ξώφτερνου τσαρουχιού που αγκάλιαζε τη φτέρνα και το συγκρατούσε στο πόδι.

πισωπατάω, 1. κινούμαι προς τα πίσω, ενώ βλέπω μπροστά: *πισωπάτησε, δεν πρόσεξε κι έπεσε κάτω από τη μάντρα*. **2.** υπαναχωρώ: *ο φίλος μας πισωπάτησε σήμερα, αλλιώς μας τα 'λεγε χτες*.

πισωστρίβω, 1. (μτβ.) αναιρώ, υπαναχωρώ: *πισώστριψε τα λόγια του, όταν κατάλαβε πως δε θα γίνει το δικό του*. **2.** (αμτβ.) πισωγυρίζω: *σαν είδε τα σκούρα, πισώστριψε κι έφυγε*.

πισωσφίγγι το, σφήνα που στερεώνει το σταβάρι στην αλετροπόδα (στο πίσω μερος, στη γωνία).

πιτουρήθρα η, χιονονιφάδα: *χιονιάς ο καιρός, πέφτουνε κιόλας οι πρώτες πιτουρήθρες*.

πιτουρίδα η, πιτυρίδα.

πιχερίζουμαι, επιχειρώ, αναλαμβάνω, αρχίζω κάτι: *έχω να σκάψω και τον κήπο, αλλά φοβάμαι να τον πιχεριστώ, γιατ' είναι αποβροχής // αν σε πιχεριστώ, καημένε μου, θα ιδείς πόσες θα φας*.

πλαϊνά-πλαϊνά (επίρρ.), από την πλαγιά, ανάπλαγα: *να προχωρήσεις πλαϊνά-πλαϊνά και θα τη βρεις τη βρύση*.

πλακοπαΐδα η, παγίδα για πουλιά αποτελούμενη από μια πέτρινη πλάκα στηριγμένη ελαφρά με ένα ξυλάκι, που πέφτει, έστω κι αν λίγο ακουμπήσει το πουλί: *όταν ήμαστε μικροί, στήναμε πλακοπαΐδες και πιάναμε πουλιά*.

πλάκος ο, μεγαλούτσικη πέτρινη πλάκα, όχι πλακίτσα: *μου 'χε σπάσει τα νεύρα η παλιόγιδα· της πέταξα κι εγώ έναν πλάκο και της τσάκισα το πόδι*.

πλάκωμα το, ξύλινο (συνήθως δρύινο) μη τοξωτό υπέρθυρο.

πλακωμός ο, συμπλοκή, καβγάς με ξυλοδαρμούς: *με βρισιές αρχινήσανε, αλλά δεν άργησε να 'ρθεί κι ο πλακωμός*.

πλάκωση η, συμφόρηση, συνωστισμός: *ο μύλος είχε μεγάλη πλάκωση κι άργησα ν' αλέσω*.

πλάντρα η, πατημένο, συμπιεσμένο χώμα, χωμάτινη πλάκα.

πλαντριάζω, (για χώμα) παύω να είμαι αφράτο, αποκτώ σκληρή κρούστα και σχίζομαι σε πλακώδη κομμάτια: *πλάντριασε το χωράφι, γιατ' ήταν οργωμένο κι έπιασε βροχή*.

πλαστήρι το, **1.** πλατιά και σχεδόν στρόγγυλη σανίδα με λαβή (ουρά), πάνω στην οποία πλάθεται ζυμάρι, ανοίγονται μικρά φύλλα για πίτες, στρίβονται σπιτικά μακαρόνια, κόβονται χυλοπίτες κ.λπ. **2.** εκλεκτό χοιρινό λίπος, το οποίο λιωνόταν χωριστά και χρησιμοποιόταν αντί για βούτυρο ή λάδι στην παρασκευή γλυκισμάτων (κουραμπιέδες κ.λπ.).

πλάστης ο, ξύλινο σύνεργο της κηροπλαστικής.

πλάστρα η, γυναίκα που ξέρει να πλάθει φύλλα για χυλοπίτες, πίτες κ.λπ.: *ταχιά θα φτειάσουμε χυλοπίτες και θα μαζευτούν πέντ'-έξι πλάστρες από το μαχαλά*.

πλατάρωμα το, πιάσιμο, πόνος της πλάτης από κρύωμα, κούραση κ.λπ.

πλαταρώνουμαι, με πονούν οι πλάτες μου, τις αισθάνομαι μουδιασμένες από κούραση, ακινησία κ.λπ.: *σήκω το παιδί λίγο από το μπεσίκι, θα πλαταρωθεί τόσες ώρες ξαπλωμένο.*

πλατεούλα η, μικρή πλατεία, πλατεΐτσα.

πλατοκούκκι το (συνήθως στον πληθ., **πλατοκούκκια**), κύαμος, κουκκί: *δεν τα πολυτρώγαμε τα πλατοκούκκια, γιατί σκιαζόμαστε μη δηλητηριαστούμε.*

πλατομούτρης, -α, -ικο, αυτός που έχει πλατύ πρόσωπο: *πολύ πλατομούτρικο γίνεται αυτό το παιδί όσο μεγαλώνει.*

πλατομούτρικος, -η, -ο, αυτός που ταιριάζει ή αναφέρεται σε πλατομούτρη (βλ. λ.).

πλατσαράω, πλατσουρίζω, παίζω με νερά, περπατάω, βουτάω στα νερά: *μην πλατσαράς μες στα νερά, θ' αρρωστήσεις.*

πλατσουράω, πλατσαράω (βλ. λ.).

πλατώνα η, προκομμένη, άξια γυναίκα: *πέντ' αδράχτια το χειμώνα πότε τα 'νεσα η πλατώνα;* (ειρωνική φρ. για τεμπέλα γυναίκα).

πλεύρη η, πλαγιά βουνού, λόφου κ.λπ.: *να τα πας τα πράματα κατά τις πλεύρες του Αρτοζήνου να βοσκήσουν.*

πλευρό το, ποσότητα πράγματος που φορτώνεται από τη μια πλευρά υποζυγίου: *φόρτωσα ένα πλευρό σιτάρι κι ένα πλευρό αραποσίτι και τα πήγα στο μύλο και τα άλεσα.*

πλέχτρα η, αρμαθιά (κρεμμυδιών, σκόρδων, κερασιών κ.λπ.): *έκανα μερικές πλέχτρες λουβιά για το χειμώνα.*

πλουμπισμένος, -η, -ο, στολισμένος, διακοσμημένος, κεντημένος, πανέμορφος: *έλαμπε μέσα στην πλουμπισμένη φορεσιά της η νύφη.*

πλουμπιστός, -ή, -ό, πλουμπισμένος (βλ. λ.).

πλούντρα η, πούδρα: *οι κυρίες βάνουνε και πλούντρα στα μάγουλά τους, για να φαίνουντ' όμορφες.*

πλοχεριά η, ποσότητα πράγματος μιας χούφτας: *δώσ' μου μια πλοχεριά φασόλια, γιατί δε με φτάνουν τα δικά μου.*

πλοχερίζω, πλάθω, στρώνω το ζυμάρι του ψωμιού στο ταψί, το κάνω επίπεδο: *να πλοχερίσεις τα ψωμιά και να τα σκεπάσεις να γινούν (να φουσκώσουν).*

πλόχερος ο, πλοχεριά (βλ. λ.).

πλυματεύω, **1.** δίνω πλύμα (νεράλευρο) σε ζώο. **2.** ξεγελώ με ασήμαντη παροχή: *το πλυματεύει το παιδί με καμιά καραμελίτσα και το στέλνει συνέχεια σε θελήματα.*

πνεματικός ο, πνευματικός, εξομολογητής: *σαράντα ημέρες περπατώ να βρω παπά πνεματικό* (δημ. τραγ.).

ποδεμή η, υπόδηση, παπούτσια: *έμεινε το παιδί χωρίς ποδεμή, πρέπει να το πάω στον τσαγκάρη να του πάρει μέτρα για παπούτσια.*

ποδοκόπι το, κόπος των ποδιών, κουραστικό περπάτημα: *δε συνάντησα πουθενά λαγό, άδικα το ποδοκόπι μου σήμερα.*

ποδόλυσα η, ποδάγρα, χρόνια ασθένεια των αρθρώσεων: *το σκυλί που έχει την αναπαή, έχει και την ποδόλυσα* (παροιμ. που σημαίνει ότι η

ποδόχαλο

ανάπαυση σε κάποιες περιπτώσεις δεν είναι και ό,τι καλύτερο).

ποδόχαλο το, μικρό ξερόκλαδο, προσάναμμα: *κοντεύει να ξεσβελιάσει η φωτιά, βάλ' της κάνα ποδόχαλο να λαμπαδιάσει.*

πολειφάδι το, **1.** απολειφάδι, μικρό υπόλειμμα σαπουνιού. **2.** ασήμαντο άτομο: *περίμενες απ' αυτό το πολειφάδι καλύτερο φέρσιμο;*

πολειφαδιάζω, φθείρομαι, παλιώνω: *πολειφάδιασε το παντελόνι στα γόνατα, σε λίγο θα τρουπήσει.*

πολήμι το, μεγάλη λαξευτή πέτρινη σκάφη (γούρνα) δίπλα ακριβώς σε βρύση, στην οποία οι γυναίκες έπλεναν τα ακάθαρτα ενδύματα και ελαφρά κλινοσκεπάσματα: *υπάρχουν ακόμα τα πολήμια στις βρύσες του χωριού μας, γυναίκες δεν υπάρχουν πια να πλύνουν.*

πολλιά η (θηλ. του επιθ. *πολύς*), πολλή, μπόλικη: *πολλιά ζάχαρη βάνεις στον καφέ σου, θα σε πειράξει.*

πολυκάρπι το, η άγρια βρόμη, ζιζάνιο των δημητριακών.

πολυκόμπι το, αγριόχορτο (ζιζάνιο) με κολλητικές ιδιότητες και με άνθη που, πριν ανοίξουν, είναι μικρά σαν κομπάκια.

πολυλέω, δεν λέω, δεν έχω πολλές κουβέντες με κάποιον, είμαι ελαφρά μαλωμένος: *δεν τα πολυλέμε τώρα τελευταία με τον κουμπάρο μου, έχουμε λίγο ψυχραθεί.*

πολυτζιαιρνός, -ή, -ό, πολυκαιρινός, παλιός, περασμένου χρόνου, πολλών ημερών: *το τυρί είναι πολυτζιαιρνό, μπορεί και να χάλασε.*

πολυτιά η, μεγάλο μέρος, μεγάλη ποσότητα: *την πολυτιά τη θερίσαμε, ένα λιγοτάρι μάς έμεινε.*

πολυφάμελος, -η, -ο, αυτός που έχει μεγάλη φαμελιά, οικογένεια: *είναι πολυφάμελος, πού να τα βγάλει πέρα με τα λίγα χωραφάκια του.*

πολυχαρτάς ο, το τρίτο κατά σειρά στομάχι των μηρυκαστικών ζώων, ο εχίνος.

πολυώρα (επίρρ.), πριν από λίγο, προηγουμένως, όχι πριν από πολλή ώρα: *πολυώρα εδώ ήτανε ο φίλος σου.*

πολωλιαίνω, ζαλίζω, δεν αφήνω κάποιον να ησυχάσει: *με πολώλιανε σήμερα ο φίλος μου με την πολυλογία του.*

πολωλός, -ή, -ό, λιγόμυαλος, ανόητος: *ένας πολωλός γεωργός έδεσε το γάιδαρό του σ' ένα δεμάτι σιταριού, οπότε το ζο έφαγε το δεμάτι κι έφαγε και πολλά άλλα...*

πονάω, επιθυμώ διακαώς να δω κάποιον: *έκανες πολύν καιρό να φανείς και σε πόνεσα.*

ποντισμένος, -η, -ο, χορτασμένος από νερό, πλημμυρισμένος.

πορδάλα η, είδος μικρού μυρμηγκιού, μελιγγόνι.

πορδαρίζω, πέρδομαι, κλάνω: *πορδαρίζει σαν γάιδαρος στον ανήφορη.*

πορδάρισμα το, το αποτέλεσμα του *πορδαρίζω* (βλ. λ.).

πορδοβούλωμα το, άτομο μικρόσωμο, καχεκτικό, αδύναμο: *σιγά τώρα μη σκιαχτώ και το πορδοβούλωμα.*

πορτιάζω, τοποθετώ πόρτες και παράθυρα σε καινούργιο σπίτι: *έχουμε έξοδα, πρέπει να πορτιάσουμε το καινούργιο σπίτι, πριν μπει ο χειμώνας.*

πόρτιασμα το, η ενέργεια και το αποτέλεσμα του *πορτιάζω* (βλ. λ.).

πορτωσιά η, εξωτερική πόρτα της αυλής, αυλόπορτα: *και πλάι στης πορτωσιάς σου τ' αγκωνάρι ο πρωτομάστορας λογχίζει τον εχτρό* (ανάγλυφη παράσταση).

ποσιάζω, ταιριάζω, συνδέω, συσχετίζω: *πώς τα ποσιάζει τα λόγια του είν' άλλο πράμα!*

ποστασιά η, ενιαία καλλιέργεια την ίδια χρονιά μιας γεωργικής περιοχής με το ίδιο δημητριακό: *φέτο η Ντραΐνα είναι μια ποστασιά, σιτάρια.*

ποταμός ο, χοντρός ξύλινος δοκός (κορμός δέντρου, που βασικά υποβαστάζει το πάτωμα του σπιτιού), πατερό.

ποτές (επίρρ.), ποτέ: *ποτές εγώ δεν καταδέχτηκα να κόψω ένα πράσινο φύλλο* (να κλέψω κάτι).

ποτηρένιος, -α, -ο, όμορφος, ωραίος: *ο Γιώργης παντρεύτηκε μια γυναίκα ποτηρένια.*

ποτισιώνα η, ποτίστρα ζώων.

ποτόκι το, φωλιά άγριου ζώου, μονιά: *την ημέρα δε βγαίνουν συνήθως τ' αγριόζουδα από τα ποτόκια τους.*

πουγάνα η, **1.** μεταλλικό σκεύος με καπάκι για το ψήσιμο φαγητού, ψωμιού, πίτας κ.λπ., που το καλύπτουν στην εστία με χόβολη, γάστρα. **2.** χεσιά, ανθρώπινο περίττωμα.

πουλαρόδειγμα το, **1.** νεανική συμπεριφορά. **2.** πρόσκαιρη προθυμία.

πουλαροδείγνω, **1.** συμπεριφέρομαι σαν πουλάρι, νεάζω: *πουλαροδείγνει γριά γυναίκα και δεν ντρέπεται καθόλου.* **2.** δείχνω προθυμία στην αρχή και μετά αδιαφορώ: *πουλαρόδειξε η νύφη την πρώτη χρονιά στις δουλειές, μετά το 'ριξε στην τεμπελιά.*

πούλια η, πεταλούδα: *κλείσ' το παρεθύρι, μη γιομίσει το σπίτι πούλιες.*

πούμωμα το, κλείσιμο των ρουθουνιών λόγω κρυολογήματος και δυσκολία αναπνοής.

πουμώνουμαι, έχω κλεισμένα ρουθούνια εξαιτίας κρυολογήματος και δυσκολεύομαι να αναπνεύσω: *είναι πουμωμένη η μύτη μου από το κρύο και δεν μπορώ να πάρω ανάσα.*

πουντιάω, (μτβ. και αμτβ.) πουντιάζω, κρυώνω, παγώνω: *κλείσ' την πόρτα, μας πούντιασες // δε φορούσα μπαλντό σήμερα και πούντιασα.*

πουρναρολουμπίνα η, πυκνός και απλωτός θάμνος πουρναριού, που δύσκολα γίνεται δέντρο, γιατί καταστρέφουν τα βλαστάρια του τα γίδια.

πουρνοστασιό το, μπουρδέλο, πορνείο: *να του ειπείς λοιπόν χαιρετίσματα, ότι εγώ την πάντρεψα την τσιούπα μου, δεν την έστειλα στο πουρνοστασιό, ας κοιτάξει τη δικιά του.*

πούσι το, περίβλημα, φύλλο του καρπού του καλαμποκιού: *με πούσια ντέναμε τα ματαράτσια* (στρώματα).

πουτσούλα η, υποκ. του ουσ. *πούτσα* (ανδρικό γεννητικό όργανο).

πουτσούλι το, *πουτσούλα* (βλ. λ.).

πραγαλιαίνω, (για τον καιρό) καλοσυνεύω, βελτιώνομαι, γίνομαι πιο ήπιος: *σάμπως λιγουλάκι πραγάλιαν' ο καιρός, μπορούμε να βγάλουμε τα ζωντανά να βοσκήσουν.*

πράγκωμα το, η ενέργεια και το αποτέλεσμα του *πραγκώνω* (βλ. λ.).

πραγκώνι το, λαξευμένο κανονικό λιθάρι που χτίζεται δίπλα ακριβώς από τη στενή πλευρά του γωνιόλιθου (αγκωνάρι), για συμπλήρωμα και συμμετρία στην οπτική εικόνα της γωνίας του πετρόκτιστου κτηρίου.

πραγκωνολίθι, πραγκώνι (βλ. λ.).

πραγκώνω, τοποθετώ, χτίζω πραγκώνι (βλ. λ.) σε γωνία λιθόκτιστου κτηρίου.

πράζω, (για γυναίκα) συνευρίσκομαι με άνδρες, παρά τις ηθικές απαγορεύσεις: *αυτή μια ζωή πράζει, αλλά πού να πάρει χαμπάρι ο χαζός ο άντρας της.*

πράιτα τα, (απαξιωτικά) πρόβατα: *πού τα ξεχείμασες τα πράιτα φέτος;*

πραματιάτικα τα, φόρος που πλήρωνε στην Κοινότητα ή στον Δήμο ο κτηνοτρόφος για τα γιδοπρόβατά του.

πραματολόγος ο, αυτός που αγοράζει πράματα (γιδοπρόβατα) για σφάξιμο.

πράξη η, συνουσία: *τους πιάσανε στα πράσα πάνω στην πράξη.*

πράση η, μέλλον, ζωή: *από τα φετινά αρνιά θα κρατήσω καμιά εικοσιαριά θηλυκά και κάνα δυο σερνικά για πράση.*

πραχάλι το, **1.** κλαδί μεγαλύτερου κλώνου δέντρου ή φυτού: *έχει πολλά πραχάλια η μηλιά, κόψε μερικά να πάρει αέρα.* **2.** διχάλα, κρεμαστάρι: *κάρφωσα στη μισάντρα δυο πραχάλια να κρεμάμε τα σκουτιά μας.*

πραχάλωμα το, **1.** κρέμασμα σε πραχάλι (βλ. λ.). **2.** (μτφ.) συνουσία.

πραχαλώνω, **1.** διχαλώνω, κρεμώ κάτι σε *πραχάλι* (βλ. λ.). **2.** (μτφ.) συνουσιάζομαι: *την πραχάλωσε ο μπαγάσας την κουμπάρα.*

πράχνη η, πάχνη.

πρέποντις (επίρρ.), όπως πρέπει, όπως αρμόζει: *εγώ πήγα πρέποντις στο γάμο του, με τα φαΐά μου και τα κρασιά μου.*

πριάλλη η, η μεθεπόμενη ημέρα: *και την άλλη και την πριάλλη εδώ θα με βρεις να ξαίνω μαλλιά.*

πρικιδόνι το, γυναικείο αιδοίο: *σκεπάσου, κοντεύει να φανεί το πρικιδόνι σου.*

πριμαντόνα η, (μειωτικά) γυναίκα με τολμηρό ντύσιμο και τρόπους, στερούμενη σοβαρότητας, ανήθικη: *δεν είχε τσιούπες το χωριό μας να παντρευτεί, προτίμησε την πριμαντόνα της πόλης.*

πριπρής ο, άνθρωπος δειλός, χεζής: *είναι μεγάλος πριπρής, μη βασίζεσαι σε δαύτον.*

πρίσκαλο το, **1.** άγουρο σύκο: *δεν τρώγονται ακόμα τα σύκα, είναι πρίσκαλα.* **2.** (μτφ.) κορίτσι της εφηβείας: *μην το πειράζεις το κορίτσι, ντροπή, είναι πρίσκαλο ακόμα.*

πριτσιούλι το, προκοίλι, το κατώτερο τμήμα της κοιλιάς, υπογάστριο, γενικά η κοιλιά: *καλόφαγε τελευταία κι έριξε πριτσιούλι.*

προβάζι το, *προβαζός* (βλ. λ.).

προβαζός ο, αορτήρας, σχοινί του σακουλιού για το κρέμασμά του από τον ώμο ή από οπουδήποτε αλλού.

προβατάκι το, εδώδιμο αγριόχορτο.

προβατοκακαρέντζα η, κοπριά του προβάτου.

προβατόφιδο το, φίδι που βυζαίνει το γάλα του προβάτου.

προβατοψάλιδο το, ψαλίδι κουρέματος των γιδοπροβάτων: *με το προβατοψάλιδο σε κούρεψ' η μάνα σου;*

προβυζαίνω, **1.** βοηθώ νεογέννητο αρνί ή κατσίκι να θηλάσει στη μάνα του που δεν το δέχεται. **2.** βάζω ορφανό αρνί ή κατσίκι να θηλάσει σε άλλη προβατίνα ή γίδα.

πρόγκα η, **1.** καρφί. **2.** η περόνη που συγκρατεί το αλέτρι στο ζυγό.

προγκαδούρα η, το σύνολο των με μεγάλο και στρόγγυλο κεφάλι καρφιών των παπουτσιών της παλιότερης εποχής (π.χ. στα παλιά στρατιωτικά άρβυλα).

προγκιά η, μεταλλική ράβδος που στερεώνεται στην ούγια του υφαινόμενου υφάσματος, το τεντώνει και διευκολύνει την ύφανση.

πρόγκιγμα το, **1.** αποπομπή, απόδιωγμα: *έφαγε πρόγκιγμα που ήταν όλο δικό του.* **2.** έξαψη, ερεθισμός, ξάφνιασμα των ζώων: *το πρόγκιγμα του μουλαριού κούστισε τη ζωή του αφεντικού του.*

προικολαβαίνω, παραλαμβάνω την προίκα σύμφωνα με το προικοσύμφωνο των αρραβώνων, γενικά παίρνω τα προικιά.

πρόκεται, πρόκειται: *ό,τι και να μου ειπείς, δεν πρόκεται να σ' ακούσω.*

προλίγου (συνένωση των λ. της φρ. προ ολίγου, επίρρ.), πριν από λίγο: *γύρισ' άρρωστο προλίγου το παιδί από το ταξίδι.*

προποδικό το, ποδαρικό, η καλή ή κακή τύχη που φέρνει ο πρώτος επισκέπτης σε ορισμένες ημέρες, ώρες ή περιστάσεις στους άλλους: *μας έκανε προποδικό την πρωτοχρονιά ο γρουσούζης ο γείτονας και δε μας πήγε καλά η φετινή χρονιά // δεν έχει καλό προποδικό αυτή, μην την αφήκετε να ιδεί τη λεχώνα.*

προσβάρεμα το, υπόμνηση εξυπηρέτησης χωρίς ανταπόδοση ή παράπονο για παράλειψη και ασυνέπεια κάποιου: *το προσβάρεμα δεν το έχει σε τίποτα, αν δεν τον εξυπερετήσεις σε κάτι.*

προσβαρώ, **1.** υπενθυμίζω εξυπηρέτηση, χάρη κ.λπ. που έκαμα σε κάποιον, όταν αυτός δεν κάνει κάτι ανάλογο σε παρόμοια ή άλλη περίπτωση σε μένα: *μου το προσβάρεσε ένα πιάτο φαΐ που μου 'βαλε κι έφαγα.* **2.** (γενικά) διατυπώνω παράπονο, διαμαρτυρία για παράλειψη, ασυνέπεια κ.λπ.: *μου το προσβάρεσε που δεν πήγα στη γιορτή του να τον χαιρετήσω.*

πρόσγαλο το, το προστιθέμενο γάλα στο τυρόγαλο, για να γίνει η μυτζήθρα.

προσκολλητός ο, σώγαμπρος: *εσένα δε σου πέφτει λόγος στη μοιρασιά των χωραφιών της οικογένειας, αφού προσκολλητός είσαι σ' εδαύτην.*

προσμπούκι το, πρόχειρο πρόγευμα, μικρό κολατσιό: *να πάρουμ' ένα προσμπούκι μη μας ρουμπώσ' ο κούκκος, και συνεχίζουμε τη δουλειά // στο πόδι πήρα ένα προσμπούκι για τη λιγούρα.*

προσφέρνω, αναγνωρίζω κάπως κάποιον ή κάτι, αλλά δεν είμαι απόλυτα βέβαιος, αν είναι αυτός ή αυτό που νομίζω: *τον προσήφερα ότι ήταν γιος του φίλου μου, αλλά δεν ήμουν σίγουρος.*

προυτσαλάω, (για τραγί) ξεφυσώ δυνατά, προκαλώντας έτσι ερωτικά την κατσίκα, ερωτοτροπώ: *αρχίσανε να προυτσαλάνε τα τραγιά και τα βεργάδια, πλησιάζει ο καιρός του μάρκαλου.*

προφαντό το, καλούδι, ξελιγούρι (βλ. λ.), δώρο: *χάθηκε να μου φέρεις ένα προφαντό από το πανηγύρι; // μ' είχε συνηθίσει, ειν' αλήθεια, και το περίμενα κάθε Λαμπρή το προφαντό του.*

προφωνάω, *προσβαρώ* (βλ. λ.).

πρωιμοχειμωνιά η, πρώιμος χειμώνας.

πρωτόκολλο το, μήνυση: *αν ξαναβρώ τις κότες σου στον κήπο μου, θα σου κάνω πρωτόκολλο.*

πρωτολάτης ο, **1.** το πρώτο σε ανάπτυξη φυτό μέσα σε πολλά όμοια με την ίδια ρίζα. **2.** το μεγαλύτερο στάχυ της κοτσιάς (βλ. λ.) των δημητριακών.

πρωτολιάς ο, παιδικό παιχνίδι.

πυριαίνω, ζεσταίνω, θερμαίνω: *μόλις πυριάνει λίγο ο φούρνος, βάλ' το φαΐ να ψένεται σιγά-σιγά.*

πυριόβολος ο, μικρό ελλειψοειδές ατσάλι με το οποίο οι παλιοί καπνιστές χτυπούσαν τη στουρνόπετρα κι έβγαζε σπίθες που ανέφλεγαν την ίσκα, με την οποία στη συνέχεια άναβαν το τσιγάρο τους.

πυροκωλιάζουμαι, ζεσταίνω τα νώτα μου στο τζάκι, ζεσταίνομαι, πυρώνομαι: *καλά πυροκωλιάζεσαι, αλλ' οι δουλειές περιμένουν.*

πυροκώλιασμα το, το ζέσταμα των νώτων.

πυρπυρίζω, εκπέμπω υπερβολική θερμότητα, καίγομαι: *πυρπύρισ' ο τόπος σήμερα από την πολλή ζέστη // οι πέτρες πυρπυρίζουν, δεν είναι να βγει κανείς όξω.*

πυρπύρω η, πανέξυπνη γυναίκα, φωτιά: *είναι μια πυρπύρω αυτή η μαθήτρια, που δεν την πιάνεις πουθενά.*

πυτιά η, η κοιλιά των αμνοεριφίων όσο ακόμη τρέφονται με γάλα.

πυτιάζω, αποκτώ πυτιά (βλ. λ.), δυναμώνω, μεγαλώνω: *άσ' το να πυτιάσει πρώτα και μετά το αποκόβεις (απογαλακτίζεις) το κατσίκι.*

Ρ

ραβδί το, μονάδα μέτρησης υφασμάτων, αργαλειού κυρίως, μήκους δέκα χεροπηχιών (βλ. λ.), 4,5 περίπου μέτρων.

ραβδιστής ο, αυτός που τινάζει με τέμπλα (βλ. λ.) τους καρπούς των δέντρων.

ραβδιστικά τα, αμοιβή –σε είδος (καρύδια) ή σε χρήματα– του *ραβδιστή* (βλ. λ.) των καρυών.

ραβδωτό το, σχέδιο ύφανσης σεντονιών αργαλειού.

ρακοντιά η, *ρεκοντιά* (βλ. λ.).

ράμμα το, λεπτό νήμα που τεντώνεται μεταξύ δυο γωνιόλιθων ανεγειρόμενου κτίσματος, για να ελέγχεται, ώστε η σειρά που κτίζεται (η μεταξύ των δύο γωνιόλιθων) να είναι επίπεδη: *καλό μάτι ο μάστορης, αλλά δεν έβαλε ράμμα και μερικές πέτρες του 'φυγαν, προεξέχουν.*

ράσινος, -η, -ο, μάλλινος: *οι άντρες φορούσαν παλιά κατάκριατα ράσινες φανέλες και σκάλτσες.*

ράσο το, ταλαγάνι, ποιμενική συνήθως κάπα από προβατίσιο μαλλί, ελαφρότερη από εκείνη με κοζιά (γιδίσιο μαλλί), επίσης επεξεργασμένη στη νεροτριβή αλλά χωρίς χνούδι.

ρασοποδιά η, υφαντή μάλλινη ποδιά των γυναικών για τις έξω σκληρές δουλειές, π.χ. θέρο, *βότανο* (βλ. λ.) κ.λπ.

ράτα η, διαδρομή, δόση, παρτίδα: *να φέρεις ακόμα μια ράτα πέτρες (ένα δρόμο) από το νταμάρι και μετά κάθεσαι.*

ραχόσι το, ραχοκοκκαλιά, σπονδυλική στήλη: *έβγαλα ένα σπυρί στο ραχόσι που με τρελαίνει στον πόνο.*

ρεγκλί το, κρυστάλλινος (από πάγο) σταλακτίτης: *το χειμώνα παίζαμε σπάζοντας τα ρεγκλιά που κρεμόσαντε από τους ρέχτες.*

ρεγκλιάζω, κρυσταλλιάζω, παγώνω: *άπλωσα τα ρούχα στη λαβδαριά και ρεγκλιάσανε αμέσως.*

ρέγκλιασμα το, το αποτέλεσμα του *ρεγκλιάζω* (βλ. λ.).

ρεκοντιά η, πόα που μοιάζει με λαχανίδα και χρησιμοποιείται στα *βισγάντια* (βλ. λ.) και τα εγκαύματα για το τράβηγμα των υγρών.

ρεμπελόσκυλο το, **1.** σκυλί οκνηρό, τεμπελόσκυλο. **2.** (μτφ.) τεμπέλης άνθρωπος.

ρεμπεσκυλιάζω, τεμπελιάζω, περνώ την ώρα μου χωρίς να κάνω τίποτε: *δεν έχω δουλειά τούτες τις ημέρες και βαρέθηκα να ρεμπεσκυλιάζω.*

ρεμπεσκύλιασμα, το αποτέλεσμα του *ρεμπεσκυλιάζω* (βλ. λ.).

ρεμπετασκέρης ο, ρεμπεσκές, άνθρωπος που γυρίζει από 'δώ κι από 'κεί, άνθρωπος χωρίς πρόγραμμα και όρεξη για δουλειά, ανεπρόκοπος: *αυτός ο ρεμπετασκέρης δεν είναι για δουλειά, μη δίνεις βάση σε δαύτον.*

ρεντάω, *ρεντίζω* (βλ. λ.).

ρεντζελωτός, -ή, -ό, (για υγρά) αυτός που χύνεται με ελάχιστη συνεχόμενη ροή, ρεντζελιστός: *ρεντζελωτό να το ρίνεις το κρασί στο ποτήρι, όχι απότομα, για να μη λερώσεις το τραπεζομάντιλο.*

ρεντίζω, ραντίζω, ψεκάζω: *ρέντισα τα δέντρα, για να μη σκουληκιάσουν τα φρούτα.*

ρέντισμα το, ράντισμα.

ρεντιστήρα η, συσκευή ψεκασμού μεταφερόμενη στην πλάτη για το ράντισμα μεγάλων δέντρων.

ρεντιστήρι το, μικρός ψεκαστήρας για λαχανικά και χαμηλά φυτά.

ρέντος ο, **1.** ράντισμα. **2.** εποχή ραντίσματος των αμπελιών.

ρέχτης ο, **1.** το ακραίο προς τα έξω κεραμίδι της στέγης. **2.** το νερό που πέφτει από το ακραίο κεραμίδι. **3.** το σύνολο των ακραίων κεραμιδιών της στέγης, από τα οποία στάζει το νερό της βροχής. **4.** το έδαφος κάτω από τους ρέχτες, όπου πέφτει το νερό της βροχής και αποτελεί σύνορο διπλανών σπιτιών: *εγώ δε θέλω κοντά στο ρέχτη μου ν' ακουμπήσεις τίποτα.*

ρίζα η, είδος βελονιάς στην κεντητική.

ριζοσπηλιά η, σπηλιά σχηματιζόμενη στα ριζά βράχου.

ριζόσπηλο το, μικρή *ριζοσπηλιά* (βλ. λ.).

ρίνω, 1. ρίχνω, ρίπτω: *τι ρίνει ο Θεός και δεν το βαστάει η γης* (παροιμ.) // *με τα μαλλιά της ξέπλεκα, στις πλάτες της ριμμένα* (δημ. τραγ.). **2.** (σε χρήση μόνο το τρίτο πρόσωπο εν.) βρέχει: *από την αυγή ρίνει ο Θεός με το Θεό* (βρέχει δυνατά και ακατάπαυστα).

ριχταριά η, ελεύθερος τρόπος τοποθέτησης του κεφαλομάντιλου των γυναικών (χωρίς δέσιμο κάτω από το σαγόνι): *νωρίς η χήρα φόρεσε το μπαρέζι της ριχταριά.*

ρόβολος ο, απότομη κατηφόρα, επικλινές έδαφος: *πού να σπείρεις και πού να φυτρώσει καλαμπόκι σ' αυτόν το ρόβολο.*

ρογγάλα η, γούρνα με νερό, καράβα (βλ. λ.): *δεν πρόσεξα κι έπεσα σε μια ρογγάλα κι έγιναν τα πόδια μου μούσκεμα.*

ρογκάτσης, -ικο, ανίκανος για συνουσία: *είναι ρογκάτσης, λένε, γι' αυτό δεν κάνει παιδιά.*

ρογκάτσικος ο, αυτός που ταιριάζει ή αναφέρεται στον *ρογκάτση* (βλ. λ.).

ρογκόζιανα τα, (συνθ. μαστ. γλ.) γυναικείο στήθος, βυζιά.

ρογκόζινα τα, (συνθ. μαστ. γλ.) *ρογκόζιανα* (βλ. λ.).

ροζέτα η, σχέδιο μάλλινου υφάσματος αργαλειού για σακούλια.

ρόζος ο, (μτφ.) μετρίου αναστήματος άντρας, αλλά δυνατός, σκληρός και ανθεκτικός.

ροϊδάμι το, ροδάμι, ράδαμνος, τρυφερός βλαστός, κυρίως θάμνων: *τα*

ροϊδινίζω

γίδια κυνηγάνε σαν τρελά την άνοιξη το ροϊδάμι.

ροϊδινίζω, 1. (μτβ.) ροδίζω, δίνω χρώμα καστανόξανθο, τριανταφυλλί: *λίγο να τα ροϊδινίσεις τα ψωμιά, μην τα μαυρίσεις.* **2.** (αμτβ.) αποκτώ χρώμα τριανταφυλλί ή καστανόξανθο: *ροϊδινίσανε τα σιτάρια, σε λίγο αρχινάμε θέρο.*

ροκανάω, ροκανίζω, τρώγω κάτι πολύ σκληρό, με αποτέλεσμα να ακούγεται και ο θόρυβος του μασήματος: *πάρε, κουρούνα, το δόντι μου και δος μου σιδερένιο, να ροκανάω τα κουκκιά, να τρώω τα παξιμάδια* (παράκληση παιδιού, όταν πετούσε το παλιό δόντι του στα κεραμίδια).

ροκάνημα το, η ενέργεια και το αποτέλεσμα του *ροκανάω* (βλ. λ.).

ροκιάζω, τοποθετώ μαλλί στη ρόκα (ηλακάτη) για γνέσιμο: *κάτσε να ροκιάσω πρώτα και μετά πάμε εκεί που θέλεις.*

ρόκιασμα το, η ενέργεια και το αποτέλεσμα του *ροκιάζω* (βλ. λ.).

ροκοθηλιά η, λεπτό σχοινί που συγκρατεί στο ύψος περίπου της μέσης τη ρόκα κατά το γνέσιμο.

ροκώνω, 1. διαστέλλομαι, φουσκώνω: *βάλε τη βαρέλα στο νερό να ροκώσει, γιατί φύρανε και στάει.* **2.** χορταίνω: *φάει και ψωμί να ροκώσεις, όχι μόνο κριάς.*

ρόπα η, κυρίως ψευτοπαίνεμα, αλλά και γενικά ψευτιά, ανακρίβεια, μεγαλοστομία: *μην τον ακούς, ρόπες λέει συνέχεια.*

ροπατζής, -ού, αυτός που λέει *ρόπες* (βλ. λ.).

ρούγκαβλο το, το κουκουνάρι, ο κωνικός καρπός του έλατου.

ρουμπελιό το, **1.** αιματοχυσία. **2.** φρ.: *θα πάει* (ή *πήγε*) *το αίμα ρουμπελιό*, θα γίνει (ή έγινε) μεγάλη αιματοχυσία.

ρούμπελο το, κάτι ξερό, αναίσθητο: *το χέρι μου έγινε ρούμπελο, δεν μπορώ καθόλου να το σηκώσω.*

ρούμπωμα το, η ενέργεια και το αποτέλεσμα του *ρουμπώνω* (βλ. λ.).

ρουμπώνω, 1. (για τον κούκκο) τον προλαβαίνω ή με προλαβαίνει, όταν τον ακούω να λαλεί για πρώτη φορά την άνοιξη· αν τον ακούσω νηστικός, με «ρουμπώνει» εκείνος και μπορεί να πάθω κακό, ενώ, αν έχω φάει κάτι, τον «ρουμπώνω» εγώ και δεν παθαίνω τίποτε (λαϊκή δοξασία): *για βάλε μια μπουκιά ψωμί στο στόμα σου, να μη σε ρουμπώσει ο κούκκος.* **2.** (στο παιχνίδι «κρυφτό») προλαβαίνω και «φτύνω», νικάω: *εγώ δεν ξαναγίνουμαι «μάνα», αφού σας ερούμπωσα ούλους.*

ρούντζα η, κατσουφιά, κατήφεια.

ρούντζωμα το, το αποτέλεσμα του *ρουντζώνω* (βλ. λ.).

ρουντζώνω, είμαι κατηφής, έχω θυμωμένο ύφος, σκυθρωπάζω: *ρούντζωσε, γιατί δεν του 'δωκα και δεύτερο κομμάτι χαλβά.*

ρούντικος, -η, -ο, αυτός που ανήκει ή αναφέρεται στον *ρούντο* (βλ. λ.).

ρούντος, -α, -ο, **1.** μαλακός, εύπλαστος: *ρούντα, ρούντα σου τη βάνω κορδωμένη σου τη βγάνω* (αίνιγμα· το ψωμί ως ζυμάρι και ψημένο στο φούρνο). **2.** (για πρόβατα συγκεκρι-

ρουσάλια

μένης ράτσας) αυτός που έχει κοντό τρίχωμα: *ρούντα προβατίνα // ρούντο κριάρι.*

ρουσάλια τα, το τελευταίο ψυχοσάββατο της χρονιάς, η παραμονή της Πεντηκοστής: *των ρουσαλιώνε κλειδώνουνται οι ψυχές.*

ροφιανεύω, διαβάλλω, συκοφαντώ, σπιουνάρω: *δεν κάνει άλλη δουλειά από το να ροφιανεύει τον κόσμο.*

ροφιανιά η, ρουφιανιά, σπιουνιά.

ροφιάνικος, -η, -ο, αυτός που ταιριάζει ή αναφέρεται στον *ροφιάνο* (βλ. λ.).

ροφιάνος, -α, -ικο, σπιούνος, καταδότης, συκοφάντης.

ρόχος ο, **1.** ρόγχος, ροχαλητό. **2.** φρ.: ***σηκώνω ρόχο***, α. ψυχορραγώ: *σήκωσε ρόχο ο άρρωστος, όπου να 'ναι ξεψυχάει.* β. υψώνω ανάστημα, αλαζονεύομαι: *για κοίταξέ τον που σήκωσε ρόχο ο ανθρωπάκος!*

ρύζη η, ρύζι.

σα (αιτ. πληθ. του ουδ. του εμπρόθε-του οριστικού άρθρου), στα: *έπεσε λύκος σα πρόβατα*.
σαγρί το, σπυρί, εξοίδημα του κεφαλιού: *το κεφαλάκι του παιδιού γιόμισε σαγριά και κλαίει*.
σάικος, -η, -ο, στέρεος, σίγουρος, ασφαλής: *δεν τα βλέπω και πολύ σάικα τα καινούργια σου παπούτσια*.
σαΐκωμα το, στερέωμα, ασφάλιση, σφίξιμο.
σαϊκώνω, στερεώνω, ασφαλίζω, σφίγγω: *τη σαΐκωσα την πόρτα με το κοντομίρι // να σαϊκώσεις την ίγγλα του μουλαριού καλά, να μη σου ξεσαμαρίσει το ζο*.
σάισμα το, χοντρό υφαντό του αργαλειού από κοζιά (γιδίσιο μαλλί), επεξεργασμένο στη νεροτριβή (με πλούσιο χνούδι).
σαϊτάρι το, σφεντόνα: *με τα σαϊτάρια μας, όταν ήμαστε παιδιά, κάναμε σκοποβολή*.
σάκινα η, σακί, τσουβάλι με αλεύρι του εμπορίου: *από το Πάσχα και μετά, που μας έκιωνε το γέννημα, περνάγαμε με σάκινες από τον Ανθούλη*.
σακοτρούπι το, αγριόχορτο που ξερό είναι πολύ αιχμηρό και τρυπάει τα σακιά.
σακουλομάσταρη η, γίδα ή προβα-τίνα με μαστάρια στρόγγυλα.
σαλαμαντρώνα η, **1.** είδος σαύρας. **2.** γυναίκα έξυπνη και καπάτσα.
σαλαχάω, σαλαγώ, οδηγώ τα ζώα με φωνές εκεί που θέλω: *σαλάχα τα πράματα, μην πέσουν στο γέννημα και κάνουν ζημιά*.
σαλάχημα το, η ενέργεια και το αποτέλεσμα του *σαλαχάω* (βλ. λ.).
σαλαχιουράω, καλώ το ζώο να έρθει να φάει: *το σαλαχιούραγα το σκασμένο πόσην ώρα να' ρθεί στο παγνί, μα εκείνο τίποτα*.
σαλαχιούρημα το, κάλεσμα ζώου να πλησιάσει να φάει.
σαλεμένος, -η, -ο, σαλός, μισότρελος, ανισόρροπος: *μην τον παίρνεις στα σοβαρά, είναι σαλεμένος εδώ και καιρό*.
σαλιβέρα η, σαλβάρι, κοντό και φαρδύ αντρικό παντελόνι, καμωμένο από χοντρό μάλλινο ύφασμα του αργαλειού.
σαλιέρα η, αλατιέρα.
σάλμη η, χοντροκομμένο άχυρο που προκύπτει ηθελημένα από ατελή αλωνισμό: *τα ζωντανά μου τρώνε καλύτερα τη σάλμη, γι' αυτό, μόλις τινάχτηκ' ο καρπός, σταμάτησα τ' αλώνισμα*.
σαλμούτσα η, σφυρί που το ένα σκέλος του είναι γαμψό και έχει ειδική

σχισμή για την εξαγωγή καρφιών (εξολκέας).
σαλότο το, χαλί, τάπητας του αργαλειού: *παράγγειλα ένα σαλότο για προίκα της δυχατέρας μου.*
σάλπα η, εσάρπα, σάλι.
σάλταρος ο, μεγάλο πήδημα: *μ' ένα σάλταρο βρέθηκε στην απέναντι όχτη.*
σαμαρετζής ο, σαγματοποιός και πεταλωτής μαζί.
σαμαρετζίδικο το, σαγματοποιείο και πεταλωτήριο.
σαμαρετζού η, η σύζυγος του *σαμαρετζή* (βλ. λ.).
σαμαρίτσα η, σαρμανίτσα, λίκνο, κούνια, *μπεσίκι* (βλ. λ.): *θέλεις στην κούνια βάλε με, θέλεις στη σαμαρίτσα* (δημ. τραγ.).
σαπίτης ο, φίδι μαύρου χρώματος που πιστεύεται ότι το δηλητήριό του προκαλεί σάπισμα της σάρκας.
σαποκωλιάζω, (για φυτά και δέντρα) σαπίζει το ρίζωμα, η βάση (κώλος) μου: *σαποκωλιάσανε οι δοματιές και πρέπει να τις βγάλω.*
σαπουνοχαλβάς ο, ο άσπρος χαλβάς του εμπορίου.
σαρακοστινός, -ή, -ό, σαρακοστιανός, νηστήσιμος: *κείνα τα χρόνια δεν έλειπε από κάθε σπίτι ο σαρακοστινός τραχανάς.*
σατέρι το, στατέρι, στατήρας, καντάρι (μικρό και μεγάλο): *ο μπαρμπα-Νικολής ζύγιαζε με το σατέρι του στο παζάρι τα γεννήματα που πούλαγαν οι ξενοχωρίτες.*
σάχτη η, στάχτη: *βάλ' ένα αβγό στη ζεστή σάχτη να ψηθεί.*
σαχτής, -ιά, -ί, σταχτής.

σαχτιάζω, 1. σταχτιάζω, παίρνω το χρώμα της στάχτης. 2. προσβάλλομαι από τον μύκητα της στάχτης.
σάχτιασμα το, 1. σταχτί χρώμα. 2. αρρώστια των φυτών.
σαχτοδοχείο το, σταχτοδοχείο, τασάκι.
σαχτοθουρίδα η, σαχτοφούρνι (βλ. λ.).
σαχτοκουλούρα η, σταχτοκουλούρα, κουλούρα ψημένη στη στάχτη (χόβολη).
σαχτόνερο το, σταχτόνερο, αλισίβα.
σαχτόπανο το, σταχτόπανο, πανί για το σούρωμα της αλισίβας.
σαχτοτσιούλα η, σαχτοκουλούρα (βλ. λ.).
σαχτοτσιουλάω, σταχτοκυλάω, κυλάω, ακουμπάω κάτι στη στάχτη: *τι το σαχτοτσιουλάς το ψωμί, τράβα λίγη θράκα να το καρβουνίσεις.* Το μ. **σαχτοτσιουλιέμαι**, κάθομαι πολύ κοντά στο τζάκι, δεν απομακρύνομαι από το τζάκι, τεμπελιάζω: *σε παρακλουθώ, ούλη την ημέρα σαχτοτσιουλιέσαι στο τζιάκι.*
σαχτοτσιούλημα το, η ενέργεια και το αποτέλεσμα του *σαχτοτσιουλάω* (βλ. λ.).
σαχτοτσιούλισμα το, σαχτοτσιούλημα (βλ. λ.).
σαχτοφούρνι το, κοίλωμα στο πίσω μέρος της εστίας όπου μάζευαν τη στάχτη προσωρινά.
σάχτωμα το, η ενέργεια και το αποτέλεσμα του *σαχτώνω* (βλ. λ.).
σαχτώνω, σταχτώνω.
σβανάς ο, μικρό χειροπρίονο για το κόψιμο κλαδιών, ιδιαίτερα χρήσιμο στο κλάδεμα των κλημάτων.

σβαρθάκλι το, βάτραχος: *τα σβαρθάκλια από το διπλανό βαρικό δε μ' αφήκανε να κλείσω μάτι ψες.*

σβαρνιά η, λεπτότατη μεμβράνη, σχεδόν αδιόρατη, που περιβάλλει το νεογνό προβατίνας ή γίδας, εμβρυομεμβράνα.

σβερθούκλι το, σφερδούκλι, ασφόδελος.

σβέρκαλα (επίρρ.), τοποθετώντας κάποιον στον σβέρκο διχαλωτά, συνήθως παιδί, για να τον μεταφέρω: *τον πήρε σβέρκαλα το μικρό και τον πήγε στο γιατρό.*

σβερκοκολλημένος, -η, -ο, ο με κολλημένο τον σβέρκο στο σώμα, αυτός που δεν έχει καλή σωματική διάπλαση: *ακούς εκεί, το σβερκολλημένο να θέλει να γίνει και διμερίτης!*

σβερκοκωλιά η, το βίαιο ρίξιμο κάποιου κάτω ύστερα από πιάσιμο από τον σβέρκο και σπρώξιμο: *του 'δωκε μια σβερκοκωλιά που ήταν όλη δική του.*

σβερκοκωλιάζω, σβερκώνω (βλ. λ.): *λογοηφέρανε και τον σβερκοκώλιασε καταΐσιωμα.*

σβερκοκώλιασμα το, η ενέργεια και το αποτέλεσμα του *σβερκοκωλιάζω* (βλ. λ.).

σβέρκωμα το, η ενέργεια και το αποτέλεσμα του *σβερκώνω* (βλ. λ.).

σβερκώνω, 1. πιάνω κάποιον από τον σβέρκο και τον ρίχνω κάτω, ανατρέπω, καταβάλλω: *μαλώσανε, τον σβέρκωσε και τον άφησε χάμω κι έφυγε.* 2. (απαξιωτικά) κοιμίζω: *σβέρκω το παιδί και πάμε στο χωράφι // αυτός με το σουρούπωμα σβερκώνεται.*

σβίγκος ο, 1. πόση νερού ή ποτού με μεγάλη όρεξη: *τράβηξε κάτι σβίγκους νερό, όταν έφτασε στο σπίτι, λες κι είχε να πιει μια βδομάδα.* 2. ηχηρή πορδή.

σβίγκωμα το, η ενέργεια και το αποτέλεσμα του *σβιγκώνω* (βλ. λ.).

σβιγκώνω, πίνω νερό ή ποτό με βουλιμία: *σβιγκώνει τα ποτήρια (με) το κρασί λες κι είναι νερό.*

σβόμπιρας ο, βόμπιρας, μπόμπιρας, μικρόσωμο κι αδύναμο παιδί: *πέθαν' ο πατέρας του κι έγινε ο σβόμπιρας γιος του προστάτης της οικογένειας.*

σβόμπος ο, σγόμπος, μικρόσωμος άνθρωπος: *για 'δώ, παιδιά, που θέλει να νικήσει κι ο σβόμπος!*

σβουρδούνα η (ηχομιμητική λ.), 1. εκσφενδόνιση, πέταγμα με δύναμη: *έδωκα μια σβουρδούνα σε 'κείνο το ραγισμένο πιάτο κι άδειασ' ο τόπος.* 2. (ως επίρρ.) τρέχοντας: *πήγε κι εγύρισ' από τον Αγιο-Κωσταντίνο σβουρδούνα.*

σβουρδουνάω, σβουρδουνίζω (βλ. λ.).

σβουρδουνίζω, εκσφενδονίζω, πετάω με δύναμη κάτι μακριά, απορρίπτω: *δε μ' άρεσε μια σκούφα που μου πήρανε, κι εγώ δε σου χάνω καιρό, τη σβουρδούνισα στο ρέμα.*

σβουρδούνισμα το, η ενέργεια και το αποτέλεσμα του *σβουρδουνίζω* (βλ. λ.).

σβούρδουνος ο, (μεγεθυντικά) δυνατό πέταγμα, ορμητική εκσφενδόνιση: *έδωκα ένα σβούρδουνο σ' έναν παλιοσουγιά που δεν έκοβε πεθαμένου μπάμπαλα κι ησύχασα.*

σβούρλος ο, χρυσόμυγα, χρυσοκάν-

θαρος, μηλολόνθη.
σβούρτσα η, βούρτσα, ψήκτρα.
σβουρτσίζω, βουρτσίζω.
σβούρτσισμα το, βούρτσισμα.
σβωλαράκος ο, μικρός σβώλος: *πήρε μια αγκωνή ψωμί κι ένα σβωλαράκο τυρί κι έφυγε για το χωράφι.*
σγαρλάφτης, -α, -ικο, αυτός που έχει μεγάλα και πεταχτά αφτιά.
σγαρλάφτικος, -η, -ικο, αυτός που ταιριάζει ή αναφέρεται στον *σγαρλάφτη* (βλ. λ.).
σγαρλάω, *σγαρλίζω* (βλ. λ.): *οι κότες σγαρλάνε το χώμα και μου ξεριζώνουνε τις δοματιές.*
σγαρλίζω, **1.** σκαλίζω, ανακατεύω το χώμα ή άλλο πράγμα. **2.** αναμοχλεύω, ανακινώ κάποιο ζήτημα: *τι το σγαρλίζεις το πράμα, αφού το ξέρεις ότι δε βγαίνει τίποτα.*
σγάρτσα η, λέρα, σωματική βρομιά: *ένα γόνα σγάρτσα έχουν τα πόδια του.*
σγαρτσιάζω, αποκτώ *σγάρτσα* (βλ. λ.), λερώνομαι: *τα πόδια σου σγαρτσιάσανε, άιντε να τα πλύνεις.*
σγαρτσιάρης, -α, -ικο, αυτός που έχει *σγάρτσα* (βλ. λ.), βρομιάρης.
σγαρτσιάρικος, -η, -ο, αυτός που αναφέρεται ή ταιριάζει στον *σγαρτσιάρη* (βλ. λ.).
σγόρτσα η, τσιγαρίδα (βλ. λ.).
σγούμπα η, καμπούρα, κύφωση.
σγουμπιαίνω, καμπουριάζω.
σγουμπός, -ή, -ό, καμπούρης.
σγουριά, σκουριά: *όπου πέσει η πεντέρημ' η σγουριά δε βγαίνει με τίποτα.*
σγουριάζω, σκουριάζω, οξιδώνομαι: *να τον πετάξουμε τον ντενεκέ, σγούριασε.*

σγουριάρης, -α, -ικο, σκουριάρης, σκουριασμένος: *πού τον βρήκες αυτόν τον σγουριάρη το σουγιά και τον συμμάζεψες;*
σγουριάρικος, -η, -ο, αυτός που ταιριάζει ή αναφέρεται στον *σγουριάρη* (βλ. λ.).
σγούριασμα το, το αποτέλεσμα του *σγουριάζω* (βλ. λ.).
σγουφτός, -ή, -ό, σκυφτός, σκυμμένος, γερμένος προς τα μπρος.
σγούφτω, σκύβω, γέρνω το κεφάλι μου εμπρός, καμπουριάζω: *σγούψε, να μη βαρέσει το κεφάλι σου στο πατερό.*
σγουψιά η, *σγούψιμο* (βλ. λ.).
σγούψιμο το, σκύψιμο, κατέβασμα του κεφαλιού, καμπούριασμα.
σγρομπόλι το, γρομπόλι (βλ. λ.).
σεΐρι το, **1.** θέαμα, πανηγύρι, διασκέδαση: *στην πλατέα έχουν ερθεί όργανα, πώς και δεν πήγες στο σεΐρι;* **2.** φρ.: **κάνω σεΐρι**, α. διασκεδάζω. β. είμαι απλός θεατής ενός δυσάρεστου γεγονότος με το οποίο καμιά φορά χαιρέκακα διασκεδάζω: *μαλώνανε αυτοί κι εγώ έκανα σεΐρι.*
σειριολόι το, σειριά, σόι, γενεαλογία, γενιά: *θα καλέσω ούλο το σειριολόι στο γάμο του γιου μου.*
σέλα η, καβάλος παντελονιού, σώβρακου, κιλότας: *ξηλώθηκε η σέλα του παντελονιού του, όταν στριμώχτηκε μέσα στα δέντρα.*
σεληνιάρης, -α, -ικο, **1.** αυτός που σεληνιάζεται, ο επιληπτικός. **2.** (ως κατάρα, αστεία ή σοβαρά) να σεληνιαστεί αυτός για τον οποίο λέγεται: *ε, το σεληνιάρη, είπε θα 'ρχόταν να μας βοηθήκει, και μας γέλασε.*

σεληνιάρικος, -η, -ο, αυτός που ταιριάζει ή αναφέρεται στον σεληνιάρη (βλ. λ.).

σέμπρα η, **1.** η σύζυγος του *σέμπρου* (βλ. λ.), του συνέταιρου σε κτήματα ή ζώα. **2.** (αστεία) σύζυγος, συμβία: *θα ρωτήσω και τη σέμπρα μου, και θα σου απαντήσω.*

σεμπρεύω, **1.** γίνομαι σέμπρος (βλ. λ.), συνεταιρίζομαι σε κτήματα ή ζώα με κάποιον: *σεμπρέψαμε με τον Ανθούλη· πήραμε πενήντα γιδοπρόβατα μεσιακά για τέσσερα χρόνια.* **2.** (αστεία) συνδέομαι με συγγένεια εξ αγχιστείας με κάποια οικογένεια, από την οποία παίρνω σύζυγο: *είχαμε, δεν είχαμε, τελικά πήραμε νύφη από τους Κρατημεναίους και σεμπρέψαμε.*

σεμπριά η, **1.** συνεταιρισμός σε ζώα ή κτήματα: *είχαμε σεμπριά στα μουλάρια μας και οργώσαμε τα χωράφια.* **2.** ξεσυγγένεμα λόγω θανάτου συζύγου: *ψόφησε το βόιδι μας, πάει η σεμπριά μας* (παροιμ.).

σέμπρος ο, όχι μόνον αυτός που καλλιεργεί ξένα κτήματα ή αναλαμβάνει τη φύλαξη και φροντίδα αιγοπροβάτων με ειδική συμφωνία (μεσιακά, αφεντικά, βλ. λ., κ.λπ.), αλλά και αυτός που παραχωρεί τα παραπάνω για καλλιέργεια ή φύλαξη: *με τον Ασημακόπουλο ήμαστε πολλά χρόνια σέμπροι σε κτήματά του.*

σεργούνης, -α, -ικο, αυτός που γίνεται αντικείμενο αρνητικών σχολιασμών, πομπεμένος, ξευτιλισμένος, ανυπόληπτος: *ούλοι τον ξέρουνε τι σεργούνης είναι // αυτ' η σεργούνα τα 'κανε ούλα μαζί με την αδερφή της.*

σεργούνι το, **1.** εξορία: *...τι γράφω και σε στέλνουνε σεργούνι στο Μπαγδάτι* (Βαγδάτη, δημ. τραγ.). **2.** περίγελο, ρεζίλι: *κάτσε καλά, θυγατέρα, μη μας κάνεις σεργούνι στην κοινωνία.*

σεργουνιά η, παλιανθρωπιά, συμπεριφορά σεργούνη (βλ. λ.): *αυτό που έκανε ήταν μεγάλη σεργουνιά.*

σεργούνικος, -η, -ικο, αυτός που αναφέρεται ή σχετίζεται με τον σεργούνη (βλ. λ.).

σερνικάδι το, **1.** μικρό αγόρι: *τι κάνει το σερνικάδι σου;* **2.** στέλεχος κρεμμυδιού που στην κορυφή του σχηματίζεται ασκός με σπόρους.

σερνικοθήλα η, ερμαφρόδιτη γυναίκα, με αντρικά χαρακτηριστικά: *τι παιδιά να κάνει η σερνικοθήλα!*

σερνικώνω, **1.** (για φυτά) γίνομαι σερνικός, βγάζω σπόρους αναπαραγωγής: *ούλο το κρεμμύδι που έσπειρα φέτο σερνίκωσε.* **2.** (ειρωνικά, για γυναίκα) γίνομαι άντρας εφόσον δεν κάνω σπιτικές εργασίες (λεγόταν ως παρότρυνση και παρατήρηση σε κορίτσια, ώστε να ασχοληθούν με σπιτικές δουλειές): *για κάνε και καμιά δουλειά, μη σερνικώσεις* (οι αρσενικοί δεν έκαναν τέτοιες δουλειές!).

σέρνω, (για ζώα) βρίσκομαι στην εποχή του γενετήσιου οργασμού: *στερφέψανε τα πρόβατα κι αρχίσανε κιόλας να σέρνουν.*

σεφέρης ο, σοφέρ, οδηγός αυτοκινήτου: *από τους πρώτους σεφέρηδες του χωριού μας ήταν ο Ντούκας κι ο Κέπελος.*

ση (αιτ. εν. του θηλ. του εμπρόθετου

οριστικού άρθρου), στη: *πήγα ση βρύση*.

σηκωτήρα η, εξάρτημα του νερόμυλου με το οποίο ο μυλωνάς ανεβοκατεβάζει την άνω μυλόπετρα και ρυθμίζει τον τύπο του αλευριού που θέλει (ψιλό-χοντρό).

σημάδεμα το, η ενέργεια και το αποτέλεσμα του *σημαδεύω* (βλ. λ.).

σημαδεύω, σχίζω ή κόβω σε κάποιο σημείο το αφτί αιγοπροβάτου για σημάδι αναγνώρισης κυριότητας (εννοείται ότι όλα τα ζώα του κοπαδιού φέρουν το ίδιο ακριβώς σημάδι): *ταχιά λέω να σημαδέψω τα κατσικάκια, και πώς τα λυπάμαι τα καημένα*.

σημάδι το, 1. αναγνωριστικό σημάδεμα στο αφτί των ζώων κάθε κοπαδιού: *η προβατίνα που ήρθε στο κοπάδι μου είναι του Γιάννη, γνωρίζω το σημάδι του*. 2. (στον πληθ., **σημάδια**) οι αιμάτινες κηλίδες στο σεντόνι του νυφικού κρεβατιού, απόδειξη της παρθενικότητας της νύφης.

σημαδιάρης, -α, -ικο, αυτός που έχει σημάδια στο πρόσωπο, κακομούτσουνος.

σημαδιάρικος, -η, -ο, αυτός που ταιριάζει ή αναφέρεται στον *σημαδιάρη* (βλ. λ.).

σην (αιτ. εν. του θηλ. του εμπρόθετου οριστικού άρθρου), στην.

σης (γεν. εν. του θηλ. του εμπρόθετου οριστικού άρθρου), στης: *σης θάλασσας τον πάτο*.

σιάγνω, σιάχνω, σιάζω, φτειάνω.

σιαδώ (συνένωση των λ. της φρ. *ίσια εδώ-ίσια 'δώ*, επίρρ.), προς τα εδώ: *σιαδώ έλα, να σε ιδώ*.

σιαΐνι το, σαΐνι.

σιακά' [συνένωση των λ. της φρ. *ίσια κά' (κά', κάτω*), επίρρ.], προς τα κάτω: *πήγε σιακά' το ποτάμι να πιάσει καβούρια*.

σιακάτω (συνένωση των λ. της φρ. *ίσια κάτω*, επίρρ.), *σιακά'* (βλ. λ.).

σιακαφλιόρα η, απεριποίητη, αγουρογερασμένη γυναίκα: *μπίτι σιακαφλιόρα κατάντησε η έρημη*.

σιακεί (συνένωση των λ. της φρ. *ίσια εκεί-ίσια 'κεί*, επίρρ.), προς τα εκεί: *τον είδα που τράβαγε σιακεί, αλλά δεν ξέρω τι έκανε*.

σιαλαϊδός, -ή, -ό, επιπόλαιος, άμυαλος: *απ' αυτόν το σιαλαϊδό δεν περίμενα και καλύτερο φέρσιμο*.

σιαμαμίδι το, 1. σαμαμίδι, μικρή σαύρα. 2. μικρόσωμο άτομο, ασήμαντο: *αυτό το σιαμαμίδι, ο Γιάννης, αναστάτωσε το μαχαλά*.

σιαμέσα (συνένωση των λ. της φρ. *ίσια μέσα*, επίρρ.), προς τα μέσα: *τράβηξε σιαμέσα τη Μεσσένια, αλλά δε βρήκε δουλειά πουθενά*.

σιαντράνι το, εργαλείο του πεταλωτή για το κόψιμο των νυχιών των υποζυγίων.

σιάξιμο το, φτειάξιμο, επισκευή, διόρθωμα.

σιαπάν' (συνένωση των λ. της φρ. *ίσια πάνω*, επίρρ.), προς τα πάνω: *σιαπάν' τα έλατα κυκλοφοράνε λύκοι*.

σιαπάνω (συνένωση των λ. της φρ. *ίσια πάνω*, επίρρ.), *σιαπάν'* (βλ. λ.).

σιαπέρα (συνένωση των λ. της φρ. *ίσια πέρα*, επίρρ.), προς τα πέρα: *άιντε σιαπέρα κι άσε με ήσυχο*.

σιαπίσω (συνένωση των λ. της φρ. *ίσια πίσω*, επίρρ.), προς τα πίσω: *εκεί σιαπίσω μένει αυτός που ζητάς*.

σιαρλαγάνι το, (συνθ. μαστ. γλ.) λάδι φαγητού.

σιάτρελος, -η, -ο, πολύ τρελός, θεότρελος: *είναι σιάτρελος, μην τον παραξηγάς τον άνθρωπο.*

σίβος, -α, -ο, ψαρής, ασπρόμαυρος, σιδερόχρωμος: *ο γείτονάς μου αγόρασε από το πανηγύρι ένα ωραίο σίβο μουλάρι.*

σιγαλοκατούρης ο, αυτός που δίνει την εντύπωση του ήσυχου, του απονήρευτου, ενώ είναι το αντίθετο, λουφαχτός (βλ. λ.): *μας κάνει το σιγαλοκατούρη, αλλά είναι πισινό πόδι του διαβόλου.*

σιγαρδελώνω, (για φλόγα) χαμηλώνω σε ένταση, αδυνατίζω: *βάλε πετρέλο στη λάμπα, αρχίνησε και σιγαρδελώνει.*

σίδωμα το, σουρούπωμα, νύχτωμα: *με το σίδωμα πρέπει να 'χουμε φτάσει στην Τρίπολη.*

σιδώνω, σουρουπώνω, νυχτώνω: *σίδωσε και δε φάνηκε κανείς από τους ταξιδιώτες μας.*

σιερμπέτι το, **1.** πετιμέζι: *να κρατήσουμε λιγούλι σιερμπέτι για κάνα μουστοκούλουρο παραπέρα το χειμώνα.* **2.** καθετί το υπερβολικά γλυκό: *μπίτι σιερμπέτι τον έκανες τον καφέ.*

σικαλίστρα η, τόπος σπαρμένος με σίκαλη ή τόπος όπου φυτρώνει αγριοσίκαλη.

σικαλοκαλαμιά, η καλαμιά της σίκαλης.

σικαλόσπυρο το, σπυρί σίκαλης.

σιλαρεύω, σιλαρώνω (βλ. λ.).

σιλαρώνω, **1.** (μτβ.) ημερώνω, τιθασεύω: *πού θα πας, θα σε σιλαρώσω εγώ!* **2.** (αμτβ.) ημερεύω, ησυχάζω: *πέρασε τόσος καιρός και δε θέλει να σιλαρώσει το μουλαρόπουλο.*

σιλίβερδος, -η, -ο, ξείγλωτος (βλ. λ.): *ήταν ένας αδύνατος σιλίβερδος που ποτέ του δε φόρηγε παπούτσια.*

σιολομπρίνα η, (συνθ. μαστ. γλ.) πέος.

σιολομπρίνος ο, (συνθ. μαστ. γλ.) σιολομπρίνα (βλ. λ.).

σιολόμπρος ο, (συνθ. μαστ. γλ.) σιολομπρίνα (βλ. λ.).

σιομπέτι το, επίπεδο, ίσωμα: *το 'σκαψα το περιβόλι, άπλωσα τα χώματα, το 'κανα σιομπέτι.*

σιόπα η, ξυλοδαρμός: *για καθίστε φρόνιμα, μην πέσει σιόπα.*

σιοπερεύω, (συνθ. μαστ. γλ.) σιοπερίζω (βλ. λ.).

σιοπερίζω, (συνθ. μαστ. γλ.) ανοηταίνω, χαζοφέρνω: *σιοπερίζει, δεν τον πήρες ακόμα χαμπάρι;*

σιόπερος, -η, -ο, (συνθ. μαστ. γλ.) ευήθης, χαζός, αγαθός: *περίμενες να σου βγάλει δουλειά πέρ' αυτός ο σιόπερος;*

σιόρδα η, δόση, παρτίδα: *φέρε μας μια σιόρδα ακόμα από τα ίδια μεζεδάκια.*

σιορμπέτι το, σιερμπέτι (βλ. λ.).

σιορόκος ο, σορόκος, σιρόκος.

σιορόπι το, σιρόπι.

σιοροπιάζω, σιροπιάζω.

σιορόπιασμα το, σιρόπιασμα.

σιόρτη η, είδος, καλούπι, μοτίβο, ομοιότητα σε ιδιαίτερα χαρακτηριστικά: *μοιάσανε του πατέρα τους τα παιδιά του Κώστα και βγήκαν ούλα μια σιόρτη.*

σιουραυλάω, (συνθ. μαστ. γλ.) κατουρώ.

σιουραύλημα, (συνθ. μαστ.γλ.) κατούρημα, ούρηση.
σιουραυλίζω, (συνθ. μαστ. γλ.) *σιουραυλάω* (βλ. λ.).
σιουραύλισμα, (συνθ. μαστ. γλ.) *σιουραύλημα* (βλ. λ.).
σιουράω, σφυρίζω: *τι σιουράς, σ' ακούσαμε.*
σιούρημα το, σφύριγμα.
σιούριγμα το, σφύριγμα: *όταν θ' ακούσεις το σιούριγμά μου, βγες να φύγουμε.*
σιουριξιά η, σφυριξιά: *με ξεκούφανες με τη σιουριξιά σου.*
σιουρίχτρα η, σφυρίχτρα.
σιριανάω, περπατώ, βολτάρω: *σιριάναγα ολημέρα χτες κι άνθρωπο δε συνάντησα στο δρόμο.*
σιριάνι το, σεργιάνι, περίπατος: *πριν χρονιάσ' ο άντρας της, βγήκε στο σιριάνι.*
σιρίνα η, καυσόξυλο μέτριου πάχους και μήκους 1-1,3 μέτρων: *είπ' ο δάσκαλος να πάμ' αύριο από μια σιρίνα ο καθένας μας για τη σόμπα του σκολειού.*
σις (αιτ. πληθ. του θηλ. του εμπρόθετου οριστικού άρθρου), στις: *βόσκησα τα ζωντανά σις καλαμιές.*
σιταρεύω, ημερεύω, ησυχάζω: *είναι λίγο άγριος, αλλά πού θα πάει, θα σιταρέψει κι αυτός.*
σιταρήθρα η, εδώδιμο αγριόχορτο.
σιταροκαλαμιά η, **1.** η καλαμιά, το στέλεχος του σιταριού. **2.** το σύνολο των κομμένων καλαμιών του σιταριού που απομένει στο θερισμένο χωράφι: *να τελειώσει κι ο θέρος, για να βοσκήσουν τα πράματα στις σιταροκαλαμιές.*

σιταροκόρακας ο, μικρή μαύρη καρακάξα.
σιταρόσπυρο το, σπυρί σιταριού.
σιφουνάω, (για βρεγμένα ρούχα ή υφάσματα) σιφουνίζω, μισοστεγνώνω, αποβάλλω την υγρασία: *φυσάει αέρας, δεν απλώνεις εκείνα τα ρούχα να σιφουνάνε;*
σιφούνι το, εξάρτημα του *βαγενιού* (βλ. λ.) του νερόμυλου, απαραίτητο για τη ρύθμιση της ποσότητας του νερού που πρέπει να πλήττει τη φτερωτή.
σιχαντερός, -ή, -ό, αηδιαστικός, σιχαμερός: *είναι πολύ σιχαντερό ζωντανό το γουρούνι.*
σίχλα η, μούχλα.
σιχλιάζω, μουχλιάζω: *το πέταξα το φαΐ, γιατί σίχλιασε.*
σίχλιασμα το, μούχλιασμα.
σιχλίλα η, μουχλίλα, μυρωδιά της μούχλας.
σιχλουλέας ο, έντονη μυρωδιά μούχλας, μουχλίλα: *πάει το τυρί χάλασε, μυρίζει σιχλουλέας.*
σκαγομπάρουτα τα, σκάγια και μπαρούτι, τα βασικά υλικά του κυνηγού για εμπροσθογεμές όπλο.
σκάλος ο, **1.** σκάλισμα, συσσώρευση χώματος στη ρίζα του φυτού με ταυτόχρονο ξερίζωμα των ζιζανίων. **2.** η εποχή σκαλίσματος των σπαρτών.
σκαλτσουνάτος, -η, -ο, σκαλτσάτος, καλτσάτος.
σκαμαγκάκια τα, παιδικό παιχνίδι κατά το οποίο ένα ή περισσότερα παιδιά σκύβουν βαθιά και κάποια άλλα, ακουμπώντας τα ελαφρά μόνο με τα χέρια στην πλάτη τους, τα περνούν (πηδούν), χωρίς να τα αγγίξουν

σκαματζίδα πουθενά αλλού.
σκαματζίδα η, *πιτουρήθρα* (βλ. λ.): *ρίνει κάτι σκαματζίδες σαν πατσιαβούρες.*
σκαμί το, σκαμνί.
σκαμπαβία η, κοντόπαλτο, βραχεία, τζάκετ: *φόρα τη σκαμπαβία σου και κάνε πέρα να φέρεις κάνα ξύλο να πυρωθούμε.*
σκανιάζω, με λόγο ή πράξη στενοχωρώ κάποιον υπερβολικά: *με σκάνιασε ο αφιλότιμος, ώσπου να δεχτεί να πάει στο γιατρό.*
σκανταλέτο το, παλιό ειδικό οικιακό εργαλείο για το σιδέρωμα της φουστανέλας (είχε σχήμα δέλτα και μακριά ουρά).
σκανταλήθρα η, σπίθα που πετάγεται, όταν αναμοχλεύεται αναμμένο κούτσουρο.
σκαντζάρης ο, σγουρομάλλης, κατσαρομάλλης άνθρωπος.
σκαντζαρομάλλης, -α, -ικο, κατσαρομάλλης.
σκαντζαρομάλλικος, -η, -ο, αυτός που ταιριάζει ή αναφέρεται στον *σκαντζαρομάλλη* (βλ. λ.).
σκαντζοβιομήχανος, -η, -ο, αυτός που πιάνει το χέρι του, που μπορεί και κατασκευάζει ή διορθώνει πολλά πράγματα, εφευρετικός, δεξιοτέχνης: *ό,τι και να χαλάσει στο σπίτι του το διορθώνει ο Κώστας, είναι σκαντζοβιομήχανος.*
σκαντζοπούρνι το, κατσοπούρνι (βλ. λ.).
σκάντζος ο, μεγάλο βήμα, πήδημα, σάλτος: *πάσκισα να τον πιάσω, αλλ' αυτός με δέκα σκάντζους είχε μπει και είχε κλειστεί στην αυλή του.*

σκαπετάω, (για οδοιπόρο, ζώο, πράγμα) εξαφανίζομαι πίσω από λόφο, βουνό, στροφή κ.λπ.: *σκαπέτησε το λεωφορείο στον Αγιο-Κωσταντίνο.*
σκαπέτημα το, η ενέργεια και το αποτέλεσμα του *σκαπετάω* (βλ. λ.).
σκάπετο το, το αμέσως μετά από βουνό, λόφο, στροφή κ.λπ. μέρος που δεν φαίνεται: *έπεσε στο σκάπετο και δε φαίνεται πια.*
σκαπετοράχης ο, 1. ο εξαφανιζόμενος πίσω από ράχη, βουνό κ.λπ. 2. άφαντος, δραπέτης: *ώσπου να πάρεις είδηση εσύ, ο άλλος θα 'χει γίνει σκαπετοράχης.*
σκαρίζω, 1. (μτφ., για μικρά παιδιά) μπορώ και κυκλοφορώ μόνος μου, χειραφετούμαι: *τράννυνε κι ο Πάνος και σκάρισε κι αυτός στη γειτονιά.* 2. (μτφ. και γενικά) βγαίνω στην ύπαιθρο, όπως και άλλοι, για κάποια δουλειά: *σκαρίσανε πρωί-πρωί οι γυναίκες, άλλες για τους κήπους κι άλλες για πουρνάρια για το φούρνο.*
σκαρίστρα η, ο δρόμος, το μονοπάτι που συνήθως χρησιμοποιεί ένας τσοπάνης, για να οδηγήσει το κοπάδι του στο βοσκοτόπι.
σκαρούδι το, 1. μικρό ζώο που αρχίζει να αναζητεί την τροφή μόνο του (σκαρίζει). 2. (μτφ.) μικρό παιδί: *ξεχύθηκαν ούλα τα σκαρούδια στους δρόμους της γειτονιάς.*
σκάρπος, -α, -ο, λοξός, κεκλιμένος, γερτός: *πολύ σκάρπο τον έκανες τον τοίχο, από μακριά φαίνεται.*
σκασίλα η, 1. ρωγμή, ραγάδα: *έχει να βρέξει κάτι μήνους και γιόμισ' ο τόπος σκασίλες // μια σκασίλα στη φτέρνα μ' έχει πεθάνει στον πόνο.*

2. σκασμένο στη φωτιά αραποσιτόσπυρο (βλ. λ.), ποπ-κορν: *ελάτε το βράδυ να ψήσουμε σκασίλες και να ειπούμε παραμύθια.*

σκασμένος, -η, -ο, (ως κατάρα) μακάρι να σκάσει, να πάθει κακό κάποιος ή κάτι που δεν συμπαθούμε ή μας στενοχώρησε: *το σκασμένο το μουλάρι, άμα πας κοντά του, τσινάει.*

σκατζίκι το, δύσοσμο αγριόχορτο που μοιάζει με μυρώνι.

σκατζίλα η, κοπριά του χοίρου, γουρνοσκαντζίλα (βλ. λ.).

σκατζοκαπινιά η, **1.** ο δαυλίτης των σιτηρών. **2.** σκυθρωπότητα του προσώπου: *όταν άκουσε τις πομπές του, μαύρισε, έγινε σκατζοκαπινιά.*

σκατοβολιό το, μεγάλη, άφθονη ποσότητα περιττωμάτων: *είδα κι έπαθα να καθαρίσω το σκατοβολιό τους.*

σκατογένης ο, σατανάς: *τι τον λες το σκατογένη (γιατί βλαστημάς);*

σκατός, -ή, -ό, σκατένιος, βρομιάρης, ανάξιος λόγου, ασυμπαθής, τιποτένιος: *εκείνος ο σκατός, ο ψυχογιός του Γιάννη την έκανε τη φασαρία.*

σκατόσογο το, σόι, γένος, οικογένεια χωρίς υπόληψη, χωρίς καλό όνομα.

σκατότυχη η, (με επιρρημ. σημ.) δυστυχώς: *ήθελες να φας κριάς, αλλά σκατότυχη, τέλειωσε.*

σκατόφαρα η, σκατόσογο (βλ. λ.).

σκατόφατσα η, **1.** άσχημο πρόσωπο, ασχημόφατσα. **2.** (συνεκδ.) παλιάνθρωπος, αχρείος άνθρωπος.

σκατοψυχάω, 1. (μτβ.) καταριέμαι, βλαστημάω κάποιον που πέθανε (να πάει στα σκατά η ψυχή του, στην κόλαση): *για το κακό που μου 'κανε τον σκατοψυχάω και θα τον σκατοψυχάω συνέχεια.* **2.** (αμτβ.) πεθαίνω και η ψυχή μου πηγαίνει στα σκατά, στην κόλαση: *σκατοψύχησ' ο παλιοκλεφταράς τον περασμένο μήνα.*

σκατοψύχι το, βλασφημία κατά της ψυχής πεθαμένου για μεμπτή ενέργεια ή πράξη της επίγειας ζωής του: *του χρειάζεται ή δεν του χρειάζεται το σκατοψύχι για 'κείνη τη γνωστή παλιανθρωπιά του;*

σκατοψύχιο το, σκατοψύχι (βλ. λ.): *θα κάνεις σκατοψύχιο (θα σε σκατοψυχάει, βλ. λ., όταν πεθάνεις), αν δεν αφήκεις την τσιούπα σου να πάρει αυτόν που αγαπάει.*

σκατόψυχος, -η, -ο, **1.** υβριστική αναφορά σε αντιπαθητικό ή εχθρικό πεθαμένο πρόσωπο: *ο σκατόψυχος μού τα 'φαγε τα λεφτά που του είχα δανείσει.* **2.** αστεία προσφώνηση σε φιλικό πρόσωπο: *ρε σκατόψυχε, πότε θα 'ρθείς να φύγουμε;*

σκάφη η, ξύλινο κιβώτιο, σχήματος κόλουρης πυραμίδας, μέσα στο οποίο ρίχνεται το προς άλεση γέννημα.

σκαψιά η, **1.** χτύπημα μια φορά του εδάφους και αναστροφή του χώματος με κασμά, τσάπα κ.λπ.: *βάρε (βάρα) μια σκαψιά εδωπά, να φυτέψω μια δοματιά.* **2.** ελάχιστη καλλιεργήσιμη εδαφική επιφάνεια: *από πού να τα βγάλει τα φασόλια της χρονιάς, από μια σκαψιά κήπο;*

σκαψούρι το, μικρός χώρος έξω από το χωράφι, που δεν μπορούσαν λόγω στενότητας να τον καλλιεργήσουν με τα ζώα και τον έσκαβαν με τον κασμά.

σκάω, (για τον ήλιο) ανατέλλω, μόλις προβάλλω στον ορίζοντα: *έσκασ' ο* *ήλιος και συ κοιμάσαι, καημένη μου, σα δεν ντρέπεσαι!*

σκέβουμαι, σκέπτομαι: *άλλα σκέβετ' ο γάιδαρος κι άλλα ο γαϊδουρολάτης* (παροιμ.).

σκεδιάζω, σχεδιάζω.

σκέδιο το, σχέδιο.

σκεδόν (επίρρ.), σχεδόν.

σκέλωμα το, το αποτέλεσμα του σκελώνω (βλ. λ.).

σκελώνω, (για δημητριακά) από μια ρίζα μου εκβλαστάνουν περισσότερα από ένα στελέχη (κλώνοι): *τα σιτάρια δε σκέλωσαν φέτο, μείνανε μονόκλωνα.*

σκερβελές ο, ανάξιος λόγου, άχρηστος, τιποτένιος άνθρωπος: *είναι μεγάλος σκερβελές, δεν κάνει σου λέω για τίποτα.*

σκια η, συκιά: *από σκια κι από γάιδαρο όγιος πέσει δε γλυτώνει* (λαϊκή πίστη).

σκιαζάρι το, σκιάχτρο στα χωράφια και αμπέλια για τα ζούδια: *έβαλα σκιαζάρια στ' αραποσίτι, αλλ' οι κορακάξες το χαβά τους.*

σκιάζαρος ο, σκιαζάρι (βλ. λ.).

σκιζάρι το, μακρύ ξύλο προερχόμενο από άλλο χοντρότερο που σχίστηκε με πριόνι: *αυτό το στειλιάρι δεν είναι λουμάκι, είναι σκιζάρι.*

σκιζάφτης, -α, -ικο, ζώο με σχισμένο αφτί για αναγνώριση (σημάδι).

σκιζάφτικος, -η, -ο, αυτός που ταιριάζει ή αναφέρεται στον *σκιζάφτη* (βλ. λ.).

σκιόγαλο το, γάλα της σκιας (βλ. λ.): *δεν είναι να κόψεις ένα σύκο, κολλάει το σκιόγαλο στα χέρια σου.*

σκιστάρι το, ξύλο που προήλθε από άλλο χοντρότερο μετά από σχίσιμο με τσεκούρι, σκεπάρνι κ.λπ., σχίζα: *τα σκιστάρια καίγονται καλύτερα στο τζιάκι.*

σκιτζεύουμαι, **1.** στερούμαι τελείως ή έχω κάποιο αγαθό, κυρίως τρόφιμα, σε πολύ μικρή ποσότητα: *στην Κατοχή σκιτζευτήκαμε το ψωμί, αλλά κι ένα σωρό άλλα πράματα.* **2.** τσιγκουνεύομαι, ξοδεύω με φειδώ κάτι: *πού να κάνει γλυκό η γειτόνισσα, σκιτζεύεται τη ζάχαρη.*

σκλέπα η, **1.** επιδημική ασθένεια των αιγοπροβάτων: *έπεσε σκλέπα στο κοπάδι του και του ψοφήσανε τα μισά ζωντανά.* **2.** (απαξιωτικά και υβριστικά) τα ίδια τα αιγοπρόβατα: *του διαβόλου οι σκλέπες δε λένε να κάνουνε πέρα να βοσκήσουν.*

σκολαρίγκλα η, σαύρα.

σκολιάμπρι το, σκολύμπρι, είδος εδώδιμου χόρτου.

σκοπετινός ο, (συνθ. μαστ. γλ.) μπακαλιάρος.

σκορδομπουλιέμαι, εκδηλώνω συναισθήματα λύπης ή χαράς με λόγια και χειρονομίες: *μη σκορδομπουλιέσαι, ζάβαλη, μπόρα έναι θα περάσει.*

σκορκοφίγκι το, ανάλατο παρασκεύασμα με το πρώτο αμέσως μετά τη γέννα γάλα της γίδας ή της προβατίνας.

σκορτσέκλα η, σαύρα.

σκοτείδα η, σκοτάδι, σκοτεινάδα, έλλειψη φωτός: *έχει μια σκοτείδα όξω, δε βλέπεις τη μύτη σου.*

σκοτειδερός, -ή, -ό, σκοτεινός: *πολύ σκοτειδερό το χειμωνιάτικο μας, δεν μπαίνει καθόλου ήλιος μέσα.*

σκότεινος, -η, -ο, άθλιος, ταλαίπωρος, δυστυχισμένος: *η σκότεινη η χήρα ένα γιο τον είχε και τον έχασε κι αυτόν στον πόλεμο.*

σκούκιος, -ια, -ιο, (για πρόβατο) αυτός που έχει ξανθές βούλες στο πρόσωπο.

σκουλαμέντζα η, σκουλαμέντο, βλενόρροια.

σκουμάρι το, διαπεραστική κραυγή, ουρλιαχτό, στρίγκλισμα: *όταν πήρε τα χαμπέρια του σκοτωμού τ' αντρός της, έβαλε κάτι σκουμάρια που ράισαν κι οι πέτρες.*

σκουράντζος ο, 1. ρέγκα. 2. (μτφ.) μαυριδερός και ισχνός άνθρωπος: *αδυνάτισε κι έγινε σκουράντζος.*

σκούρκος ο, 1. κάνθαρος. 2. (μτφ.) έξυπνος άνθρωπος: *είναι σκούρκος, τα μάτια του πετάνε σπίθες.*

σκούρο το, παντζούρι, παραθυρόφυλλο: *κλείσε τα σκούρα, μην τα σπάσει ο αέρας.*

σκουροτρώω, προσβάλλομαι από σκόρο, με τρώει ο σκόρος: *η κάσα της πόρτας σκουρόφαγε σ' εκατό μεριές.*

σκουροφάγωμα το, το αποτέλεσμα του σκουροτρώω (βλ. λ.).

σκουροφαγωμένος, -η, -ο, σκοροφαγωμένος.

σκουτικό το, οικιακός ρουχισμός (κλινοσκεπάσματα και συναφή, ένδυση κ.λπ.): *πότε το 'φτειασε τόσο σκουτικό που φόρτωσε στο γάμο της!*

σκούτινος, -η, -ο, ο από σκουτί, από πανί καμωμένος: *τα παπούτσια μου από πάνω είναι σκούτινα, δεν είναι ψίδινα.*

σκουτούφλα η, σκουντούφλα, σκυθρωπότητα: *γιατί τέτοια σκουτούφλα, σου πινιγήκανε τα καράβια;*

σκουτουφλάω, σκουντουφλάω, ενώ κινούμαι, προσκρούω σε κάτι, σκοντάφτω: *μισοκοιμόταν και σκουτούφλησε στο γιούκο.*

σκουτούφλημα το, σκουντούφλημα, σκόνταμμα.

σκουτούφλης, -α, -ικο, σκουντούφλης, σκυθρωπός.

σκουτουφλιάζω, 1. σκουντουφλιάζω, σκυθρωπάζω. 2. (μτφ.) συννεφιάζω: *σκουτούφλιασε ο Αρτοζήνος, να την καρτεράμε τη βροχή.*

σκουτουφλιάρης, -α, -ικο, σκουντούφλης.

σκουτουφλιάρικος, -η, -ο, αυτός που ταιριάζει ή αναφέρεται στον σκουτουφλιάρη (βλ. λ.).

σκουτούφλιασμα το, 1. κατσούφιασμα. 2. συννέφιασμα.

σκουτούφλικος, -η, -ο, αυτός που ταιριάζει ή αναφέρεται στον σκουτούφλη (βλ. λ.).

σκούφα η, 1. σκούφια, τραγιάσκα: *αφού δε μ' άκουσες, τώρα πάρ' τη σκούφα μου* (αδιαφορώ). 2. (μτφ.) η μικρότερη πλευρά τρίριχτης κεραμοσκεπής: *έσπασ' ένα κεραμίδι στην κατωμεριά της σκούφας, και ποιος μπορεί ν' ανεβεί να τ' αλλάξει.*

σκουφουνάτος, -η, -ο, 1. όποιος φοράει σκουφούνι (βλ. λ.). 2. (για πτηνό) αυτός που έχει λοφίο.

σκουφούνι το, 1. μικρό σκουφάκι: *φόρα το σκουφούνι του μωρού μην κρυώσει.* 2. το λοφίο των ορνιθοειδών.

σκροπίδι το, σκορπιός: *προσεχτικά τα χέρια σας πίσω από τα μπαούλα, μη σας τσιμπήσει κάνα σκροπίδι.*

σκροπίζω, σκορπίζω.
σκρόπισμα το, σκόρπισμα.
σκροποχέρης, -α, -ικο, σκορποχέρης, άσωτος.
σκροποχέρικος, -η, -ο, αυτός που ταιριάζει ή αναφέρεται στον *σκροποχέρη* (βλ. λ.).
σκρούντα (επίρρ.), ανάποδα, στραβά: *ούλα σήμερα σκρούντα πήγανε.*
σκρούντος, -η, -ο, δύσκολος, στραβός, ανάποδος: *πιο σκρούντη δουλειά δεν είχα ματακάνει από τη σημερινή.*
σκυλοβαβάρα η, ομαδικό γάβγισμα, φασαρία σκυλιών: *δεν μπορούμε να ησυχάσουμε από τη σκυλοβαβάρα κάθε βράδυ.*
σκυλοβαριέμαι, δεν έχω όρεξη για καμιά δουλειά, τεμπελιάζω υπερβολικά: *σκυλοβαρέθηκα να κάθουμαι κι είπα να βγω μια βόλτα.*
σκυλογγαρίζω, **1.** φωνάζω δυνατά, φωνασκώ: *τι σκυλογγαρίζεις, ξεσήκωσες τον κόσμο.* **2.** βογγώ, φωνάζω ψυχορραγώντας: *τέτοιος που είναι θα σκυλογγαρίξει, ώσπου να βγει η ψυχή του.*
σκυλοζωή η, σκληρή, άχαρη, στερημένη ζωή: *σκυλοζωή, μα την αλήθεια, είν' αυτή που κάνουμ' εμείς οι μεροκαματιάρηδες.*
σκυλομετανιώνω, μετανιώνω υπερβολικά: *σκυλομετάνιωσα που έδωκα την κόρη μου σ' αυτόν τον παλιάνθρωπο.*
σκυλοντουρίζω, αντέχω σε διάρκεια χρόνου: *αυτό το σακάκι σκυλοντούρισ' απάνω μου, χαλάλι τα λεφτά του.*
σκυλονυχίδα η, παρανυχίδα.
σκυλοπερνάω, εκστομίζω χυδαίες βρισιές εναντίον κάποιου, σκυλοβρίζω: *για ένα σύκο που έκοψα από τη σκια της με σκυλοπέρασε η παλιοχαϊμένη.*
σκυλόπετσος, -η, -ο, σκληρός και ανθεκτικός: *δεν πονάει αυτός, είναι σκυλόπετσος.*
σκυλοπινίχτης ο, ονομασία κρασοστάφυλου.
σκυλοπινίχτρα η, πολύ άγουρο φρούτο, που κι ο σκύλος, αν το φάει, μπορεί να πνιγεί: *αυτά τα κοκκινάπιδα είναι σκέτες σκυλοπινίχτρες.*
σμέρδεμα το, ανακάτεμα, νοθεία.
σμερδεύω, ανακατεύω, νοθεύω: *σμέρδεψα σιτάρι και κριθάρι και το 'στειλα στο μύλο.*
σμερδός, -ή, -ό, ανακατεμένος, νοθευμένος.
σμιγαδένιος, -ια, -ιο, ο καμωμένος από μείγμα σιταριού και κριθαριού (για αλεύρι, ψωμί).
σμιξιά η, συνεταιρισμός κτηνοτρόφων στην τυροκόμηση.
σμιρθάκι το, πεθαμένο αβάφτιστο παιδί που βρικολάκιασε.
σμίχτης ο, συνέταιρος κτηνοτρόφος στην τυροκόμηση.
σμίχτισσα η, η σύζυγος του *σμίχτη* (βλ. λ.).
σο (αιτ. εν. του αρσ. και του ουδ. του εμπρόθετου οριστικού άρθρου), στο: *πήγα σο πανηγύρι.*
σόκι το, χοντρό και άκομψο ρούχο: *πού τα βρήκες και τα 'βαλες αυτά τα σόκια;*
σοκιάζω, φοράω χοντρά και ακαλαίσθητα ρούχα: *τι τα σόκιασες ούλα φτούνα τα σκουτιά, θα σκάσεις.*
σον (αιτ. εν. του αρσ. του εμπρόθετου

οριστικού άρθρου), στον: *πήγα τα παπούτσια μου σον τσαγκάρη.*
σου (γεν. εν. του αρσ. και του ουδ. του εμπρόθετου οριστικού άρθρου), στου: *πήγα χτες σου Μπούφη // σου περιβολιού το φράχτη ήβρα ένα κολοκύθι.*
σουβαρός, ή, -ό, σοβαρός, λιγομίλητος, μη διαχυτικός.
σουβατζής ο, σοβατζής.
σουβατίζω, σοβατίζω, σουβαντίζω, σοβαντίζω.
σουβάτισμα το, η ενέργεια και το αποτέλεσμα του *σουβατίζω* (βλ. λ.).
σουβή η, ζήλεια, γλωσσοφαγιά: *δεν είναι να σου πάει κάτι καλά, σε τρώει η σουβή του κόσμου.*
σούγελο το, σωλήνας ροής πηγαίας βρύσης.
σούγλος ο, κουβάς από λευκοσίδηρο για πότισμα υποζυγίων, άντληση και μεταφορά νερού κ.λπ.
σούδα η, στενός ακάλυπτος χώρος ανάμεσα σε δυο σπίτια: *ήταν κρυμμένος στη σούδα και δεν τον είδα.*
σουδιάζω, (μτβ. και αμτβ.) δημιουργώ ρεύμα αέρα: *κλείσ' το παράθυρο, γιατί το σουδιάζει (το κρύο) // αυτό το σοκάκι πάντα σουδιάζει.*
σουκουλιάζουμαι, ντύνομαι με πολλά και άχαρα ρούχα: *τι μου σουκουλιάστηκες έτσι, λες και ρίνει χιόνι;*
σούκουλο το, ευτελές και συνήθως ακαλαίσθητο ρούχο: *τι τα 'βαλες ούλα φτούνα τα σούκουλα, θα σκάσεις.*
σουλάτσος ο, σουλάτσο, βόλτα, περπάτημα χωρίς ιδιαίτερο σκοπό: *δεν τον αφήνουν οι σουλάτσοι να τηρήσει και καμιά δουλειά.*

σουλιμάς ο, πολύ ξινή ύλη: *δεν τρώγετ' αυτ' η σούπα, είναι σουλιμάς.*
σουλντούκο το, σουρτούκο, χοντρό και μακρύ σακάκι, ημίπαλτο, από ύφασμα του αργαλειού.
σουπέρα η, σουπιέρα.
σουράδεμα το, το αποτέλεσμα του *σουραδεύω* (βλ. λ.).
σουραδεύω, περπατάω αθόρυβα, κινούμαι χωρίς σοβαρό λόγο: *δεν έκανα και τίποτα, σουράδευα στην αυλή.*
σουραμάς ο, η μεγάλη πλάνη του παλιού μαραγκού.
σούρμα το, μονοπάτι, στενό πέρασμα: *...που ξέρει τα μπογάζια κι ούλα τα σούρματα* (δημ. τραγ.).
σουρμένη η, διακορευμένη γυναίκα: *παντρεύτηκε μια σουρμένη.*
σουρμές ο, σύρτης, μάνταλο.
σουρμή η, **1.** συρμός, μόδα: *πάει, βλέπεις, με τη σουρμή η τσιούπα!* **2.** φλέβα νερού, ρυάκι: *σε 'κείνο το σημείο δε στέκει το νερό, κάνει σουρμή και φέγει.*
σουρνοβαλίζουμαι, περπατώ με δυσκολία, παραπαίω: *μες στο σπίτι σουρνουβαλίζουμαι και κάνω και καμιά δουλειά.*
σούρνω, **1.** βρίσκομαι σε ερωτικό οργασμό: *τα πρόβατα σούρνουν πια, δεν έχουν γάλα.* **2.** αδυνατίζω: *έσουρε πολύ στο πρόσωπο.*
σουρουβαλιάζω, καταθρυμματίζω, κάνω κομμάτια κάτι, καταστρέφω: *χτύπησε το τζιάμι με τον αγκώνα του και το σουρουβάλιασε // του 'φυγε η στάμνα από τα χέρια και σουρουβαλιάστηκε.*
σουρούβαλο το, θρύψαλο, συντρίμι: *έπεσε μια πέτρα στο πόδι του και*

το 'κανε σουρούβαλο.
σούρπα (επίρρ.), σούρουπα, σύθαμπα, μισοσκότεινα: *έφυγε σούρπα και δεν τον είδα*.
σουρπούλια (επίρρ.), υποκ. του *σούρπα* (βλ. λ.).
σούρσιμο το, **1.** σύρσιμο, κίνηση με την κοιλιά: *με σούρσιμο κατάφερε μέσα από χορτάρια και θάμνους να τους ξεφύγει*. **2.** τράβηγμα πράγματος που συνεχώς ακουμπάει στο έδαφος: *με σούρσιμο βγάλανε τους κορμούς των κομμένων δέντρων στη δημοσιά*. **3.** διολίσθηση σχοινιού, σύρματος κ.λπ. σε σταθερή επιφάνεια: *φαγώθηκε η τριχιά από το πολύ σούρσιμο στο σαμάρι*.
σουρτάρα η, **1.** στενός δρόμος που δημιουργούν τα γιδοπρόβατα βαδίζοντας το ένα πίσω από το άλλο μέσα σε βλάστηση ποώδη, φρεσκοργωμένο χωράφι κ.λπ.: *περάσανε τα πρόβατά του μέσα από το οργωμένο χωράφι και κάνανε σουρτάρα*. **2.** (με επιρρημ. σημ.) η βάδιση των παραπάνω ζώων σε στενόμακρο σχηματισμό: *περνάνε σουρτάρα τα γιδοπρόβατα το μεσημέρι και πάνε για νερό και στάλο*.
σουρτάρι το, λεπτή τριχιά, σχοινί: *φέρτε ένα σουρτάρι να δέσω τη γίδα*.
σουρταριά η, κοπάδι ζώων που βαδίζει σε φάλαγγα: *τ' αυτοκίνητο σταμάτησε, για να μην πέσει απάνω στη σουρταριά*.
σουρταριάζω, (για γιδοπρόβατα) βαδίζω σε στενόμακρο σχηματισμό: *σαν σουρταριάσανε τα πρόβατα, δε σταματήσαν, παρά μόνον όταν φτάσανε στο μαντρί τους*.

σούρτης ο, **1.** κοντό σχοινί, καπίστρι με το οποίο τραβούν (σύρουν) ζώο. **2.** (παλιά) κλεπταποδόχος και μεσολαβητής διακινήσεως κλοπιμαίων ζώων μεταξύ ζωοκλεφτών.
σουρτοθηλιά η, συρόμενος βρόχος: *τον πίνιξε με σουρτοθηλιά // έριξε σουρτοθηλιά στην καρυά και κρεμάστηκε*.
σουρτοπρόσωπος, -η, -ο, αδύνατος στο πρόσωπο, μακροπρόσωπος.
σους (αιτ. πληθ. του αρσ. του εμπρόθετου οριστικού άρθρου), στους: *ούλη μέρα χτες έτρεχα σους δρόμους*.
σουσούμι το, συνήθεια, χούι, ιδιοτροπία: *μας έβγαλε καινούργια σουσούμια η γειτόνισσα και πρέπει να προσέχουμε*.
σούφραλο το, ξερόκλαδο, προσάναμμα: *ρίξε κάνα σούφραλο στη φωτιά να δυναμώσει*.
σπαθανός, -ή, -ό, σπαθάτος, ψηλός και λεπτός, στιλάτος: *σπαθανός άντρας, όμορφος*.
σπαλιάρα η, σφαλιάρα, χαστούκι, σκαμπίλι.
σπαλιαρίζω, σφαλιαρίζω, χαστουκίζω: *θα σε σπαλιαρίσω, κάτσε καλά*.
σπανομαρία η, σπανός, αγένειος: *εγώ σου λέω ότι δεν πρόκειται να βγάλει γένια αυτός, έτσι θα μείνει σπανομαρία*.
σπαργανίδα η, σπάργανο.
σπαρτιά η, σπάρτο.
σπαρτίλα η, **1.** περιοχή με πολλά σπάρτα. **2.** η μυρωδιά του σπάρτου.
σπαρτός ο, η εποχή της σποράς: *πλησιάζει κι ο καιρός του σπαρτού, πρέπει να 'τοιμάσουμε τα ζυγάλετρα*.
σπαρτσακλίτσα η, μικρός και σκλη-

ρός καλοήθης όγκος στον καρπό του χεριού ή στα δάχτυλα: *μη μετράς τ' άστρια, θα γιομίσουν τα χέρια σου σπαρτσακλίτσες* (δοξασία).

σπαρτσαράω, σπαρταράω, τινάσσομαι σπασμωδικά: *τον λυπήθηκα έτσι που τον είδα να σπαρτσαράει και το αίμα να τρέχει.*

σπαρτσάρισμα το, σπαρτάρισμα, σφαδασμός, σπασμώδης κίνηση.

σπέτσα η, κόκκινη, καυτερή πιπεριά: *κοκκινίζουν τα μάγουλά του σαν τη σπέτσα, δεν έχει ανάγκη από δυναμωτικά.*

σπιθάρι το, φυσική κοιλότητα σε πέτρα που κρατάει νερό της βροχής, από την οποία πίνουν τσοπάνηδες και πουλιά.

σπιθουρίζω, πετάω σπίθες, υπερθερμαίνομαι: *πρέπει να σπιθουρίζει ο φούρνος, για να ρίξουμε τα ψωμιά // οι πλάκες σπιθουρίζουν από την πολλή ζέστη.*

σπιρτάδα η, η με ειδική επάλειψη επιφάνεια του σπιρτόκουτου, στην οποία με τριβή γίνεται το άναμμα του σπίρτου: *νότισε η σπιρτάδα και δεν μπορώ ν' ανάψω φωτιά.*

σπιρτοκούμπουρο το, ευφυής, πανέξυπνος άνθρωπος: *τα μάτια του πετάνε σπίθες, σπιρτοκούμπουρο σου λέω.*

σπιτόγαμπρος ο, σώγαμπρος, αυτός που, όταν παντρευόταν, δεν άνοιγε δικό του σπίτι, αλλά έμενε με την οικογένεια της γυναίκας του.

σπιτοκαθισιά η, κατοικία, διαμέρισμα: *έχτισε σπίτι με δυο σπιτοκαθισιές, για να βολέψει και τα δυο παιδιά του.*

σπιτόφιδο το, **1.** μαύρο, κοντό και λεπτό φίδι που ζει στον άμεσο περίγυρο ή στα κατώια των χωριάτικων σπιτιών, *κονάκι* (βλ. λ.). Είναι ακίνδυνο και δεν το σκοτώνουν, γιατί θεωρούν ευεργετική την παρουσία του («οικουρός όφις»). **2.** (μτφ.) άντρας που μένει πολλές ώρες στο σπίτι, φυγόκοσμος: *τελευταία έχεις γίνει μπίτι σπιτόφιδο, σε χάσαμε από το καφενείο.*

σπλανταγούρι το, βαρύ κρυολόγημα: *έχεις γερό σπλανταγούρι, ντύσου, πιες κάνα ζεστό.*

σπόρα η, τσίρλα, υδαρής αποπάτηση.

σπορίζω, σκορπίζω: *τι τα σπόρισες τα φασόλια, ποιος περιμένεις να σου τα μαζέψει;* Το μ. **σπορίζομαι**, έχω ευκοιλιότητα, τσιρλίζω: *σπορίζεται το κατσίκι συνέχεια και φοβάμαι μην ψοφήσει.*

σπορίλα η, τσίρλα.

σπόρισμα το, **1.** σκόρπισμα. **2.** τσίρλισμα.

σπρώγνω, σπρώχνω.

σπρωξίδι, σπρώξιμο, ωθισμός: *πολύ σπρωξίδι είχε στο μοίρασμα του συσσίτιου.*

σπυραλατίζω, ρίχνω σπυριά αλάτι σε ψημένα και άψητα φαγητά: *να σπυραλατίσεις το κρέας και να τ' αφήκεις να συφάει λίγο (να σιτέψει).*

σπυραλατιστός, -ή, -ό, σπυραλατισμένος, πασπαλισμένος με αλάτι: *είναι πολύ ωραίο το ψητό σπυραλατιστό κρεμμύδι.*

σπυριά τα, κόλλυβα: *τα ψυχοσάββατα οι γυναίκες πάνε σπυριά στην εκκλησιά και στο νεκροταφείο.*

σπυρόζουμο το, κολλυβόζουμο.

στάδιο το, μαρμάρινος χιλιομετρικός δείκτης δημόσιου δρόμου.

στάκα (τύπος προστ. αορ. του ρ. στέκω), στάσου, περίμενε: *στάκα ένα λεφτό, θέλω να σου μιλήσω.*

σταλάκι το, *ρέχτης* (βλ. λ.): *δεν είναι να περάσεις από σοκάκι βρέχοντας, ούλα τα σταλάκια πέφτουν απάνω σου.*

σταλπιάζω, (για γάλα) **1.** (μτβ.) πήζω το γάλα και το κάνω στάλπη: *να σταλπιάσεις το γάλα πρώτα και μετά να φύγεις.* **2.** (αμτβ.) γίνομαι στάλπη, αρχίζω να πήζω και να μετατρέπομαι σε τυρί: *άρχισε να σταλπιάζει το γάλα, έχε το νου σου να το βάλεις στην τσαντίλα.*

στάλπιασμα το, το αποτέλεσμα του σταλπιάζω (βλ. λ.).

σταματημός ο, σταμάτημα, στάση, παύση, διακοπή ενέργειας ή λειτουργίας: *σταματημό δεν είχαν σήμερα τ'αυτοκίνητα στο δρόμο.*

σταματήρα η, ξύλινος άξονας σαν φτυάρι με τον οποίο ο μυλωνάς σταματάει τον μύλο (εμποδίζει το νερό να χτυπά τη φτερωτή).

στανεύω, **1.** (μτβ.) εγκαθιστώ σε στάνη, μαντρί στην ύπαιθρο το κοπάδι μου τους καλοκαιρινούς μήνες: *–Πού θα τα στανέψεις τα πράματα φέτο; –Λέω, καλά να είμαστε, στην Παραπολιάνα.* **2.** (αμτβ.) κάνω πρόχειρη στάνη (μαντρί), ζω σε στάνη με το κοπάδι μου το καλοκαίρι: *φέτο, πρώτα Θεός, λέω να στανέψω στου Μεγαλά.*

στανιάδα η, χάλκινο σκεύος με ελλειψοειδή λαβή στο πλάι, για νερό ή κρασί, μικρό χάλκινο κανάτι.

στανοτόπι το, ποιμνιοστάσιο, μαντρί: *το καλοκαίρι οι τσιοπάνηδες φτειάνουν τα στανοτόπια τους στα ψηλά βουνά.*

στασιό το, σταματημός, ησυχία: *είναι πολύ ανήσυχο αυτό το παιδί, στασιό δεν έχει.*

σταυρός της γωνιάς ο, το αμέσως μπροστά από την εστία (τζάκι) μέρος του *χειμωνιάτικου* (βλ. λ.): *έκατσε στο σταυρό της γωνιάς και δεν αφήνει άλλο να πάρει μια πύρα.*

σταυροχεριάζουμαι, **1.** σταυρώνω τα χέρια, πεθαίνω: *δε σταυροχεριάστηκα ακόμα, μάικο, κάτι μπορώ να φτειάσω.* **2.** απρακτώ, τεμπελιάζω: *μη μου σταυροχεριάζεσαι, για κάνε καμιά δουλειά.*

σταφιδιάζω, αποκτώ ζάρες στο πρόσωπο, ρυτιδώνομαι, μαραίνομαι: *πολύ σταφιδιασμένη την είδα στο πρόσωπο, λες να την τρυγάει τίποτα;*

σταφυλοπάτι το, ληνός.

σταχτοτσιούλι το, ό,τι χώνεται μέσα στη στάχτη, το βρομισμένο με στάχτες.

στάω, στάζω, σταλάζω: *χάλασ' η βρύση και στάει* // *έσπασε κάποιο κεραμίδι και στάει η σκεπή.*

στειλιάζω, **1.** τοποθετώ στειλιάρι σε εργαλείο (κασμάς, σκεπάρνι κ.λπ.): *πρέπει να στειλιάσω και την καινούργι' αξίνα.* **2.** μπορώ και στέκομαι στα πόδια μου και περπατώ: *πέρασε μεγάλη αρρώστια και δεν μπορεί ακόμα να στειλιάσει τα πόδια του.* **3.** (μτφ.) αρνούμαι, δεν υπακούω, δεν εκτελώ εντολή: *σαν στειλιάσει τα πόδια, ό,τι και να του λες, δεν ακούει τίποτα.*

στειλιαρόμπεης ο, ο σε μεγάλο βαθμό ανεπίδεκτος μαθήσεως, βραδύνους, ξεροκέφαλος άνθρωπος: *δεν πρόκεται να μάθει τέγνη αυτός, είναι μεγάλος στειλιαρόμπεης.*
στέκα η, φουρκέτα μαλλιών.
στελμένος, -η, -ο, σταλμένος, αυτός που έχει σταλεί από κάποιον: *ήρθε επίτηδες στελμένος από το γαμπρό να μας καλέσει στο γάμο.*
στενά τα, ονομασία της ευρωπαϊκής αμφίεσης, όταν πρωτοεμφανίστηκε τον 19º αιώνα στο χωριό, σε αντιδιαστολή προς την ευρύχωρη φουστανέλα.
στένεψη η, δύσπνοια: *μ' έφαγε η στένεψη, θα σκάσω καμιά ώρα.*
στενεψιάρης, -α, -ικο, αυτός που πάσχει από δύσπνοια.
στενεψιάρικος, -η, -ο, αυτός που ταιριάζει ή αναφέρεται στον *στενεψιάρη* (βλ. λ.).
στενοβρακάς ο, *φραγκοφορεμένος* (βλ. λ.): *πάει η καημένη η φουστανέλα, ούλοι τώρα μου γινήκανε στενοβρακάδες.*
στένω, (για θηλυκά ζώα) συλλαμβάνω, μένω έγκυος, γκαστρώνομαι: *μαρκαλήθηκε η γίδα, αλλά τελικά δεν έστησε.*
στενωσιά η, στενότητα χώρου: *έχουμε μεγάλη στενωσιά, δε χωράμε πια στο σπίτι.*
στερνά (επίρρ.), ύστερα, κατόπιν, μετά: *αμ δε θα σου 'ρθώ στερνά πάλε.*
στερνοπούλα η, το τελευταίο στη σειρά κορίτσι της οικογένειας.
στερνοπούλι το, το τελευταίο στη σειρά αγόρι.

στερφάδι το, 1. νεαρό πρόβατο ή γίδι που δεν δίνει ακόμη γάλα: *χωρίσανε τα στερφάδια και τα σκαρίζουν χώρια.* 2. *αραποσιτόκλαρα* (βλ. λ.) που δεν έδεσε καρπό: *τα 'κοψα τα στερφάδια και τα 'ριξα στα ζωντανά.*
στερφόγαλο το, το γάλα που δίνει η στερφόγιδα (γίδα που δεν εγέννησε, αλλά παράγει λίγο γάλα).
στερφοπατάω, σταματώ να γεννώ: *φέτο πολλές γίδες στερφοπάτησαν.*
στερφοπάτημα το, το αποτέλεσμα του *στερφοπατάω* (βλ. λ.).
στεφάνι το, περίκλειστος σε βραχώδη περιοχή χώρος, από τον οποίο είναι δύσκολο να απεγκλωβιστεί ζώο που ολίσθησε ή πήδησε σε αυτόν.
στεφανιάζουμαι, (για ζώα) εγκλωβίζομαι σε *στεφάνι* (βλ. λ.) και δεν μπορώ να βγω: *μου στεφανιάστηκε μια γίδα και κουβάλησα σκάλα να τη βγάλω.*
στεφανοχάρτι το, άδεια γάμου.
στηθάμι το, *αστήθι* (βλ. λ.).
στιγερό το, *στιχερός* (βλ. λ.).
στιγερός ο, *στιχερός* (βλ. λ.).
στιχερό το, *στιχερός* (βλ. λ.).
στιχερός ο, αλωνιόστυλος, ο στύλος του αλωνιού με τον οποίο είναι συνδεδεμένα με τον «αέρα» (σχοινί) τα ζώα που περιφέρονται, για να αλωνίσουν το δημητριακό: *ας είναι καλά ο στιχερός που θα φέρει τ' άλογα στ' αλώνι* (παροιμ.).
στόλιο το, λούσο: *ούλο στόλιο μου 'σαι τώρα τελευταία, τι συβαίνει;*
στομάκλα η, πολύ μεγάλο στόμα: *όταν ανοίγει τη στομάκλα του, λες θα σε καταπιεί.*
στουμπάρι το, 1. θρόμβος. 2. μικρός

στουμπάω | στραγγουλάω

όγκος, σβώλος.
στουμπάω, χτυπάω με το *στουμπιστήρι* (βλ. λ.) τους καρπούς του καλαμποκιού ή τα στάχυα των δημητριακών, για να εκκοκκιστούν.
στουμπιστήρι το, μέτρια χοντρή ξύλινη ράβδος χρησιμοποιούμενη για τον εκκοκκισμό αραποσιτιού ή δημητριακών.
στούμπος ο, *κοντοστούπης* (βλ. λ.).
στουποκωλιάζω, είμαι δυσκοίλιος, δυσκολεύομαι στην αφόδευση: *μην τρως αγουρίδες, θα στουποκωλιάσεις.*
στουποκώλιασμα το, δυσκοιλιότητα.
στούπος ο, βραχύσωμος άνθρωπος.
στουπόχιονο το, αραιό χιόνι που πέφτει με παγωμένο αέρα, ελαφρά σκληρό σαν χαλάζι: *καλύτερα να 'ρινε ένα γόνα χιόνι νοτερό, παρά αυτό το απαίσιο στουπόχιονο.*
στουπωτικός, -ή, -ό, αυτός που προκαλεί δυσκοιλιότητα: *τ' άγουρα φρούτα είναι στουπωτικά.*
στόφα η, μεγάλη ορθογώνια θερμάστρα με φούρνο και τεπόζιτο για ζεστό νερό.
στραβέγκλω η, στραβή, κοντόφθαλμη γυναίκα: *δε βλέπει μπροστά της η στραβέγκλω, κόντεψε να τραφιαστεί καταΐσιωμα.*
στραβοβαλμένος, -η, -ο, στραβοτοποθετημένος, γερτός, μονόπαντος: *σιάχ' τη στραβοβαλμένη φούστα σου, θα βγεις και θα σε κοροϊδεύουνε.*
στραβοζιάγκουνος, -η, -ο, **1.** (μτφ.) αυτός που έχει παραμορφωμένα, ανάπηρα άκρα (κυρίως δάχτυλα): *πώς να πιάσει το μολύβι, αφού τα δάχτυλά του είναι στραβοζιάγκουνα.* **2.** (για πράγματα) αυτός που

έχει φύγει από τη θέση του, παράγωνος, στρεβλός: *αυτό το τραπέζι είναι στραβοζιάγκουνο // πού την ήβρες αυτή τη στραβοζιάγκουνη σιδεροστιά;*
στραβοκάγιουρο το, το δέσιμο του φιόγκου ή της θηλιάς του κεφαλομάντιλου δεξιά ή αριστερά στο μέτωπο των γυναικών.
στραβοκέλμπερος, -η, -ο, **1.** στραβός, ελαττωματικός στην όραση: *δεν τηράει τη στραβομάρα του ο στραβοκέλμπερος, μου θέλει και να πηλαλήσει κιόλας.* **2.** (μτφ.) στρεβλός: *τι μου το 'δωκες αυτό το στραβοκέλμπερο σανίδι;*
στραβοσάγονος, -η, -ο, αυτός που έχει στραβό σαγόνι.
στραβοστομιάζω, στραβώνει το στόμα μου από κάποιο σοβαρό λόγο (αρρώστια, τραύμα κ.λπ.).
στραβούλιακας ο, (με αρκετή υπερβολή) αόμματος, θεόστραβος άνθρωπος: *δεν τηράει μπροστά του ο στραβούλιακας κι όλο πέφτει.*
στραβοχτισμένος, -η, -ο, (για τοίχο) ανώμαλος ως προς την επιφάνεια ή λοξός (από λάθος): *στραβοχτισμένος και λοξός τού βγήκε του μάστορη ο τοίχος, γιατί δεν έβαλε ράμμα και ζύγι.*
στραγγάω, στραγγίζω: *στου παπά, στράγγα τα ποτήρια, στου παπά τα παρεθύρια κάθονται δυο μαύρα φρύδια* (δημ. τραγ.).
στραγγερός, -ή, -ό, στεγνός, (για τόπο) αυτός που δεν κρατεί νερό: *το χωράφι μου είναι πολύ στραγγερό.*
στράγγιος, -ια, -ιο, στραγγερός (βλ. λ.).
στραγγουλάω, στραγγίζω, πίνω ως

στρακαστρούκα

το τέλος το νερό ή το κρασί μου: *καλά το πίνω το κρασί, καλά το στραγγουλάω, κι όταν μου λένε πλέρω το, την μπότσα δυο παράδες...* (δημ. τραγ.).

στρακαστρούκα η, τρακατρούκα, πυροτέχνημα των εορτών του Πάσχα.

στρατίζω, περπατώ, κάνω τα πρώτα βήματα (στη ζωή ή μετά από αρρώστια): *το πρώτο παιδί στράτισε στους οχτώ μήνες, ενώ τ' άλλο καθυστέρησε // έπειτα από ένα χρόνο αρρώστια, μόλις τώρα στράτισε ο Κώστας.*

στρατός ο, παλιό παιδικό παιχνίδι.

στρέγος ο, σημασία, ιδιαίτερη αξία, επαλήθευση: *ας τις είπε αυτές τις κουβέντες, δεν έχουν στρέγο // τα όνειρα δεν έχουν πάντα στρέγο.*

στρέγω, πραγματοποιούμαι, ταιριάζω, επαληθεύομαι: *είδα ένα κακό όνειρο, αλλά ευτυχώς δεν έστρεξε για κανέναν // το συγκέσιο που φτειάνανε, τελικά δεν έστρεξε.* Το μ.

στρέγουμαι, συμφωνώ, δέχομαι: *δε στρέγεται να παντρευτεί το κορίτσι που του προξένεψαν, γιατ' έχει, λέει, λίγη προίκα.*

στρέκλας ο, τρικλιάρης, αυτός που τρεκλίζει, παραπαίει, περπατάει με αστάθεια: *σε μια πετρούλα σκόνταψε ο στρέκλας και σωριάστηκε χάμω.*

στρεμματιάτικα τα, στρεμματικός φόρος, ο κατά στρέμμα εισπραττόμενος φόρος.

στρι (επιφ.), σαλάχημα (βλ. λ.) των προβάτων, ώστε να κινηθούν, να κάνουν πιο πέρα.

στριγκλιάζω, 1. στριγκλίζω, βγάζω διαπεραστικές κραυγές, τσιρίζω. **2.** δυστροπώ, γίνομαι κακότροπος.

στριγκλιάρης, -α, -ικο, **1.** αυτός που εκβάλλει διαπεραστικές κραυγές, αυτός που τσιρίζει. **2.** ιδιότροπος, ανάποδος, στραβόξυλο.

στριγκλιάρικος, -η, -ο, αυτός που ανήκει ή αναφέρεται στον *στριγκλιάρη* (βλ. λ.).

στρίγκλιασμα το, το αποτέλεσμα του στριγκλιάζω (βλ. λ.).

στρίμμα το, στημόνι (δίκλωνο, τρίκλωνο κ.λπ.) για την ύφανση μάλλινων στρωμάτων, κλινοσκεπασμάτων, χαλιών κ.λπ.

στριμμάρα η, ιδιοτροπία, κακεντρέχεια: *από στριμμάρα δε θέλει να παραδεχτεί ότι έχει άδικο.*

στρίφλα η, μάνταλος.

στριφτάρι το, **1.** είδος πλέξης μάλλινης φανέλας. **2.** στριμμένο νήμα.

στριφτό το, παιγνίδι με δυο κέρματα, τα οποία με ειδικό τρόπο, ώστε να συστρέφονται στον αέρα, πετιούνται ψηλά από τη «μάνα»· κερδισμένοι είναι αυτοί που έχουν στοιχηματίσει στην όψη που θα φαίνεται και στα δυο νομίσματα, όταν πέσουν κάτω (αν είναι και τα δυο σταυροί ή και τα δυο κότες ή και τα δυο κορώνες ή και τα δυο γράμματα).

στριφτοκέρης, -α, -ικο, (για κερατοφόρο ζώο) αυτός που έχει στριφτά κέρατα.

στριφτοκέρικος, -η, -ο, αυτός που ταιριάζει ή αναφέρεται στον *στριφτοκέρη* (βλ. λ.).

στριφτούλι το, εδώδιμο αγριόχορτο.

στριφτοχείλα η, γυναίκα που στρι-

φτοχειλιάζει (βλ. λ.), που εκφράζει την απαξίωση και την αποδοκιμασία της για κάτι με στρίψιμο των χειλιών της, γενικότερα ιδιότροπη γυναίκα.

στριφτοχειλιάζω, με στρίψιμο των χειλιών δείχνω πως δεν συμφωνώ ή αποδοκιμάζω κάτι: *όταν της είπα να κοιτάξει λίγο το σπίτι της, στριφτοχείλιασε κι άλλαξε κουβέντα*.

στριφτοχείλιασμα το, η ενέργεια και το αποτέλεσμα του *στριφτοχειλιάζω* (βλ. λ.).

στρίψιμο το, τρόπος ευνουχισμού ζώων.

στρουγκιάζω, 1. βάζω το κοπάδι στη στρούγκα: *στρούγκιασέ τα να τ' αρμέξουμε τσιάκα-τσιάκα και να φύγουμε*. 2. (μτφ.) στριμώχνω κάποιον κάπου: *ούλους τους άντρες στην κατοχή οι Γερμανοί στο διπλανό χωριό τούς στρούγκιασαν στην εκκλησιά και τους θέρισαν με τα πολυβόλα*.

στρούγκιασμα το, η ενέργεια και το αποτέλεσμα του *στρουγκιάζω* (βλ. λ.).

στρουγκλί το, κυλινδρική περιτύλιξη υφάσματος αργαλειού: *στην Κατοχή εκατοντάδες στρουγκλιά πουλήθηκαν από τις Λαγκαδινές για ένα κομμάτι ψωμί*.

στρουγκολίθι το, το λιθάρι της στρούγκας όπου κάθεται ο τσοπάνης και αρμέγει τα πρόβατα.

στρούτζα (επίρρ.), άσχημα, ανάποδα, δύσκολα: *ούλα του πήγαν του καημένου στη ζωή στρούτζα*.

στρούτζος, -α, -ο, ανάποδος, αντίθετος προς τις επιθυμίες ή τις προβλέψεις κάποιου: *στρούτζο πήγε το φετινό ταξίδι, δε στεριώσαμε δουλειά πουθενά*.

στρουτζώνω, κυρίως στη φρ. *μούντζω και στρούτζω*, αποδοκίμασέ τα, όλα πήγαν κατά διαβόλου, παραιτήσου (κακή έκβαση υπόθεσης).

στροφιάζω, παθαίνω στρόφο (στρίψιμο των εντέρων) από πολυφαγία, περιδρομιάζω.

στρόφιασμα το, το αποτέλεσμα του *στροφιάζω* (βλ. λ.).

στυλοκάρδι το, τονωτικό, *προφαντό* (βλ. λ.).

στυλοκαρδίζω, εμψυχώνω, ενθαρρύνω: *μ' αυτά που μου 'πες τώρα με στυλοκάρδισες!*

στυλοτόγιαννης ο, (συνθ. μαστ. γλ., με επιρρημ. σημ.) *στυλωτά* (βλ. λ.): *στυλοτόγιαννης, μας αγκρομάζουνται*.

στυλώνω, (συνθ. μαστ. γλ.) δεν μιλώ, προσέχω, δεν εκφέρω γνώμη, κάνω τον χαζό: *εσύ εκεί που θα πάμε θα στυλώνεις, γιατί μπορεί να σου ξεφύγει καμιά κουβέντα που δεν πρέπει*. Συνήθης η προστ. αορ. **στύλω**, σώπα, μη μιλάς.

στυλωτά (επίρρ.), (συνθ. μαστ. γλ.) προσοχή, μη μιλάς, κάνε το χαζό: *στυλωτά, μη μας καταλάβουνε ότι ήρθαμε για φαΐ*.

στυλωτικό το, *προφαντό* (βλ. λ.).

συβαίνει, συμβαίνει: *του είπα δε συβαίνει τίποτα σουβαρό, 'κείνος το χαβά του*.

συβόλαιο το, συμβόλαιο.

σύβραση η, προκαταρκτικό κοινό βράσιμο (ή τσιγάρισμα) διαφόρων –κατά περίπτωση δευτερευόντων– υλικών (λάδι, κρεμμύδι, μαϊδανός, ντομάτα κ.λπ.), στα οποία θα προστεθεί στη συνέχεια το κυρίως υλικό ενός φαγητού, π.χ. μελιτζάνες, κρέας κ.λπ.

συγενικό το, αρρώστια: *τι συγενικό είναι τούτο πάλε που με 'ριξε στο στρώμα;*

συγκαθάς, -ού, αυτός που του αρέσουν τα *συγκάθια* (βλ. λ.).

συγκάθια τα, πηχτός χυλός με αραβοσιτάλευρο και αρτυμή, *κατσαμάκι* (βλ. λ.).

συγκέσιο το, συνοικέσιο: *δεν πάει το συγκέσιο, είναι δεύτερα ξαδέρφια.*

συγκολλιέμαι, (για αρρώστια) κολλάω, βρίσκω, παρουσιάζομαι: *από τότε που του συγκολλήθηκε η παλιαρρώστια, δε σήκωσε κεφάλι.*

σύγκρια η, δεύτερη ή τρίτη σύζυγος χήρου άντρα.

σύγκριος ο, δεύτερος ή τρίτος σύζυγος χήρας γυναίκας.

σύγναρος, -η, -ο, (για φορέματα) ποδήρης, μάξι: *οι γριές παλιότερα φορούσαν σύγναρα φουστάνια.*

συγνοφιάζω, συννεφιάζω: *συγνόφιασε το Σερβόβουνο, να την περιμένουμε τη βροχή.*

σύγνοφο το, σύννεφο.

συγξυέμαι, 1. ξύνομαι: *φτάνει, μη συγξυέσαι, θα γδάρεις την πλάτη σου.* **2.** δείχνω ότι διστάζω, ότι βρίσκομαι σε αμηχανία να πω ή να ζητήσω κάτι: *τι συγξυέσαι, πες το, τι θέλεις;*

σύγξυλος, -η, -ο, άναυδος, άλαλος: *μ' αυτά που άκουσα έμεινα σύγξυλος.*

συγυριέμαι, 1. μπορώ και κάνω τις βασικές δουλειές για τον εαυτό μου και το άμεσο περιβάλλον μου (σπίτι-νοικοκυριό), αυτοεξυπηρετούμαι: *η γιαγιά μπορεί ακόμα και συγυριέται μια χαρά.* **2.** γυρίζω πλευρό στο κρεβάτι: *θα κοιμηθείς καμιά φορά, συνέχεια συγυριέσαι.*

συδυό (επίρρ.), δύο μαζί, ανά δύο: *εδώ συδυό δεν κάθουνται, συδυό δεν κουβεντιάζουν* (μοιρολόγι).

συκαράκι το, συκαλάκι, μικρό σύκο: *βρήκα ένα συκαράκι στη σκια, το τελευταίο, το 'φαγα και ξελιγούριασα.*

συκοστάφυλα τα, σύκα και σταφύλια: *ο Άγουστος είναι ο καλύτερος μήνας, γιατί γίνονται τα συκοστάφυλα.*

σύλληντρα τα, σύλληπτρα, αμοιβή αγροφύλακα για σύλληψη ζώων που προκάλεσαν αγροζημία: *δεν είναι μόνο που θα πάω στο δικαστήριο, αλλά θα πλερώσω και σύλληντρα στον περδιάρη.*

συμμαζωτάρι το, **1.** σώγαμπρος: *το συμμαζωτάρι βρήκε βιος και βιοτικό και μας κάνει τον καμπόσο.* **2.** ο ξένος που εγκαθίσταται σε ένα μέρος: *το συμμαζωτάρι τα κατάφερε κι έγινε νοικοκύρης.*

συμπεθεριάρης ο, συμπεθεροκόπος (βλ. λ.): *είναι καλός συμπεθεριάρης, του στρέγουν τα συμπεθεριά (έχει επιτυχίες στα συνοικέσια).*

συμπεθεριό το, **1.** συνοικέσιο: *δεν πάει το συμπεθεριό, είναι το ίδιο σόι // τα συμπεθεριά τα 'φτειαξε η ξαδέρφη της.* **2.** γαμήλια πομπή: *ούλοι τηράγαμε στην Γκιάβιζα να ιδούμε να ξαναφαίνει το συμπεθεριό.*

συμπεθέροι οι, συγγενείς και φίλοι του γαμπρού ή της νύφης που μετέχουν στις γαμήλιες εκδηλώσεις: *ο*

γαμπρός κι οι συμπεθέροι του την Πέμπτη πάνε στο σπίτι της νύφης και βαρούν τα προικιά.
συμπεθεροκόπισσα η, προξενήτρα.
συμπεθεροκόπος ο, προξενητής.
σύμπημα το, συνταύλισμα (βλ. λ.).
συμπούπουλος, -η, -ο, **1.** με τα πούπουλά του, ολόκληρος, όπως είναι. **2.** φρ.: *χάνομαι συμπούπουλος*, εξαφανίζομαι χωρίς να αφήσω κανένα εντελώς ίχνος.
σύμψωμος, -η, -ο, ο αμειβόμενος με χρήματα και με τροφή: *εκείνη τη χρονιά πήραμε πολλές δουλειές σύμψωμες // πήρε τσιοπάνη για το κοπάδι του σύμψωμο.*
συναστρέφουμαι, συναναστρέφομαι: *εμείς του δείξαμε ότι θέλουμε να συναστραφούμε, αλλά 'κείνος δε θέλησε.*
συναστροφή η, συναναστροφή: *μοναχός του την έκοψε τη συναστροφή.*
συνατοί οι, οι ίδιοι, μόνοι τους, μεταξύ τους: *συνατοί τους θερίσανε τ' αραποσίτια.*
συναυλακάρης ο (πληθ.: **συναυλακαραίοι**), γείτονας σε χωράφι, συνορίτης: *γνωριζόμαστε από παιδιά, είμαστε συναυλακαραίοι στα χωράφια.*
συναυλακάρισσα η, γειτόνισσα σε χωράφι.
σύναψη η, σύνοψη, εκκλησιαστικό βιβλίο (κυρίως αυτό που περιέχει τις ακολουθίες της Μ. Εβδομάδας).
συνεμπάζω, **1.** μπάζω, δέχομαι: *συνεμπάσανε το γαμπρό χτες επίσημα και κάνανε γλέντι οι γειτόνοι.* **2.** συγκεντρώνω, αποθηκεύω αγαθά για τον χειμώνα (για ανθρώπους και ζώα): *πρώτη μας δουλειά μετά το μάζεμα των γεννημάτων να συνεμπάσουμε φάγνα για τα ζωντανά και ξύλα για το χειμώνα.*
συνεμπαίνω, **1.** μπαίνω: *συνεμπήκε επίσημα γαμπρός ο Γιώργης.* **2.** ανακατεύομαι, διαβάλλω: *συνεμπήκε για καλά ο σκατογένης και σκοτωθήκανε για μια σποριά χωράφι.*
συνέμπαση η, **1.** μπάσιμο, δέξιμο: *γλεντάνε για τη συνέμπαση του γαμπρού.* **2.** συγκομιδή, συγκέντρωση αγαθών για τους χειμερινούς μήνες: *άμα τελειώσει η συνέμπαση, θα ξαποστάσουμε.*
συνέμπασμα το, συνέμπαση (βλ. λ.).
συνεπαής (επίρρ.), εκτελώντας αγροτική εργασία με σειρά και χωρίς διακοπή: *μισή ζευγιά την πήρε συνεπαής κι ως το μεσημέρι τη θέρισε!*
συνεπαρτικό το, δυνατός αέρας, ανεμούρα: *τα λιάνισε τα κλαρικά τούτο το άξαμνο συνεπαρτικό που βγήκε.*
σύνερο το, σύνορο: *άλλαξε πάλι το σύνερο ο αθεόφοβος.*
συνεχάω, συνεχίζω: *εγώ του 'κανα νόημα να σταματήσει κι εκείνος συνέχαγε να πηλαλάει.*
συνηθάω, συνηθίζω: *ούλα τα πράματα τα συνηθάει κανείς με τον καιρό // αυτό που λες σε μας δε συνηθιέται.*
συνομόλικος, -η, -ο, συνομήλικος, συνηλικιώτης: *τα παιδιά μας είναι συνομόλικα.*
συνοννόηση η, συνεννόηση: *μ' αυτόν τον άνθρωπο δε γίνεται συνοννόηση.*
συνοννοϊέμαι, συνεννοούμαι: *συνοννοηθήκαμε να πάμε μαζί για κυνήγι, αλλά με γέλασε.*

συνοριάζω, οριοθετώ, βάζω σύνορο· λέγεται για την καλοκαιρινή βροχή που από ένα σημείο και πέρα δεν πέφτει σταγόνα: *το καλοκαίρι συνοριάζ' η βροχή.*
συνταιριά η, συνταίριασμα, συνδυασμός, ζευγάρωμα: *τα 'κανε συνταιριά τα τραγιά και τα πήγε στο χασάπη.*
συνταξιούρχος ο, συνταξιούχος.
συνταυλάω, *συνταυλίζω* (βλ. λ.).
συνταυλίζω, συνδαυλίζω, ανακατεύω τα δαυλιά της εστίας, για να κάνουν καλύτερη φωτιά: *συνταύλα τη φωτιά να πιάσει.*
συνταύλισμα το, το ανακάτεμα της φωτιάς, η φροντίδα της φωτιάς της εστίας, για να καίει καλύτερα.
συνταύλιστρο το, **1.** σιδερένιο εργαλείο (*μασιά*, βλ. λ.) ή πρόχειρα ένα κάπως μακρύ ξύλο για το ανακάτεμα της φωτιάς. **2.** (μτφ.) βοήθεια, αβάντα: *αμ έχει το συνταύλιστρο, τον πεθερό του, και τα βγάζει πέρα.*
συντιρίμμι το, συντρίμμι: *μου πέσανε τα πιάτα και γινήκανε συντιρίμμια.*
συντρείς (επίρρ.), τρεις μαζί, ανά τρεις: *συφωνήσανε να προχωράνε συδυό-συντρείς, για να μη δίνουνε στόχο.*
συντρώω, σιτεύω, μαλακώνω, τρυφεραίνω: *τ' αφήκαμε και σύφαγε λίγες μέρες το κρέας του γουρουνιού και μετά το κάναμε παστό.*
σύρραχο το, κορυφογραμμή ράχης (το σε μήκος εκτεινόμενο σχήμα του ανώτερου μέρους υψώματος εδάφους): *τον είδα που περπάταγε στο σύρραχο και μετά σκαπέτησε κατά τη Μαλάσοβα.*

συφάμελος, -η, -ο, αυτός που κινείται με όλη την οικογένεια, οικογενειακά: *συφάμελος πήγε στο πανηγύρι // πήγαν για θέρο συφάμελα.*
συφέρει, συμφέρει.
συφέρο το, συμφέρον.
συφερτικός, -η, -ο, συμφερτικός, αυτός που συμφέρει: *στο δίνει σε συφερτική τιμή τ' αμπέλι, πρέπει να το πάρεις.*
συφλογιάρης, -α, -ικο, βλογιοκομμένος, βλογιάρης.
συφλογιάρικος, -η, -ο, αυτός που αναφέρεται στον συφλογιάρη (βλ. λ.).
σύφλογο το, η ασθένεια ευλογιά, ανεμοβλογιά.
συφουλλιάζουμαι, «χώνομαι» στο παλτό μου, στην κάπα μου, περιτυλίγομαι το κλινοσκέπασμα: *τη συφουλλιάστηκες την κουβέρτα κι εμένα μ' άφηκες ξεσκέπαστο.*
συφωνητικό το, συμφωνητικό.
συφωνία η, συμφωνία.
σύφωνος, -η, -ο, σύμφωνος.
συφωνώ, συμφωνώ.
συχαρίκια τα, **1.** η καλή είδηση, το ευχάριστο μαντάτο: *τα συχαρίκια μου, ήρθ' ο πατέρας σου από την Αθήνα, τον είδα που κατέβηκε από το λεωφορείο.* **2.** (ειρωνικά) η δυσάρεστη είδηση: *τους τα πήγανε πρωί-πρωί τα συχαρίκια ότι ο γιος τους σκοτώθηκε στο Γράμμο.*
συχαρικιάρης ο, αυτός που φέρνει την καλή είδηση, τα *συχαρίκια* (βλ. λ.). Σε γάμους νέων από διαφορετικά χωριά, όταν η γαμήλια πομπή, που γινόταν με άλογα και μουλάρια, πλησίαζε στο σπίτι της νύφης

ή του γαμπρού, δυο ιππείς, οι συχαρικιάρηδες, κάλπαζαν κι έφθαναν πρώτοι αναγγέλλοντας τον ερχομό της πομπής (συμπεθεριού, βλ. λ.): *φτάσαν οι συχαρικιάρηδες, κεράστε τους και δέστε μαντίλια στ' αλογά τους.*

συχέριο το, βοηθός, βοήθεια: *πού να τις προλάβει τόσες δουλειές χωρίς καθόλου συχέριο.*

σύχλωρος, -η, -ο, υπόχλωρος, λίγο χλωρός: *είναι σύχλωρα τα ξύλα, δε θα πάρουν εύκολα φωτιά.*

συχνοκατούρημα το, συχνουρία.

συχρόνια τα, ετήσιο μνημόσυνο: *την Κυριακή έχουν τα συχρόνια του μακαρίτη του θείου.*

σφαγιά η, χάραγμα με μαχαίρι: *έχω μια σφαγιά στο δάχτυλο που με βερβερίζει.*

σφαή η, το σημείο τομής αποκεφαλισμού ζώου: *να το κόψεις στη σφαή το κεφάλι και να μου το δώκεις.*

σφαλάγγι το, μικρή αβλαβής αράχνη που η εμφάνισή της θεωρείται καλός οιωνός για ερχομό αγαπημένου προσώπου, λήψη επιστολής, εμβάσματος κ.λπ.: *φάνηκε το σφαλάγγι, θα 'χουμε γράμμα ταχιά από τον πατέρα σου.*

σφαλάχτι το, ασφάλαχτος, ασπαλαθιά (αγκαθωτό φυτό).

σφαλιγκάρι το, *σφολιγκάρι* (βλ. λ.).

σφαρθάκλι το, *σβαρθάκλι* (βλ. λ.).

σφαχτό το, (συνεκδ.) πρόβατο ή γίδι ως μονάδα κοπαδιού: *ο μπαρμπα-Νικολάκης ποτέ του δεν ξεπέρασε τα εκατό σφαχτά.*

σφήνα η, **1.** μεγάλο κομμάτι τυριού (φέτα): *έβγαλε από το καδί μια μεγάλη σφήνα τυρί και της την έδωκε.* **2.** ριζιμιά αιχμηρή πέτρα: *πού να κρατούσαν παπούτσια, αφού όλη την ημέρα περπατάγαμε στις σφήνες.*

σφλέντζα η, σκελίδα εσπεριδοειδούς: *δος μου κι εμένα μια σφλέντζα πορτοκάλι.*

σφολιγκάρι το, σαλίγκαρος, σαλιγκάρι.

σφολίγκαρος ο, μεγάλο *σφολιγκάρι* (βλ. λ.).

σφόντυλος ο, δυνατό χτύπημα στο πρόσωπο, σκαμπίλι, ράπισμα: *του άστραψε ένα σφόντυλο που πρασίνισαν τα μάτια του.*

σφοντυλοτρούπης ο, (ειρωνικά) ο ασχολούμενος με ασήμαντο επάγγελμα, ουσιαστικά ανεπάγγελτος, τεμπέλης: *διάλεγε τους γαμπρούς και τελικά τον ήβρε το σφοντυλοτρούπη...*

σφούτζι το, σφούγγι, σφουγγάρι, κομμάτι αρνοτόμαρου με το οποίο σκούπιζαν το αλεύρι γύρω και πάνω από τις μυλόπετρες του νερόμυλου.

σφυρόμυστρα τα, σφυριά και μυστριά, γενικά τα εργαλεία του χτίστη: *φόρτωσαν τα σφυρόμυστρά τους κι έφυγαν για τη Μεσσένια.*

σχοινιάζω, γίνομαι σαν σχοινί, παύω να είμαι τραγανός, τρυφερός: *τα χόρτα, άμα σχοινιάσουν, δεν τρώγονται.* Το μ. **σχοινιάζουμαι**, (για ζώα) μπερδεύομαι με το σχοινί που είμαι δεμένος και πνίγομαι: *έπαθα μεγάλη ζημιά, μου σχοινιάστηκε η μαρτίνα.*

σχοίνιασμα το, το αποτέλεσμα του *σχοινιάζω* (βλ. λ.).

σωμάρα η, λιγωμάρα, εξάντληση, κακοδιαθεσία: *μια σωμάρα αισθάνομαι σήμερα κι ανησυχώ.*

σωματερός, -ή, -ό, αυτός που έχει ευτραφές και ογκώδες σώμα, σωματώδης.

σων (γεν. πληθ. και των τριών γενών του εμπρόθετου οριστικού άρθρου), στων: *σων κήπων* // *σων χωρών* // *σων χωραφιών.*

σώνω, 1. (με ειρωνεία ή με θυμό) έρχομαι, φτάνω: *νύχτιωσε και δεν έσωσε ακόμα* // *ας σώσει πρώτα και βλέπουμε.* **2.** (με άρνηση, ως κατάρα) να μην προλάβω: *μη σώσει να 'ρθεί* // *μη σώσει να ξεκινήσει.*

σωπώνω, σωπαίνω, δεν μιλώ: *το είπα και σώπωσα και δε ματαμιλάω.*

σωρώνω, 1. τοποθετώ σε σωρό, σωρεύω, σωριάζω: *μάζεψε τις πέτρες από το χωράφι και τις σώρωσε στην άκρη.* **2.** καταβάλλω, ξαπλώνω κάποιον στο έδαφος: *του 'δωσε μια και τον σώρωσε καταγής.*

σωρωτός, -ή, -ό, αυτός που σχηματίζει σωρό, σωριαστός: *έφαγε ένα πιάτο σωρωτό μακαρόνια και ζήτησε κι άλλα.*

Τ

ταβούλι το, **1.** διόγκωση της κοιλιάς, φούσκωμα: *η κοιλιά μου γίνηκε ταβούλι, δεν ξέρω τι έπαθε.* **2.** (στον πληθ., **ταβούλια**) όργανα, κλαρίνα: *στο γάμο του, είπε, θα φέρει ταβούλια.* **3.** φρ.: **δε βαρώ ταβούλια**, δεν κοινολογώ, δεν ντελαλίζω κάτι.

ταβουλιάζω, χτυπώ δυνατά, σκοτώνω: *πέταξε μια πέτρα στην κότα και την ταβούλιασε* (την άφησε στον τόπο).

ταβουλιάρης ο, αυτός που χτυπά, παίζει το ταβούλι, τυμπανιστής.

ταβούλιασμα το, η ενέργεια και το αποτέλεσμα του ταβουλιάζω (βλ. λ.).

ταβράντωμα το, νταβράντισμα (βλ. λ.).

τάγιο το, δυνατή προσπάθεια: *να δώσουμε ούλοι ένα τάγιο να την αποτελειώσουμε σήμερα τη δουλειά.*

ταΐνι το, κομμάτι κρέατος: *δώσ' μου ένα ταΐνι κρέας, όχι παραπάνω από κιλό.*

ταϊνιάζω, χωρίζω σε ταΐνια (βλ. λ.), κομματιάζω κρέας: *έσφαξε ένα τραγί κι αμέσως το ταΐνιασε.*

ταλίμι το, δεξιοτεχνία, ταλέντο: *για πολλές δουλειές ταλίμι χρειάζεται κι όχι δύναμη.*

ταλούμ (επίρρ.), τάχα, δήθεν: *θα 'ρχόσουνα ταλούμ να με ιδείς, κι ακόμα έρχεσαι.*

ταλούμου (επίρρ.), ταλούμ (βλ. λ.).

ταμάμου (επίρρ.), **1.** ταμάμ, ακριβώς: *ήρθε ταμάμου το ύφασμα για το φόρεμα.* **2.** περίπου, σχεδόν: *θα ήτανε ταμάμου πέντ' οκάδες τα σταφύλια που μας φίλεψε.*

ταμιτέλα η, δαντέλα: *στις ταμιτέλες δεν μπορεί να τη φτάσει καμία, είναι μαστόρισσα.*

ταμπάρο το, υφαντό ημίπαλτο του αργαλειού.

ταμπουλάς ο, νταμπλάς, αποπληξία: *μπα που να σε βαρέσει ταμπουλάς* (κατάρα)!

ταμπουλιάζουμαι, παθαίνω αποπληξία, νταμπλά: *ταμπουλιάστηκε κι είναι στο κρεβάτι.*

ταμπουλοβαρεμένος, -η, -ο, **1.** απόπληκτος. **2.** (ως κατάρα) μακάρι να πάθει ταμπουλά (βλ. λ.) αυτός για τον οποίο γίνεται λόγος: *ο ταμπουλοβαρεμένος δεν ντράπηκε να μου κλέψει την κότα;*

τάντανος ο, τέτανος.

ταξίδι το, η αποδημία για (οικοδομική) εργασία, ο χρόνος διάρκειας της απουσίας: *εκείνο το ταξίδι κάναμε να γυρίσουμε στο χωριό ενανήμιση χρόνο.*

τάραμα το, πράγμα (συνήθως μαλακό) αναταραγμένο, άτακτα ανακατεμένο, διαλυμένο: *μην το ανα-*

ταράτσωμα / **τέμπλα**

κατεύεις άλλο το ζυμάρι, το 'κανες τάραμα.

ταράτσωμα το, κορεσμός φαγητού, χορτασμός: *δεν είχε φάει ολημέρα, αλλά το βράδυ έκανε γερό ταράτσωμα.*

ταρατσώνω, τρώγω χορταστικά, «την κάνω ταράτσα»: *ήταν ξελιγωμένος από την πείνα και ταράτσωσε σαν βρήκε φαΐ.*

ταρκάσα η, χορτόπιτα με στρώση πάνω και κάτω χυλό κι όχι φύλλα.

ταρκάσης, -α, -ι, ολόγυμνος: *λένε ότι τα καρκατζέλια κυκλοφοράνε εντελώς ταρκάσια* // *της έστριψε της καημένης, έβγαλε τα ρούχα της κι έμεινε μπίτι ταρκάσα.*

ταρνάρισμα το, κούνημα, σάλεμα, λίκνισμα: *άσ' το ταρνάρισμα συνέχεια του μπέμπη και κάνε και καμιά δουλειά.*

ταρτάρικος, -η, -ο, (για φαγητό) πρόχειρος, βιαστικός, που δεν έχει εντελώς βράσει ή ψηθεί: *δεν ξέρω αν σας αρέσει το φαΐ, είναι λίγο ταρτάρικο.*

τάτα η, γιαγιά, προγιαγιά.

ταχί το, η αυριανή μέρα: *χωρίς άλλο το ταχί θα στο στείλω το θέλημα.*

ταχινή η (θηλ. του επιθ. *ταχινός,* ως ουσ.), η επόμενη ημέρα, η αυριανή: *καλή ταχινή* (συνήθης ευχή την παραμονή Κυριακής ή μεγάλης γιορτής).

ταχιό το, η επαύριο, η αυριανή μέρα: *ούλο και περίμενα πως σήμερα με το ταχιό* (μέρα με τη μέρα) *θα 'ρχόσουνα.*

τάχτα τα, στη φρ. **στα τάχτα και στα πάχτα,** στα πούπουλα, στα όπα-όπα.

τέγνη η, τέχνη.
τεγνικός ο, τεχνικός.
τεγνίτης ο, τεχνίτης: *σαν τεγνίτης είναι άπιαστος, αλλά σαν άνθρωπος...*
τειαφίζω, θειαφίζω, πασπαλίζω με θειάφι τα φύλλα φυτού. Η μτχ. **τειαφισμένος,** θυμωμένος, τσατισμένος: *σε βλέπω τειαφισμένο, τι έπαθες;*
τειάφισμα το, θειάφισμα, το πασπάλισμα των φυτών με θειάφι: *το αμπέλι θέλει τα τειαφίσματά του, δεν αστειεύεται.*
τειαφολόγος ο, θειαφιστήρι, εργαλείο με το οποίο γίνεται το θειάφισμα.
τεκνεφέσι το, αναπνευστική ασθένεια αλόγων, μουλαριών κ.λπ.
τεκνεφεσιάρης, -α, -ικο, αυτός που πάσχει από τεκνεφέσι (βλ. λ.).
τεκνεφεσιάρικος, -η, -ο, αυτός που σχετίζεται ή αναφέρεται στον *τεκνεφεσιάρη* (βλ. λ.).
τελάκι το, κοντό και λεπτό καρφάκι χρησιμοποιούμενο σε διάφορες κατασκευές και επισκευές, όπως υποδηματοποιία, επιπλοποιία κ.λπ., αλλά και γενικά σε πλήθος άλλων μικροεργασιών: *να φέρεις τελάκια να στερεώσουμε την πάντα στον τοίχο.*
τελάλι το, γνωστοποίηση, διάδοση, βούκινο: *του είπα κι εγώ ένα μυστικό κι εκείνος το 'βγαλε τελάλι.*
τέλεια (επίρρ.), διόλου, καθόλου, τελείως: *δεν έχει τέλεια νερό η βαρέλα.*
τεμπιχιάζω, ειδοποιώ, κλείνω συμφωνία: *τον τεμπίχιασα πως την Τετράδη θα χρειαστώ το μουλάρι του.*
τεμπίχιασμα το, η ενέργεια και το αποτέλεσμα του *τεμπιχιάζω* (βλ. λ.).
τέμπλα η, ραβδιστήρα, μακρύ, λεπτό και ευλύγιστο κοντάρι, με το οποίο

τεμπλιά | 201 | **τζιερεμές**

χτυπούν (ραβδίζουν) τα κλαδιά του δέντρου (συνήθως καρυδιάς), για να πέσουν οι καρποί.

τεμπλιά η, χτύπημα με την *τέμπλα* (βλ. λ.): *με λίγες τεμπλιές τα τίναξε τα καρύδια ούλα*.

τενταρούκι το, εφόδιο, προμήθεια, επιβαλλόμενο κατά την περίσταση δώρο: *πήγε στο γάμο του ανιψιού του μ' όλα τα τενταρούκια του* (πλήρες *κανίσκι*, βλ. λ.).

τεντώστρα η, εξάρτημα του αργαλειού.

τέσα η, χάλκινο σκεύος για τη μεταφορά φαγητού: *η τέσα θέλει γάνωμα*.

τεσούλα η, μικρή *τέσα* (βλ. λ.).

τεσσεράγκωνος, -η, -ο, τετράγωνος: *στη μέση της σάλας τους είχανε ένα μεγάλο τεσσεράγκωνο τραπέζι*.

τεσσεροπαιδίτης ο, αυτός που έχει τέσσερα παιδιά: *δεν πήγε στον πόλεμο του '40, γιατ' ήταν τεσσεροπαιδίτης*.

Τετράδη η, η Τετάρτη, η τέταρτη ημέρα της εβδομάδας.

Τετραδοπαράσκευο το, Τετάρτη και Παρασκευή (ημέρες νηστείας): *εμείς το Τετραδοπαράσκευο το κρατούμε, δεν τρώμε ούτε λάδι*.

τετραπέραντος, -η, -ο, τετραπέρατος, πανέξυπνος: *να του ζήσουν, έχει δυο τετραπέραντα παιδιά*.

τζαριά η, (ηχομιμητική λ.) η ποσότητα γάλακτος που παράγεται από μια μόνο πίεση του μαστού του γαλακτοφόρου ζώου κατά το άρμεγμα: *στέρφεψ' η γίδα μας, δυο-τρεις τζαριές μονάχα έβγαλε σήμερα*.

τζετζέκι το, τσετσέκι (βλ. λ.).

τζετζεκιά, τσετσεκιά (βλ. λ.).

τζιάζω, ερεθίζω, ματώνω και προκαλώ πόνο ακουμπώντας σε πληγή, σπυρί κ.λπ.: *συνέχεια τζιάζω μια πληγή που έχω στο πόδι μου και δε λέει να κλείσει*.

τζιακόπανο το, διακοσμητικό περίζωμα του τζακιού.

τζιακοπόδαρο το, πόδι, στήριγμα του τζακιού.

τζιακοποδιά η, τζιακόπανο (βλ. λ.).

τζιαμαρία η, τζαμαρία.

τζιάμι το, τζάμι.

τζιαμί το, τζαμί.

τζιαμόπορτα η, τζαμόπορτα.

τζιάμωμα το, το αποτέλεσμα του τζιαμώνω (βλ. λ.).

τζιαμώνω, (μτβ. και αμτβ., για μάτια) θαμπώνω, δεν βλέπω καθαρά, ελαττώνεται η όρασή μου: *τα πολλά και δυνατά αστράμματα μου τζιάμωσαν τα μάτια* // *βγήκα απότομα στον ήλιο και στο χιόνι και τζιάμωσαν τα μάτια μου*.

τζιαμωτό το, τζαμαρία, μπαλκόνι υαλόφρακτο.

τζιάξιμο το, η ενέργεια και το αποτέλεσμα του *τζιάζω* (βλ. λ.).

τζιάπα (επίρρ.), δωρεάν, χωρίς πληρωμή, εξαιρετικά φθηνά: *τον βρήκε σε ανάγκη και του πήρε τζιάπα το χωράφι*.

τζιατιμάς ο, τσατμάς, ελαφρός τοίχος με δοκάρια και πηχάκια επιχρισμένα με ασβεστοκονίαμα.

τζιάω, τζιάζω (βλ. λ.).

τζιερεμές ο, **1.** ζημιά: *μου 'κανες τζιερεμέ με τις γίδες σου στ' αμπέλι*. **2.** άδικο πρόστιμο: *είχα έναν τζιερεμέ και πήγα τον πλέρωσα*. **3.** ιδιότροπος άνθρωπος: *δε βρίσκει*

κανείς άκρη μαζί του, είναι μεγάλος τζιερεμές.

τζιερεμετάω, ζημιώνω κάποιον, προκαλώ βλάβη στην περιουσία του: *μπήκαν τα ζωντανά μου στο χωράφι του γείτονα και τον τζιερεμέτισα τον άνθρωπο.*

τζιμάνι το, άνθρωπος ευθύς, ειλικρινής, έντιμος: *είναι τζιμάνι παιδί σε ούλα του ο Γιάννης.*

τζιουβέρα η, τσιβιέρα, είδος φορείου για τη μεταφορά διαφόρων αντικειμένων, συνήθως λίθων, χόρτων κ.λπ.

τζιουγούμι το, παχύς, εύρωστος άνθρωπος: *σαν έφαγε και ήπιε, έγινε τζιουγούμι.*

τζιούκα η, κορυφή ράχης (και τόπων).

τζιουκούλα η, μικρή κορυφή ράχης.

τζιουμάλι το, καλοφτειαγμένος, όμορφος άνθρωπος, αλλά και εντάξει στις σχέσεις του, λεβέντης σε όλα του.

τζιουμαλόπαιδο το, γεροδεμένο παλικάρι, λεβεντόπαιδο.

τζιουράπι το, κάλτσα.

τζιουράπω η, γυναίκα κακόγουστα ντυμένη, ατημέλητη: *ας ήταν μια βολά να ιδεί κανείς αυτήν την τζιουράπω λίγο καλοντυμένη.*

τζιουράπωμα το, η ενέργεια και το αποτέλεσμα του τζιουραπώνω (βλ. λ.).

τζιουραπώνω, καλτσώνω, φοράω κάλτσες σε κάποιον: *τζιουράπω το παιδί, κάνει κρύο // τζιουραπώσου, γιατί θα πουντιάσεις.*

τζιουρούλι το, προσφώνηση τρυφερότητας σε μικρό παιδί: *το τζιουρούλι μου, όταν με ιδεί, τρέχει και πέφτει στην αγκαλιά μου.*

τζίτζικας ο, η βάση (το πρόσωπο) του τσεκουριού, του σκεπαρνιού κ.λπ.

τζιτζιλονόμικος, -η, -ο, αυτός που ταιριάζει ή αναφέρεται στον τζιτζιλονόμο (βλ. λ.).

τζιτζιλονόμος, -α, -ικο, λιτοδίαιτος, επιλεκτικός, δύσκολος στο φαγητό του: *τζιτζιλονόμικο παιδί, για να φάει μια κουταλιά φαΐ, μας βγάνει την πίστη.*

τζιτζίρι το, τζίτζικας: *τα καλοκαιριάτικα μεσημέρια δεν κλειούμε μάτι από τα τζιτζίρια.*

τζίφα η, η αραποσιτόκλαρα (βλ. λ.) από τη μέση και πάνω.

τζουριά η, τζούρα, γουλιά, ρουφηξιά: *μη μου βάλεις πολύ κρασί, μονάχα μια τζουριά.*

τζουτζούκι το, σουτζούκι: *μετά τον τρύγο κάναμε μουσταλευριά και τζουτζούκια.*

τζοχός ο, ζοχός.

τηγανίδα η, τηγανίτα.

τήραμα το, τήραγμα, κοίταγμα: *μ' ένα τήραμα καταλαβαίνει αμέσως τι θέλεις.*

τιγκάρω, γεμίζω πλήρως, φουλάρω.

τίκλα η, αφούσκωτο ένζυμο ψωμί.

τικλιάζω, (για ψωμί) δεν γίνομαι, δεν φουσκώνω: *τικλιάσανε τα ψωμιά, δεν ξέρω τι τους έφταιξε.*

τιμονίζω, τιμονιάζω, τιμονεύω, κατευθύνω το πηδάλιο πλοίου: *Σταυρούλα το τιμόνιζε, Φροσύνη τ' αρμενίζει* (δημ. τραγ.).

τίνους (γεν. εν. της αντων. τις, τι), τίνος, ποιανού: *τίνους παιδί είσαι συ, είπαμε;*

τομαρίσιος, -ια, -ιο, ο από τομάρι,

δερμάτινος.
τόμου (σύνδ.), αφού, μιας και: *τόμου θα μαγερέψεις για τους άλλους, βάλε και λίγο παραπάνω για μένα.*
τόπικας ο, ακίνητος, ασάλευτος άνθρωπος, μπάστακας: *έκατσε τόπικας δυο ώρες και δεν ήθελε να φύγει.*
τος και τος (αδύνατος τύπος του ουδ. της αντων. *αυτός* με την προσθήκη -ς), αυτό κι αυτό (σε διηγήσεις προς αποφυγή επανάληψης ειπωμένων πραγμάτων): *τος και τος μου είπε έγινε στην πλατέα κι έφυγε σκασμένος.*
τούβουλο το, τούβλο.
τούγκανο το, κατάξερο, σκληρό πράγμα: *το ψωμί έγινε τούγκανο, δεν το κολλάει γκρας.*
τούγκι το, **1.** ξερό, σκληρό πράγμα. **2.** ξεροκέφαλος, απαίδευτος, άξεστος άνθρωπος: *πώς να σε καταλάβει τέτοιο τούγκι που είναι.*
τουμπλέκι το, ξάπλωμα, οριζοντίωση στο έδαφος από σπρώξιμο, σκόνταμμα, ζαλάδα, νύστα κ.λπ.: *παραπάτησε κι έπεσε χάμω τουμπλέκι.*
τουμπλεκιάζω, ξαπλώνω βίαια κάποιον κατάχαμα: *μαλώσανε, τον έσπρωξε και τον τουμπλέκιασε.*
του(ν) (γεν. πληθ. και των τριών γενών του οριστικού άρθρου), των: *τουν αντρώνε (των αντρών), του γυναικώνε (των γυναικών), τουν παιδιώνε (των παιδιών).*
τουραγνάω, τυραννώ, ταλαιπωρώ, παιδεύω: *ήταν κακή μητρυιά, τουράγνησε πολύ τα προγόνια της.*
τουράγνηση η, **1.** ταλαιπωρία. **2.** φρ.: **παίδα και τουράγνηση**, παιδεμός και ταλαιπωρία.
τουράγνια η, τυραννία, παιδεμάρα, ταλαιπωρία: *αυτή δεν είναι ζωή, είναι τουράγνια σκέτη.*
τούραγνο το, τουράγνια (βλ. λ.): *την έφαγε το τούραγνο της ξωμαχιάς.*
τούραγνος ο, τουράγνια (βλ. λ.): *ο τούραγνος της Κατοχής να πάει και να μην έρθει.*
τουράκι το, στηθαίο, παραπέτο: *καθόταν σ' ένα τουράκι κι αγνάντευε απέναντι το χωριό.*
τούρλα η, λίθινο πυργοειδές κατασκεύασμα σε κορυφή λόφου ή βουνού.
τουρλί το, μικρή τούρλα (βλ. λ.) ασβεστωμένη, με λίγες πέτρες τη μια πάνω στην άλλη· πολλά τέτοια τουρλιά σε μια έκταση σήμαιναν πως απαγορευόταν η βόσκηση.
τουρμπέτα η, όστρακο σαλιγκαριού θαλάσσης με το οποίο ο μυλωνάς καλούσε τους πελάτες του να πάνε το γέννημά τους για άλεση.
τουρνόκωλα (επίρρ.), με προτεταμένα τα οπίσθια: *γύρισε τουρνόκωλα και περίμενε να φάει μερικές βιτσιές γι' αυτό που έκανε.*
τουρνοκωλιάζω, ανατρέπω, αναποδογυρίζω: *τι τα τουρνοκώλιασες τα κάθοικα και σηκώθηκες κι έφυγες;* Το μ. **τουρνοκωλιάζουμαι**, προβάλλω τον πισινό: *τουρνοκωλιάστηκε και του 'κανε η νοσοκόμα την ένεση.*
τουρνοκώλιασμα το, η ενέργεια και το αποτέλεσμα του τουρνοκωλιάζω (βλ. λ.).
τουρτούρα η (ως ουσ.), είδος αγριοπερίστερου.

τουρτούρης, -α, -ικο, **1.** αυτός που τρέμει, που ριγάει από το κρύο: *τέτοιον τουρτούρη σαν και σένα δεν έχω ματαϊδεί*. **2.** βιαστικός, απρόφταστος, αγχώδης: *είναι τουρτούρης, άμα ξεκινήσει μια δουλειά, δεν τη σταματάει, αν δεν την τελειώσει*.

τουρτούρικος, -η, -ικο, αυτός που ταιριάζει ή αναφέρεται στον *τουρτούρη* (βλ. λ.).

τουρτούρω η, γυναίκα που πάντα κρυώνει: *σε ξέρω κι από το καλοκαίρι τι τουρτούρω είσαι*.

τράγεια η, *τραγόκαπα* (βλ. λ.).

τραγόκαπα η, η από γιδόμαλλο (βλ. λ.) υφασμένη και στη νεροτριβή επεξεργασμένη (με πλούσιο χνούδι) κάπα του τσοπάνη.

τραγοκαπότα η, *τραγόκαπα* (βλ. λ.).

τρακαδιάζω, *ντρακαδιάζω* (βλ. λ.).

τρακάς ο, *ντρακάς* (βλ. λ.).

τρακάδιασμα το, *ντρακάδιασμα* (βλ. λ.).

τράμα το, τραύμα, πληγή.

τραματίας ο, τραυματίας: *είναι τραματίας πολέμου*.

τραματίζω, τραυματίζω, πληγώνω: *τραματίστηκε στον πόλεμο και παίρνει σύνταξη*.

τραμπουζάνα η, νταμιτζάνα: *ας είν' καλά ο φίλος μου, μου 'στειλε μια τραμπουζάνα κόκκινο κρασί*.

τράνεμα το, μεγάλωμα.

τρανένω, τρανεύω, μεγαλώνω: *όταν θα τρανύνεις, θα πας κι εσύ στο σκολειό // ετράνυνες πια, δεν πρέπει να κάνεις ζούρλιες*.

τρανή η, γιαγιά, νόνα.

τρανήκω η, προγιαγιά αλλά και γιαγιά: *πήγα στην τρανήκω μου και με φίλεψε τα χίλια καλά*.

τράπα η, καταπακτή, γκλαβανή, οριζόντια μικρή θύρα επικοινωνίας δύο επάλληλων ορόφων, π.χ. ανωιού-κατωιού.

τραπέζι της μέσης το, τραπέζι στο κέντρο της σάλας (σε αναβαθμισμένα σπίτια), καλυμμένο με κεντητό τραπεζομάντιλο και πάνω σε αυτό μεγάλη λάμπα πετρελαίου.

τραπέζι του τοίχου το, κάθε τραπέζι που ακουμπούσε σε τοίχο και ιδιαίτερα εκείνο στη στενή πλευρά της σάλας των περισσότερων σπιτιών, πάνω από το οποίο (στον τοίχο) ήταν αναρτημένος με μικρή κλίση καθρέφτης με περίτεχνη, γύψινη συνήθως, κορνίζα και δίπλα του κρεμασμένες φωτογραφίες.

τραπέτσι το, το υπερβολικά ξινό: *αυτό το γιαργούτι είναι τραπέτσι, δεν τρώγεται*.

τραφιάζω, ρίχνω στην τάφρο, πέφτω σε τάφρο, χαντάκι κ.λπ., γενικά ανατρέπομαι, πέφτω κάτω: *σκόνταψε και τραφιάστηκε μες στη γράνα φαρδιά-πλατιά*.

τράφος ο, τάφρος.

τραχανομπαζίνα η, μαγειρεμένος τραχανάς με μπόλικα κομματάκια ψωμιού μέσα.

τραχηλιά η, καλής ποιότητας υφασμάτινο κομμάτι με γιακά, άνοιγμα ως τη μέση και κουμπιά, που φοριόταν πάνω από πουκάμισο του αργαλειού (ευτελέστερης ποιότητας) και κάλυπτε το στήθος, φτάνοντας σχεδόν ως τον αφαλό. Προσαρμοζόταν με κόπιτσες ή κουμπιά κι ήταν πρακτικό, για συχνότερο πλύσιμο, και φιγουράτο λόγω ποιότητας και χρωμάτων: *από τότε που σκοτώθηκε το παιδί του στην Αλβανία, δεν την έβγαλε τη μαύρη τραχηλιά από πάνω του.*

τράχτωμα το, δυνάμωμα, ψήλωμα.

τραχτώνω, δυναμώνω, ψηλώνω, ανατάσσομαι: *δώστε του παιδιού να φάει, να τραχτώσει.*

τρεις πετρούλες οι, παιδικό παιχνίδι.

τρεκλάω, τρικλίζω, παραπαίω: *το παιδί θέλει προσοχή, τρεκλάει ακόμα* // είναι μεθυσμένος, δεν τον βλέπεις που τρεκλάει;

τρεκλιάρης, -α, -ικο, **1.** τρικλιάρης, ασταθής στο βάδισμα: *εδώ να σταθεί κι εκεί να πέσει ο τρεκλιάρης.* **2.** (για πράγματα) ο μη σταθερός: *πρόσεχε την καρέκλα, είναι λίγο τρεκλιάρα.*

τρεκλιάρικος, -η, -ο, αυτός που ταιριάζει ή αναφέρεται στον *τρεκλιάρη* (βλ. λ.).

τρέκλισμα το, αστάθεια, κλονισμός στο βάδισμα, παραπάτημα.

τρεμοκουκουράω, τρέμω από πολύ κρύο, ριγώ: *έλα μέσα, παιδάκι μου, μην τρεμοκουκουράς όξω στο κρύο.*

τρεμοκουκουρίζω, τρεμοκουκουράω (βλ. λ.).

τρεμοκουκούρισμα το, ρίγος, τρεμούλιασμα από πολύ ψύχος.

τρεντές ο, ατραντές, δαντέλα ενδιάμεσα σε ύφασμα μαξιλαροθήκης, σεντονιού, *κρεβατόγυρου* (βλ. λ.) κ.λπ.

τριανταρίζω, **1.** γίνομαι τριάντα ετών. **2.** συμπληρώνω τον αριθμό τριάντα, σε είδος ή πράγμα.

τριάρα η, τρίλιζα που παίζεται με τρία χαλίκια.

τριβολάω, (για μάτι) ενοχλώ, παρέχω την αίσθηση εισόδου κάποιου ξένου σώματος (σκουπιδάκι, τριβόλι): *με τριβολάει το μάτι μου, φαίνεται πως κάποιο σαρίδι μπήκε μέσα.*

τρίγκωνο το, *τρίγωνο* (βλ. λ.).

τριγυριστός, -ή, -ό, από στρόγγυλο πράγμα, λωρίδα ή φέτα από τη μια άκρη στην άλλη: *έκοψα μια τριγυριστή φέτα ψωμί, την έβρεξα, έβαλα ζάχαρη κι έκατσα και την έφαγα.*

τρίγωνο το, τριγωνοειδές αυτοσχέδιο πυροτέχνημα των εορτών του Πάσχα.

τριζοβολάω, πετάω σπίθες με θόρυβο: *καιγόσαντε και τριζοβολάγανε τα κούτσουρα στη φωτιά.*

τριζοβόλημα το, το αποτέλεσμα του *τριζοβολάω* (βλ. λ.).

τριζοβολητό το, ο θόρυβος των καιόμενων ξύλων.

τρικόμπι το, το σημείο ένωσης του αυχένα με το κυρίως σώμα.

τρικοτσιά η, τρεις καρποί κρεμασμένοι από τον ίδιο μίσχο.

τριότης ο, βαθμός χτίστη ανάμεσα στο μαστορόπουλο και τον μάστορη, δηλ. μισομαθημένος χτίστης, *λασπιτζής* (βλ. λ.), με αμοιβή του τα τρία τέταρτα του μαστορικού μεροκάματου.

τρίπλη η, βαμβακερή κλωστή για δαντέλες.

τριπλοπαντρεύουμαι, τελώ στη ζωή μου τρεις γάμους: *τριπλοπαντρεύτηκε και πάλε χήρα πέθανε.*

τριπλόπαντρος, -η, -ο, αυτός που χήρεψε ή χώρισε δυο φορές και ξαναπαντρεύτηκε: *το τρανό παιδί της*

Στάθαινας έναι τριπλόπαντρο.
τριπλοχρονίτικος, -η, -ο, ο ηλικίας τριών χρόνων, τρίχρονος.
τρίποδα τα, στρίποδα, τετράποδα στηρίγματα, πάνω στα οποία τοποθετούνται σανίδια και σχηματίζεται έτσι κρεβάτι.
τριτσινάω, ντριτσινάω (βλ. λ.).
τριφτιάδα η (συνήθως στον πληθ., **τριφτιάδες**), πρόχειρο φαγητό από τριμμένο ζυμάρι χωρίς γάλα και αβγά: *δεν κάνεις καμιά τριφτιάδα, να φάμε να ζεσταθούμε;*
τριφτός, -ή, -ό, **1.** (για δέντρα) γεμάτος καρπούς: *η μηλιά μας φέτο ήταν τριφτή στα μήλα.* **2.** (για πρόσωπα ή ζώα) γρήγορος, ταχύς: *να πας και να 'ρθείς τριφτός* (να τριφτείς, να τσακιστείς από το τρέξιμο).
τριχιά η, μακρύ και μέτρια χοντρό σχοινί που μόνιμα υπάρχει στο σαμάρι του υποζυγίου (μαζεμένο σε δυο θηλιές και κρεμασμένο στα πισινά κολιτσάκια, βλ. λ.), απαραίτητο για τη στερέωση του φορτίου: *αυτός, μάτια μου, κάνει την τρίχα τριχιά* (παροιμ. για υπερβολικό άνθρωπο).
τριχιάζω, αποκτώ τρίχωμα σε κάποιο σημείο του σώματός μου: *μεγάλωσε το παιδί και τρίχιασε το πρόσωπό του.*
τρίχωμα το, τριχοειδής ρωγμή: *ο σουβάς παρουσίασε ένα τρίχωμα από το ταβάνι ως το πάτωμα.*
τριχώνω, (για στερεά σώματα) αποκτώ τριχοειδείς ρωγμές, επιμήκεις σχισμές πάχους τρίχας: *ο τοίχος ετρίχωσε σε κάμποσα σημεία, φαίνεται κάτσανε τα θεμέλια.*

τριψιάνα η, παπάρα, ψωμί τριμμένο (μικρές μπουκιές) και μουσκεμένο μέσα σε ζουμερό φαγητό, γάλα κ.λπ.: *έφαγα έναν τραχανά τριψιάνα που τον καταφχαριστήθηκα.*
Τριών Γερών Αρχόντων των, (εορτή των) Τριών Ιεραρχών: *δε θυμάμαι, φούλα, ταχιά ή παραταχιά έχουμε των Τριών Γερών Αρχόντων;*
τρογυριστός, -ή, -ό, τριγυριστός (βλ. λ.).
τρογυρίστρα η, μεθύστρα (βλ. λ.).
τροκάνα η, μεγάλο τροκάνι (βλ. λ.) που φέρει το γκεσέμι (τράγος ή κριάρι).
τροκάνι το, σχεδόν στρόγγυλο, μικρό χάλκινο κουδούνι ζώων· διαφέρει από το *τσιοκάνι* (βλ. λ.) που είναι πλακουτσωτό και από το κουδούνι που είναι μπρούντζινο και κωνοειδές.
τρομάρα μου (επιφων. έκφρ.), έκφραση τρυφερότητας, αγάπης, θαυμασμού κ.λπ.: *τι λες, τρομάρα μου, πήγες για το χατίρι το δικό μου στο μύλο;*
τρομαρίτσα μου (επιφων. έκφρ.), *τρομάρα μου* (βλ. λ.).
τρούμπλα η, πακέτο, τόπι υφάσματος (αργαλειού ή εμπορίου): *πολλές τρούμπλες πανιά ύφαιναν οι Λαγκαδινές στον αργαλειό, για τις ανάγκες του σπιτιού και την προίκα των κοριτσιών τους.*
τρουμπούκι το, *ντρουμπούκι* (βλ. λ.).
τρουποκεφαλιάζω, ανοίγω τρύπες στο κεφάλι με λιθοβολισμό: *τον κυνήγησε με τις πέτρες και κόντεψε να τον τρουποκεφαλιάσει.*
τρουποκεφάλιασμα το, η ενέργεια και το αποτέλεσμα του *τρουποκε-*

φαλιάζω (βλ. λ.).
τρουπόξυλο το, ξύλο (καδρόνι) που έμπαινε σε τρύπα του τοίχου ανεγειρόμενης λιθόκτιστης ή πλινθόκτιστης οικοδομής, για στήριξη της σκαλωσιάς.
τρούπωμα το, η ενέργεια και το αποτέλεσμα του *τρουπώνω* (βλ. λ.).
τρουπώνω, 1. (μτβ.) κρύβω επιμελώς: *πού το τρούπωσες και δεν το βρίσκω το γλυκό;* **2.** (αμτβ.) κρύβομαι, χώνομαι κάπου: *είχε τρουπώσει μες στη θεμωνιά και δε φαινότανε καθόλου.*
τροχάλι το, **1.** ακανόνιστη πέτρα: *πού να μείνει παπούτσι μες στα τροχάλια που περπατάει ολημέρα!* **2.** (μτφ., στον πληθ., **τροχάλια**) πλησμονή ενός είδους: *'κείνα τα χρόνια είχαμε τα τυριά και τις μυτζήθρες τροχάλια.*
τροχαλιάζω, τοποθετώ άτακτα πέτρες σε σωρό, δημιουργώ τρόχαλο: *μάζεψε τις πέτρες και τις τροχάλιασε στην άκρη του δρόμου.*
τροχίλια τα, ρωγμές, σκασίματα: *από την αναβροχιά έσκασε το χώμα, γίνηκε τροχίλια.*
τρυγάω, προσβάλλω την υγεία κάποιου, κάνω κάποιον να πάσχει: *δεν είναι στα καλά του, κάτι τον τρυγάει.*
τρύπες ανεβατές οι, είδος βελονιάς σε κεντήματα.
τρυφεράδι το, ο χόνδρος ξιφοειδής (ο χόνδρος του στήθους με τον οποίο ενώνονται οι ψευτοπλευρές με το κατώτατο άκρο του οστού του στέρνου): *χτύπησα, χωρίς να το καταλάβω, στο τρυφεράδι και βερβέρισα.*
τρυφερούδι το, **1.** τρυφερό, απαλό πράγμα. **2.** (μτφ.) ο πολύ νέος σε

ηλικία άνθρωπος ή ζώο.
τρυψιαλιάζω, θρυψαλιάζω, θρυμματίζω: *μην το τρυψιαλιάζεις το ψωμί, δεν κάνει.*
τρυψιάλιασμα το, θρυμμάτισμα.
τρύψιαλο το, θρύψαλο, θρύμμα.
τρώω, γαβγίζω: *για τήρα τι τρώνε τα σκυλιά, έρχεται κανείς;*
τσάβαλο το, πράγμα, κυρίως ευτελές ρούχο: *πάρ' τα τσάβαλά σου και φύγε.*
τσαγκαδεύουμαι, (για γίδα ή προβατίνα) αποβάλλω ή ψοφάει το νεογνό μου: *πολλές γίδες μου τσαγκαδεύτηκαν φέτο.*
τσαγκαδοβύζα η, γίδα ή προβατίνα με μικρούς μαστούς και ελάχιστο γάλα.
τσαγκόρλα τα, οι εφαρμοστές πλεκτές μάλλινες κάλτσες του φουστανελά (ανοιχτές και από τα δυο άκρα), που κάλυπταν το πόδι από τον αστράγαλο ως το ριζομήριο (στο επάνω μέρος στερεώνονταν με σχοινάκια στο ζωνάρι του σώβρακου και στο κάτω μέρος επίσης με σχοινάκια περασμένα κάτω από τις καμάρες των πελμάτων).
τσάγκουρο το, τσάμπουρο, τσαμπίδα (βλ. λ.).
τσακλοκούδουνο το, ο στερούμενος σοβαρότητας, ανάξιος λόγου, ασήμαντος άνθρωπος.
τσακόνι το, σακίδιο, σακούλι, τράιστο.
τσαμαδός, -ή, -ό, **1.** ο χωρίς ή με κοντό τρίχωμα: *σκύλος τσαμαδός // προβατίνα τσαμαδή.* **2.** άδεντρος: *ο Αρτοζήνος είναι σχεδόν τσαμαδό βουνό.*

τσαμπάζης ο, τσαμπάσης (βλ. λ.).
τσαμπάσης ο, ζωέμπορος, αλόγων κυρίως και μουλαριών.
τσαμπίδα η, τσαμπί, μικρό σταφύλι: *δεν είχε φέτο σταφύλια τ' αμπέλι, κάτι τσαμπίδες μαζέψαμε.*
τσαμπουνάω, 1. αδιαφορώ, δεν με νοιάζει: *εγώ αυτά είχα να σου ειπώ, αν δε θέλεις να με ακούσεις, τσαμπούνιξα.* **2.** επιμένω να λέω κάτι: *τι θέλεις να ειπείς μ' αυτή σου την κουβέντα που την τσαμπουνάς συνέχεια;*
τσάμπρα η, **1.** ημισφαιρική προεξοχή σε κέντημα ή πλεκτό. **2.** σπαρτσακλίτσα (βλ. λ.).
τσάξω (υποτ. αορ. του αμάρτυρου στον ενεστ. ρ. τσάζω, με προτασσόμενο πάντα κάποιον τύπο του ρ. κοτάω), παίρνω πρωτοβουλία, μπορώ να αποφασίσω, τολμώ: *η νυφούλα έπεσε σε μια τέτοια πεθερά που δεν κοτάει να τσάξει // μια ζωή δεν κόταγε να τσάξει, γιατί σκιαζότανε τον άντρα της.*
τσάπα η, είδος έμπλαστρου με ελατόπισσα για ανακούφιση από πόνους αρθριτικών, καταγμάτων, πλευρίτιδας κ.λπ.
τσαπαλιάζω, αναπτύσσομαι, μεγαλώνω, δυναμώνω: *δεν πρόλαβε να τσαπαλιάσει το καημένο και το 'στειλ' ο πατέρας του στη μαστοριά.*
τσαπέλα η, εξάρτημα του νερόμυλου, τοποθετούμενο στο κάτω στόμιο του βαγενιού (βλ. λ.), για να ρυθμίζει την ποσότητα του νερού που χρειάζεται για την κίνηση της φτερωτής.
τσαπελόσυκο το, το ξερό, λιαστό σύκο της τσαπέλας: *ο θείος έφερε ωραία τσαπελόσυκα από τη Μεσσένια που δούλευε.*
τσάπωμα το, δυνάμωμα, μεγάλωμα.
τσαπώνω, (μτβ. και αμτβ.) δυναμώνω, μεγαλώνω: *προσπαθώ να το τσαπώσω λίγο το μουλάρι και μετά να το βάλω στη δουλειά // όταν θα τσαπώσει λίγο το παιδί, θα το στείλω για μαστοριά.*
τσάρκωμα το, ο σχηματισμός κρούστας, πέτσας.
τσαρκώνω, σχηματίζω κρούστα, πέτσα: *τσάρκωσε η βρομιά στις πλάκες και δε βγαίνει με τίποτα.*
τσάρνοβος, -η, -ο, (για χλωρά ξύλα) ο λιγόχυμος και κατά συνέπεια εύθραυστος και ευκολόκαυτος: *τα ξύλα από προσηλιακό μέρος είναι πιο τσάρνοβα από 'κείνα της αποσκιούρας.*
τσάτσα η, προσφώνηση νύφης προς μεγαλύτερη σε ηλικία κουνιάδα.
τσατσαροθήκη η, θήκη διακοσμημένη με κεντίδια για την τσατσάρα (χτένα).
τσατσούλα η, υποκ. του *τσάτσα* (βλ. λ.).
τσεκουνίδα η, τσουκνίδα: *θα πάρω καμιά τσεκουνίδα και θα σου κάνω τα πόδια κατακόκκινα.*
τσεμπέρα η, **1.** βαμβακερό ή μάλλινο λεπτό ύφασμα, τετράγωνο, με βαθύ σκούρο ή μαύρο χρώμα, που φορούσαν οι ηλικιωμένες γυναίκες, χήρες και λυπημένες. **2.** λευκή βαμβακερή κεφαλομαντίλα, απλή ή ζωγραφισμένη με μαύρα κλαριά, που φόραγαν οι νέες οι ασχολούμενες με αγροτικές εργασίες: *το καλοκαίρι ούλες οι τσιούπες φόρηγαν άσπρες*

τσεμπέρες, να μην τις καίει ο ήλιος.
τσεμπερέκι το, μεταλλικό χερούλι, πόμολο πόρτας.
τσέρα η, επιδερμίδα, πρόσωπο: *δε χάλασε η τσέρα της με την γκαστριά.*
τσεράνι το, πράγμα μαυρισμένο από καπνιά, από πολυκαιρία: *έγινε τσεράνι ο τοίχος, θέλει άσπρισμα.*
τσερανίζω, μαυρίζω με καπνό, λερώνομαι από την πολυκαιρία: *καπίνισε το μαγκούφι το τζιάκι και τσερανίστηκε το χειμωνιάτικο.*
τσεράνισμα το, η ενέργεια και το αποτέλεσμα του *τσερανίζω* (βλ. λ.).
τσέρδωμα το, το αποτέλεσμα του *τσερδώνω* (βλ. λ.).
τσερδώνω, πεθαίνω, ψοφάω, «τα παραδίνω»: *ήταν που ήταν, τον ήβρε κι η πούντα, στη βδομάδα απάνω τα τσέρδωσε.*
τσέρλα η, τσίρλα, υδαρές αποπάτημα.
τσερλιάρης, -α, -ικο, **1.** αυτός που πάσχει συχνά από διάρροιες. **2.** (μτφ.) φοβητσιάρης, δειλός, χεζής.
τσερλιάρικος, -η, -ο, (μτφ.) υδαρής, νερουλός: *δεν έπηξε καλά το γιαούρτι, μπίτι τσερλιάρικο έγινε.*
τσερλίζω, **1.** κάνω *τσέρλα* (βλ. λ.). **2.** λερώνω με *τσέρλα* (βλ. λ.). Το μ.
τσερλίζουμαι, κάνω *τσέρλα* (βλ. λ.) στο βρακί μου, λερώνω το εσώρουχό μου.
τσέρλισμα το, η ενέργεια και το αποτέλεσμα του *τσερλίζω* (βλ. λ.).
τσετσέκι το, το άνθος της *τσετσεκιάς* (βλ. λ.): *τσετσέκι μου, τσετσέκι μου να σε 'βαζα στην τσέπη μου* (δημ. τραγ.).
τσετσεκιά η, το φυτό κατιφές.

τσιάγκρα η, τσάγκρα, παλιό μονόκαννο εμπροσθογεμές κυνηγετικό όπλο.
τσιαγκρούλα η, υποκ. του *τσιάγκρα* (βλ. λ.).
τσιακάλι το, **1.** τσακάλι, τσάκαλος. **2.** (μτφ.) άνθρωπος γερός, εργατικός, έξυπνος.
τσιακαλιάρης, -α, -ικο, εριστικός, γκρινιάρης: *δουλευταράς, δε λέω, αλλά πολύ τσιακαλιάρης άνθρωπος.*
τσιακαλιάρικος, -η, -ο, αυτός που ταιριάζει ή αναφέρεται στον *τσιακαλιάρη* (βλ. λ.).
τσιάκαλος ο, τσάκαλος, τσακάλι.
τσιάκα-τσιάκα (επίρρ.), μάνι-μάνι, γρήγορα, τάκα-τάκα: *άιντε, τσιάκα-τσιάκα να φορτώσουμε και να φύγουμε, θα μας πιάσ' η νύχτα.*
τσιακιρώνουμαι, **1.** τσακιρώνομαι, αποκτώ κέφια με ελαφρή χρήση αλκοόλ: *τα 'τσουξε λίγο και τσιακιρώθηκε.* **2.** αθυμώ, θυμώνω: *κάποιος τον είπε μπάρμπα (κάποιος τον πείραξε), φαίνεται, κι είναι τσιακιρωμένος.*
τσιακλοκούδουνο το, ο στερούμενος σοβαρότητας, ανάξιος λόγου, ασήμαντος άνθρωπος: *ποιος το λογαριάζει το τσιακλοκούδουνο;*
τσιακουμάκι το, τσακμάκι, αναπτήρας τσιγάρου.
τσιαλαφομάρα η, επιπόλαιη συμπεριφορά, ανόητο φέρσιμο: *ήταν μεγάλη τσιαλαφομάρα αυτό που έκανες στο φίλο σου.*
τσιαλαφός, -ή, -ό, ελαφρόμυαλος, ο στερούμενος σοβαρότητος, ανόητος: *αυτός είναι μπίτι τσιαλαφός, δεν είναι να του 'χεις εμπιστοσύνη.*

τσιαλιμάκι το, **1.** επιδέξια κίνηση στον χορό. **2.** νάζι, κόλπο. **3.** παλινωδία: *συφωνήσαμε ν' αγοράσει το χωράφι μου, αλλά τώρα μου κάνει τσιαλιμάκια.*
τσιαλίμι το, τσιαλιμάκι (βλ. λ.).
τσιαλυχτάω, 1. γαβγίζω: *οληνύχτα τσιαλυχτάγανε τα σκυλιά, ποιος ξέρει τι πέρναγε.* **2.** (μτφ.) γκρινιάζω, μιλάω ακατάπαυστα εριστικά.
τσιάμικο το, **1.** χορός τσάμικος: *χορεύει πολύ ωραίο τσιάμικο.* **2.** τραγούδι του τσάμικου: *εγώ θέλω να χορέψω ένα τσιάμικο.*
τσιαμούσικος, -η, -ο, τσινιάρικος, ζώο που κλοτσάει: *το πήρε για ήσυχο το μουλάρι και του βγήκε τσιαμούσικο.*
τσιάμπα (επίρρ.), τζιάπα (βλ. λ.).
τσιάμπα-γιάκα (επίρρ.), σώνει και καλά, φορτικά, πιεστικά: *με σταμάτησε στο δρόμο τσιάμπα-γιάκα και μου ζήτησε δανεικά.*
τσιανάκι το, **1.** πήλινο πιάτο. **2.** αχρείος, φαύλος άνθρωπος.
τσιαπαλάω, μασάω, τρώω: *όποτε και να σε ιδεί κανείς, κάτι θα τσιαπαλάς.*
τσιάπι το, συμπεριφορά, χούι, ιδιοτροπία: *δε δίνουμε σημασία πια στα τσιάπια του, τα μάθαμε τόσα χρόνια.*
τσιαπράκι το, μικρή κόπιτσα ή μικρή μεταλλική θηλιά για το κούμπωμα ρούχων.
τσιαπράκωμα το, κούμπωμα, θηλύκωμα.
τσιαπρακώνω, κλείνω το τσιαπράκι (βλ. λ.), κουμπώνω, θηλυκώνω: *σε περικαλώ, τσιαπράκωσέ με, γιατί δεν μπορώ να σηκώσω το χέρι μου.*
τσιαρσί το, δρόμος με καταστήματα, αγορά: *πολύ παλιά το τσιαρσί του χωριού μας ήταν στην Κάτω Ρούγα, όχι στο σημερνό δημόσιο δρόμο.*
τσιατάλα η, τσατάλι, διχάλα.
τσιατάλι το, *δίχαλο* (βλ. λ.).
τσιατιμάς ο, τζιατιμάς (βλ. λ.).
τσιάφαλο το, ασθενής θόρυβος: *πότε μπήκες; Δεν άκουσα τσιάφαλο.*
τσιάφι το, παγωνιά.
τσιαχτάι το, (συνθ. μαστ. γλ.) φαγητό.
τσιαχταΐζω, (συνθ. μαστ. γλ.) τρώγω: *ελάτε να τσιαχταΐσουμε τάκα-τάκα, να πιάσουμε δουλειά.*
τσιαχτάισμα το, (συνθ. μαστ. γλ.) η πράξη του *τσιαχταΐζω* (βλ. λ.).
τσιβί το, μεταλλικός, συνήθως, σύρτης πόρτας ή παραθύρου, μάνταλο.
τσιβίκωμα το, η ενέργεια και το αποτέλεσμα του *τσιβικώνω* (βλ. λ.).
τσιβικώνω, 1. κλείνω πόρτα ή παράθυρο με *τσιβί* (βλ. λ.). **2.** (μτφ.) πουλάω υπερτιμημένα, αισχροκερδώ σε βάρος κάποιου: *τον τσιβίκωσε γερά ο γύφτος με το μουλαράκι που του πούλησε.*
τσιγαρίδα η, μικρό κομμάτι τσιγαρισμένης και παστωμένης χοιρινής φέρσας (βλ. λ.).
τσίγκλημα το, **1.** κέντρισμα, νυγμός: *με τσίγκλημα ο γάιδαρός μου γκισγκίναγε.* **2.** ερέθισμα, πείραγμα, παρότρυνση: *με δικό μου τσίγκλημα πήγε κι έμαθε τέγνη.*
τσιγκρίζω, 1. (μτβ.) τραυματίζω ελαφρά κάποιο γυαλικό: *είσαι απρόσεχτη, το τσίγκρισες πανέριο ποτήρι.* **2.** (αμτβ.) μυξοκλαίω, κλαψουρίζω: *σταμάτα να τσιγκρίζεις συνέχεια, σε βαρέθηκα πια.*
τσίγνα η, **1.** τσίκνα, η οσμή του κρέ-

ατος που ψήνεται ή καίγεται: *μου 'σπασε τη μύτη η τσίγνα από τις μπριτζόλες που ψένει ο γείτονας.* **2.** η οσμή κάθε φαγητού που τσιγαρίζεται ή καίγεται στην κατσαρόλα από δυνατή θερμότητα και παντελή απώλεια των υγρών του: *αλησμόνηκε τα φασόλια στη φωτιά και της το θύμισε η τσίγνα τους που βγήκε στην αυλή.*
τσιγνίζω, τσικνίζω.
τσιγουρίζω, **1.** τσιγαρίζω: *να τον τσιγουρίσεις τον τραχανά με κρεμμύδι.* **2.** (μτφ.) τυραννώ, παιδεύω: *τα τσιγούρισε τα προγόνια της, αλλά ο Θεός βλέπει!*
τσιγουριστός, -ή, -ό, **1.** τσιγαριστός. **2.** τυραννισμένος.
τσιεγκέλι το, τσιγκέλι, τσεγκέλι: *το κρέμασε το τραγί στο τσιεγκέλι και περιμένει τους μουστερήδες να ψωνίσουν.*
τσιεντροκωλαίος ο, κεντροκωλαίος (βλ. λ.).
τσιέπη η, τσέπη.
τσιέπι το, κέπι (βλ. λ.).
τσικίζι το, καίριο, αποφασιστικό πλήγμα: *ήταν μεγάλο τσικίζι γι' αυτόν η αρρώστια που πέρασε τελευταία.*
τσικλί το, τσουκλί, δέσμη νήματος.
τσικλιάζω, μαζεύω το νήμα σε τσικλιά (βλ. λ.).
τσικουνίδα η, τσεκουνίδα (βλ. λ.).
τσίλα η, ονομασία ψαριάς φοράδας.
τσιλήθρα η, λοβός, σκελίδα καρυδιού: *δώσ' μου μια τσιλήθρα καρύδι να βάλω στο στόμα μου.*
τσίλικος, -η, -ο, (συνήθως για άλογο) *σίβος* (βλ. λ.): *εκείνη την εποχή είχα έν' άλογο τσίλικο που δεν πάταγε χάμω //* ...*ένας παπάς τ' αλώνιζε με μια τσίλικη φοράδα...* (δημ. τραγ.).
τσιλιμίγκρικος, -η, -ο, αυτός που ταιριάζει ή αναφέρεται στον *τσιλιμίγκρο* (βλ. λ.).
τσιλιμίγκρος, -α, -ικο, λεπτοφυής, αδύνατος: *δεν τρώει και καθόλου, γι' αυτό είναι τσιλιμίγκρος.*
τσιλίπουρδο το, ρούχο ευτελούς αξίας: *αυτό θα ειπεί, με πέντε τσιλίπουρδα την πάντρεψε την κόρη της.*
τσιλιχρός, -ή, -ό, αδύνατος, λεπτοκαμωμένος.
τσιμουτιά η, τσιμουδιά: *ό,τι σε ρωτάνε εσύ τσιμουτιά.*
τσιμπλόλαμπα η, λάμπα πετρελαίου χωρίς γυαλί.
τσιμπλού η, τσιμπλόλαμπα (βλ. λ.).
τσίμπος ο, δυνατό τσίμπημα: *της έδωσε έναν τέτοιο τσίμπο, που της μελάνιασε το χέρι.*
τσιμπουροβύζα η, προβατίνα ή γίδα με μικρά και σαρκώδη μαστάρια.
τσιογλάνι το, τσογλάνι.
τσιόγλανος ο, τσόγλανος.
τσιοκαλάω, τσιοκαλίζω (βλ. λ.).
τσιοκαλίζω, χτυπώ με τη *μασιά* (βλ. λ.) ή το *συνταύλιστρο* (βλ. λ.) το ξύλο που καίγεται, για να δημιουργήσω ανθρακιά: *τσιοκάλα τη φωτιά να πέσει θράκα.*
τσιοκάλισμα το, η ενέργεια και το αποτέλεσμα του *τσιοκαλίζω* (βλ. λ.).
τσιοκάνα η, (για τράγο γκεσέμι) μεγάλο *τσιοκάνι* (βλ. λ.).
τσιοκάνι το, πλακουτσωτό χάλκινο κουδούνι ζώων, κυρίως γιδιών.
τσιόλι το, **1.** τσόλι, σκουτί, κλινοσκέπασμα, ευτελούς αξίας ρούχο: *από πού τ' αγόραυες τούτα τα τσιόλια;*

2. μπαγκάζι, αποσκευή: *οι μαστόροι φόρτωσαν τα τσιόλια τους κι έφυγαν για τη Ζαχάρω*. **3.** φουσκωμένη κοιλιά από κορεσμό, παραφαγωμένος: *είχε μπόλικο χορτάρι και σε κάνα δυο ώρες γινήκανε τσιόλια τα μαρτίνια*. **4.** (μτφ.) καλοταϊσμένος, παχύς άνθρωπος: *με την καλοφαγία έγινε τσιόλι ο μονάντερος*.

τσιοπάνης ο, **1.** τσοπάνης, βοσκός. **2.** όνομα τσοπανόσκυλου.

τσιοροβός, -ή, -ό, λειψός, ατελής, φτωχός: *καλό είναι το παντελόνι που αγόρασες, αλλά λίγο τσιοροβό*.

τσιορομπίλι το, μικρό παιδί, κουτσούβελο: *είναι καλά τα τσιορομπίλια σου;*

τσιοτιά η, δόση, παρτίδα: *έχω μια τσιοτιά μασούρια να βάλω και μετά πάμε*.

τσιότρα η, τσότρα.

τσιουβί το, τσιβί (βλ. λ.).

τσιουγκράνα η, τσουγκράνα.

τσιουγκρίζω, **1.** χτυπώ ελαφρά το ποτήρι μου με εκείνο του συμπότη μου, για να του ευχηθώ υγεία ή να τον συγχαρώ για κάτι ευχάριστο ή ακόμη για επιβεβαίωση συμφωνίας: *πίνανε, τσιουγκρίζανε τα ποτήρια τους και λέγανε και κάνα τραγουδάκι*. **2.** μαλώνω, ψυχραίνομαι με κάποιον: *τα τσιουγκρίσανε τώρα τελευταία και δεν πολυμιλάνε*.

τσιουλάω, **1.** (μτβ. και αμτβ.) κυλάω: *τον τσιούλησε στην κατηφόρα κι έσπασε το πόδι του // τσιούλησε μια πέτρα και σκότωσε μια γίδα // μην τσιουλιέσαι σαν το γουρούνι.* **2.** (συνθ. μαστ. γλ.) κλέβω: *πού το τσιούλησες το καινούργιο σφυρί;*

τσιουλήθρα η, τσουλήθρα.

τσιουλιά η, κοιλιά.

τσιουλιάζω, (για τοίχο) κοιλιάζω, εξογκώνομαι σε κάποιο σημείο, κάνω κοιλιά: *τσιούλιασ' ο τοίχος του δρόμου, μην περνάτε από κάτω, μπορεί να πέσει*.

τσιούλιασμα το, το αποτέλεσμα του τσιουλιάζω (βλ. λ.).

τσιουλίστρα η, κυλίστρα, μέρος που κυλιέται ένα ζώο (άλογο, μουλάρι, γάιδαρος κ.λπ.).

τσιούλος, -α, -ο, ο χωρίς αφτιά (κυρίως για γιδοπρόβατα).

τσιουμπάρι το, μικρό ύψωμα.

τσιούμπι το, ύψωμα, γήλοφος (συνήθως πετρώδες).

τσιούπα η, κορίτσι.

τσιουπάρα η, μεγάλη, αναπτυγμένη τσιούπα (βλ. λ.).

τσιουπαρώνα η, πολύ μεγάλο, πολύ αναπτυγμένο κορίτσι: *κοτζιάμ τσιουπαρώνα γίνηκε η Ελένη*.

τσιουπί το, μικρό κορίτσι.

τσιουπίτσα η, μικρή τσιούπα (βλ. λ.).

τσιούπρα η, (κάπως ειρωνικά) τσιούπα (βλ. λ.).

τσιουράπι το, τζιουράπι (βλ. λ.).

τσιουρετεύω, καθιστώ κάτι λειψό, ελλειμματικό: *κόβοντας-κόβοντας το τσιουρούτεψες το ξύλο*.

τσιουρούτης, -α, -ικο, τσιοροβός (βλ. λ.).

τσιουρούτικος, -η, -ο, αυτός που ταιριάζει ή αναφέρεται στον *τσιουρούτη* (βλ. λ.).

τσιοχρωτός, -ή, -ό, αφράτος, τραγανός: *πολύ τσιοχρωτοί οι κουραμπιγέδες σου, μπράβο!*

τσιπουρίτης ο, δυνατό κρασί, προερχόμενο από μούστο και τσίπουρα, που βάζανε στις *τριφτιάδες* (βλ. λ.) και τον φιδέ, για θερμαντικό κατά του κρύου.

τσιροπούλι το, **1.** μικρό αγριοπούλι: *πέφτουν τσιροπούλια, σίγουρα θα χειμάσει.* **2.** (μτφ.) πολύ αδύνατο παιδί: *τσιροπούλι γίνηκε το καημένο, πρέπει να φάει να δυναμώσει.*

τσίτα η, διχαλωτός πάσσαλος μπηγμένος βαθιά στη γη, στον οποίο λυγίζουν το χλωρό και λίγο ζεσταμένο ραβδί, για να κάνουν τον λαιμό της μαγκούρας.

τσιτάδι το, σφήνα, μικρό λιθάρι ανάμεσα στις μεγαλύτερες πέτρες της τοιχοποιίας.

τσιτάρι το, ύστερο, ο αποβαλλόμενος με τη γέννα πλακούντας των ζώων.

τσιτσιδώνω, ξεγυμνώνω εντελώς: *τον τσιτσίδωσε, του 'κρυψε και τα ρούχα κι έφυγε.*

τσίτσιρο το, μουσκίδι, κάθυγρος, διάβροχος άνθρωπος ή πράγμα: *μ' έπιασ' η βροχή και γίνηκα τσίτσιρο.*

τσίφη η, **1.** παγωμένος αέρας (υπερβολικά τσουχτερό κρύο) που προκαλεί σκάσιμο του δέρματος (κυρίως στα χέρια και στα χείλη). **2.** το σκάσιμο του δέρματος από τσουχτερό κρύο: *πάθανε τσίφη τα χείλα μου απ' αυτό το ξαφνικό ξεροβόρι.*

τσιφουρίλα η, *τσίφη* (βλ. λ.).

τσου, ιδιότυπος φθόγγος που με ταυτόχρονο σήκωμα του κεφαλιού σημαίνει αρνητική απάντηση σε κάποια ερώτηση: *–Πάμε μια βόλτα; –Τσου* (όχι).

τσούγδος, -α, -ο, στυφός, καυστικός, δηκτικός: *είναι πολύ τσούγδα, τη*

φαρμακερή απάντηση την έχει στην άκρη της γλώσσας της.

τσουκάλι το, χάλκινο κυλινδρικό σκεύος με ελαφρά στενότερο, επίσης κυλινδρικό, λαιμό και λαβή στο πλάι, χρησιμοποιούμενο συνήθως ως υδροδοχείο και για βράσιμο νερού.

τσουκαλόκαυτο το, βρασμένο κρασί με ζάχαρη που θεωρείται φάρμακο για το κρυολόγημα.

τσούκι το, ανεπίδεκτος μάθησης, αγράμματος, «ξύλο απελέκητο»: *δεν τα παίρνει τα γράμματα, είναι μεγάλο τσούκι.*

τσουκλώνω, περικυκλώνω, στριμώχνω: *μας τσούκλωσε η κατσιφάρα και δε βλέπαμε τη μύτη μας.*

τσουλάγρα η, μικρός πίδακας, εκτινασσόμενο υγρό από στενή τρύπα ύστερα από μεγάλη πίεση: *κόπηκα με το μαχαίρι και πετάχτηκε το αίμα τσουλάγρα.*

τσουμπλέκι το, μαγειρικό σκεύος, αγγειό: *μάζεψα ένα μάλε τσουμπλέκια και δεν έχω πού να τα βολέψω.*

τσουπλί το, στη φρ. **γίνομαι τσουπλί**, βρέχομαι πολύ, γίνομαι μουσκίδι: *έφαγα όλη τη βροχή όξω και γίνηκα τσουπλί.*

τσουπώνω, πατικώνω, συμπιέζω: *τσούπω τ' άχιουρα στα χαράρια, να χωρέσουν κι άλλα.*

τσουπωτός, -ή, -ό, πατικωμένος, συμπιεσμένος.

τσούρα η, χωρίστρα κόμης: *στην τσούρα, είν' αλήθεια, δεν τον φτάνει κανείς.*

τσουράς ο, ο άνθρωπος με επιμελημένη πάντοτε *τσούρα* (βλ. λ.).

τυυυργάνι το, εδώδιμο αγριόχορτο.

τσουρουγάνι το, τσουργάνι (βλ. λ.).

τσουρουλιασμένος, -η, -ο, κομματιασμένος· λέγεται ως ήπια κατάρα, αστεϊσμός μάλλον, σε πρόσωπο συνήθως οικείο ή φιλικό: *το τσουρουλιασμένο το παιδί μου το 'στειλα στη βρύση πριν απ' ώρα κι ακόμα να γυρίσει.*

τσουρουφλάω, τσουρουφλίζω, καψαλίζω.

τσουρούφλημα το, τσουρούφλισμα, καψάλισμα.

τσουρουφλιστός, -ή, -ό, καμένος επιφανειακά, καψαλιστός: *τσουρουφλιστή να την κάνεις τη ρέγκα.*

τσουτσού η, το ανδρικό γεννητικό όργανο, τσουτσούνα: *κουμπώσου, θα φανεί η τσουτσού σου.*

τσουτσούρωμα το, αντίδραση σε πρόκληση, κορδάρεμα.

τσουτσουρώνουμαι, αντιδρώ σε πρόκληση, κορδαρεύομαι.

τσουφώνω, 1. (για πρόσωπα) κατσουφιάζω, κατεβάζω τα μούτρα: *όταν του είπα πως δεν είν' εντάξει, τσούφωσε κι έφυγε.* **2.** (για τον καιρό) συννεφιάζω, χαλάω: *τσούφωσ' ο καιρός, σάμπως θα βρέξει.*

τσυλιντρίζω, κυλινδρίζω, γυαλίζω, λάμπω: *τσυλιντρίζει το μάγουλό του, ξεγέρεψε.*

τσυλίντρισμα το, το αποτέλεσμα του τσυλιντρίζω (βλ. λ.).

τσυλιντριστός, -ή, -ό, στιλπνός, γυαλιστερός, στρουμπουλός: *έκαν' ένα πρόσωπο τσυλιντριστό.*

τύλωμα το, χορτασμός, κορεσμός.

τυλωσιά η, ποσότητα ικανή για χορτασμό ενός ατόμου: *το φαΐ που έμεινε σου φτάνει για μια γερή τυλωσιά αύριο.*

τυπιάζω, διπλώνω: *τύπιασέ μου τα πλυμένα, να τα σιδερώσω κάποια στιγμή.*

τύπιασμα το, η ενέργεια και το αποτέλεσμα του τυπιάζω (βλ. λ.).

τυπώνω, κλείνω, εφαρμόζω, σφραγίζω: *σαν τύπωσε το στόμα του, δε θέλει να το ανοίξει με τίποτα // να τυπώσεις καλά την ντουλάπα, μην μπει κάνας ποντικός μέσα.*

τύρινες (εννοούνται ημέρες) οι, οι ημέρες της εβδομάδας μετά την Αποκριά, κατά τις οποίες απαγορεύεται η κρεοφαγία και επιτρέπεται η κατάλυση γαλακτομικών προϊόντων, αβγών, ψαριών κ.λπ.

τυφλοκούταβο το, **1.** το κουτάβι όσο ακόμα δεν βλέπει. **2.** άτομο χωρίς εξυπνάδα, χαζό: *μην περιμένεις και πολλά πράματα απ' αυτό το τυφλοκούταβο.*

Υ

ύμνος ο, ύπνος: *είδα στον ύμνο μου ένα πολύ κακό όνειρο που μου χάλασε τη διάθεση.*

ύψος ο, γύψος: *φτειάσε λίγον ύψο, να βουλώσουμε μια τρούπα στον τοίχο.*

ύψου του (γεν. εν. του ουσ. *ύψος*), του ύψους: *εγώ θα προσπαθήσω να την κάνω αυτήν τη δουλειά, και «ή του ύψου ή του βάθου»* (ή θα πετύχω ή θα αποτύχω).

φαγανιάρης, -α, -ικο, ορεξάτος, φαγάς, αυτός που δεν έχει πρόβλημα με το φαγητό: *το μουλάρι που πήρα είναι φαγανιάρικο ζο.*

φαγανιάρικος, -η, -ικο, αυτός που ταιριάζει ή αναφέρεται στον φαγανιάρη (βλ. λ.).

φαγανίλα η, μεγάλη όρεξη για φαγητό, λαιμαργία: *από φαγανίλα πάει καλά, και πέτρες τρώει.*

φάγνα η, τροφή των ζώων και (χιουμοριστικά) των ανθρώπων: *πρέπει να φροντίσουμε για φάγνα για μας και τα ζωντανά.*

φαγοποτίζω, παρέχω φαγητό και ποτό, τρέφω, συντηρώ: *ένα χρόνο τον είχα σπίτι μου και τον φαγοπότιζα και τώρα δε μου λέει καλημέρα.*

φαγοπότισμα το, η ενέργεια και το αποτέλεσμα του φαγοποτίζω (βλ. λ.).

φαγουλάτο το, πράγμα φαγώσιμο, καθετί που τρώγεται, ιδίως καλούδι: *αυτοί πάντα είχανε στο σπίτι τους πολλά φαγουλάτα.*

φαγούρα η, αρνί ή κατσίκι που έδινε συνήθως μια φορά τον χρόνο (Πάσχα) αυτός που έπαιρνε ζώα αφεντικά (βλ. λ.) στον σέμπρο (βλ. λ.): *δεν ξέρω πώς το είχα δεχτεί τότε, δίνω στο σέμπρο δυο φαγούρες το χρόνο.*

φακαρόνα η, φαρδύ πλακέ φιτίλι για λάμπες πετρελαίου, που ανεβοκατεβαίνει με ειδικό μηχανισμό.

φακιόλι το, δέσιμο του *μπαρεζιού* (βλ. λ.) των γυναικών πάνω από το μέτωπο σε σχήμα φιόγκου.

φανέστρα η, φεγγίτης της στέγης, τζάμι κατάλληλα προσαρμοσμένο στην κεραμοσκεπή του σπιτιού.

φαντασιά η, επίδειξη, καμάρι, έπαρση: *από φαντασιά φοράει το σακάκι, όχι γιατί κρυαίνει // από τη φαντασιά του κι η μύτη αν του πέσει, δε σκύβει να την πάρει.*

φαντασιάρης, -α, -ικο, επιδεικτικός, αλαζόνας, ψευτοπερήφανος.

φαντασιάρικος, -η, -ικο, αυτός που ταιριάζει ή αναφέρεται στον φαντασιάρη (βλ. λ.).

φαραώνα η, γυναίκα φωνακλού, δυναμική, αντρογυναίκα: *πού να τολμήσει να αντιμιλήσει ο καημένος στη φαραώνα τη γυναίκα του!*

φαρμακομούνα η, (σκωπτικά) γυναίκα που χήρεψε δυο και τρεις φορές.

φαρμακοποτίζω, στενοχωρώ κάποιον πάρα πολύ: *συνέχεια με φαρμακοποτίζει αυτό το παιδί με τα καμώματά του.*

φαρμακοπούτσης ο, (σκωπτικά) άντρας που χήρεψε δυο και τρεις φορές.

φαρμακουλήθρα η, εδώδιμο αγριόχορτο.
φαρφάρα η (συνήθως στον πληθ., **φαρφάρες**), παλιό παιδικό παιχνίδι.
φασσόπουλο το, **1.** ο νεοσσός της φάσσας (αγριοπερίστερο). **2.** φρ.: *ταΐζω σαν το φασσόπουλο*, βάζω τροφή στο στόμα νήπιου, άρρωστου ή ανήμπορου γεροντικού ατόμου.
φατσαδόρος ο, μάστορης που χτίζει εξωτερικά, στη φάτσα του τοίχου.
φαφατιάζω, (για χέρι ή πόδι) γίνομαι εξαιρετικά μαλακός και αποκτώ ζάρες εξαιτίας επαφής για πολλήν ώρα με νερό: *έπλυνα τόσα πιάτα, που φαφατιάσανε τα χέρια μου*.
φαφάτιασμα το, το αποτέλεσμα του φαφατιάζω (βλ. λ.).
φέγω, φεύγω, αναχωρώ: *όταν έφεγα, μου φώναξε να σταματήσω*.
φεκλί το, κομμάτι σχισμένου υφάσματος, ρούχου: *πιάστηκε το φουστάνι μου σ' ένα βάτο και γίνηκε φεκλιά*.
φεκλιάζω, σχίζω, κομματιάζω ύφασμα.
φελί το, κομμάτι, τμήμα παστού μπακαλιάρου του εμπορίου: *πήρα ένα φελί μπακαλιάρο και θα τον κάνω τηγανητό*.
φέλπινος, -η, -ο, ο κατασκευασμένος από φέλπα: *φέλπινο γελέκι*.
φερμένος, -η, -ο, **1.** (για πρόσωπα) αυτός που έχει έρθει, έχει φτάσει, έχει εγκατασταθεί κάπου: *ανησύχησα, γιατί είχε περάσει η ώρα και το παιδί δεν ήταν φερμένο από το σκολειό // τότε δεν ήταν φερμένος ακόμα στο χωριό ο παπα-Κώστας*. **2.** (για πράγματα) αυτός που έχει αρχίσει να υπάρχει, να λειτουργεί κ.λπ.: *το ηλεκτρικό (ρεύμα) δεν ήταν φερμένο και διαβάζαμε με τις γκαζόλαμπες*.
φερντάσι το, δόση: *πήρε ένα φερντάσι ύπνο και σηκώθηκε φρέσκος-φρέσκος*.
φερντάσω η, δυναμική γυναίκα, γυναίκα που περνάει ο λόγος της.
φέρσα η, δέρμα, ειδικά το νωπό χοιρινό δέρμα (αποτριχωμένο με ζεματιστό νερό) με αρκετή ποσότητα λίπους: *θα λιώσουμε τη φέρσα για το λίπος και τις τσιγαρίδες*.
φερσί (επίρρ.), φαρσί, απταίστως: *το είπε το μάθημά του φερσί, δεν κόμπιασε πουθενά*.
φιδοτόμαρο το, φιδοπουκάμισο.
φιλιώ, φιλώ, ασπάζομαι: *δε σε φιλιώ, γιατ' είμαι γριπωμένος και θα σε κολλήσω*.
φινιάζω, (για καρπό δημητριακού) συρρικνώνομαι, μαραίνομαι, χάνω το περιεχόμενό μου: *φίνιασαν τα σιτάρια από το λίβα, σίγουρα θα μας λείψει το ψωμί φέτο*.
φιτιλιά η, διαβολή, συκοφαντία: *ποιος έβαλε τις φιτιλιές και τσακωθήκαμε, δεν κατάλαβα τελικά*.
φιτιλιάζω, (ιδίως για κλήματα αλλά και άλλα φυτά) αναπτύσσω τα πρώτα βλαστάρια σε μέγεθος φιτιλιού: *το κλήμα μας άρχισε και φιτιλιάζει, ήρθε πια η άνοιξη*.
φλέντζα η, σφλέντζα (βλ. λ.).
φλέσουρο το, εύφλεκτο ξερόκλαδο ή ό,τι άλλο, προσάναμμα, *φρούσαλο* (βλ. λ.).
φλιόγκος ο, φιόγκος.
φλιτουράω, **1.** ανασαλεύω, αναπη-

δώ, σκιρτώ: *όταν το μωρό είδε τη μάνα του να ζυγώνει, φλιτούρησε στην αγκαλιά της θείας του.* **2.** (μτφ., για την καρδιά) χτυπάω δυνατά, αναστατώνομαι, σκιρτώ: *φλιτουράει η καρδιά μου για ένα ταξίδι, αλλά δυστυχώς δεν αδειάζω.*
φλιτούρημα το, σάλεμα, σκίρτημα.
φλίτσι το, **1.** *πούσι* (βλ. λ.): *τα φλίτσια τα δίναμε στα ζωντανά ή γιομίζαμε μ' αυτά τα στρώματα.* **2.** το ξερό περίβλημα των φασολιών.
φλιώρος, -α, -ο, **1.** ασπριδερός. **2.** ονομασία άσπρου γιδιού.
φλόγωση η, έξαψη, φούντωση: *αιστάνουμαι μια φλόγωση στο πρόσωπό μου σαν κάψιμο.*
φλουδάω, ζεματάω, είμαι πάρα πολύ καυτός: *φλουδάει το φαΐ, αφήτε το να κρυώσει λίγο.*
φοκιάζω, περιορίζω, στριμώχνω, φυλακίζω: *ήρθανε στα χέρια στην πλατέα και τους πιάσανε και τους φοκιάσανε μέσα.*
φόκος ο, φωτιά με φλόγες.
φορτσέρι το, ξύλινο μπαούλο επενδυμένο ολόκληρο ή εν μέρει με κεντημένη λεπτή λαμαρίνα (*πάφιλο,* βλ. λ.)· λέγεται και *παφιλένιο μπαούλο.*
φορτωτήρα η, μικρό δοκάρι με διχαλωτή συνήθως απόληξη για τη στήριξη του φορτίου σε ζώο από το ένα μέρος, ώσπου να φορτωθεί και το άλλο και να επέλθει εξισορρόπηση του όλου φορτίου.
φορφώλιας ο, τακτικός θαμώνας της αγοράς, της πλατείας, κοτσοφωλιάρης.
φούγα η, **1.** ίσκιος, σιλουέτα, περίγραμμα φευγαλέας μορφής: *κάπου πήρε το μάτι μου τη φούγα σου, αλλά μετά σ' έχασα.* **2.** συρρίκνωση του καρπού των δημητριακών από ασθένεια ή λίβα: *τα 'πιασε φούγα τα γεννήματα φέτο και δε θα βγάλουμε τίποτα.* **3.** αρρώστια που παθαίνουν οι κότες: *μου πάθανε φούγα οι κότες και δε μου 'μεινε μία* (ψοφήσανε όλες).
φουγιάζω, **1.** (μτβ.) αναστατώνω, τρομάζω: *πέρασε γεράκι και φούγιασε τις κότες.* **2.** (αμτβ., για δημητριακά) συρρικνώνεται, δεν ψωμώνει ο καρπός μου λόγω ασθένειας ή λίβα: *φούγιασε το σιτάρ' απάνω στην ψάνη.* Το μ. **φουγιάζουμαι**, (για κότα) α. λουμώνω (βλ. λ.), ακινητοποιούμαι, τρομάζω: *φουγιάστηκαν οι κότες από γεράκι που πέρασε χαμηλά.* β. παθαίνω αρρώστια (*φούγα,* βλ. λ.) και ψοφάω.
φουγιάρης, -α, -ικο, αυτός που προσβλήθηκε από *φούγα* (βλ. λ.).
φουγιάρικος, -η, -ο, αυτός που ταιριάζει ή αναφέρεται στον *φουγιάρη* (βλ. λ.).
φουγιατίνι το, σωληνάκι του εμπροσθογεμούς κυνηγετικού όπλου, το οποίο περιέχει *γκιζότη* (βλ. λ.) και στο στόμιό του τοποθετείται το *καψούλι.*
φούλα η, αδερφούλα.
φούλης ο, αδερφούλης.
φουντάν το (άκλιτο), φοντάν, σοκολατάκι.
φουντέρα η, ακμή, κρίσιμη περίοδος: *να περάσει η φουντέρα του θέρου και τα ξανασυζητάμε.*
φούντουλας ο, λάμπαδος (βλ. λ.).
φουντουλώνω, (για φωτιά) λαμπα-

διάζω, καίω με μεγάλες φλόγες.

φουντωμάρα η, φλόγωση (βλ. λ.): *έχω μια φουντωμάρα, που δεν μπορώ να σταθώ πουθενά.*

φούρλα η, **1.** περιστροφική κίνηση στον χορό: για *σήκ' απάνω να φέρεις δυο φούρλες (να χορέψεις), να σε καμαρώσω.* **2.** (γενικά) γυροβολιά: *κάνε μια φούρλα να ιδώ το καινούργιο φουστάνι σου ολοτρόγυρα.*

φουρλατίζω, **1.** κάνω βόλτες, σουλατσάρω: *ούλη την ημέρα φουρλατίζει, δεν κάνει και τίποτα.* **2.** περπατάω, περιφέρομαι νευρικά: *αφού φουρλάτισε και μας έβρισε, πήγε στον αγύριστο.*

φουρλάτισμα το, νευρική ή άσκοπη συμπεριφορά.

φουρνιάζω, (για γυναίκα) χαυδώνω, κάθομαι άσεμνα με τα σκέλια ανοιχτά: *συμμαζέψου, μωρή, τι μας το φούρνιασες έτσι;*

φούρνιασμα το, χαύδωμα.

φουρνόδαυλο το, δαυλί του φούρνου.

φουσέκι το, (μτφ., με επιρρημ. σημ.) γρήγορα, τάχιστα, «σφαίρα»: *να πας και να γυρίσεις φουσέκι, μη χασοημερήσεις, σε περικαλώ.*

φουσκί το, κοπριά ζώων.

φουσκίζω, ρίχνω, σκορπίζω φουσκί (βλ. λ.) σε κήπο, χωράφι κ.λπ., για να ενισχύσω τη γονιμότητά του.

φούσκισμα το, η λίπανση χωραφιού, κήπου κ.λπ. με *φουσκί* (βλ. λ.).

φούσκος ο, πτώση καταγής από κάποιο ύψος, σπρώξιμο, παραπάτημα κ.λπ.: *ανέβηκε σε μια καρέκλα κάτι να φτάσει, παραπάτησε κι έφαγε ένα φούσκο που ήταν όλος δικός του.*

φραγκοτράπεζο το, τραπέζι με ψηλά (κανονικά) πόδια, σε αντίθεση με τον σοφρά που είναι τραπέζι χαμηλό.

φραγκοφορεμένος, -η, -ο, ο ντυμένος ευρωπαϊκά, όχι ελληνικά (με φουστανέλα).

φραγκόφτυαρο το, επίπεδος παραλληλόγραμμος δίσκος με λαβή στη βάση του, στον οποίο ο σοβατζής τοποθετεί μικρή ποσότητα λάσπης και σοβατίζει.

φριγκί (άκλιτο επίθ. αδιακρίτως γένους), ολοκάθαρος, λαμπερός, αστραφτερός: *τον έτριψα με σάχτη τον τέντζιερη και τον έκανα φριγκί.*

φρίζω, φρίττω, αισθάνομαι έντονη έκπληξη, δυσαρέσκεια, αποτροπιασμό: *έφριξ' ο κόσμος, όταν έμαθε ότι το παιδί βάρεσε τον πατέρα του* // *κάτσε φρόνιμα, παιδάκι μου, μη φρίζει ο κόσμος με τις χαζομάρες σου.*

φρίκα η, φρίκη, τρομάρα: *τράβηξα μια φρίκα, όταν πέρασε το φίδι από μπροστά μου, που δε λέγεται.*

φρουσαλάω, (κυρίως για ζώα) κινούμαι μέσα σε ξερόχορτα ή ξερόκλαδα και δημιουργώ μικρό αλλά συνεχή θόρυβο.

φρούσαλο το, μικρό ξερόκλαδο, προσάναμμα, φλέσουρο (βλ. λ.): *βάλε κάνα φρούσαλο στη φωτιά ν' ανάψει, τι περιμένεις;*

φρουσκουλιά η, φροξυλιά, κουφοξυλιά, σαμπούκος (ακτή μέλαινα).

φρύγγανο το, **1.** ξερόκλαδο, προσάναμμα. **2.** (μτφ.) πράγμα κατάξερο: *το ψωμί γίνηκε φρύγγανο, δε γλωσσιάζεται.*

φταπόδι το, χταπόδι.

φταποδόρυζο το, φαγητό με χταπό-

δι και ρύζι: *φάγαμ' ένα φταποδόρυζο πολύ νόστιμο.*
φτεναίνω, (μτβ. και αμτβ.) λεπταίνω, μειώνομαι σε πάχος: *μην το φτεναίνεις άλλο το ραβδί, θα το σπάσεις* // *εφταίνυνε πολύ τώρα που μεγάλωσε το παιδί.*
φτένεμα το, η ενέργεια και το αποτέλεσμα του *φτεναίνω* (βλ. λ.).
φτερακάω, 1. πετάω: *φτεράκηξε η κότα κι επήγε στην αυλή της γειτόνισσας* // *τα πουλιά φτερακάνε από κλαρί σε κλαρί.* **2.** φρ.: α. **φτερακάει η καρδιά μου**, επιθυμώ, θέλω κάτι. β. **φτερακάει το μυαλό μου**, πετάει ο νους μου.
φτεράκωμα το, πέταμα, πτήση.
φτερακώνω, φτερακάω (βλ. λ.): *φτεράκωσε κι έφυγε η κορακάξα, μόλις μας είδε.*
φτιλι το, **1.** φιτίλι, θρυαλλίδα: *να βάλεις φτίλι στο λυγνάρι και να τ' ανάψεις.* **2.** πυροδοτική θρυαλλίδα: *θυμήσου να πάρουμε φτίλι για το φουρνέλο.*
φτιλιάζω, 1. τοποθετώ φιτίλι στο λυχνάρι. **2.** τοποθετώ πυροδοτική θρυαλλίδα για έκρηξη.
φτούνος, -η, -ο, αυτός: *φτούνος, μάικο, ζει πίσω από τον κόσμο.*
φτούριος, -ια, -ιο, αυτός που διαρκεί, που επαρκεί, που φτουράει: *φτούριο φαΐ οι χυλοπίτες.*
φύλαμα το, φύλαγμα.
φυλαχτά (επίρρ.), με τρόπο μη αντιληπτό, με προφύλαξη: *φυλαχτά να παρακλουθάς τα παιδιά που παίζουν, να μη σε βλέπουν.*
φυλαχτικά τα, φύλακτρα, πληρωμή για φύλαξη: *σιγά μη σου δόκω και φυλαχτικά για δυο μέρες που μου πρόσεξες τα ζωντανά.*
φύλλα τα, κορφάδες (βλ. λ.), αποξηραμμένες αραποσιτόκλαρες (βλ. λ.), από τον καρπό και πάνω, που δίνονται ως τροφή στα υποζύγια, κυρίως τους χειμερινούς μήνες: *ρίξε ένα δεμάτι φύλλα στο μουλάρι κι ετοιμάσου να φύγουμε.*
φυράδα η, χαραμάδα, χάσμα: *κάπου έχει μια φυράδα το παρεθύρι και μπάζει κρύο.*
φωτάω, 1. φωτίζω, φέγγω: *η λάμπα δε φωτάει καλά απόψε.* **2.** (σε χρήση μόνο το τρίτο πρόσωπο εν.) ξημερώνει, φέγγει, χαράζει: *κοιμήσου, δε φώτησε ακόμα, μη σηκώνεσαι.*
φωτερίζω, (συνθ. μαστ. γλ.) βλέπω.
φώτημα το, ξημέρωμα, χάραμα: *με το φώτημα είχαμε φτάσει στην Καρκαλού.*
φωτιά η, **1.** (μτφ.) πυροβολισμός, σμπάρος: *με δυο φωτιές τέζα ο λαγός.* **2.** ο επικρουστήρας (με το ελατήριό του) των παλιών εμπροσθογεμών όπλων. **3.** υπομόχλιο: *βάλ' του μια φωτιά, να ιδείς για πότε ξεκωλώνεται το λιθάρι.* **4.** παρακίνηση με κακή πρόθεση: *για να θυμώσει έτσι, κάποιος του 'βαλε φωτιές.*
φωτογωνιά η, μικρό πλακόστρωτο τμήμα δωματίου (κολλητό σε τοίχο), όπου καίει φωτιά για τη θέρμανση του σπιτιού, εστία, δάπεδο τζακιού: *το χειμώνα καθόμαστε ούλοι γύρω από τη φωτογωνιά και λέγαμε παραμύθια.*
φωτώντα (επίρρ.), με το χάραμα: *φωτώντα οι Στρεζοβινοί είχανε φτάσει κιόλας στα Λαγκάδια με τα γεννήματά τους.*

χαβδάλωμα το, η ενέργεια και το αποτέλεσμα του χαβδαλώνω (βλ. λ.).

χαβδαλώνω, θέτω κάτι ανάμεσα και κάτω από τα ανοιχτά σκέλια μου: *τι τη χαβδάλωσες τη φωτιά, θέλουνε κι άλλοι να πυρωθούνε.*

χαβιά η, **1.** χαλινάρι. **2.** (μτφ.) φίμωτρο: *του έχει περάσει χαβιά η γυναίκα του, δεν κάνει τίποτα, αν δεν τη ρωτήσει.*

χάβωμα το, **1.** χαλίνωμα, πέρασμα της χαβιάς (βλ. λ.) στο στόμα του αλόγου. **2.** φίμωμα.

χαβώνω, 1. χαλινώνω, φοράω χαβιά (βλ. λ.) σε ζώο. **2.** αφαιρώ κάθε πρωτοβουλία από κάποιον: *τον έχει χαβωμένο η γυναίκα του, μην περιμένετε απάντηση από δαύτον.*

χάιδα μου (επιφων. έκφρ.), κλητική προσφώνηση τρυφερότητας, χαϊδεμένε μου: *θα πας, χάιδα μου, να μου φέρεις ένα κανάτι κρύο νερό από τη βρύση;*

χαϊδολόγημα το, χάδι, θωπεία: *τα χαϊδολογήματα αρέσουν στα μωρά.*

χαϊδούτσος ο, ο πολύ χαϊδεμένος άνθρωπος, χαϊδούλης: *να ιδούμε, θα μαζευτεί σήμερα από το παιγνίδι ο χαϊδούτσος ο γιος μας;*

χάιδω μου (επιφων. έκφρ.), χάιδα μου (βλ. λ.).

χαϊλός, -ή, -ό, εκστατικός, άναυδυς.

χαΐλωμα το, το αποτέλεσμα του χαϊλώνω (βλ. λ.).

χαϊλώνω, μένω άναυδος, μένω με ανοιχτό το στόμα: *χαΐλωσα, όταν τον άκουγα να λέει αυτά τα φοβερά πράματα.*

χαϊμένος, -η, -ο, **1.** καχεκτικός, αδύνατος, κακοφτειαγμένος: *θέλει κότσια αυτή η δουλειά, πού να τη βγάλει πέρα αυτό το χαϊμένο!* **2.** ιδιότροπος, στριμμένος: *χαϊμένος άνθρωπος, καλημέρα του λες και βρίσκεις τον μπελά σου.*

χαϊμός ο, χαμός.

χαιρετάω, κάνω επίσκεψη στον εορτάζοντα κατά την ονομαστική του γιορτή, για να του δώσω τις ευχές μου: *αύριο γιορτάζει ο φίλος μου, θα πάω να τον χαιρετήσω.*

χαιρετούρα η, επίσκεψη για ευχές σε κάποιον που γιορτάζει: *σήμερα γιορτάζουν οι Γιώργηδες κι έχουμε να κάνουμε πολλές χαιρετούρες.*

χαϊρλίτικος, -η, -ο, γούρικος, καλότυχος, χαρούμενος: *έμαθα ότι τέλειωσες το σπίτι· άιντε, χαϊρλίτικο να 'ναι // πάμε να κεράσεις, να σου ειπούμε τα χαϊρλίτικα για την αρρεβώνα της κόρης σου.*

χαϊρουλας (άκλιτη τούρκικη λ.), λ. που εκφράζει έκπληξη και απορία για ξαφνική και απροσδόκητη εμφάνιση φίλου, γνωστού κ.λπ. και ισοδυναμεί με «τι συμβαίνει;», «πώς ήταν αυτό;», «πώς και έτσι;»: *ήρθες, Χρίστο, χαϊρουλας.*

χάι-χούι το, σήκω-κάτσε, πήγαινε-έλα: *δεν το αντέχω το χάι-χούι ουλουνώνε σας, θα πάρω τα μάτια μου να φύγω.*

χαλβαδιάζω, βάνω κάτι στο μάτι, εποφθαλμιώ: *τον χαλβάδιαζε πολύν καιρό έναν κόκορα, και τελικά τον έκλεψε ο ανεχρόνιαγος.*

χαλιάς ο, **1.** τόπος γεμάτος χαλίκια, μικρές πέτρες: *δεν είναι χωράφι αυτό, ένας χαλιάς που δε φυτρώνει τίποτα είναι.* **2.** σωρός από χαλίκια: *εκεί στο χαλιά ακούμπα το.*

χαλιουράω, (για μωρά) παίζω στην κούνια κουνώντας χέρια-πόδια και εκβάλλοντας ήρεμες άναρθρες κραυγές: *άσ' το παιδάκι να χαλιουρήσει λίγο, να κοπεί (να κουραστεί) και μετά το δένεις (το φασκιώνεις).*

χαλιούρημα το, το ήσυχο παίξιμο του μωρού στην κούνια του.

χαλκούνι το, είδος ηχηρού πυροτεχνήματος των εορτών του Πάσχα (χάλκινος ή σιδερένιος σωλήνας που γέμιζαν μπαρούτη και τον πυροδοτούσαν).

χαλούπωμα το, σουρούπωμα, νύχτωμα: *με το χαλούπωμα να 'χεις έρθει.*

χαλουπώνω, **1.** με βρίσκει το χαλούπωμα (βλ. λ.): *ευτυχώς που χαλούπωσα κοντά στο χωριό και δεν περπάτησα πολύ στο σκοτάδι.* **2.** (σε χρήση μόνο το τρίτο πρόσωπο εν.) σουρουπώνει: *χαλούπωσε κι ακόμα δε γύρισαν από το χωράφι.*

χαμόβατο το, χαμηλό βάτο: *έσκισα τα πόδια μου σε κάτι χαμόβατα μες στο δρόμο.*

χαμούζα η, ανεξάρτητος στάβλος, καλύβι, χαμοκέλα για στέγαση ζώων: *κλείσε τα πράματα στη χαμούζα κι έλα να φάμε.*

χαμπέρι το, το γυναικείο αιδοίο: *σκεπάσου, κοντεύει να φανεί το χαμπέρι σου.*

χαμπερίζω, χαμπαρίζω, λαμβάνω υπόψη, λογαριάζω: *δε χαμπερίζει κανέναν αυτός, ό,τι θέλει κάνει.*

χαμπηλομάτης, -α, -ικο, χαμηλομάτης, χαμηλοθώρης, ντροπαλός, ύπουλος.

χαμπηλομάτικος, -η, -ο, αυτός που ταιριάζει ή αναφέρεται στον *χαμπηλομάτη* (βλ. λ.).

χαμπηλός, -ή, -ό, χαμηλός.

χαμπηλοτάβανος, -η, -ο, χαμηλοτάβανος.

χαμπηλούτσικος, -η, -ο, χαμηλούτσικος.

χαμπήλωμα το, χαμήλωμα.

χαμπηλώνω, χαμηλώνω.

χανάκα η, περιλαίμιο με πολλά γκιργκινέλια (βλ. λ.) που κρεμούν στον λαιμό ζώου για παρακολούθηση και για φουμιά.

χανιάτικα τα, έξοδα διανυκτέρευσης σε χάνι.

χανταβουλιάζω, εξαφανίζω, κλέβω: *πού το χανταβούλιαξες πάλι τούτο;*

χαντρί το, γυναικείο αιδοίο: *οι γυναίκες σήμερα με το ντύσιμο που κάνουν κοντεύουν να βγάλουν τα χαντριά τους στη λάκκα.*

χαντρολαίμι το, περιδέραιο, κολιέ: *τι μου τα 'βαλες φτούνα τα χαντρολαίμια στο λαιμό σου;*

χάντρωμα το, τρόπος σύνδεσης νέου τοίχου κολλητού σε παλιό (αφαίρεση μερικών γωνιόλιθων του παλιού τοίχου και τοποθέτηση συνδετήριων λίθων στους δυο τοίχους, παλιό και καινούργιο).

χαράκι το, **1.** κοντύλι: *τ' αρέσει να γράφει με το χαράκι στην πλάκα*. **2.** ξύλο πάνω στο οποίο σημείωναν με χαρακιές την ποσότητα γάλακτος (*κούτουλες*, βλ. λ., ή *καρδάρες*) που αλληλοδανείζονταν δυο ή περισσότεροι *σμίχτες* (βλ. λ.) για τυροκόμηση.

χαραμοταΐζω, ταΐζω και γενικά φροντίζω κάποιον που δεν το αξίζει: *τον χαραμοτάισα για κάνα χρόνο τον αχαΐρευτο, λες και του το χρώσταγα*.

χαραμοτάισμα το, η ενέργεια και το αποτέλεσμα του *χαραμοταΐζω* (βλ. λ.).

χαραμοταϊσμένος, -η, -ο, χαραμοφάης, αυτός που ανώφελα τρέφεται ή αμείβεται, γιατί δεν παράγει κανένα έργο: *το χαραμοταϊσμένο το παιδί του έμεινε στην ίδια τάξη*.

χαραμοφάγος, -α, -ο, χαραμοφάης.

χαράρι το, κυλινδρικό δίχτυ (ξύλινα ραβδιά με μικρά διάκενα μεταξύ τους και συνδεδεμένα με λεπτά σχοινιά) για τη μεταφορά άχυρου με τα υποζύγια.

χαρβαλιάρης, -α, -ικο, χαλασμένος, ερειπωμένος: *είχε ένα μύλο και 'κείνον χαρβαλιάρη*.

χαρβαλιάρικος, -η, -ο, αυτός που ταιριάζει ή αναφέρεται στον *χαρβαλιάρη* (βλ. λ.).

χάρβαλο το, κουδούνι (*τροκάνι*, βλ. λ., *τσιοκάνι*, βλ. λ., *γκιργκινέλι*, βλ. λ.) που κρεμούν στον λαιμό ζώου, για να το παρακολουθούν αλλά και για στολίδι: *ο τσιοπάνης που πένθαγε άφηνε κάνα δυο χάρβαλα μονάχα στα ζωντανά του* (γιδοπρόβατα) *και τ' άλλα τα 'βγαζε*.

χάρη η, **1.** γαμήλιο χρηματικό δώρο συγγενών και φίλων στους νιόπαντρους: *πρέπει να δώσουμε και τη χάρη στα νιογάμπρια*. **2.** προβατίνα ή γίδα προσφερόμενη δωρεάν από συναδέλφους του σε κτηνοτρόφο μετά από καταστροφή του κοπαδιού του: *βγήκε ο καημένος για χάρες ύστερα από τον ψόφο των ζωντανών του*. **3.** (συνοδευόμενη από την προσωπική αντων., *σου, της, σας, τους* κ.λπ.) έκφραση ειρωνείας, απαξιώσης, περιφρόνησης: *δεν ήξερα ότι θα γύριζε τόσο γλήγορα η χάρη σου, για να σου 'τοίμαζα τραπέζι*.

χαριτώνω, χαρίζομαι, συγχωρώ: *αυτό που είπες ήταν βαρύ, δε θα σου το χαριτώσω ποτέ // δε χαριτώνει αυτός, τηράει το συφέρο του*.

χαρκαδέλα η, κρίκος: *έσπασε μια χαρκαδέλα από το καπίστρι του μουλαριού και δε βρίσκω άλλη τώρα να κάνω τη δουλειά μου*.

χαρόνια τα, ποικιλία φασολιών.

χαρτί το, (σε πολύ παλιότερη εποχή) χαρτονόμισμα των εκατό δραχμών: *τράβηξε από το σιλάχι του ένα μάτσο χαρτιά και πλέρωσε το χωράφι π' αγόρασε*.

χαρχάλω η, η γυναίκα με ψηλά κι αδύνατα πόδια.

χασαπολίβαδο το, λιβάδι όπου έβοσκαν μονάχα τα προς σφαγή ζώα των χανάπηδων.

χασαποποδιά η, ποδιά εργασίας του χασάπη.
χασαποσκυλεύω, (μτφ.) περιφέρομαι άσκοπα, χαζεύω, όπως τα χασαπόσκυλα.
χάσβαλο το, λιανό ξύλο, κατάλληλο περισσότερο για προσάναμμα: *δε βρήκα χοντρά ξύλα, κάτι χάσβαλα ζαλώθηκα κι ήρθα.*
χασκαρητό το, *χάσκαρος* (βλ. λ.).
χασκαρογελάω, γελάω δυνατά: *χασκαρογελάγανε και πίνανε.*
χάσκαρος ο, τρανταχτό, δυνατό γέλιο: *κάνανε κάτι χάσκαρους, που τους άκουγε ούλ' η γειτονιά.*
χασοημεράω, χασομερώ.
χασοημέρης ο, χασομέρης.
χασοημέρι το, χασομέρι.
χασοημέρια η, χασομέρι: *αυτό που μου γυρεύεις δε γίνεται, γιατί θέλει μεγάλη χασοημέρια.*
χασοπαραδιά η, το άσκοπο χάσιμο χρημάτων, η χωρίς κέρδος εργασία κ.λπ.: *μ' αυτήν τη δουλειά π' αρχίνησε, χασοπαραδιά θα έχει παρά κέρδος // χασοπαραδιές είν' ούλα τούτα, δεν κάνεις τίποτα.*
χάχαλο το, ξερόκλαδο, προσάναμμα: *βάλε κάνα χάχαλο στη φωτιά ν' ανάψει.*
χαχαλοπόδαρος, -η, -ο, αυτός που έχει πολύ ισχνά πόδια.
χαχαλοπόδης, -α, -ικο, *χαχαλοπόδαρος* (βλ. λ.): *μας παρασταίνει και την όμορφη η χαχαλοπόδα.*
χαχαλοπόδικος, -η, -ο, αυτός που ταιριάζει ή αναφέρεται στον *χαχαλοπόδη* (βλ. λ.).
χείλο το, χείλος: *σκάσανε τα χείλα μου από τον αέρα.*

χειμωνιάτικο το, το δωμάτιο του χωριάτικου σπιτιού όπου βρίσκεται η εστία, το τζάκι.
χελιδόνα η, μεταλλικό εξάρτημα του νερόμυλου, σε σχήμα φιόγκου, που εφαρμόζει σε αρνητική υποδοχή της άνω μυλόπετρας και την περιστρέφει ισοταχώς με τη φτερωτή.
χελωνάς, -ού, αυτός που έχει εξογκώματα (λιπώματα) στο κεφάλι.
χεράδα η, χεριά, ποσότητα πράγματος (κυρίως για στάχυα, βλαστάρια με φύλλα κ.λπ.), που μπορεί να χωρέσει στο κοίλο του χεριού (χούφτα): *άφηκες μια χεράδα στάχυα άθερα εκεί στην άκρη, πάγαινε να τα μαζέψεις.*
χεραδικό το, χελώνι (χοιράς), διόγκωση και σκλήρυνση των αδένων του λαιμού.
χεράμι το, χράμι, ελαφρό κλινοσκέπασμα.
χερίκωμα το, η ενέργεια και το αποτέλεσμα του *χερικώνω* (βλ. λ.).
χερικώνω, 1. καταβάλλω, νικώ κάποιον: *αυτόν μπορώ και τον χερικώνω, με τον άλλο τι μου κάνεις.* **2.** ενοχλώ σεξουαλικά, συνουσιάζομαι: *την ήβρε μοναχή στο βουνό και τη χερίκωσε.*
χέρισος, -η, -ο, χέρσος.
χεροδίνω, 1. δίνω το χέρι μου για χειραψία, χαιρετώ: *όταν ανταμώνουμε με τους γνωστούς μας, χεροδίνουμε.* **2.** επισφραγίζω συμφωνία με χειραψία: *συφωνήσαμε σ' ούλα και στο τέλος χεροδώκαμε κιόλας.*
χεροδόσιμο το, χειραψία.
χερόλαιμος ο, **1.** χοιρόλαιμος (ασθένεια του στόματος των χοίρων). **2.**

(μονολεκτικά) ως ευχή να πάθει κάποιος την ασθένεια αυτή, για να μη φλυαρεί, γκρινιάζει, βήχει ή κλαίει (μικρό παιδί), ή ως επιταγή να σταματήσει αμέσως να κάνει κάτι από αυτά· στη δεύτερη περίπτωση **χερόλαιμος**, σκασμός!

χερομάντιλο το, το συνηθισμένο μικρό σε μέγεθος μαντίλι (σε αντίθεση με τα *μπαρέζια*, βλ. λ., τσεμπέρια και μαντίλια λαιμού), μυξομάντιλο.

χεροπήχι το, μονάδα μέτρησης του πανιού του αργαλειού (το μήκος του αγκώνα μέχρι την άκρη του μεσαίου δάχτυλου του χεριού).

χεροτρίβω, πλένω ρούχα τρίβοντάς τα, πλένω πρόχειρα: *χερότριψε μια στιγμή το πουκάμισο του πατέρα σου.*

χερότριμμα το, πλύσιμο ρούχων με το χέρι: *κάνε ένα χερότριμμα σ' εκείνα τα ρουχαλάκια, να φύγουνε από τη μέση.*

χεσιά η, **1.** η ποσότητα κοπράνων μιας αφόδευσης. **2.** (μτφ.) ελάχιστη έκταση γης, αγρού κ.λπ.: *πήρε κι αυτός προίκα μια χεσιά χωράφι.*

χεστάρεση η, αταξία, κατάσταση απαράδεκτη από κάθε άποψη: *στο σπίτι της χεστάρεση! Άλλο πράμα από 'δώ κι άλλο πράμα από 'κεί πεταμένο // μια κατάσταση χεστάρεση· αδέρφια και να μη μιλάνε μεταξύ τους.*

χεσταριό το, **1.** τόπος αποπάτησης. **2.** (μτφ.) άσχημη κατάσταση πραγμάτων: *η υπόθεση έγινε χεσταριό.*

χιδεμένος, -η, -ο, κακόμοιρος, δυστυχισμένος, συφοριασμένος: *τι 'θελε το χιδεμένο να περάσει το ποτάμι με τέτοια κατεβασιά;*

χιδιά η, **1.** δυστυχία, συμφορά, βαρύτατο πλήγμα: *την ήβρε μεγάλη χιδιά την έρημη· πάνω στ' ανάθρεμμα των παιδιών της έχασε τον άντρα της.* **2.** φρ.: *χιδιά μου,* γλυκό μου, αγαπημένο μου, παιδάκι μου (κλητική προσφώνηση σε μωρό, και μάλιστα όταν κλαίει).

χιλιογαμημένη η, (με υπερβολή) γυναίκα που γνώρισε σεξουαλικά πολλούς άντρες, ανήθικη (όχι πόρνη): *ήταν ο τελευταίος που πήγε μαζί της, τον πιάσανε και του τη φορτώσανε τη χιλιογαμημένη.*

χιλιοκουβεντιασμένη η, γυναίκα πολυσυζητημένη για τον επίμεμπτο ηθικό βίο της: *τώρα μας παρασταίνει την άγια η χιλιοκουβεντιασμένη.*

χιλιολογήτικος, -η, -ο, πολυειδής, ποικίλος, χίλιων λογιών: *είχε χιλιολογήτικα πράματα στο πανηγύρι.*

χιλιοτρουπημένη η, χιλιογαμημένη (βλ. λ.).

χιλιοχρονίτικος, -η, -ο, χιλιόχρονος, παμπάλαιος: *φοράει ένα σακάκι χιλιοχρονίτικο, κρίμα στα λεφτά του.*

χιόνα η, ονομασία άσπρης γίδας.

χιονίδα η, φαρμακερό χορτάρι (κολχικό, σπασόχορτο), που φυτρώνει σε αποσκερά μέρη και είναι θανατηφόρο για τα γιδοπρόβατα.

χιονόκαιρος ο, καιρός με κύρια χαρακτηριστικά το χιόνι και το κρύο.

χιούνω, χύνω: *σκόνταψε κι έχιουσε το φαΐ που πήγαινε στους μαστόρους.*

χλαπουτάω, χλαπακιάζω.

χλαπούτημα το, η ενέργεια και το αποτέλευμα του *χλαπουτάω* (βλ. λ.).

χλέπα η, **1.** *χλέπι* (βλ. λ.). **2.** (μτφ. και υποτιμητικά) όχλος, ομάδα ανυπόληπτων ανθρώπων: *μαζεύτηκε στο γάμο απρόσκλητη ούλ' η χλέπα του μαχαλά.*
χλέπι το, **1.** χνουδωτό χόρτο σε πέτρες και δέντρα, βρύο, μούσκλο. **2.** είδος μούχλας (γλοιώδης κρούστα) που δημιουργείται στην επιφάνεια στάσιμου νερού, μέσα στο οποίο μουσκεύεται κάτι για αρκετό καιρό, π.χ. ελιές.
χλεπιάζω, αποκτώ χλέπι (βλ. λ.): *οι πέτρες στο ποτάμι είναι χλεπιασμένες, πρόσεχε μη γλιστρήσεις // ν' αλλάξεις το νερό στις ελιές, γιατί χλέπιασε.*
χλιάδα η, **1.** ελαφρό ζέσταμα: *μην το βράσεις το γάλα, μια χλιάδα να πάρει και βγάλ' το.* **2.** θαλπωρή, ζεστασιά: *έκαιγε το τζάκι κι είχε μια χλιάδα το χειμωνιάτικό τους να τη ζηλεύεις.*
χλιβερός, -ή, -ό, θλιβερός: *θα ειπώ τραγούδι χλιβερό και παραπονεμένο* (δημ. τραγ.).
χλίβουμαι, θλίβομαι: *κλαίει και χλίβεται νύχτα και ημέρα η δύστυχη για το σκοτωμό του γιου της.*
χλιμιτράω, χλιμιντρίζω: *χλιμιτράνε τ' άλογα, βάλ' τους φαΐ να φάνε.*
χλίος, -α, -ο, χλιός, χλιαρός: *χλίο να το κάνεις το γάλα, να μην το βράσεις.*
χλόζω, βρίθω, είμαι γεμάτος: *ο τόπος εδώ χλόζει από φίδια.*
χλωρατσιά η, χλωρασιά, χλόη, πρασινάδα.
χνούδο το, χνούδι.
χολιαστός, -ή, -ό, θυμωμένος, κακιωμένος: *δε μας μιλάει, κάνει το χολιαστό καμιά δεκαριά ημέρες.*
χολιάω, (μτβ. και αμτβ.) θυμώνω, κακιώνω: *μην του χολιάς, δεν το είπε για κακό // χόλιασε και δεν έφαγε ο μικρός.*
χονίδι το, (για φούρνο) υπερθέρμανση, πυράκτωμα: *γίνηκε χονίδι ο φούρνος, μπορείς να τα ρίξεις τα ψωμιά.*
χονιδιάζω, (μτβ. και αμτβ., για φούρνο) υπερθερμαίνομαι, πυρακτώνομαι: *θα τον χονιδιάσεις το φούρνο έτσι που τον μπουστουκώνεις συνέχεια // μη βάνεις άλλα ξύλα, δεν τον βλέπεις το φούρνο που χονίδιασε;*
χονίδιασμα το, η ενέργεια και το αποτέλεσμα του χονιδιάζω (βλ. λ.).
χοντρικά (εννοούνται *ρούχα*) τα, ο βαρύς ρουχισμός του σπιτιού· κλινοσκεπάσματα, κιλίμια, σαλότα (βλ. λ.) κ.λπ.
χοντροδέματος, -η, -ο, ο με αδρά, χοντρά χαρακτηριστικά: *ήταν ένας άντρας ψηλός και χοντροδέματος.*
χοντροκώλης, -α, -ικο, αυτός που έχει χοντρά, ογκώδη οπίσθια.
χοντροκώλικος, -η, -ο, αυτός που ταιριάζει ή αναφέρεται στον χοντροκώλη (βλ. λ.).
χοντρολιά η, χοντρή, μεγάλη ελιά (καρπός).
χοντρόρουχο το, κλινοσκέπασμα.
χοντροσίτι το, ποικιλία σιταριού με χοντρό σπυρί.
χοντροσκούτι το, χοντρόσκουτο (βλ. λ.).
χοντρόσκουτο το, κλινοσκέπασμα.
χοριδένιος, -α, -ο, ο καμωμένος με χορίδι (βλ. λ.): *χοριδένια λάσπη.*
χορίδι το, χορίγι, ασβέστης.

χορτάρι το, (μτφ.) ανάλατη, άνοστη ύλη: *βάλε λίγο αλάτι στο φαΐ, είναι μπίτι χορτάρι.*

χουλιαρομετράω, 1. μετράω υγρή ή ρευστή ύλη με μεγάλη χουλιάρα (κουτάλα). 2. τρώγω αργά ή ανόρεχτα: *τι το χουλιαρομετράς το φαΐ σου, τέλειωνε καμιά φορά.*

χουρχούρα η, μικρό τροκάνι (βλ. λ.) προβάτων: *είναι πολύ ωραία ν' ακούς πολλές χουρχούρες να χτυπάνε μαζί.*

χούρχουρη η, μικρή στοά του νερόμυλου, όπου υπάρχουν διάφορα εξαρτήματα απαραίτητα για την κίνησή του, όπως η φτερωτή, το *σιφούνι* (βλ. λ.), το *αδράχτι* (βλ. λ.) κ.λπ.

χουρχουρητό το, 1. θόρυβος νερού που πέφτει από ψηλά. 2. δύσπνοια συνοδευόμενη από θόρυβο, ροχαλητό.

χουρχουρίζω, 1. (για νερό) κάνω θόρυβο πέφτοντας από ψηλά. 2. αναπνέω κάνοντας χουρ-χουρ, εξαιτίας κρυώματος ή άλλου σοβαρού λόγου: *χουρχουρίζει το στήθος μου κάνα δυο ημέρες, φαίνεται θα άρπαξα καμιά πούντα.*

χουρχούρισμα το, χουρχουρητό (βλ. λ.).

χουχουλάω, με την ανάσα μου προσπαθώ να ζεστάνω τα παγωμένα χέρια μου: *είναι κάρκανο τα χέρια μου, τόσην ώρα τα χουχουλάω και δεν μπορώ να τα ζεστάνω.*

χουχουλητό το, 1. ζέσταμα με την ανάσα. 2. αναστεναγμός: *δεν μπορώ πια τα χουχουλητά σου, μου ραΐζουν την καρδιά.*

χουχουλιέμαι, αναστενάζω, κλαίγομαι: *μη χουχουλιέσαι συνέχεια, σε βαρέθηκα πια.*

χουχουλόγιωργας ο, μπούφος.

χράπιος, -ια, -ιο, σαθρός, σάπιος, ξεχαρβαλωμένος: *το πάτωμα είναι χράπιο, θέλει σύντομα άλλαγμα.*

χρεμπέλα η, εντελώς άγονο χωράφι: *κάτι χρεμπέλες του 'δωκε ο πατέρας του, τα καλά τα πήρε ο μικρότερος γιος, για να τον κοιτάξει τάχα.*

χριοφειλέτης ο, χρεοφειλέτης, χρεώστης: *έκλεισε το μαγαζί του από τους πολλούς και κακούς χριοφειλέτες του.*

Χριστού του (γεν. του ονόματος *Χριστός*), Χριστούγεννα: *του Χριστού οι περισσότεροι πατριώτες σφάζανε τα γουρούνια τους κι όχι τις Απόκριες.*

χρόνια τα, ετήσιο μνημόσυνο: *την Κυριακή που μας έρχεται έχουμε τα χρόνια της γιαγιάς.*

χρουμπουλιάζω, αδράχνω, πιάνω: *το χρουμπούλιασε το κομμάτι το ψωμί κι έφυγε.*

χρουμπούλιασμα το, άδραγμα, πιάσιμο.

χρυσώνω, ικετεύω, θερμοπαρακαλώ: *τον εχρύσωσα να με βοηθήκει λίγο στο χτίσιμο του σπιτιού, αλλά πού.*

χτενάκι το, εδώδιμο αγριόχορτο.

χτένι το, 1. εργαλείο των *πελεκάνων* (βλ. λ.). 2. το πλατύ σκέλος του κασμά. 3. ξάστρα (βλ. λ.): *φέρε τα χτένια να ξάνουμε τα μαλλιά.*

χτενιά η, χτένι (βλ. λ.).

χτενισιά η, χτένισμα: *οι γυναίκες του χωριού μας παλιά έκαναν διάφορες χτενισιές.*

χτένω, χτίζω: *όταν χτέναμε το καλύβι μας στου Καμπέτα, είχαμε την κατο-*

χυλοπιαστό

χή των Γερμανών.

χυλοπιαστό το, είδος ύφανσης σεντονιών αργαλειού.

χυλός ο, (μτφ.) μούσκεμα, λούτσα: *μ' έπιασε δυνατή βροχή και γίνηκαν τα σκουτιά μου χυλός.*

χωματίζουμαι, (για ζώα) ακουμπώ τη μουσούδα μου στο χώμα για ανεύρεση τροφής, βγαίνω από το στάβλο και έρχομαι σε επαφή με τη φύση: *βγάλ' τα τα ζωντανά να χωματιστούνε λίγο και ξαναβάλ' τα μέσα, γιατ' έχει πολύ κρύο.*

χωμάτισμα το, το αποτέλεσμα του χωματίζουμαι (βλ. λ.).

χωματουλέας ο, **1.** χωματίλα, οσμή φρεσκοσκαμμένου ή βρεγμένου χώματος. **2.** (μτφ.) υποψία θανάτου: *δεν τον βλέπω καλά τον μπαρμπα-Μήτσιο, σάμπως μυρίζει χωματου-*

χωσιά

λέα (θα πεθάνει).

χωραφιάρα η, **1.** κατσίκα ή προβατίνα που εξακολουθητικά ξεκόβει από το κοπάδι και μπαίνει σε σπαρτά, προκαλώντας ζημιά. **2.** (μτφ.) ελαφρών ηθών γυναίκα, άπιστη σύζυγος: *του βγήκε λίγο χωραφιάρα η γυναίκα, αλλ' ας ανοίξει τα μάτια του να τη συμμαζέψει.*

χωριδάκι το, χωριουδάκι, μικρό χωριό: *στο δρόμο για την Τρίπολη συναντάει κανείς πολλά χωριδάκια.*

χωσιά η, κρύψιμο (χώσιμο στο έδαφος) καρυδιών την ώρα της συλλογής από κάποιον καλεσμένο να βοηθήσει, για να περάσει ύστερα να τα πάρει: *εγώ τον πήρα να με βοηθήκει να μαζέψουμε τα καρύδια, κι εκείνος δε σταμάτησε να κάνει χωσιές.*

ψαγνίδα η, πιτυρίδα: *με τόσο λούσιμο και πάλι το κεφάλι μου είναι συνέχεια γιομάτο ψαγνίδα.*
ψαγνός, -ή, -ό, ψαχνός.
ψάγνω, ψάχνω.
ψαθολούρι το, ασθένεια των εντέρων θηλαζόντων νηπίων και νεογνών ζώων που εκδηλώνεται με έντονους πόνους και διάρροια, είδος δυσεντερίας: *το 'κοψε ψαθολούρι το κατσίκι και ψόφησε.*
ψαλίδι το, ανάστημα, μπόι: *τα διπλάρια (δίδυμα) είναι ακριβώς ένα ψαλίδι (έχουν το ίδιο μπόι).*
ψαλμουδία η, ψαλμωδία.
ψανιάζω, (για σιτηρά) βρίσκομαι στο στάδιο της ψάνης, δηλ. μόλις αρχίζει να σφίγγει το σπυρί μου: *ψανιάσανε τα σιτάρια, σε λίγες ημέρες θα 'χουμε θέρο.*
ψαχτά (επίρρ.), ψάχνοντας: *ήταν πίσσα σκοτάδι στο κατώι και μόνο ψαχτά μπόρεσα και ήβρα το βαγένι.*
ψειρίζω, ψάχνω, εξετάζω, λεπτολογώ: *τι το ψειρίζεις το φαΐ σου, τρώγε το επιτέλους να τελειώνουμε.*
ψευτίζω, αθετώ τον λόγο μου, δεν ανταποκρίνομαι σε υπόσχεση που έδωσα: *με ψεύτισε ο φίλος μου, δεν ήρθε να με βοηθήκει, όπως είπε, στο θέρο.*
ψευτοκουράγιο το, προσπάθεια για απόκτηση θάρρους, ψυχικής αντοχής σε αντίξοες περιστάσεις: *κάνει ψευτοκουράγιο, ώσπου να βγει η αναπηρική σύνταξή του από το στρατό.*
ψήλος ο, ύψος, μπόι: *ο μικρότερος αδερφός πέρασε το μεγαλύτερο στον ψήλο.*
ψηλοτήρης ο, αυτός που κοιτάζει ή δίνει την εντύπωση ότι κοιτάζει ψηλά, αλλήθωρος.
ψήλου του (γεν. εν. του ψήλος, βλ. λ., επίρρ.), ψηλά, σε ύψος: *ο χαρταϊτός τράβηξε του ψήλου και χάθηκε // μην τηράς του ψήλου, εμένα να τηράς, όταν σου μιλάω.*
ψίδι το, κατεργασμένο δέρμα.
ψίδινος, -η, -ο, δερμάτινος: *στο πανηγύρι αγόρασα μια ψίδινη λουρίδα.*
ψιλιθριά η, **1.** πολυάριθμα ψιλά σπυράκια του δέρματος: *γέμισε το κορμί μου ψιλιθριές.* **2.** (γενικά) ψιλοπράγματα: *πού να βρεις άκρη να μαζέψεις ούλη την ψιλιθριά του σπιτιού.*
ψιλικά (εννοούνται *ρούχα*) τα, ο ελαφρύς ρουχισμός του σπιτιού (αλλαξιές, σεντόνια, πετσέτες, κουρτινάκια κ.λπ.).
ψιλικούλια τα, πράγματα μικρής, ευτελούς αξίας (χρήματα, ρούχα κ.λπ.).

ψιλολιά η, ψιλή, μικρή ελιά (καρπός): *οι ψιλολιές είναι πιο νόστιμες από τις χοντρολιές.*

ψιλολόγι το, ελάχιστη παραγωγή, μικροπαραγωγή: *έχουμε να μαζέψουμε και κάτι ψιλολόγια από τις καρυές.*

ψιλοπατάω, 1. (μτβ.) πατώ κάποιον ή κάτι ελαφρά: *συχώρα που με ψιλοπάτησες και δεν πόνεσα, αλλιώς θα τα λέγαμε...* **2.** (αμτβ.) ελαφροπατώ, περπατώ αθόρυβα και με μικρά βήματα: *ήρθες ψιλοπατώντας και δε σε πήρα χαμπάρι.*

ψιλοπάτημα το, η ενέργεια και το αποτέλεσμα του *ψιλοπατάω* (βλ. λ.).

ψιλούλης, -α, -ι, πολύ ψιλός, ψιλούτσικος, λεπτός: *είναι πολύ ψιλούλα η κλωνά που μου 'δωκες, δε μου κάνει.*

ψιμάρνα η, **1.** όψιμο θηλυκό αρνί. **2.** (μτφ.) στερνοπούλα (βλ. λ.).

ψιμάρνι το, **1.** όψιμο αρνί (ανεξαρτήτως φύλου). **2.** (μτφ.) στερνοπαίδι, τελευταίο παιδί στην οικογένεια.

ψιμόγερας ο, *ψιμόγερος* (βλ. λ.).

ψιμόγερος ο, αυτός που παντρεύεται καθυστερημένα και αποκτά παιδιά σε μεγάλη ηλικία.

ψιμόγρια η, νέα αλλά κακοφτειαγμένη και πρόωρα γερασμένη γυναίκα: *μια ψιμόγρια βρήκε και παντρεύτηκε.*

ψίφωμα το, σουρούπωμα, νύχτωμα.

ψιφώνω (σε χρήση μόνο το τρίτο πρόσωπο εν.), σουρουπώνει, νυχτώνει, βραδιάζει: *μόλις ψίφωσε, μαζεύτηκε σπίτι του.*

ψιχιά η, ψίχα, το μαλακό μέρος του ψωμιού: *έφαγες την κοριά εσύ κι άφηκες την ψιχιά για μένα.*

ψιχίτσα η, υποκ. του *ψιχιά* (βλ. λ.).

ψιψιλίζω, μιλώ χαμηλόφωνα, ψιλοκουβεντιάζω: *του ψιψίλισε κάτι στ' αφτί κι αμέσως έφυγε.*

ψιψιλιστός, -ή, -ό, ψιλοκουβεντιαστός, χαμηλόφωνος: *μιλάγανε ψιψιλιστά και δεν κατάλαβα τι λέγανε.*

ψυλλιάζουμαι, υποψιάζομαι, θεωρώ κάποιον ή κάτι ύποπτο: *από τα φερσίματά του ψυλλιάστηκα αμέσως ότι δεν είχε καλό σκοπό ο άνθρωπος αυτός.*

ψυχάλεμα το, επιθυμία για κάτι φαγώσιμο, αίσθηση ελαφριάς πείνας, λιγούρα.

ψυχαλεύω, κατέχομαι από μικρή επιθυμία να φάω κάτι, πεινώ λίγο, λιγουρεύομαι κάτι φαγώσιμο: *κάπως ψυχάλεψ' η καρδιά μου, δε μου δίνεις μια μπουκιά ψωμί να βάλω στο στόμα μου;*

ψυχογιός ο, **1.** μαστορόπουλο, από άλλο συνήθως χωριό, στο οποίο ο Λαγκαδινός χτίστης αναλάμβανε να μάθει τη χτιστική τέχνη. Ο ψυχογιός, ως μαθητευόμενος, δεν πληρωνόταν με μισό μερδικό όπως τα άλλα μαστορόπουλα, οι *παρτιλήδες* (βλ. λ.), αλλά με ακόμα πιο μικρή (συμβολική) αμοιβή: *μερκές φορές οι ψυχογιοί γινόσαντε λαγκαδινόγαμπροι.* **2.** μισθωτός βοσκός σε κτηνοτρόφο.

ψυχοπόνεση η, ψυχοπόνια, οίκτος, συμπόνια: *δε σ' έπιασ' η ψυχοπόνεση για μένα, ήρθες να ιδείς τους δικούς σου.*

ψωλαρμενίζω, ενεργώ, συμπεριφέρομαι επιπόλαια, οδηγούμαι από το ερωτικό ένστικτο, γλεντοκοπάω: *εδώ χάλαγε ο κόσμος κι εσύ ψωλαρ-*

μένιζες με τους φίλους σου στο πανηγύρι.

ψωλάρμπεης ο, ερωτιάρης άντρας, που κυριαρχείται από ερωτικό ένστικτο και αδιαφορεί για σοβαρά πράγματα: *μην περιμένετε να τελειώσει πανεπιστήμιο αυτός ο ψωλάρμπεης.*

ψωλάρχιδα τα, τα αντρικά γεννητικά όργανα.

ψωλέντρω η, γυναίκα εύθυμη, πεταχτή, που εκδηλώνει με τη συμπεριφορά της ερωτική διάθεση: *θα περάσει καλά μ' αυτήν την ψωλέντρω που έμπλεξε!*

ψώλιας ο, ψωλαράς, αρρενωπός άντρας, λεβέντης: *ψώλια μου, πού θα πας σήμερα;*

ψωλοτσακίστρα η, γυναίκα με έκδηλη ερωτική διάθεση, αλλά κυρίως γυναίκα που έχει σεξουαλικές σχέσεις με πολλούς άντρες.

ψωλόχυμα το, υπόλευκο υγρό που εκκρίνεται από τους αδένες του αρσενικού γεννητικού συστήματος, σπέρμα.

ψωμοδότης ο, ελεήμονας άνθρωπος, φιλάνθρωπος: *ο Θεός να τον συχωρέσει, στην Κατοχή ήταν μεγάλος ψωμοδότης.*

ψωμοδότικος, -η, -ικο, φιλανθρωπικός, φιλεύσπλαχνος: *αυτό το σπίτι ήταν πάντα ψωμοδότικο.*

ψωμοδότισσα η, ψωμοδότρια, φιλάνθρωπη: *ήταν πολύ καλή γυναίκα, ψωμοδότισσα στους πεινασμένους.*

ψωμοκοφίνα η, *μαλάθα* (βλ. λ.).

ψωμολιμάζω, στερούμαι ακόμη και το ψωμί, πεινάω, είμαι πάμπτωχος, λιμοκτονώ: *ζει εκεί στο χωριό του τεμπέλης και ψωμολιμάζει.*

ψωμοπάτης, -ισσα, -ικο, **1.** αυτός που δεν σέβεται το ψωμί που τρώει, ο αχάριστος. **2.** αυτός που δεν σέβεται την περιουσία του άλλου.

ψωμοσάκουλο το, **1.** σακούλι στο οποίο οι άνθρωποι έβαζαν το ψωμί πηγαίνοντας στις δουλειές τους. **2.** (μτφ.) μεγάλο στομάχι: *πού να το γιομίσεις αυτό το ψωμοσάκουλο που μόνιμα κουβαλάς.*

ψωμοτσάρουχα τα, τροφή και υπόδηση ποιμενικού υπαλλήλου: *συφωνήσαμε να παίρνει, εχτός από το μιστό του, και τα ψωμοτσάρουχά του.*

ψωμόψιχα η, **1.** το μαλακό μέρος του ψωμιού. **2.** ψίχουλο: *πρόσεχε, μη ρίνεις ψωμόψιχες στο πάτωμα.*

ωριάρης, -α, -ικο, κυκλοθυμικός, άνθρωπος ευμετάβολου χαρακτήρα: *αυτός ο άνθρωπος είναι ωριάρης, δεν ξέρεις πότε είναι στις καλές του και πότε στις κακές του.*
ωριάρικος, -η, -ικο, αυτός που ταιριάζει ή αναφέρεται στον *ωριάρη* (βλ. λ.).

ΕΠΙΜΕΤΡΟ

Λαγκαδινά τοπωνύμια

Επίμετρο   **Λαγκαδινά τοπωνύμια**

Αβγουλάς, *στου* ~
Αγια-Μαρίνα, *στην* ~
Αγιανάληψη, *στην* ~
Αγιανάργυροι, *στους* ~
Αγιάννηδες, *στους* ~
Αγιάννης, *στον* ~ (συνοικία Λαγκαδίων)
Αγιαντώνης, *στον* ~
Αγια-Παρασκευή, *στην* ~
Αγιαπόστολος, *στον* ~ (συνοικία Λαγκαδίων)
Αγια-Σωτήρα, *στην* ~
Αγια-Τριάδα, *στην* ~ (συνοικία Λαγκαδίων)
Αγιο-Δημήτρης, *στον* ~
Αγιο-Θανάσης, *στον* ~
Αγιο-Θόδωρος, *στον* ~
Αγιο-Κωσταντίνος, *στον* ~
Αγιο-Λιας, *στον* ~
Αγιο-Νικόλας, *στον* ~
Αγιο-Στάθης, *στον* ~
Αγιο-Χαράλαμπος, *στον* ~
Αγιώργηδες, *στους* ~
Αγιώργης, *στον* ~
Αγριλιές, *στις* ~
Αϊτοφωλιά, *στην* ~
Ακόνια, *στα* ~
Αλαταριές, *στις* ~
Αλευράς, *στου* ~
Αλμπάνη Αλώνι, *στου* ~ *το* ~
Αλουπότρυπες, *στις* ~
Αλώνια, *στα* ~ (συνοικία Λαγκαδίων)
Άμμος, *στον* ~
Ανάληψη, *στην* ~
Ανθούλης, *στου* ~
Αντρικόπουλος, *στου* ~
Αντροχερέας, *στον* ~
Αντρωνιά, *στην* ~
Αντώνη Ράχη, *στου* ~ *τη* ~
Απάνω Μαχαλάς, *στον* ~ (συνοικία Λαγκαδίων)

Απάνω Ρούγα, *στην* ~ (συνοικία Λαγκαδίων)
Απιδίτσα, *στην* ~
Απιδίτσες, *στις* ~
Απόσκιο, *στο* ~
Αραδαριές, *στις* ~
Άρβιτσα, *στην* ~
Αρμυρός, *στου* ~
Αρνιόλακκα, *στην* ~
Αρουλιάκοι, *στους* ~
Αρτοζήνος, *στον* ~
Αρφάνης, *στου* ~
Αρχοντοχώραφο, *στο* ~
Αστροπόραχη, *στην* ~
Αχλαδιές, *στις* ~
Αχλαδίτσα, *στην* ~

Βάγια, *στη* ~
Βαθιά Βρύση, *στη* ~
Βαθιά Λακκούλα, *στη* ~
Βαρικούλια, *στα* ~
Βαρίλου, *στου* ~
Βάτος, *στον* ~
Βελέντζα Αλώνι, *στου* ~ *το* ~
Βελινάδες, *στις* ~
Βέλιος, *στου* ~
Βεργασούρα, *στη* ~
Βίγλα, *στη* ~
Βλαχόστρατα, *στη* ~
Βορός, *στον* ~
Βουλωμένη Βρύση, *στη* ~
Βουναλάκι, *στο* ~
Βουτυριά Μύλος, *στου* ~ *τον* ~
Βραρής, *στου* ~
Βραχνός, *στου* ~
Βρομονέρι, *στο* ~
Βρομόξυλο, *στο* ~
Βροντόβρυση, *στη* ~
Βρυσούλα, *στη* ~
Βύθισμα, *στο* ~

Γαβραίικα Καλύβια, στα ~
Γάβρος, στον ~
Γαϊδουρόραχη, στη ~
Γαλάνω, στης ~
Γεργάνης, στου ~
Γέρου Ρέμα, στου ~ το ~
Γιανναίικα, στα ~ (συνοικία Λαγκαδίων)
Γιανναίικη Βρύση, στη ~
Γιανναίικο Αμπέλι, στο ~
Γιάννακλας, στου ~
Γιώργη Φτέρη, στου ~ τη ~
Γκαμπέτας, στου ~
Γκεσαραίικα, στα ~
Γκιάβιζα, στη ~
Γληγοροπουλαίικα, στα ~
Γούβης, στου ~
Γουρνοκάλυβο, στο ~
Γραφείο, στο ~
Γραφτό Λιθάρι, στο ~
Γριάς Διάσελο, στης ~ το ~
Γριάς Σωρός, στης ~ τον ~
Γυφταίικα και Γύφτικα, στα ~ (συνοικία Λαγκαδίων)

Δάσκαλος, στου ~
Δέντρος, στον ~
Δημητραίικα, στα ~
Δημητρούλια, στα ~
Δήμος, στου ~
Διαβολόμυλος, στον ~
Διάσελο, στο ~
Διχάλια, στα ~ (Λαγκάδια και Άρβιτσα)
Δοκάρια, στα ~
Δυαλώνια, στα ~

Ελατάκος, στον ~
Ελένης Μύλος, στης ~ τον ~
Ερημαίικα, στα ~ (συνοικία Λαγκαδίων)

Ερημαίικη Βρύση, στην ~
Ετιά, στην ~

Ζάλη, στη ~
Ζαρατηλάκκα και Ζαρά Λάκκα, στη ~ και στου ~ τη ~
Ζήρου Καλύβι, στου ~ το ~
Ζιουμπός, στου ~
Ζοριάνοι, στους ~
Ζουμάς, στου ~
Ζούνη Αμπέλι, στου ~ το ~
Ζούνη Καλύβι, στου ~ το ~

Ηλιοπουλαίικα, στα ~

Ισιώματα, στα ~

Καβελαρίτσος, στον ~
Καβούλια, στην ~
Καβουλιώτισσα (εννοείται Παναγία), στην ~
Καγιουλαίικα, στα ~
Καζαμίας, στου ~
Κακογένης, στου ~
Κακοτσιούμπι, στο ~
Κακραίικα, στα ~ (συνοικία Λαγκαδίων)
Κακραίικη Βρύση, στην ~
Καλάσης, στου ~
Καλέα Βρύση, στου ~ τη ~
Καλέας, στον ~
Καλόγερου Βαρικά, στου ~ τα ~
Καλομοίρα, στην ~
Καλοτυχαίικα, στα ~ (συνοικία Λαγκαδίων)
Κάλφας, στον ~ (Άρβιτσα)
Καμένιζα, στην ~
Καμινάκια, στα ~
Καμίνι, στο ~ (συνοικία Λαγκαδίων)
Κανάκη Ρέμα, στου ~ το ~

Επίμετρο **Λαγκαδινά τοπωνύμια**

Καντάλιζα, *στην* ~
Καντιαναίικα, *στα* ~ (συνοικία Λαγκαδίων)
Καράγιαννης, *στου* ~
Καρακοφωλιά, *στην* ~
Καραντώνη Βράχος, *στου* ~ *τον* ~
Καρνάβας, *στου* ~
Κατσεναίικα, *στα* ~ (συνοικία Λαγκαδίων)
Κατσογιανναίικα, *στα* ~ (συνοικία Λαγκαδίων)
Κατσούλη Αλώνι, *στου* ~ *το* ~
Κάτω Μαχαλάς, *στον* ~ (συνοικία Λαγκαδίων)
Κάτω Ρούγα, *στην* ~ (συνοικία Λαγκαδίων)
Καυλονέρι, *στο* ~
Καφανταράκος, *στου* ~
Κάφηρης, *στου* ~
Κελέση Βράχος, *στου* ~ *τον* ~
Κελέσης, *στου* ~
Κεραμίδι, *στο* ~
Κερασιές, *στις* ~
Κερέσοβα, *στην* ~
Κιβούρι, *στο* ~
Κιντζιαίικα, *στα* ~ (συνοικία Λαγκαδίων)
Κλέφτρα, *στην* ~
Κόγκας, *στου* ~
Κοκκινόβραχος και **Κόκκινος Βράχος**, *στον* ~
Κόκκινο Λιθάρι, *στο* ~
Κοκκινόχωμα, *στο* ~
Κοκόνης, *στου* ~
Κοκορέμα, *στο* ~
Κολιάφου Ράχη, *στου* ~ *τη* ~
Κολιογιαννού, *στης* ~
Κολίτσενα, *στην* ~
Κόλλημα, *στο* ~
Κολόβρης, *στου* ~
Κολοκουσαίικα, *στα* ~
Κολοκούση Τσιούμπι, *στου* ~ *το* ~
Κομηνός, *στου* ~
Κομμένο Λιθάρι, *στο* ~
Κοντογιωργάκος, *στου* ~
Κοπρινός, *στον* ~
Κόρακας, *στον* ~
Κορκοσούρας, *στου* ~
Κορύτες, *στις* ~
Κοτόμυαλο, *στο* ~
Κοτρώνα, *στην* ~
Κότρωνας, *στον* ~
Κοτρώνι, *στο* ~
Κουβαράς, *στου* ~
Κουβέλιζα, *στην* ~
Κουκούλες, *στις* ~
Κουκουλίστρα, *στην* ~
Κουμπαρούλη Βράχος, *στου* ~ *τον* ~
Κούμπλιζα, *στην* ~
Κουνάκη Σπηλίτσα, *στου* ~ *τη* ~
Κουραβελαίικα, *στα* ~
Κούρμπενος, *στον* ~
Κουτούνι, *στο* ~
Κουτούπης, *στου* ~
Κουτσιουμπός, *στου* ~
Κουτσουμπέλι, *στο* ~
Κούτσουρο, *στο* ~
Κουφοστάθης, *στου* ~
Κρανιά, *στην* ~
Κρατημεναίικα, *στα* ~
Κρεϊντάνης, *στου* ~
Κρεκίνης, *στου* ~
Κρεκούκι, *στο* ~
Κρεμμυδότοπος, *στον* ~
Κρεντήρης και **Κρεντήρια**, *στου* ~ και *στα* ~
Κρέσπη Βρύση, *στου* ~ *τη* ~
Κρέσπη Ράχη, *στου* ~ *τη* ~
Κρέσπης, *στου* ~
Κριάρας, *στου* ~

Κριθαράκι, στο ~
Κρυάβρυση, στην ~
Κωλορράχες, στις ~

Λαζανάς, στου ~
Λαζούλι, στο ~
Λακιθέλα, στη ~
Λάκκα, στη ~ (συνοικία Λαγκαδίων)
Λακκούλια, στα ~
Λαυρέντης, στου ~
Λαφοβούνι, στο ~
Λαχίδα, στη ~
Λεβετάκια, στα ~
Λέου, στου ~
Λεπούσι, στο ~
Λεύκα, στα ~ (συνοικία Λαγκαδίων)
Λιαροκάπης, στου ~
Λιθαράκια, στα ~
Λιμάγρα, στη ~
Λίπα, στη ~
Λίπες, στις ~
Λογκαρδίτσα, στη ~
Λουλάς, στου ~
Λούλιζα, στη ~
Λούμης, στου ~
Λούπουνο, στο ~
Λωλαίικα, στα ~ (συνοικία Λαγκαδίων)

Μάικος, στου ~
Μάκη Αμπέλι, στου ~ το ~
Μακριά Λάκκα, στη ~
Μαλάσοβα, στη ~
Μαλίκα, στη ~
Μαντελιά, στη ~ (πηγή στην Κουκουλίστρα)
Μάτσιουρης, στου ~
Μαύρα Λιθάρια, στα ~
Μεγαλάς και Μεγαλαίοι, στου ~ και στους ~

Μεγάλη Ζάγκλα, στη ~
Μέγας Κάμπος, στον ~
Μελίσσι, στο ~
Μέξιας, στου ~
Μερίδα, στη ~
Μετσίτης, στου ~
Μητσιαίικο, στο ~
Μίγκουλης, στου ~
Μιμάκος, στου ~
Μισολίθια, στα ~
Μνήματα, στα ~
Μονοπάτι, στο ~
Μόριανος, στου ~
Μορίζια, στα ~
Μοσκονάς, στου ~
Μουλάς, στου ~ (βρύση και συνοικία Λαγκαδίων)
Μουρουγκλός, στου ~
Μουρουτσαίικα, στα ~
Μουρούτσου Φτέρη, στου ~ τη ~
Μουρτζά και Μουρτζές, στη ~ και στις ~
Μούσγα, στη ~
Μπαϊμοκάλυβο, στο ~
Μπακράτσης και Μπακράτσια, στου ~ και στα ~
Μπαμπακά Σπηλιά, στου ~ τη ~
Μπανάρας, στου ~
Μπαραλή Ρέμα, στου ~ το ~
Μπαραράς, στου ~
Μπαρουτοσπηλιά, στην ~
Μπεκίρη Βρύση, στου ~ τη ~
Μπίκιρη Βρύση, στου ~ τη ~
Μπιλής, στου ~
Μπίσβα και Πίσβα, στην ~
Μποζικαίικα, στα ~ (συνοικία Λαγκαδίων)
Μποζίκας, στου ~
Μποζίλος, στου ~ (Κουκουλίστρα)
Μποκαίικα, στα ~ (συνοικία Λαγκαδίων)

Μπορέας, στον ~
Μπουγαλάς, στου ~
Μπουνταλάς, στου ~
Μπουντούρι, στο ~
Μπούρμπουλας, στον ~
Μπουρνάζι, στο ~
Μπούφη Σπηλιά, στου ~ τη ~
Μπούφης, στου ~
Μπράιστας, στου ~
Μπράλος, στον ~
Μπρίνος, στου ~
Μπρουτσαίικα, στα ~
Μπρούτσας, στου ~

Νενίνος, στον ~
Νερούλι, στο ~
Νεχόλη, στη ~
Νιτσιά, στη ~
Νταμάρι, στο ~
Ντάλκα Τρούπα, στου ~ την ~
Ντανταναίικα, στα ~
Ντελαράπη Διάσελο, στου ~ το ~
Ντεληγιανναίικα, στα ~
Ντραΐνα, στην ~
Ντριβάλα, στην ~
Ντριβαλίτσα, στην ~

Ξεράκι, στο ~
Ξεροβούνι, στο ~
Ξερόρεμα, στο ~
Ξύλινο Γιοφύρι, στο ~

Παλαιόκηπος, στον ~
Παλιάμπελα, στα ~
Παλικαράκης, στου ~
Παλιογάλαρο, στο ~
Παλιόλακκα, στην ~
Παλιομαντριά, στην ~
Παλιόμυλος, στον ~ (Λαγκάδια και Άρβιτσα)

Παλιόραχη, στην ~
Παλιόρογγα, στα ~
Παλιόστανη, στην ~
Παλιότσιουπα και Παλιότσιπα, στα ~
Παλιοφούσκια, στα ~
Παλιοχώρι, στο ~
Παναγακαίικα, στα ~
Παναγιά, στην ~ (συνοικία Λαγκαδίων)
Παναγιά Γούναρη, στην ~ του ~
Παναγίτσα, στην ~
Πανίτσα, στην ~
Παπά Λάκκα, στου ~ τη ~
Παπαβγενύσιος, στου ~
Παπαγγελή Αμπέλι, στου ~ το ~
Παπάς, στου ~
Παραπολιάνα, στην ~
Παραποτομίτσα, στην ~
Πατάς, στου ~
Πατερά, στα ~
Πατσιαίικο, στο ~
Πέντ' Αδέρφια, στα ~
Πέρζελες, στις ~
Περζελότρουπα, στην ~
Περιβόλι, στο ~
Πηνελόπης Τσιούμπι, στης ~ το ~
Πλάκα, στην ~
Πλακόβρυση, στην ~
Πλατανίτσα, στην ~
Πλάτανος, στον ~
Πλατύ Χωράφι, στο ~
Πλέος, στου ~
Ποδαριά, στην ~
Πολίκινος, στον ~
Πολωλός, στου ~
Πουρνάρια, στα ~ (συνοικία Λαγκαδίων)
Προικιό, στο ~
Προσήλια, στα ~

Πυργάριζα, *στην* ~
Πυργιώτης, *στου* ~

Ραλλαίικα, *στα* ~
Ράλλης, *στου* ~
Ράπη Μύλος, *στου* ~ *τον* ~
Ράπης, *στου* ~
Ράχη, *στη* ~ (συνοικία Λαγκαδίων)
Ρήνα, *στης* ~
Ροδαίικα, *στα* ~ (συνοικία Λαγκαδίων)
Ρούγα, *στη* ~ (συνοικία Λαγκαδίων)
Ρουσβάρκα, *στου* ~
Ρουσούλας Καταράχι, *στης* ~ *το* ~
Ρουφουνά Ρέμα, *στου* ~ *το* ~ (Φούσκαρης)

Σαγανάκι, *στο* ~
Σαρρή Αμπέλι, *στου* ~ *το* ~
Σβόρνα, *στα* ~
Σγούρνα, *στη* ~
Σερβόβουνο, *στο* ~
Σελίνες, *στις* ~
Σιάλης, *στου* ~
Σκαγάκια, *στα* ~
Σκάλα, *στη* ~
Σκαλτσού, *στη* ~
Σουληνάρια, *στα* ~
Σπαρτίλα, *στη* ~
Σπαστήρας, *στον* ~
Σπιθάρι, *στο* ~
Σποριά, *στη* ~
Στάδιο, *στο* ~
Σταθάς, *στου* ~
Σταύραινα, *στης* ~
Σταυροδρόμι, *στο* ~
Στέλιος, *στου* ~
Στενά, *στα* ~
Στέρνα, *στη* ~
Στερφόβρυση, *στη* ~
Στεφάνι, *στο* ~

Στρογγυλάδι, *στο* ~
Στρογγυλή, *στη* ~
Στρογγυλό, *στο* ~
Συμπράγκαλος, *στου* ~
Σφάκες, *στις* ~
Σφενταμάκι, *στο* ~
Σφεντάμι, *στο* ~

Τάκιζα, *στην* ~
Ταξιάρχης, *στον* ~ (συνοικία Λαγκαδίων)
Τασιόπουλος, *στου* ~
Τέργαλης, *στου* ~
Τζιαμί, *στο* ~
Τζιούκα, *στην* ~
Τζιουκούλα, *στην* ~
Τζιουράς, *στου* ~
Τίγκας, *στου* ~
Τόγιος, *στου* ~
Τορτό, *στο* ~
Τουρκόβρυση, *στην* ~
Τούρλα, *στην* ~
Τουρνέλι, *στο* ~
Τρανό Χωράφι, *στο* ~
Τρεις Βρύσες, *στις* ~
Τσαγκαροβίνα, *στην* ~
Τσαπουρνιά, *στην* ~
Τσαφαραίικα Αμπέλια, *στα* ~
Τσιάρνη, *στην* ~
Τσιαρσί, *στο* ~
Τσιερβίκος, *στον* ~

Φλιώρος, *στου* ~
Φουσκοκαρυά, *στη* ~
Φράγκος, *στου* ~
Φτερόλακκα, *στη* ~

Χαλικόβρυση, *στη* ~
Χαντάκια, *στα* ~
Χαριτσιέας, *στου* ~
Χασαπολίβαδα, *στα* ~

Χατζή Καλύβι, *στου ~ το ~*
Χεράμπελο, *στο ~*
Χέρας, *στου ~*
Χέρωμα, *στο ~*
Χεσμένου Διάσελο, *στου ~ το ~*
Χιώτης, *στου ~*
Χόντας και **Χότας,** *στου ~*
Χόντζιαινα, *στη ~*

Χοτούζα, *στη ~*
Χουντζιαρίνα, *στη ~*
Χρόνη Λάζος, *στου ~ τον ~*
Χωραφάκια, *στα ~*

Ψαραίικα, *στα ~*
Ψηλή Κορφή, *στην ~*
Ψιμούλης, *στου ~*

www.ingramcontent.com/pod-product-compliance
Lightning Source LLC
LaVergne TN
LVHW021119080426
835510LV00012B/1750